Más allá de la extinción

Este libro pertenece a la colección
PARADIGMA INDICIAL

Director de Colección
Guillermo Wilde
CONICET - Universidad Nacional de San Martín, Argentina

Comité Científico Asesor
Guillaume Boccara
Centre National de la Recherche Scientifique, Francia

Diego Escolar
CRICYT-CONICET, Argentina

Carlos Fausto
Universidad Federal de Rio de Janeiro, Brasil

Christophe Giudicelli
Universidad de Rennes 2, Francia

Jaime Valenzuela Marquez
Pontificia Universidad Católica de Chile

Federico Navarrete
Universidad Nacional Autónoma Metropolitana, México

Johannes Neurath
Instituto Nacional de Antropología, México

Akira Saito
Museo Nacional de Etnología, Japón

Gabriela Siracusano
CONICET- Universidad Nacional de Tres de Febrero, Argentina

Beatriz Vitar
Universidad de Sevilla, España

Diego Escolar
Lorena B. Rodríguez
(Compiladores)

MÁS ALLÁ DE LA EXTINCIÓN

IDENTIDADES INDÍGENAS
EN LA ARGENTINA CRIOLLA
SIGLOS XVIII-XX

Y UNA RESEÑA COMPARATIVA CON BOLIVIA,
PARAGUAY, CHILE Y MÉXICO

Judith Farberman	Lorena B. Rodríguez	Rossana Barragán
María Laura Salinas	Diego Escolar	Ana María Lema
Ana A. Teruel	Guillermina Espósito	Hugo Contreras Cruces
Sonia Tell	Antonio Escobar Ohmstede	Milton Godoy Orellana
		Ignacio Telesca

sb

Madrid - Santiago - Montevideo - Asunción - Lima - Buenos Aires - Bogotá - México

Más allá de la extinción: identidades indígenas en la Argentina criolla, siglos XVIII-XX: y una reseña comparativa con Bolivia, Paraguay, Chile y México / Judith Farberman ... [et al.]; compilado por Diego Escolar; Lorena B. Rodriguez. - 1a ed. - Ciudad Autónoma de Buenos Aires: SB, 2019.
288 p.; 23 x 16 cm. - (Paradigma indicial. Antropología sociocultural / Guillermo Wilde; 27)

ISBN 978-987-4434-49-4

1. Historia Argentina. 2. Historia de América del Sur. 3. Antropología Cultural. I. Farberman, Judith II. Escolar, Diego, comp. III. Rodriguez, Lorena B., comp.
CDD 980

© Diego Escolar (descolar@gmail.com) y Lorena B. Rodríguez (rodriguezlo@hotmail.com)
© Sb editorial
Piedras 113, 4 "8" - C1070AAC - Ciudad Autónoma de Buenos Aires - Argentina
Tel.: (+54) (11) 4958-1310 y líneas rotativas
www.editorialsb.com • ventas@editorialsb.com.ar • www.facebook.com/editorialsb

1° edición en Buenos Aires, abril 2019

Director de colección: Guillermo Wilde (guillermowilde@gmail.com)
Diseño de cubierta e interior: Cecilia Ricci (riccicecilia2004@gmail.com)

Queda hecho el depósito que marca la Ley 11.723

No se permite la reproducción parcial o total, el almacenamiento, el alquiler, la transmisión o la transformación de este libro, en cualquier forma o por cualquier medio, sea electrónico o mecánico, mediante fotocopia, digitalización u otros medios, sin el permiso previo y escrito del editor. Su infracción está penada por las leyes 11.723 y 25.446.

Distribuidores

España: Tarahumara Libros • Calle de la Paloma, 6 - Madrid
(+34) 913 65 62 21 • www.tarahumaralibros.com • bea@tarahumaralibros.com

Argentina: Waldhuter Libros • Pavón 2636 - Ciudad Autónoma de Buenos Aires
(+54) (11) 6091-4786 • www.waldhuter.com.ar • francisco@waldhuter.com.ar

México: RGS Libros • Av. Progreso 202, Col. Escandón, Del. Miguel Hidalgo, México
(+52) (55) 55152922 • www.rgslibros.com • fernando@lyesa.com

Chile: Catalonia Libros • Santa Isabel 1235, Providencia - Santiago de Chile
(+56) (2) 22099407 • www.catalonia.cl • contacto@catalonia.cl

Uruguay: América Latina Libros • Av. Dieciocho de Julio 2089 - Montevideo
(+598) 2410 5127 / 2409 5536 / 2409 5568 - libreria@libreriaamericalatina.com

Perú: Heraldos Negros • Jr. Centenario 170. Urb. Confraternidad - Barranco - Lima
(+51) (1) 440-0607 - distribuidora@sanseviero.pe

Paraguay: Tiempo de Historia • Rodó 120 c/Mcal. López - Asunción
(+595) 21 206 531 - info@tiempodehistoria.org

Colombia: Campus editorial • Carrera 51 # 103 B 93 Int 505 - Bogotá
(+57) (1) 6115736 - info@campuseditorial.com

Brasil: Librería Española • R. Augusta, 1371 - Loja 09 - Consolação, São Paulo
(+55) 11 3288-6434 • www.libreriaespanola.com.br - libreriaespanola@gmail.com

Índice

Introducción 9
Diego Escolar y Lorena B. Rodríguez

De "naciones" a "indios" y de "indios" a "paisanos". Sujetos y
prácticas indígenas en Santiago del Estero, siglos XVI a XIX 21
Judith Farberman

Población indígena en Corrientes desde los tiempos coloniales
al siglo XIX. ¿Mestizaje o nuevas construcciones identitarias? 51
María Laura Salinas

Tierra de indios, indios sin tierras.
Los indígenas en el Jujuy decimonónico 75
Ana A. Teruel

Los derechos de los comuneros. Comunidad, tierras y jurisdicción
en la provincia de Córdoba en el siglo XIX 95
Sonia Tell

"Indios" después de la colonia.
Derrotero de una experiencia de investigación y balance
para las provincias de Tucumán y Catamarca durante el siglo XIX 115
Lorena B. Rodríguez

La Merced Real del Cacique Sayanca. Aboriginalidad,
propiedad y soberanía en Argentina 139
Diego Escolar

Colla es signo. Discursos etnológicos en la Puna de Jujuy, Argentina........ 165
GUILLERMINA ESPÓSITO

La(s) llamada(s) tierra(s) comunal(es) indígena(s)
en el México del siglo XIX.. 183
ANTONIO ESCOBAR OHMSTEDE

El mundo indígena boliviano, ancho y diverso. Nomenclaturas,
mano de obra y tierras en el largo siglo XIX (1825-1930)..................... 211
ROSSANA BARRAGÁN Y ANA MARÍA LEMA

Chile en el siglo XIX: ¿una república sin indios?................................. 237
HUGO CONTRERAS CRUCES Y MILTON GODOY ORELLANA

De "Pueblos de Indios" a "Pueblos indígenas".
Visibilizar e invisibilizar en Paraguay 253
IGNACIO TELESCA

Los autores 279

Para Ana María Lorandi
que al andar supo abrir caminos

Introducción

Diego Escolar y Lorena B. Rodríguez

Hasta hace muy poco la Argentina era considerada una nación "blanca y europea". Esta conocida imagen, o más bien mito (Briones, 1998; Quijada, 2004) elaborado por los padres fundadores, ayudó a construir el sentido común de los argentinos e impactó también en la historiografía y la antropología, que asumieron que los indígenas habían desaparecido completamente hacia el siglo XIX, excepto en las fronteras de expansión colonial republicana, en las regiones Chaqueña y Patagónica. Según esta perspectiva, en las áreas de incorporación colonial temprana como Cuyo, el antiguo Tucumán, Córdoba y el litoral paranaense, la población aborigen se había extinguido físicamente o transmutado en criollos a través de procesos de aculturación y mestizaje.

Sin embargo, desde la década de 1990 –probablemente a partir de los procesos de reemergencias étnicas en esos espacios– antropólogos e historiadores comenzaron a revisar la presencia indígena en las "provincias viejas" del interior argentino durante los siglos XIX y XX. Relecturas de fuentes conocidas, búsqueda de nuevos datos y, fundamentalmente, el planteo de nuevas preguntas, mostraron no sólo la continuidad de las marcas de la diferenciación étnica (bajo nuevos ropajes, de maneras más sutiles o veladas) sino también que algunos colectivos indígenas lograron traspasar –no sin conflictos– el umbral de la colonia a través de la reconfiguración de sus identidades, de la lucha judicial por sus territorios, de la redefinición de su sistema de autoridades; en definitiva, que eran actores políticos con una vasta experiencia que se renovaba en el nuevo contexto.

Estas investigaciones han demostrado además que los indígenas de las antiguas zonas de colonización fueron sometidos a una serie de dispositivos que tendieron a invisibilizarlos (al menos discursivamente) bajo nuevas clasificaciones, proceso que se afianzó hacia fines del XIX en el marco de la consolidación de la nación argentina. Es que desde las primeras décadas de ese siglo, bajo el impulso de los proyectos o ideologías liberales propios de la época, en los distintos espacios de Hispanoamérica –aunque con variaciones– se implementaron políticas que buscando la igualdad de derechos propugnaron la abolición de estamentos de casta y decretaron la extinción del tributo y las mitas, de la figura del cacique y abogaron por la desamortización de las tierras comunales. En la práctica, los resultados de estas medidas fueron complejos pues quienes durante el período colonial habían sido marcados jurídica, social y fiscalmente como "indios" no sólo perdieron su condición diferenciada sino también los derechos asociados a la misma.

Hoy se ha avanzado en el conocimiento de dinámicas insospechadas hasta hace pocos años, cuando prácticamente nada sabíamos acerca de lo acontecido con aquellos indígenas a lo largo de los siglos XIX y XX. Identificaciones étnicas vigentes en contextos de supuesta "extinción"; luchas judiciales por tierras de comunidad de antiguas reducciones; reconversión y continuidad de instituciones políticas y de autoridad; movilización política en base a demandas indígenas; atesoramiento y transmisión de memorias y archivos; rebeliones y levantamientos. Estos avances sugieren que la presencia indígena, de diversas maneras, no sólo estuvo vigente durante todo el proceso de formación y consolidación del Estado nacional, sino que puede contribuir a explicar aspectos sustanciales de las historias provinciales y regionales.

Sin embargo, no teníamos hasta el momento una obra de conjunto que integrara los variados e importantes estudios que se vienen haciendo al respecto en el país. Por lo tanto, con ella buscamos ofrecer al público una discusión general de la problemática, recogiendo los casos de estudio en curso, los principales interrogantes y enseñanzas y las agendas de investigación que es posible elaborar.

Dentro de este marco, el libro reúne trabajos de reconocidos especialistas que analizan la situación de los indígenas en los espacios de antigua colonización durante el paso hacia la república y en su proyección hacia los siglos XIX y XX, ya sea aportando datos en relación con las diversas problemáticas asociadas o bien proponiendo reflexiones teórico-metodológicas acerca de cómo abordar la "cuestión indígena" en contextos en donde aparentemente han desaparecido. En tal sentido, la compilación incluye artículos referidos al actual territorio argentino (provincias de Jujuy, Salta, Tucumán, Catamarca, Santiago del Estero,

Córdoba, Mendoza, San Juan y Corrientes). Pero además, dado que el objetivo principal del libro es desarrollar una mirada de conjunto sobre la temática que permita establecer comparaciones con otros contextos latinoamericanos, incorpora también un grupo de capítulos que plantean problemáticas y estados de la cuestión sobre el modo en que se han desarrollado este tipo de investigaciones en México, Bolivia, Chile y Paraguay.

Así, pretendemos con esta obra dar cuerpo al campo de estudios de lo que Escolar (2007) ha llamado los "indios de intramuros" en la Argentina republicana y tardocolonial y situar en forma preliminar dicho campo en el más vasto y diverso mapa de la historia indígena latinoamericana. A continuación, introduciremos sintéticamente los distintos capítulos de este libro con el objeto de ilustrar los aportes a la temática.

En su capítulo "De 'naciones' a 'indios' y de 'indios' a 'paisanos'. Sujetos y prácticas indígenas en Santiago del Estero, siglos XVI a XIX", *Judith Farberman* analiza la historia clasificatoria de la población originaria en la provincia desde la colonización española. Lo hace realizando un experto (y tal vez inédito para el área) estado de la cuestión en donde la construcción jurisdiccional, lingüística, jurídica y cultural de los "indios" es pareada con los procesos sociales generales, en un diálogo abierto con los aportes de autores de todas las generaciones. Se trata de una provincia en donde paradojalmente, a pesar de la negación secular de la existencia de población indígena, han subsistido abundantes marcas culturales que en otras latitudes han nutrido fuertes procesos de reetnización o reemergencia étnica. En tal sentido, cabe destacar que es una de las provincias del país, solo comparable tal vez a Jujuy, donde el quechua es una lengua activa y en muchos casos la primera lengua de socialización; donde prácticas de caza, recolección, movilidad, memorias orales y mitología, entre otras dimensiones, mantienen una gran continuidad con poblaciones prehispánicas; y donde, asimismo, es posible observar la abundancia de epítetos y eufemismos indígenas proyectados sobre la población en diversas coyunturas de los siglos XIX y XX. Es precisamente en una historia de clasificaciones y reclasificaciones en la cual, del mismo modo que en otras regiones, se han perdido los anclajes étnicos, o más bien los sectores subalternos –en gran medida descendientes de "indios"– han perdido el control sobre las identificaciones colectivas, que han sido instaladas por la elites locales. Al igual que en otros capítulos, Farberman señala el fin de la propiedad indígena, de los pueblos de indios y la pérdida del estatus legal indígena a principios del siglo XIX como principal causa de su "difuminación". Sin embargo, en otros contextos hubo grupos que continuaron reivindicándose como indígenas y reclamando derechos como tales, basados en el estatus colonial y su historia territorial, hasta fines del siglo XIX o inclusive entrado el siglo XX. La falta de datos que la autora señala para la mayor parte del siglo XIX (correspondientes a los gobiernos de los caudillos Ibarra y Taboada) lamentablemente no permite aún comparar lo ocurrido en Santiago con otros ámbitos que en este mismo libro se analizan, como Jujuy, Tucumán, Catamarca, la región de Cuyo y Córdoba.

El texto de Farberman, de todas formas, encuentra puntos de contacto con la contribución de *María Laura Salinas*, en cuanto a que su análisis de las formas de clasificación de la población indígena y el modo en que se borraron las identidades étnicas al iniciarse la república es encarado desde un marco temporal que incluye todo el período colonial y a partir de una exhaustiva revisión historiográfica. Así, bajo el título "Población indígena en Corrientes desde los tiempos coloniales al siglo XIX. ¿Mestizaje o nuevas construcciones identitarias?", Salinas problematiza la visión de la actual Corrientes como una provincia "sin indios" planteando que dicha imagen se construyó –en parte– a partir de una historiografía regional que instaló el tema del mestizaje o de las migraciones como respuesta a todos los interrogantes sobre la cuestión indígena en el contexto decimonónico. En contraposición, la autora estudia distintas fuentes censales de la colonia y, especialmente, del XIX, que hasta mediados de siglo continúan inscribiendo la categoría de indio, y propone fuentes y caminos metodológicos alternativos que permiten continuar la indagación al respecto. Los ejemplos analizados por Salinas de las localidades correntinas de Loreto y San Miguel (de origen guaraní-misionero) constituyen interesantes casos de estudio en tanto no sólo posibilitan seguir la demografía y migraciones de las poblaciones guaraníes allí asentadas, sino también los impactos que los límites nacionales y las guerras supusieron para ellos. A su vez ofrecen interés para el desafiante estudio de identidades indígenas que se construyen y reivindican en estrecho vínculo con la experiencia colonial y misional jesuítica.

El siguiente texto, de *Ana Teruel*, también se enfoca en la cuestión de la historia de las clasificaciones y comienza por analizar censos y recuentos de población coloniales pero para enmarcar el problema de cómo identificaciones indígenas, autoconferidas o adscriptas externamente, resurgieron en las tierras altas de Jujuy entre fines del siglo XIX y principios del XX asociadas a conflictos por tierras. En su capítulo "Tierra de indios, indios sin tierras. Los indígenas en el Jujuy decimonónico" nos introduce en una historia de larga duración que arranca con el proceso reduccional tardocolonial y se adentra luego en la invisibilización de los indígenas de origen andino, cuya principal causa sería la declaración en enfiteusis de los pueblos de indios de la Quebrada de Humahuaca, en las primeras décadas del siglo XIX. Sin embargo, del mismo modo que en otras regiones, las clasificaciones indígenas son reducidas en su alcance a ciertos grupos o lugares marcados (Humahuaca) para invizibilizar el resto, en este caso los pueblos Casabindo y Cochinoca, en la Puna. Será precisamente en ellos donde reaparecerán identificaciones indígenas en relación con luchas por la posesión y propiedad de sus tierras entre las décadas de 1870 y 1920. La insurrección puneña reavivó en 1875 tanto las autoidentificaciones indígenas como las proyectadas sobre los insurrectos por las elites locales, reactualizando antiguos temores e imágenes de peligrosidad asociados a lo indio. Hacia la década de 1880 los campesinos aún argumentaban su posesión inmemorial en base al derecho indiano y reiteraban el pacto colonial de tributo por tierras (en los términos planteados por Tristan Platt, 1982), reconvertido a las prestaciones reciprocitarias –particularmente servicios militares– con el estado republicano. Y hacia 1920 nuevos reclamos (con asesoría no indígena) se amparaban en la condición de "humildes pobladores de la raza primitiva", "nativos aborígenes" o "naturales". En definitiva, lo que este capítulo –entre otras cosas– pone sobre el tapete es la capacidad de los sectores subalternos de revertir o resignificar clasificaciones hegemónicas, redefinir contornos identitarios y luchar por el fundamental derecho al acceso y propiedad de sus tierras que tan largamente han sido apetecidas por diversos agentes, especialmente desde la transición a la república.

Justamente, en el capítulo "Los derechos de los comuneros. Comunidad, tierras y jurisdicción en la provincia de Córdoba en el siglo XIX" Sonia Tell analiza la persistencia de los "pueblos de indios" en Córdoba durante el siglo XIX, atendiendo a un doble proceso de expropiación pública: de las tierras comunales y de la jurisdicción civil y criminal de los curacas y cabildos. A partir de una completa revisión de investigaciones previas disponibles y de la integración de nuevas fuentes, la autora muestra cómo la segunda se produjo de manera más temprana pero más lenta, con el progresivo desconocimiento de las autoridades indígenas, mientras que la primera –asociada a su vez al desarrollo de obras públicas y la erección de villas– se realizó de manera más abrupta, homogénea y tardía. Ambos procesos recortaron derechos adquiridos en el período colonial que habían sido hasta entonces celosamente defendidos por muchos miembros de comunidades y abrieron el juego a posturas disímiles entre los comuneros en cuanto a la forma de poseer y explotar las tierras en común. Pero a pesar de ello, y de las profundas transformaciones producidas en su seno, no significaron la desarticulación de las identidades indígenas ni de todas las comunidades, algunas de las cuales continúan siendo reconocidas hasta fines del siglo. Encontramos que se intentó derrotar, suprimir o subordinar trayectorias históricas alternativas que fueron posibles y deseadas por los comuneros durante gran parte del siglo, pero que estas no desaparecieron completamente en la medida que son exploradas en la actualidad por las comunidades comechingonas que reconocen sus orígenes en algunos de estos pueblos.

En vinculación con el tema de las clasificaciones, el problema de la tierra y de las autoridades étnicas, *Lorena Rodríguez* nos acerca a otra dimensión del relativamente reciente campo de la historia de las indigenidades interiores en la Argentina: la sinuosa biografía de investigación que algunos de nosotros hemos debido desarrollar para dar cuenta de una temática hasta entonces prácticamente invisible. En su capítulo "'Indios' después de la colonia. Fuentes, problemas y balances para las provincias de Tucumán y Catamarca durante el siglo XIX" reconstruye la cadena de marchas y contramarchas que protagonizó para estudiar distintas problemáticas referidas a los pueblos indígenas de Tucumán y Catamarca en la transición a la república y durante el siglo XIX. Un tema casi impensable para la etnohistoria que, en Argentina, se desarrolló en gran medida precisamente sobre la región del Tucumán colonial, asumiendo la desaparición de los sujetos indígenas por extinción, desestructuración, mestizaje o aculturación y la principal área de estudio de la autora, los valles Calchaquíes, se consideraba como despoblada de indígenas luego de su deportación masiva a consecuencia de su derrota en las grandes rebeliones del siglo XVII. Rodríguez releva fuentes, bibliografía y temas realizando un balance de los conocimientos obtenidos. Matizando las teorías de la desestructuración, el trabajo evidencia la plasticidad y continuidad de apelaciones, autoridades y conflictos territoriales asociados a identificaciones y experiencias indígenas entre fines del siglo XVIII y fines del XIX. También, con relación al tema tratado en Tell para Córdoba y al igual que en la región cuyana (Escolar, 2013), demuestra la reformulación en el interior argentino de liderazgos indígenas más allá del desconocimiento oficial de las categorías coloniales de autoridad, en este caso en la figura de los apoderados.

El capítulo siguiente, "La Merced Real del Cacique Sayanca. Propiedad, escritura y soberanía durante el siglo XX en Argentina" de *Diego Escolar*, retoma muchos de los problemas relevados por los distintos autores del libro para los períodos finicolonial y republicano, pero los proyecta hacia el siglo XX a partir de una investigación centrada en la reconstrucción de la productividad de los archivos y memorias indígenas de la región de Cuyo en las disputas por la propiedad de la tierra. Aborda el caso de un documento colonial supuestamente apócrifo, la Merced de tierras a un cacique huarpe de 1713, que evoca inmediatamente la famosa Merced Real de Amaicha considerada una anomalía histórica (ver Rodríguez, 2011). Este documento fue utilizado tanto por los lagunero de Guanacache y sus apoderados para defender sus derechos territoriales desde principios del siglo XIX como por advenedizos y miembros de las elites para apropiarse de tierras de casi un tercio de la provincia. Centrando su estudio en el peritaje de la Universidad Nacional de Cuyo dirigido por el folklorista Juan Draghi Lucero en la década de 1950, analiza la relación entre la constitución de la propiedad privada y la ilegitimación de la propiedad, discurso y prácticas judiciales indígenas. Plantea la existencia de una aporía soberana en el origen de la discusión sobre la autenticidad de documentos probatorios que recayó selectivamente sobre aquellos que alegaban propiedad indígena, ocultando las prácticas fraudulentas sobre las que se constituyeron las propiedades privadas en el área. Muestra, más allá de la interesante discusión en torno a la legalidad-legitimidad del documento, que la Merced Real condensa las luchas territoriales de los laguneros, articula memorias e historias colectivas y performa, a su vez, una voluntad soberana sostenida en la identidad indígena o huarpe.

El texto de *Guilermina Espósito*, que cierra el bloque referido a Argentina, retoma también las trayectorias de lucha, vinculadas a la tierra y al agua, y la posible continuidad política de comunidades indígenas pero lo hace advirtiendo que lo "indio" y los rótulos étnicos como tales deben ser revisados e historizados. Así, en su capítulo "*Colla es signo*. Discursos etnológicos en la Puna de Jujuy, Argentina", la autora recorre y desmenuza la historia de la constitución misma del término *colla* utilizado para marcar la diferencia étnica en Jujuy. Como han demostrado investigaciones recientes en Argentina –por ejemplo Farberman para Santiago del Estero en este mismo libro– existe una historia propia de las clasificaciones étnicas que no puede ser reducida a las prácticas culturales, lingüísticas, estructura jurídica o distribución geográfica *per se*. Intelectuales, viajeros, científicos produjeron percepciones y representaciones que fueron determinantes de la consideración social y política de sujetos "indios" o "no indios". Espósito rastrea entonces la construcción de la categoría *colla* y su asociación con la *puna* en las primeras descripciones geográfico-naturalistas y etnológicas desde la década de 1880 hasta el momento previo a la reivindicación colla indianista en la década de 1970. Notablemente, a diferencia de otros contextos analizados, no conocemos referencias al uso de la categoría en tiempos coloniales o republicanos tempranos. Sin embargo, constituyó una de las más fuertes apelaciones de indigenidad asociadas tanto a las políticas estatales y las representaciones sociales como a los propios actores en su movilización. Este trabajo, contribuye a discutir nuevamente, desde la propia articulación y uso de las categorías, la arraigada noción del "mestizaje" o la "aculturación" como desaparición de lo indígena.

Como indicamos al principio de esta Introducción, el objetivo de este libro es aportar una mirada abarcativa y compleja sobre la situación de los pueblos indígenas en el actual territorio central y norte argentino más allá de la colonia. Sin embargo, esta problemática ha sido investigada profusamente en diversos contextos latinoamericanos con diversos grados de visibilidad de su historia indígena, y en algunos casos con una más larga tradición historiográfica al respecto. Creemos que una mejor comprensión de los procesos que nos ocupan requiere establecer conexiones con una experiencia continental acaso más estudiada, que permita también reflexionar sobre los distintos ritmos y posibilidades de construcción del objeto de estudio en diversos contextos nacionales. Para ello, uno de nuestros objetivos fue provocar una conversación con colegas de países que constituyen referencias significativas, sea por su desarrollo del campo, el interés comparativo o las conexiones históricas con la experiencia indígena interior argentina.

Es por eso que, además de los autores recién presentados que trabajan sobre el espacio argentino, convocamos a otros colegas que, a modo de "enlaces contextuales", pudieran aportar puntos de anclaje y comparación desde otras latitudes latinoamericanas. En conjunto estos trabajos, y en consonancia con lo ya analizado, dan cuenta de los impactos que supuso el fin del período colonial y la implementación de políticas liberales, que transformaron –o en muchos casos también directamente borraron– las identidades indígenas larga y laboriosamente construidas, y recortaron los derechos a ellas asociados. Lo hacen desde las particularidades propias de cada país y regiones bajo estudio, e incluso apoyándose o cuestionando las propias tradiciones académicas bajo las cuales se estudiaron (o no) las problemáticas centrales de este libro.

En este último sentido, y a diferencia del panorama delineado para Argentina, el trabajo de *Antonio Escobar Ohmstede*, titulado "La(s) llamada(s) tierra(s) comunal(es) indígena(s) en el México del siglo XIX", da cuenta de una larga y nutrida producción historiográfica que, aun con pendientes y temas a reevaluar, le permite al autor partir de una base sólida para revisar algunos temas específicos relativos a los pueblos indígenas mexicanos durante el siglo XIX. Así, el eje del texto pasa por repensar los tipos de derechos sobre tierras existentes en los pueblos indígenas decimonónicos, problematizando el significado de los "comunes" en un período en el que –de la mano de las ideas liberales– se buscó impulsar la "propiedad perfecta" a través de políticas que tendieron a homogeneizar una pluralidad de derechos de uso, usufructo o posesión que estaban fuertemente arraigados desde el período colonial. A la luz de lo estudiado en el campo historiográfico mexicano, el autor señala que los resultados de este proceso fueron desparejos, ya que las desamortizaciones (en plural) de tierras se produjeron de variadas formas según las características sociales y económicas de cada uno de los pueblos en cuestión. En definitiva, advierte sobre la necesidad de evitar visiones homogeneizadoras sobre los denominados "bienes comunes" y desmontar sentidos unitarios o anacrónicos, en especial cuando –como señala el propio Escobar Ohmstede– se trata de un término que ha mantenido vigencia hasta la actualidad.

Es que el "mundo indígena", con sus diferentes aristas y pliegues, ha sido y es sumamente complejo. A pesar de las miradas totalizantes y estereotipadas que se han ido instalando a lo largo del tiempo, existen variaciones importantes resultado no sólo de los modos de organización socio-cultural heredados (de antiguos y prehispánicos), sino también de cómo los indígenas afrontaron y atravesaron la conquista y los diferentes procesos de colonización hasta el presente; en especial aquellos asociados a la etapa republicana en que se suponía que iban a (o debían) extinguirse. En este sentido, el artículo "El mundo indígena boliviano, ancho y diverso. Nomenclaturas, mano de obra y tierras en el largo siglo XIX (1825-1930)" de *Rossana Barragán* y *Ana María Lema*, se ocupa de desarmar la aparente unidad de ese "mundo indígena" en la Bolivia del siglo XIX para plantear profundas diferencias en los procesos acaecidos en la zona andina del occidente (denominadas tierras altas) y en la menos conocida zona oriental (tierras bajas), no sólo por sus ubicaciones geográficas sino también por sus distintas economías y vínculos entablados con el Estado. Así, a través de un minucioso análisis de censos decimonónicos y de las categorías de clasificación y representación que allí aparecen, las autoras exploran la relación de estas nominaciones estatales en ambas regiones con el problema de la tierra, la propiedad y la búsqueda del control de la mano de obra. Concluyen –dándonos pistas para repensar otros casos– que si algunos de los territorios de las comunidades altiplánicas y de los valles interandinos pudieron mantenerse hasta hoy fue tanto por la defensa que ellas entablaron a lo largo del tiempo, como también porque los ejes económicos estatales estuvieron centrados en territorios más densamente poblados en donde, desde la colonia, se garantizó la vida del Estado y la participación de los indígenas en los mercados de productos y de trabajo. Fue precisamente por ser economías no antagónicas al mercado que esas estructuras se mantuvieron.

Si como otros aportes de este libro el artículo de Barragán y Lema parte del análisis del modo en que, a través de la gramática estadística, el Estado categorizó a la población indígena durante el siglo XIX, el siguiente texto –titulado "Chile en el siglo XIX: ¿una república sin indios?" de *Hugo Contreras Cruces* y *Milton Godoy Orellana*– da cuenta de cómo desde las políticas estatales se borraron directamente las diferencias étnicas en lo que podríamos pensar como el "Chile interior", al norte del territorio mapuche. Sobre todo, cómo la historiografía contribuyó al borramiento de los indígenas del Norte Chico y del Centro de Chile para el período republicano, al interpretar los procesos postcoloniales como mestizajes biológicos y culturales o directamente haciendo caso omiso de los datos que muestran lo contrario. Un grupo de historiadores renovaron desde la década de 1990 los estudios sobre los pueblos indígenas durante el siglo XVIII (especialmente del Chile Central), aunque en general suscribieron las teorías del mestizaje y la aculturación para el periodo republicano. Sin embargo, los datos aportados por ellos revelan una contundente vitalidad de los colectivos indígenas a fines de la colonia por lo que llama la atención su abrupta desaparición en la etapa siguiente. El hecho de que la marcación étnica de los registros estatales fue desapareciendo o haciéndose más tenue en las fuentes al adentrarse en el siglo XIX, estimulan más que disuaden de continuar las investigaciones en ese sentido, según la insinuación de algunos datos y pistas documentales certeras que los autores proporcionan. Así, al igual que para el espacio argentino (con el que existen varios puntos de semejanza) la sentencia que indica que la república chilena era una república "sin indios" merece ser reevaluada a partir de una agenda de investigación renovada teórica y metodológicamente, que se corra de los rótulos identitarios impuestos, busque nuevas fuentes y atienda incluso a las historias que cuentan quienes hoy reconocen vínculos ancestrales con aquellos indígenas subsumidos bajo la retórica de la supuesta igualdad jurídica y étnica republicana.

El vínculo con el presente, con el que cierran su trabajo Contreras y Godoy, aparece a lo largo de todo el libro y es muy patente en el último capítulo de esta compilación. El texto de *Ignacio Telesca*, "De 'Pueblos de Indios' a 'Pueblos Indígenas'. Visibilizar e invisibilizar en Paraguay", propone un recorrido que une dos hitos temporales. Por un lado, el decreto de 1848 de supresión de los diferentes pueblos de indios que existían en Paraguay desde la temprana colonia y que marca el punto de inflexión en el ocultamiento de los indígenas. Por otro, la reciente recuperación de una memoria indígena enlhet que se erige como ejemplo de los procesos de visibilización de los pueblos indígenas paraguayos en la actualidad. En el medio, el autor da cuenta de la sinuosidad/discontinuidad de ese recorrido a través de la presentación de datos estadísticos, la revisión de algunos sucesos (la guerra de 1864-70 contra la Triple Alianza, el posterior desembarco de grandes capitales internacionales y de las iglesias cristianas, la llegada de los menonitas, la guerra del Chaco, entre otros) y el análisis de cómo algunas de estas temáticas fueron abordadas por las disciplinas histórica y antropológica. Busca, en esa "línea quebrada, de continuidades y rupturas", poner en jaque relatos hegemónicos y, fundamentalmente, lidiar con el propio problema de conformación del Paraguay que, al igual que el resto de los Estados latinoamericanos, debe aún dirimir el lugar que ocuparán los indígenas de aquí en más.

Con este libro pretendimos dar mayor peso y coherencia a las investigaciones sobre los pueblos originarios en la Argentina republicana, mayoritariamente circunscriptos hasta el momento a las así consideradas fronteras indígenas de las áreas Pampa-Patagonia y Chaqueña. Este desafío por supuesto no se clausura con este resultado sino que, por el contrario, a partir del mismo se expande en una multitud de interrogantes teóricos y problemas metodológicos. Tomando en cuenta los aportes que constituyen este volumen, podemos destacar sucintamente dos de ellos.

El primero es la falta de visibilidad de las experiencias indígenas de intramuros en la Argentina. Por un lado, presupuestos teóricos muy arraigados han impedido en muchos casos considerar la propia entidad de sujetos indígenas en una sociedad considerada por definición "criolla". Definiciones sustancialistas de lo indígena a partir de nociones de pureza cultural e inclusive racial, o funcionalistas y estructuralistas de la sociedad indígena han impedido considerarlos como productos dinámicos de una auténtica experiencia histórica. Los sistemas clasificatorios de la etnicidad/aboriginalidad/nacionalidad han funcionado como diques de clausura intelectual en la propia historiografía. El énfasis en el estudio de las sociedades indígenas en las fronteras coloniales republicanas, no obstante los grandes aportes para el campo, han fortalecido en ocasiones la invisibilidad de la historia indígena "misturada" al decir de João Pacheco de Oliveira (2010), instalando implícitamente que sólo en dichas fronteras los indígenas han sido y son existentes de pleno derecho. En algunos trabajos de este libro podemos observar cómo ésta dinámica de representación "exterior" o *exteriorización* de la identidad indígena acontece también en contextos regionales y locales, donde la indigenidad es expulsada y trasladada, según la época, de unos grupos a otros considerados más próximos a las fronteras de la sociedad, del Estado o de lo humano. Suponiendo que se lograra contrarrestar estos presupuestos e imaginar nuevas posibilidades históricas, el principal problema que han señalado los autores de este libro es la obtención de fuentes, toda vez que la bibliografía existente está permeada de los mismos prejuicios o de las categorías oficiales/administrativas de etnicidad de la documentación consultada: esto exige, por tanto, lo que podemos denominar una re-calibración historiográfica del objeto de estudio que identifique y valorice nuevas categorías, referencias y procesos para reconstituir la experiencia de los sujetos indígeno-criollos. Esto incluye no sólo identificar nuevos repositorios y fuentes sino también acudir a las memorias orales, reevaluando la relación con la temporalidad, la propia legitimidad y las posibilidades heurísticas del discurso histórico de quienes se consideran herederos de dichos sujetos.

El segundo es la necesaria reconsideración de la historia política y agraria del interior argentino. Una vez que constatamos la pervivencia y productividad no sólo de identificaciones sino también de autoridades políticas, demandas, acceso a la tierra y agua y territorialidad indígenas en los siglos XIX y XX, se revelan por lo menos incompletas las grandes narrativas de la modernidad nacional, las explicaciones sobre la constitución de la propiedad de la tierra, la movilización política rural y la formación del Estado en dichos ámbitos. Avanzando en la deconstrucción de lo indígena/criollo-nacional como un par dicotómico, se debe abrir el juego a pensar en qué medida y cómo la historia indígena no debe ser confinada como una curiosidad periférica si no que debe ser considerada también como perspectiva de la historia nacional, o sea, historia a secas.

Agradecimientos

Queremos expresar nuestra gratitud a todos los autores que con entusiasmo se sumaron a este proyecto y con paciencia atendieron las sugerencias para reescribir sus capítulos y esperar la publicación de esta obra. También a las instituciones que nos cobijan y sostienen: la Universidad Nacional de Cuyo, la Universidad de Buenos Aires y el Consejo Nacional de Investigaciones Científicas y Técnicas. Agradecemos también a esta institución el financiamiento parcial de la publicación de este libro a través del proyecto "Procesos de construcción de alteridad indígena y disputas socio-económicas, políticas y étnicas. La jurisdicción de Tucumán en la primera mitad del siglo XIX".

Bibliografía citada

Briones, C. (1998). *La Alteridad del Cuarto Mundo. Una Deconstrucción Antropológica de la Diferencia*. Buenos Aires: Ediciones del Sol.
Escolar, D. (2007). *Los dones étnicos de la Nación. Identidad huarpe y modos de producción de soberanía en Argentina*. Buenos Aires: Prometeo.
Escolar, D. (2013). Huarpes Archives in the Argentine Desert: Indigenous Claims and State Construction in Nineteenth-Century Mendoza. *Hispanic American Historical Review, 93*, 451-486.
Pacheco de Oliveira, J. (2010). ¿Una etnología de los indios misturados? Identidades étnicas y territorialización en el Nordeste de Brasil. *Desacatos, 33*, 13-32.
Platt, T. (1982). *Estado Boliviano y ayllu andino. Tierras y tributos en el Norte de Potosí*. Lima: Instituto de Estudios Peruanos.
Quijada, M. (2004). De mitos nacionales, definiciones cívicas y clasificaciones grupales. Los indígenas en la construcción nacional argentina, siglos XIX a XXI. En W. Ansaldi (Coord.), *Caleidoscopio latinoamericano. Imágenes históricas para un debate vigente* (pp. 425-450). Buenos Aires: Ariel.
Rodríguez, L. (2011). El viaje de don Lorenzo y otros "peregrinajes". Reclamos territoriales, identidad y memoria en la comunidad de Amaicha del Valle. En L. Rodríguez (Comp.), *Resistencias, conflictos y negociaciones. El valle Calchaquí desde el período prehispánico hasta la actualidad* (pp. 123-144). Rosario: Prohistoria.

De "naciones" a "indios" y de "indios" a "paisanos". Sujetos y prácticas indígenas en Santiago del Estero, siglos XVI a XIX

Judith Farberman

Introducción

Imbuidos de entusiasmo positivista, los memorialistas Alejandro Gancedo y Lorenzo Fazio sostenían a fines del siglo XIX la virtual desaparición de toda herencia indígena en la provincia. Mientras Gancedo clasificó a los "indios del Chaco" como "mamíferos bimanos" en el apartado sobre la fauna, para Fazio resultaba casi imposible reconocer a los "antiguos retoños errantes de las tribus dispersadas por los quichuas" entre los diligentes asalariados que trabajaban en el ingenio Contreras (Fazio, 1889: 315). Relegados al pasado y a los márgenes geográficos, los "indios" se habían difuminado en una población criolla que prometía desdibujarse todavía más cuando, numerosa, afluyera la inmigración europea.[1]

Las memorias descriptivas de Gancedo y Fazio datan de 1885 y 1889 respectivamente. Cuando cuatro décadas más tarde se hizo evidente que el tren del progreso había pasado de largo por la provincia, las élites intelectuales pensaron el pasado indígena local en otros términos, acaso más románticos: el hallazgo de los restos de una supuesta "civilización chaco santiagueña" que los conquistadores hispanos no habrían llegado a conocer trasladaba a tiempos remotísimos a los hacedores de un "imperio de las llanuras" vinculado con el mundo clásico. Fue así que los hermanos Wagner, dos aristócratas franceses aficionados a la arqueología, en el mismo acto en que entregaban a la provincia una "civilización prehistórica" prestigiosa, eliminaban también a los indígenas de carne y hueso, invisibilizando a sus míseros descendientes (Martínez, Taboada y Auat, 2011).

---
1. Una reflexión pormenorizada sobre los memorialistas santiagueños y la cuestión indígena en Concha Merlo (2017, en prensa). Cfr. también Bonetti (2015).

Si Santiago del Estero se había quedado sin "indios" ¿dónde podía colocarse la difundida presencia de "la quichua", la vigencia insoslayable de prácticas como la caza y la recolección, las diversas "supersticiones", las salamancas que, rodeadas de obstinados silencios, les eran convencionalmente atribuidas? Incluso Bernardo Canal Feijoo (1937), uno de los más sensibles analistas santiagueños, terminó entendiendo lo indígena como una suerte de afloración o emergencia episódica en diversas expresiones artísticas y culturales, un "fondo de la historia" (sic) sin fechas ni sujetos.

Basten estos veloces ejemplos como muestra de la relación distante que las élites culturales santiagueñas establecieron con "lo indígena" en la provincia. ¿Sólo las élites culturales? Probablemente no. Los testimonios recogidos por los maestros en la *Encuesta Nacional de Folclore* llevarían a pensar en un relegamiento de la indianidad al pasado como sentir más difuso y capilar.[2]

También las voces más recientes nos devuelven imágenes equiparables. En sus estudios etnográficos, José Luis Grosso (2008) pudo constatar la "muerte de los indios" (e invisibilización de los negros) a través de las entrevistas que realizara en la mesopotamia santiagueña en la década de 1990. Exhibiendo ante el investigador los fragmentos cerámicos dispersos por doquier, los pobladores rurales volvían tangible aquella muerte, expresando una sentida desconexión con el pasado colonial y prehispánico. La misma ajenidad, ya entrado el nuevo siglo, detectó Carlos Bonetti en Manogasta, sobre el río Dulce. Los manogasteños situaban a los "descendientes de los indios", invariablemente, en parajes vecinos. El longevo pueblo colonial, sede de encomienda y capilla, parecía no haber dejado rastros en la historia y en la memoria local (Bonetti, 2013 y 2016).

Algunos matices novedosos introducen las investigaciones de Pablo Concha Merlo (2016) en el departamento de Copo, sobre el río Salado. Incorporada luego de la campaña de Victorica en 1884 (y de manera efectiva aún más tarde,

---

2. En rigor, las referencias a un pasado indígena o a la supervivencia de prácticas indígenas son casi excepcionales en la *Encuesta*. Las dos que reproducimos son interesantes porque provienen de lugares que habían sido pueblos de indios en la colonia. Así en Sabagasta (Encuesta Nacional de Folclore- ENF, Instituto Nacional de Antropología - INA, Caja 2, Carpeta 42), el informante Agustín Herrera de 67 años decía que en su paraje "estos tenían su iglesia y sus tribus" que adoraban a la Virgen del Rosario y que "cuando amanecían enojados, tocaban mal (la campana de la capilla), destemplado, lo que les servía de anuncio a las gentes, que al sentirlo, volvían sin llegar, porque si alguien llegaba, lo levantaban en la punta de la lanza". El pueblo se acabó cuando "un fuerte huracán llevó el techo de la iglesia, no la volvieron a levantar y cuando el agua invadió estas regiones abandonaron". En Matará, la maestra Clementina Gramajo atribuía a Rufino Chavez, de 98 años, un testimonio que más parece reflejar su propia opinión. Entre los pobladores actuales de la villa habrían dominado "elementos sin instrucción y que por desgracia no comprenden ni el idioma nacional, teniendo por lengua habitual el quichua, descubriéndose aún en los rasgos salvajismos, algunos de ellos descienden de indios Guaicurúes que fueron los primeros habitantes de estas regiones. Sus viviendas consisten en ranchos construidos a base de horcones, madera, paja y barro, allí moran criollos atrasados, tendenciosos, enviciados y en cuyas costumbres se descubren aún las del esclavo" (ENF, INA, Caja 6, Carpeta 155).

dada la impenetrabilidad del territorio), confluyeron en el "repoblamiento" de esta región fronteriza diversos actores, entre los cuales descollaban los "puesteros criollos", identificados como principales ancestros por los pobladores. Sólo en una instancia posterior de la investigación, los "ascendentes indios", sin especificación étnica y ligados a un pasado traumático, fueron sumados al relato de los entrevistados.[3] Sin embargo, no obstante las (tenues) variaciones que introduce esta región fronteriza, no nos parece abusivo afirmar que, en términos generales, Santiago del Estero bien podría entrar en el conjunto de las "provincias sin indios" de la Argentina, dominadas por una identidad criolla (o mezclada).

Otras dos manifestaciones hasta hoy vigentes podrían reforzar esta idea. La primera de ellas, todavía por estudiar, consiste en el apenas incipiente panorama de reemergencias étnicas en la provincia, todas ellas hasta ahora muy puntuales y de limitada repercusión que apuntan fundamentalmente a supuestas identidades del pasado prehispánico.[4] El segundo elemento es el proceso –en rigor de larguísima data– de "desindianización" de la quichua que, durante la colonia y en el siglo XIX, hablaba la mayor parte de los pobladores de la campaña. Como lo han estudiado detenidamente Grosso (2008) y Andreani (2014), a través de diversas operaciones "la quichua" fue deviniendo una lengua criolla y perdiendo sus supuestas raíces incaicas, para ser luego reivindicada como distintiva de la identidad provincial. En este contexto, los *quichuistas* actuales "son una versión aceptada de alteridad, sin llegar a ser una categoría sociopolítica conflictiva como 'campesino' o 'indígena'" (Andreani y Acuña, 2014: 73).

Por cierto, en sus trazos más gruesos, las razones de este proceso de invisibilización de lo indígena en la provincia, incluyendo la desindianización de la quichua, no son precisamente un misterio a develar. Es bien conocido que en el siglo XIX las identidades nacionales y provinciales fueron erosionando progresivamente las socioétnicas, aunque no siempre sea factible rastrear adecuadamente su devenir a través de fuentes documentales. Lo que ha quedado es un

---

3. Concha Merlo (2016) recuperó la presencia indígena primero en "anécdotas mínimas" y luego en el recuerdo doloroso y vergonzante de las "bisabuelas indias", parte de la "chusma" capturada en la conquista del "desierto verde".
4. No he encontrado bibliografía sobre este punto y mi información proviene de dos investigadores con amplia experiencia en trabajo de campo que están actualmente "rodeando" el tema más que ocupándose directamente. Según comunicación personal de Héctor Andreani, grupos muy dispersos geográficamente se reivindican tonocotés mientras que, con una mayor concentración en Atamisqui, otros adscriben a una identidad diaguita cacana. De acuerdo con Pablo Concha Merlo, a diferencia de los procesos de etnogénesis de otras provincias (como el de los huarpes mendocinos analizados por Escolar, 2007), en Santiago las definiciones identitarias mayoritarias carecen, en general, de una filiación étnica precisa. "La adscripción real y cotidiana tiene una intensidad baja en términos de 'descendiente de originario', mientras que las categorías étnicas solo tienen un peso formal y político en los procesos de lucha por la tierra. Además, cuando las personas dicen tal o cual cosa sobre sus filiaciones indias y no-indias lo hacen en clave de raza/sangre, prácticas indias (vinculadas a la algarroba, por ejemplo) y en muy pocos casos en memorias" (Concha Merlo, comunicación personal).

repertorio de prácticas más o menos reconocidas como indígenas, sin sujetos que las soporten. A partir de siglo XX, procesos de folclorización criollizaron y estereotiparon aún más lo indígena.

Y sin embargo, hasta principios del siglo XIX existieron en Santiago poblaciones de cierta consistencia demográfica que eran reconocidas –y, sobre todo, se reconocían a sí mismas– como "indias". Más precisamente, tres categorías de "indios", modeladas en una historia de dominación colonial plurisecular, se recortaban con nitidez: "tributarios", "reducidos" e "infieles". La conformación de tales etiquetas acompañó un despliegue institucional quizás más eficaz como imaginario que en sus resultados prácticos: en torno de ellas, se gestaron hacia fines del XVIII otras de más ambigua definición –"indio libre", "soldado", "indio colla", "cholo", "mestizo"–. Esta multiplicación de rótulos, visible en fuentes tales como los padrones de tributarios, los expedientes criminales y los registros parroquiales, expresaba tanto las concreciones institucionales como la complejidad nominativa y real que la sociedad colonial había ido ganando con el tiempo.

Por otra parte, como se anticipó ya, la cabecera de Santiago del Estero compartía una extensa frontera bélica con las de Jujuy, Salta y Santa Fé. Fue por ello que la categoría de "indio" se construyó, al igual que en otras jurisdicciones, entre dos extremos: "cristianos" e "infieles". Los primeros respondían al modelo corporativo del pueblo de indios; los segundos, se mantenían soberanos y representaban una alteridad radical e irreductible.[5] Entre unos y otros, aunque el modelo tuvo duración y efectos limitados en Santiago del Estero, se hallaban los "indios de paz", inestablemente incorporados en las reducciones de vilelas y abipones.

Contra cualquier apariencia, esta grilla tripartita era mucho más que un diseño institucional o una invención burocrática. Como lo advierten las fuentes judiciales –que como pocas permiten imaginar el mundo popular del pasado–, se trataba de clasificaciones que se expresaban en lenguajes ampliamente compartidos. Es así que los expedientes de la primera década del siglo XIX –incluso más intensamente que los de la centuria anterior– abundan en epítetos socio-étnicos que nos llegan de boca de acusados y testigos y dan cuenta de la relevancia de este tipo de adscripciones (Farberman, 2009).

Las revoluciones de independencia signaron la disolución de las corporaciones indígenas en Santiago del Estero. Fue así que entró en desuso una nomenclatura que, a la postre, expresaba diversos grados de membresía a la

---

5. Como es sabido, la normativa local vigente para los pueblos de indios del Tucumán, Río de la Plata y Paraguay se condensaba en las ordenanzas redactadas por el Oidor Francisco de Alfaro en 1611 y 1612, adaptación de las peruanas del virrey Francisco de Toledo. Sobre la vigencia de estas ordenanzas, cfr. Palomeque (2000).

corporación al pueblo de indios. Aunque no podamos rastrear este proceso con el debido detalle –las fuentes del archivo local son harto escasas para las cruciales décadas de 1810 y 1820– lo cierto es que los rótulos socio-étnicos se van haciendo menos frecuentes para desaparecer por completo hacia 1830, al menos en el registro escrito. Sólo en la frontera, donde la violencia se volvió incontenible por la derivación de recursos materiales y humanos hacia la guerra contra realistas y unitarios, los "indios", ahora encarnados en los "salvajes" que se mantenían soberanos, sobrevivieron como temible flagelo para las poblaciones y estancias del Salado.

En el entendimiento de que "lo indio" fue también el modo de representarlo, buena parte de este artículo recorre el largo proceso que entre mediados del siglo XVI y principios del XIX aportó a la construcción del "indio colonial" como sujeto. El primer apartado remite a las clasificaciones del "descubrimiento", apuntaladas a partir de criterios lingüísticos, culturales y geográficos que coexistían con la identificación de "naciones" discretas. El tránsito de las "naciones" a las encomiendas y repartimientos fue el paso previo a la formación de pueblos de indios que, en simultaneidad con aquéllos, adoptaron configuraciones regionales contrastadas. En efecto, la fronterización del río Salado otorgó un status particular a las corporaciones indígenas de aquella zona que, por otra parte, convivieron hasta 1767 con las dos reducciones de grupos chaqueños y que son una peculiaridad santiagueña. Por último, las postrimerías del antiguo régimen muestran la complejización de los pueblos de indios a partir de la incorporación de agregados, "soldados" y arrendatarios con derechos diferenciales de membresía y de uso de los recursos.

Fue así que, en los inicios del siglo XIX, la categoría de indio remitía fundamentalmente a una figura jurídica asociada con atributos que expresaban una calidad y que se recortaba, fundamentalmente, por la adscripción a un pueblo o reducción. El cierre, concerniente al ocaso de estas estructuras, será necesariamente especulativo, toda vez que muy poco sabemos de la historia santiagueña republicana.

Las "naciones" de la conquista. De la heterogeneidad a la homogeneidad

Como es sabido, los primeros cronistas organizaron las diferencias culturales de los nativos a partir de dos criterios principales: los lingüísticos y los patrones de movilidad. En la todavía difusa jurisdicción de Santiago del Estero –primera fundación estable del Tucumán– dos lenguas fueron consideradas mayoritarias: cacán y tonocoté. En una carta célebre, el jesuita Alonso de Barzana cartografió a los hablantes nativos situando el predominio del cacán entre "los pueblos casi todos que sirven a Santiago así los poblados en el río Estero como otros muchos que están en la sierra" y el del tonocoté en "todos los pueblos que sirven a San Miguel de Tucumán y los que sirven a Esteco, así todos los del río del Salado y cinco o seis del río de Estero". También señaló el jesuita otros idiomas minoritarios –como el indamás y el sanavirón– mientras que mantuvo en la ambigüedad si el lule era una lengua separada o una suerte de dialecto del tonocoté (Barzana, 1594 en Berberián, 1987: 252). Por mucho tiempo, se ha dado por supuesto quizás demasiado ligeramente, que las "naciones" que hablaban estas lenguas conformaban unidades menores que podían remitir a estructuras políticas (cacicazgos) o territoriales (aldeas).[6] Como en breve reseñaremos, la investigación arqueológica y etnohistórica está poniendo en duda la etnificación de estos rótulos confusos o estereotipados que, no obstante, nos proveen de un primer "mapa".

En cuanto a la movilidad, los cronistas remitían a patrones de subsistencia planteados por oposición. Mientras los tonocotés y diaguitas formaban "pueblos" de labradores, en los márgenes, cruzando el río Salado y avanzando hacia el Bermejo, los "frentones" andaban "en el traje en que nacieron", sin saber "de agricultura ni edificar" y ser "todo su ejercicio (…) cazar y pescar" (Barzana, 1594 en Berberián, 1987: 258). Aunque sin asignarlos con precisión a la llanura santiagueña, también los "lules", aquellos "alárabes sin asiento" del Tucumán, estaban en las antípodas de los labradores, cuyas aldeas saqueaban para apropiarse de alimentos. En este sentido, Barzana no fue el único en sostener que "si los españoles al principio de la conquista de la provincia de Tucumán no vinieran, esta nación sola (lule) iba conquistando y comiendo unos y rindiendo otros y así hubiera acabado a los tonocotés".[7]

Otra variante temprana para expresar la diversidad cultural fue la "provin-

---

6. No debe olvidarse que los cronistas no eran etnógrafos. Las descripciones iniciales se ocupaban prioritariamente de los grupos en encomienda (al servicio de los vecinos de una ciudad determinada) o apuntaban a identificar las lenguas que los agentes evangelizadores necesitaban conocer. Como ha destacado Giudicelli (2011), las categorías coloniales de las naciones funcionaron como etnificadoras; conjuntamente, las imposiciones de la encomienda y la acción jesuítica colaboraron en dividir el mundo indígena para controlarlo productiva e ideológicamente. El autor ha encontrado en Josep de Acosta al sistematizador más eficaz; en él coexisten una primera conceptualización genérica de los indios a la que sigue una posterior operación de segmentación. Mientras la primera construía "simbólicamente el espacio global de barbarie", la segunda "se dedicará a la producción y a la administración de las diferencias dentro de este primer espacio" a fin de incorporar las naciones al esquema colonial.
7. Isabel Castro Olañeta (2013) ha interpretado que la fundación misma de Santiago del Estero podía responder a una alianza entre los conquistadores y los tonocoté para conjurar la amenaza lule. Por nuestra parte, en una contribución muy reciente (Farberman y Taboada, 2018, en prensa), hemos trabajado sobre los distintos sentidos que la categoría "lule" fue adquiriendo a través del tiempo y de los contextos espaciales. En este sentido, cabe destacar que no siempre las relaciones fueron de hostilidad y que tampoco puede encasillárselos estrictamente bajo el rótulo de nómades. La movilidad estacional entre poblados parece haber sido la norma de estos grupos que, como ya en su momento lo había sugerido Lorandi (2015), bien pudieron compartir sus aldeas con los "labradores" del Dulce y del Salado.

cialización" del territorio conquistado; de hecho, la misma gobernación del Tucumán surgía de la agregación de "provincias" "juríes" y "diaguitas" (Ottonello y Lorandi, 1987).[8] En las probanzas de méritos y servicios de fines del siglo XVI, las "provincias" coinciden aproximadamente con las divisiones lingüísticas señaladas por los cronistas, aunque también suelen delimitar territorios más acotados y valerse de topónimos, y no sólo de etnónimos, para circunscribirlos. Así por ejemplo, para el Salado santiagueño, se habla de tres "provincias" –"salabines", "juríes" y "sanavirones"– e incluso de una cuarta, la de "Guatiligualá", que remite a un pueblo encomendado en un vecino de la limítrofe jurisdicción de Esteco.[9] Si bien no contamos con descripciones de tales "provincias", su construcción mostraba la voluntad (y necesidad) por aprehender, aunque fuera a grandes rasgos, la diversidad de los grupos sometidos.

"Provincias", lenguas y naciones proporcionan al investigador pistas o indicios muy esquemáticos y a menudo contradictorios. No solamente porque quienes escribieron conocían poco y mal a las sociedades nativas, sino también porque varios de estos grupos pudieron ser plurilingües o encontrarse multilocalizados, como resulta de la toponimia y de otras informaciones dispersas. En el mismo sentido, también la división entre nómades y sedentarios parece demasiado rígida y bien pudo expresar pautas de movilidad relativamente circunscriptas, como lo sugiere hoy la arqueología y puede entreverse a partir de ciertos matices que surgen de las fuentes escritas, sobre todo en las más tardías (Taboada, 2016 a y b; Farberman y Taboada, 2018, en prensa).[10] En rigor, sólo la colaboración entre historia y arqueología puede contribuir a dilucidar el confuso panorama temprano colonial en la región. En este sentido, pareciera existir cierta correspondencia entre las "provincias" trazadas por los conquistadores en el río Salado y las zonas exploradas por los arqueólogos (Taboada y Farberman, 2014). Por el contrario, mientras ni en la sierra ni en el Dulce se hallan los restos que convencionalmente se asocian a los hablantes del cacán y lo "diaguita santiagueño" resulta problemático para la arqueología (Taboada y Farberman, 2012), una zona no "provincializada" en las fuentes textuales

---

8. Según Ottonello y Lorandi (1987), hacia fines del siglo XVI la "provincia" remitía a una categoría cultural y étnica antes que geográfica: así, la gobernación del Tucumán era también llamada "de diaguitas y juríes", invocando a las "naciones" consideradas principales en la jurisdicción.
9. Esta delimitación de provincias se encuentra en probanzas de méritos fechadas entre 1584 y 1585 que relatan sucesos acaecidos entre 1552 y 1553 contados por Hernán Mexía Miraval, miembro de la hueste de Pérez de Zurita. Hemos expuesto nuestras hipótesis al respecto en Taboada y Farberman (2014).
10. La aludida hipótesis de Lorandi sobre la existencia de aldeas lule tonocoté ya muy transculturadas en el Salado santiagueño para el momento de contacto expresaría la confusión que las situaciones "grises" o intermedias generaban entre los testigos hispanos. También el hallazgo reciente de montículos que denotarían abandonos y reocupaciones recurrentes de diversos sitios. El equipo de Constanza Taboada se encuentra actualmente investigando estos patrones. Puede cfr. al respecto Taboada (2016 a y b) y Farberman y Taboada (2018, en prensa).

emerge con acusadas particularidades en los bañados de Añatuya, sobre el río Salado. Esta zona, ya relevada por Emilio Wagner en los años 40 y actualmente bajo estudio por el equipo de Constanza Taboada, presenta características inéditas por la existencia allí exclusiva de objetos de metal –en una zona no productora– y por la escala masiva en que se hallaron torteros y otros bienes, muchos de los cuales ajenos a la tradición local (Angiorama y Taboada, 2008; Taboada, Angiorama, Leiton y López Campeny, 2013). El hallazgo en el sitio de Sequía Vieja de recipientes asociados a la contención e ingesta de grandes cantidades de comida y bebida sugiere la celebración de encuentros de negociación y alianzas políticas con los incas –introductores de los metales– y grupos chacolitoraleños. En la economía de este trabajo, interesa destacar que fue justamente en esta región que las probanzas coloniales registran dos alzamientos indígenas –hacia 1550 y 1560 aproximadamente–, de los cuales el último contó con la contribución de "chiriguanaes" (como se llamaba genéricamente a los grupos de tierra adentro del Chaco). De esta suerte, es pensable cierta continuidad post conquista hispana en las relaciones de alianza negociadas en las "juntas" (Taboada y Farberman, 2014).

Una vez derrotada la resistencia en los bañados del Salado, Santiago del Estero se erigió como el bastión más seguro de la conquista hispana. Desde allí, la dominación colonial se extendió, no sin dificultad, al resto del Tucumán. Sin embargo, como han demostrado Palomeque (2000) y Castro Olañeta (2013 y 2014), ya a principios del siglo XVII el centro de gravedad regional se había trasladado desde el río Dulce al Salado, donde el mismo gobernador reconocía que se hallaban "los más indios desta jurisdicción". Para entonces, las denominaciones que antes habían remitido a unidades políticas y/o territoriales, ahora sólo diferenciaban "repartimientos" o "encomiendas" de "indios". Apenas en la división administrativa en "partidos" –ya presente en el siglo XVII, cuando los límites de las nuevas ciudades resulten más estables– puede todavía colegirse la heterogeneidad antes percibida por los conquistadores. En efecto, en los partidos del Dulce, Salado y Sierra –partidos de "pueblos de indios"– se hacía referencia a una división geográfica que coincidía *grosso modo* con las diferencias lingüísticas y culturales que los primeros observadores intuyeron y que irían perdiendo importancia (Castro Olañeta, 2013).

En 1582 –casi tres décadas después de fundada la ciudad– se estimaba en 12.000 "indios" (a secas) la población distribuida entre 48 encomenderos; en 1607, según cálculos del gobernador Alonso de Ribera, los "indios de doctrina" se habían reducido a 6.700 mientras que los beneficiarios de encomiendas habían trepado al centenar. No vamos a desarrollar aquí cuestiones ampliamente estudiadas; basta con recordar que a fines del siglo XVI los grupos encomendados entregaban una amplia variedad de bienes a sus feudatarios y, a través de la mita y del alquiler de brazos, también a otros vecinos (Carmignani, 2013). Las ordenanzas sancionadas por el gobernador y encomendero Gonzalo de Abreu en 1576 sólo concedían a los encomendados dos meses –enero y febrero, coincidentes con la recolección de la algarroba– para que destinaran a su propia reproducción; el resto del año dominaba el servicio personal sin límite ni medida, mientras el proceso de conquista se extendía hacia otros territorios, despojando a las aldeas indígenas de la mesopotamia santiagueña de recursos y de hombres. La "destrucción de las tierras bajas", como ha postulado Palomeque, estaba en acto y las fundaciones nuevas crecían en detrimento de la más antigua.[11]

En resumen, las clasificaciones de la conquista permiten apreciar el pasaje de las "provincias" a los "partidos" construidos a partir de criterios simultáneamente culturales y geográficos. De las antiguas "naciones", acomunadas en conjuntos mayores a partir de lenguas comunes, sólo quedaron rastros en los nombres de los "repartimientos" de mano de obra, que generalmente subsumieron en unidades mayores antiguas aldeas indígenas o cacicazgos. Esta homogeneidad recibió una ulterior consagración institucional una vez implantado localmente el modelo de las dos repúblicas. Durante la colonia, la categoría jurídica de "indio" tendería a reemplazar a las demás para fragmentarse a posteriori de acuerdo con criterios alternativos.

La materialización de la república de los indios

La visita del oidor de Charcas Francisco de Alfaro a las encomiendas del Tucumán y la redacción de las ordenanzas de 1611-12 señalaron el traslado del modelo toledano de las dos repúblicas a las fronteras del imperio.[12] Más allá de

---

11. Otros cambios más profundos y silenciosos apenas si son registrados por las fuentes. El frágil equilibrio de la economía indígena de bañados frente a la catastrófica e imponderable caída de la población indígena, el ingreso de ganado europeo –sobre todo ovino– en los hatos comunitarios, la multiplicación de caciques en algunos repartimientos, ciertos indicios de estratificación en el interior de los pueblos, donde algunos indios tenían majadas de propiedad individual. Poco y nada sabemos sobre cómo estos cambios repercutieron en los sistemas agrarios indígenas y en las formas de organización del trabajo, a más de las laxas estructuras políticas que los españoles llamaron de "caciques mal obedecidos". En todo caso, las "naciones" discretas de los inicios perduraron exclusivamente en territorio "infiel". Los nombres de los "pueblos" reunidos en los repartimientos pasaron al olvido o, como huellas desvaídas, a engrosar la toponimia local.
12. La idea inicial de la organización de dos repúblicas "separadas pero iguales" data de las Leyes de Burgos de 1512. Como ha sostenido Tamar Herzog (2006), bajo el pretexto de protección de los indígenas se habilitaba el contacto de aquéllos con los miembros más responsables de la sociedad española (por ejemplo, los sacerdotes). Por el contrario, el acceso a los pueblos de españoles quedaba abierto para los indios que se trasladaban a servir en ellos. La misma autora ha destacado en otras contribuciones (Herzog, 2007) que la formación de pueblos de indios tampoco era ajena al "terror" de los españoles al despoblado, sinónimo de ausencia de comunidad. En este sentido, los pueblos de indios –opuestos a los territorios indígenas no colonizados– diferían en poco de las ciudades y villas españolas, sitios que consagraban el buen orden político y religioso.

sus resultados prácticos, hay consenso en que su postulación misma configura un hito de singular importancia en la construcción jurídica del indio y en la culminación de un proceso de "desetnización" que reducía a la unidad la fragmentación de las antiguas "naciones". Por otra parte, la política de reducciones procuraba congregar poblaciones de asentamiento disperso, asociadas a modos de vida "desordenados" u "ociosos" que, ocasionalmente atribuidos a los españoles, se entendían como connaturales a los indígenas (Herzog, 2006).

A pesar de que, a diferencia de cuanto sucedía en las regiones nucleares del virreinato del Perú, la reorganización no cuestionaba en el Tucumán la vigencia de la encomienda –aunque creara nuevas obligaciones para los encomenderos y, en principio, reducía sus rentas–, la puesta en marcha del modelo generó resistencias señoriales. Los vecinos principales arguyeron de inmediato la incapacidad indígena de autogobierno (representada en la débil autoridad de los caciques), la "pobreza de la tierra" y la carestía de los medios de vida que, desde su perspectiva, no admitían formas alternativas al servicio personal para compensar mínimamente los esfuerzos desplegados por ellos y sus ancestros en la empresa de conquista. Así fue que los encomenderos abogaron por la continuidad de las usanzas en boga, se opusieron al tributo de cinco o diez pesos dispuesto por la normativa y boicotearon la formación de los pueblos que a ellos tocaba formalizar.[13]

Como hipotetizó Palomeque (2000), la aplicación efectiva del corpus alfariano de 1612 fue dispar y, en buena medida, dependió de la capacidad de las sociedades indígenas coloniales para hacerlo cumplir. Ni letra muerta, ni reflejo fiel de la realidad: las ordenanzas y la conformación de pueblos tenían mayores posibilidades de ser acatadas allí donde los grupos encomendados mantenían cierta entidad demográfica, el sistema de autoridades gozaba de legitimidad comunitaria y el acceso a tierras allanaba la reproducción material de los tributarios, condiciones ya relativamente excepcionales a principios del siglo XVII.[14]

---

13. Uno entre numerosos ejemplos es una carta inédita fechada en 1613 (AGI, Charcas 34) que varios vecinos prominentes del Tucumán dirigen al Rey quejándose del visitador Francisco de Alfaro y de las medidas que pretendía imponer. De las ordenanzas "an resultado y cada dia resultan grandes inconvinientes", derivados entre otras razones de "la falta de experiencia que tenía de esta tierra el dicho visitador y priesa grande con que pasó por ella". Según los vecinos, eran de notar la "incapacidad en estos naturales para que se puedan gobernar por algunas de las dichas ordenanzas" y se rogaba al Rey "probeer de remedio para que esta ciudad y gobernación queden con algún jugo, sin perjuicio destos naturales". Habiendo los conquistadores "gastado sus haciendas y derramado su sangre", resultaba ofensivo que "en premio desto se le pretende quitar por las dhas ordenanzas las tierras que en nombre de V.M se les ha repartido por vros gobernadores en parte de remuneración donde tienen sus estancias de ganados y chacaras que o son señores de otra cosa para poderse sustentar ellos ni sus hijos y nietos que todos están muy pobres. Y que el corto tributo que se le señala en las encomiendas sea con tantas obligaciones y carga que ser dha la cuenta venga a quedar alcanzado en ella el encomendero".

14. De hecho, las zonas afectadas directamente por las rebeliones calchaquíes y las desnaturalizaciones que siguieron a la derrota indígena conocieron una disgregación precoz de los pueblos relocalizados o direc-

En Santiago del Estero, no obstante, las ordenanzas parecen haberse aplicado en unos cuantos casos, ya fuera fijando aldeas preexistentes como a través de la creación de reducciones *ad hoc* que fusionaban antiguas unidades políticas o grupos trasladados por voluntad de los encomenderos a sitios supuestamente más accesibles. Aunque la información disponible para corroborar la institución de las corporaciones es muy tardía, lo cierto es que la mayoría de los tributarios santiagueños que declararon frente al visitador Martínez Luján de Vargas en 1693 afirmaron su pertenencia a ellas.[15] En efecto, como lo estipulaban las ordenanzas alfarianas, las reducciones santiagueñas contaban con tierras comunitarias y capilla y, en general, se regían por caciques y alcaldes indígenas, situación privilegiada si se mira el conjunto de la gobernación.[16] En el mismo sentido, el servicio personal había perdido relevancia en relación con el tributo –descontado en especie o en trabajo– y el trabajo asalariado. Las declaraciones combinadas de indígenas y encomenderos nos advierten, por otra parte, que buena parte de la producción de los pueblos –textiles, miel, cera– y de los servicios de arriería y fletes escapaban ya al control de los antiguos señores, acercándose así otro objetivo perseguido por las ordenanzas (Garavaglia, 1987; Farberman, 2002).[17] En suma, a fines del siglo XVII la situación en Santiago del Estero parece haber sido bastante menos crítica que en Catamarca, La Rioja o Córdoba y entendemos que el hecho de que la mayoría de los tributarios siguiera viviendo en pueblos, aunque fueran muy pequeños, puede pensarse como indicio de cierto mantenimiento de vida comunitaria y de mejores condiciones relativas.[18]

Claro que la "fotografía" que nos ofrece la *Visita* incluía sólo a una parte de la población indígena, la que se encontraba bajo el régimen de encomienda (que, como se dijo ya, coincidía en Santiago con el sistema corporativo de las

---

tamente ficticios. Una panorámica del Tucumán en Boixadós y Farberman (2006 y 2009/10); sobre los casos excepcionales de Amaicha, Colalao y Tolombón, situados también en la zona rebelde, cfr. López y Bascary (1998) y Rodríguez (2008). La suerte posterior de estos pueblos de indios fue investigada por esta última autora. Cfr., entre otros, Rodríguez (2010 y 2011).

15. No existían pueblos allí donde habían sido destruidos por incursiones mocovíes o donde los tributarios eran menos de una decena. Sólo dos encomiendas no conformaban pueblos, sobre un total de 31. Se trata de la relación más alta después de Jujuy, donde encomiendas y pueblos coincidían en todos los casos. En las restantes jurisdicciones visitadas por Luján de Vargas, la proporción de encomiendas sin pueblo superaba o casi igualaba a las formadas como pueblos. Cfr. Boixadós y Farberman (2006).
16. Con la excepción, quizás, de la jurisdicción de San Salvador de Jujuy. Sin embargo, muy pocos pueblos de encomienda de aquella zona exigieron su desagravio frente al visitador. Cfr. Boixadós y Zanolli (2003); Boixadós y Farberman (2006 y 2009/10).
17. Mientras en algunas encomiendas éste se sustanciaba en hilados que las mujeres pagaban en nombre de sus maridos, los reclamos apuntaban en general a contratos incumplidos, como si no hubiera habido ya espacio para los servicios "a la vieja usanza". El cálculo monetario que los declarantes indígenas hacían de las prestaciones realizadas permitía ponderar la diferencia entre el tributo debido y los bienes o el trabajo entregados y exigir la reparación del "agravio" frente al visitador.
18. La excepción era el pueblo de Inquiliguala, sobre el Salado, destruido por los mocovíes.

reducciones o pueblos de indios). En este sentido, los padrones que el visitador ordenó levantar –aunque escasamente confiables por no realizarse *in situ* y subregistrar de manera evidente a niños y mujeres solteras– transmiten un panorama demográfico paupérrimo, aunque siempre más alentador que el de otras jurisdicciones, de poco más de 1.400 personas. Es sintomático que el pueblo más nutrido –Matará, con 200 habitantes de casta tributaria–, fuera también el de conformación más reciente (Farberman, 2011 y 2016).

Por lo tanto, aún sin perder de vista la contracción demográfica post conquista y la dispersión de las encomiendas iniciales, queda claro que a fines del siglo XVII otros "indios" circulaban por fuera de los pueblos y escapaban a la condición de tributarios. El registro cada vez más abultado de sujetos "ausentes" en los padrones de encomienda proporciona alguna pista sobre la magnitud del fenómeno: aunque las series sean extremadamente fragmentarias y los ocultamientos frecuentes, viudas, huérfanos y las familias incompletas de algunos "indios de tasa", definían el universo más estable de ciertos pueblos.

Un relevamiento de 18 encomiendas (cinco de ellas sobre pueblos en ruinas) fechado en 1748 permite evaluar más ajustadamente el peso de los ausentes y también su lugar de destino (al menos en su primera escala conocida). Para entonces, el 20% de los varones empadronados y un 10% de las mujeres de los pueblos de indios componían una población fantasma, a menudo perdida desde hacía muchos años. Estos "migrantes" se radicaban mayoritariamente en estancias de la sierra santiagueña (situadas en Sumampa, Oratorio y La Punta de Maquixata) y en otras localizadas en las jurisdicciones limítrofes de Tucumán, Catamarca, Salta y Córdoba. En contraste, Buenos Aires no atraía aún flujos significativos y tampoco las ciudades, incluida la modesta cabecera (excepción hecha de las mujeres indígenas que servían en las casas de sus encomenderos). No podemos, empero, dar por descontada la espontaneidad de estos movimientos (de ahí las comillas), que con frecuencia obedecían a las exigencias encomendiles o resultaban de la disolución de un pueblo o de su abandono tras reiterados ataques mocovíes.[19] Y aun cuando las iniciativas de los indígenas fueran autónomas, las migraciones internas parecen más orientadas a la búsqueda de protección (la agregaduría) que, como ocurriría posteriormente, motivadas por estímulos mercantiles.

Valga un ejemplo concreto: en 1761, el "zambo de indio" Marcos Azuela, cónyuge de una india de encomienda y morador por épocas en las reducciones de Tilingo y Mopa, no descartaba abandonar la estancia en la que vivía (perte-

---

19. Ya que, como es sabido, las encomiendas eran una "empresa" que combinaba los indígenas recibidos con la propiedad de estancias. Por lo que respecta al segundo caso, cabe destacar que en 1748 se dejaba constancia de la mudanza de un pueblo entero a Río Chico, en Tucumán. Nada menos que cuarenta personas vivían allí "hace muchos años", lo que sugiere un traslado en bloque, probablemente no espontáneo.

neciente a un notable santiagueño) para mudarse, según sus propias palabras, "a esta ciu.d, arrimado a un personage que le agradase y estarse en estas Inmediaciones".[20] Aunque los movimientos de Azuela, que tenía a sus espaldas un vasto periplo, resultaran de huidas y desalojos, interesa resaltar que la expectativa del móvil personaje era agregarse –junto a los familiares que en cada etapa lo acompañaban–, a un nuevo patrón que respondiera por él y lo defendiera.[21]

Como fuera, lejos de los pueblos y aunque los vínculos paternalistas se recrearan bajo nuevas formas, los rastros "indios" se volvían borrosos. Una vez cortados los lazos personales con el encomendero, el cacique y los parientes, cabía la posibilidad de que muchos "indios" dejaran de ser tales: se abría para ellos el camino del mestizaje sino biológico social, del individuo que "no había conocido reducción", del "libre". Un proceso silencioso fue dejando lugar a otras categorías de sujetos, casi transicionales, que nos ocuparán en breve. Viceversa, las corporaciones fueron atrayendo pobladores mestizos, indígenas de otras zonas e incluso algunos españoles, aunque las fuentes sólo lo visibilicen hacia fines de la colonia. Los matrimonios, la vecindad y quizás la agregaduría –que fue difundiéndose hacia fines del siglo XVIII– fueron tramando un campesinado con singularidades regionales que tenderían a perdurar y que, hacia principios del siglo XVIII, puede cartografiarse sumariamente como sigue.[22]

- Comenzando por el río Dulce, las zonas de bañados al sur de la ciudad presentaban situaciones de contraste que, de momento, no conseguimos explicar adecuadamente. Mientras el curato de Soconcho era considerado el más "pingüe" por su consistente población tributaria, en Salavina incluso los padrones relativamente tempranos de 1714 relevan estructuras casi fantasmales, con mayoría de individuos ausentes.[23] Una situación intermedia

---

20. Archivo Histórico de Santiago del Estero (AHDSE), Trib. 13, 1057. La historia pormenorizada de este fascinante personaje y de su familia en Farberman (2005).
21. De hecho, los propietarios del último refugio de la familia Azuela sostuvieron que sus huéspedes no eran "sus conchabados y que son agregados y que por esto no los puede reprenderlos porque a estos los tienen en sus estancias y a sus servicios". AHSDE, Trib. 13, 1057.
22. En un juicio de residencia de 1738 encontramos la noticia más temprana que conocemos sobre la agregación a los pueblos de indios. La queja del testigo apuntaba a "la mucha relajación en todo por la mezcla que hay en los pueblos de los indios con la residencia de los españoles en ellos, como de otros agregados libres, fuera de los que pertenecen a la nominación de los pueblos". Como contrapartida, en el mismo juicio, se dejaba constancia del fenómeno inverso. Los indios santiagueños andaban, según otro testigo, "con mucha relajación en los vestuarios (...) no se distinguen de los españoles y hállanse por este motivo los pueblos sin los indios, por andar estos en otras jurisdicciones extraídos con el motivo de conchabarse para los viajes de las carretas desamparando sus feudos" Archivo General de Indias (AGI), Escribanía de Cámara 875A, fs.42 y 92 respectivamente.
23. Los padrones de 1714 –disponibles sólo para algunos pueblos de indios– se encuentran publicados en Togo, Garay y Bonetti (2009). Cabe destacar que el censo de 1778 (Larrouy, 1923, t. II) revela la cristalización de una composición semejante a fines de la colonia. Para entonces, la población de Tuama se presumía "india" en un 32%, la de Soconcho en un 95% y la de Salavina en menos del 2%. En los

mostraba el curato de Tuama, inmediato a la capital y encabezado por el pueblo de aquel nombre que conformaba una suerte de isla rodeada por estancias de españoles.

- Sobre el Salado, las tres grandes zonas que habían hospedado núcleos indígenas significativos se redujeron a una sola (Farberman, 2016). De manera determinante, incidieron en la redistribución los ataques de mocovíes y luego de abipones y las políticas fronterizas que vecinos y autoridades pergeñaron para contrarrestarlos. Como fuera, los antiguos pueblos de los bañados de Figueroa y Añatuya, en los extremos norte y sur, languidecían ya a fines del siglo XVII y para el siguiente existían sólo de nombre. Fue en torno de la tardía reducción de Matará y, algo más al norte, en la de Guañagasta –que había sumado a Guaipe y Tatingasta–, que se consolidaron particulares conjuntos institucionales que, como en breve reseñaremos, adquirieron funciones defensivas.

- Por último, en la sierra santiagueña, el tercer partido de la jurisdicción, los pueblos de indios se diluyeron todavía más precozmente que en las ciénagas del Salado, si es que alguna vez llegaron a conformarse como tales. En compensación, una reducción jesuítica, la de Concepción de Abipones, fue emplazada en las cercanías de Sumampa, generando –como sede de una riquísima estancia jesuítica– un polo de atracción para pobladores de diverso origen (Togo, Bonetti y Garay, 2009). Fue una experiencia misional de breve duración ya que su decadencia antecede en diez años la expulsión de los ignacianos en 1767 (Farberman y Ratto, 2014).

En resumen, en el siglo XVIII el panorama general era de declinación económica de las encomiendas, desaparición o fusión de numerosos pueblos de indios y registro de consistentes porcentajes de ausentes en los padrones de tributarios. El incremento de "mestizos", "libres" y "agregados" fue seguramente la contraparte de un fenómeno complejo de aprehender con las fuentes disponibles, entre otras razones por la clasificación más difusa y ambigua de quienes iban perdiendo su condición de "indios" o al menos de "tributarios".

Y sin embargo, a pesar de lo dicho y en la mirada ajena, la jurisdicción de Santiago del Estero parecía más "india" que las demás del Tucumán. Quizás la modestia de la cabecera urbana contribuía con esta imagen: muchos españoles vivían en el campo, incluso algunos capitulares se trasladaban a la capital solamente en los días de sesión. Con "lástima y dolor", el gobernador del Tucumán comunicó al Rey que los españoles santiagueños se "aindiaban" en vistas de

---

curatos de la frontera (Guañagasta y Salado), los porcentajes de "indios" alcanzaban respectivamente el tercio y la mitad de la población empadronada.

la poca o ninguna crianza que los españoles que habitan en sus haciendas de campo dan a sus hijos, pues muchos aún de los principales no saben leer ni escribir y apenas hablan el idioma castellano, hallándose más expertos en el de los indios, de quienes lo aprenden por la continua comunicación por ello y poco o ningún trato con gente política con otros muchos inconvenientes que resultan de vivir sin sociabilidad.[24]

El comentario del gobernador es impresionista y quizás exagerado. Pero también interesante, porque coloca lo indio desbordando encomiendas y pueblos para sustanciarse en lenguas y prácticas mestizas. La difusión de la quichua en la campaña, la proliferación de matrimonios "mixtos" y la generalización de pautas comunes de consumo generaron comensalismos y mestizajes que no necesariamente iban en el sentido de la hispanización, objetivo último del modelo del pueblo de indios. Así pues, el mestizaje "de arriba hacia abajo", que tanto repugnaba al gobernador, aparece como una marca distintiva de Santiago del Estero.[25] Sobre todo de sus fronteras, donde una sociedad muy particular –la que más intensamente fue identificada con lo "indio" en los siglos que siguieron, la región "shalaca"– fue gestándose hacia fines del siglo XVII.

La frontera

Las primeras noticias disponibles sobre ataques guaycurúes en la frontera santiagueña datan de la década de 1680. Los ataques mocovíes se hicieron sentir primero en el extremo norte, desde la "frontera de Yuquiliguala"; a partir de 1710, en cambio, el "bárbaro enemigo" fue el abipón que, desde la "frontera de Lasco", en el sur de la jurisdicción, condenó a la inestabilidad a la zona otrora más dinámica de Santiago del Estero. Desde entonces, como se anticipó, los pueblos de indios "cristianos" quedaron concentrados en torno de Guañagasta y Matará, reconvertidos en bases de operaciones para políticas de frontera ensayadas a nivel de la gobernación, de la ciudad y de los mismos vecinos del Salado.

En una primera instancia primaron las estrategias ofensivas, "entradas" de castigo que regresaban con nuevas "piezas" para engrosar las antiguas encomiendas o formar otras nuevas (Farberman y Ratto, 2014). La expedición que

---
24. AGI, Charcas 210. "El gobernador de Tucumán informa a V.M. el estado de la ciudad de Santiago del Estero, y da cuenta de haber mandado a los feudatarios de ella no vivan en los pueblos de sus encomiendas sino en la ciudad y que edifiquen en ella casas, pena de perdimiento de sus feudos" (1708).
25. Según Herzog (2006), la república de los indios se proponía como una solución transicional. En un tiempo no determinado, se esperaba que los indios dejaran de serlo y las dos repúblicas confluyeran en una sola. Por supuesto, nos referimos a un imaginario que coexistía con el prejuicio social y la discriminación económica.

el teniente de gobernador Alonso de Alfaro emprendió en 1704 –que comprometía a vecinos, milicianos y 260 "indios amigos" armados de arco y flecha– sirve de muestra y permite apreciar la magnitud de los esfuerzos locales invertidos, a más del involucramiento de diversos actores.[26] Este tipo de colaboración, que competía estrictamente a los tributarios de pueblos del Salado, se formalizaría posteriormente, primero a través de la exención de mita de plaza y, desde mediados del siglo XVIII, con la condonación de la tasa (Farberman, 2006).

También se implementaron estrategias defensivas. La más temprana procuró fijar en la periferia chaqueña a los grupos "benevolentes con el español", como los vilela, con el objeto de amortiguar los ataques guaycurúes. El registro de las primeras negociaciones puede seguirse desde 1730 en las actas del cabildo: disputados por los vecinos de Santiago del Estero y de Salta que los querían como "guardianes" del Chaco, la discusión se saldó finalmente a favor de los primeros que, sobre las ruinas del antiguo pueblo de Asogasta, erigieron en 1734 la reducción de San Josep.[27] Hasta entonces, los tratos con los vilela parecen haber sido relativamente informales: a cambio de que se mantuvieran poblados en las orillas del río, los vecinos se mostraban disponibles para proveerlos "ya con el mantenimiento, ya con otras cosas de que ellos necesitan para su uso, como es ropa de la tierra, cuñas de fierro y otras menudencias" (Larrouy, 1923, tomo II: 103).

De modo que una larga historia de intercambios y favores recíprocos con los vilela precedía la fundación de San Josep. De hecho, la recolección de miel y cera en el monte reunía a una población variopinta y móvil –que incluía a los vilela–, habituada al intercambio con estancieros y comerciantes y víctima frecuente de los guaycurúes.[28] La reducción aspiraba también a proteger aquellas actividades y tratos por lo que no es casual que la iniciativa recayera en buena medida en actores locales y que explícitamente, se hiciera más énfasis en las funciones defensivas de San Josep que en las religiosas.[29]

Una vez acordada la fundación, comenzaron las discusiones en torno al sitio de su emplazamiento. Los vilela renunciaron a ser localizados "en su natural" y accedieron a los dos requirimientos prioritarios para los representantes hispano criollos: la comunicación con los pueblos de indios cristianos de Matará

---

26. Archivo y Biblioteca Nacionales de Bolivia (ABNB), Expedietes Coloniales (EC), N° 3, 1704.
27. Estas negociaciones dejaron un sólido corpus documental que recogió Antonio Larrouy (1923, II).
28. Según Nicolás Ytuarte, los vilela llamaban "amo" a su hermano "y no tenían otra voluntad que la suya". Decía también haberse ganado él mismo aquella confianza por su parentesco con Josep Antonio "y porque ha tratado mucho tiempo con ellos en sus tierras" (Larrouy, 1923, tomo II: 108).
29. El primer sacerdote de San Josep, Bravo de Zamora, recaudó limosnas en Chuquisaca y Potosí e invirtió su fortuna personal en la reducción. Sobre las funciones defensivas, la expectativa era formar en San Josep "un gran cuerpo de gente que sirva de mucha defensa en aquella frontera porque sola esta parcialidad de vilelas pasan de mil y quinientos hombres de armas" (Larrouy, 1923, tomo II: 112).

y Yuquiliguala –que podían, de ser necesario, proveer soldados adicionales– y la accesibilidad de la reducción en época de bañados. La primera sede reunía condiciones para contentar a las dos partes con sus "lagunas grandes (…) para pescar, llanuras en bañados para sementeras cuantiosas, abundantes pastos para animales, albardón alto para poner pueblo e iglesia y el monte ralo y abundante de mil cardones" (Larrouy, 1923, tomo II: 146). Por otra parte, la cesión de aquel terreno a los vilelas "por ser infieles y muchos" implicaba la renuncia al mismo de los tributarios de Yuquiliguala y Matará "ya católicos y pocos", que también lo habían solicitado para reubicar sus pueblos. Una segunda inquietud apuntaba al sostén económico de la reducción. Según el cura Bravo y Zamora, los vilela eran una nación "aplicada a las labranzas y que hacen bastantes cosechas de maíz, frijoles y zapallos" lo que auguraba su autonomía económica. Sin embargo, estas expectativas se frustraron bien pronto y, por dos años, se comprometió a "doce indios de los pueblos" fronterizos a levantar la fábrica y mantener a los vilela que no podían "ser tan presto apensionados a trabajar" (Larrouy, 1923, tomo II: 131). Por último, preocupaban los contactos poco saludables que las "nuevas plantas" de la reducción pudieran tener con sus vecinos. Los lules debían mantenerse lejos por sus "malas costumbres" y también los mestizos, españoles e incluso ciertos "indios cristianos que habitaban en las meleadas del Salado", de los que se adjuntaba un listado. El aislamiento, no obstante, se flexibilizaba en aras de conservar los conspicuos ingresos extras provenientes de los intercambios tradicionales de miel y cera.[30]

La reducción de San Josep fue posteriormente trasladada a Petacas, cerca de la vieja Esteco, y transferida a los jesuitas en 1750. Pocos años después, su decline era evidente, aunque todavía a principios del siglo XIX algunas familias vilela se mantenían en la zona y habían "recreado", con menos gente, el antiguo pueblo que, cesadas sus funciones misionales mantenía las militares. Así nos autoriza a suponerlo los testimonios de José Pasqual y Jorge Yoque "los dos parientes nietos lexítimos del cacique dn Juan Samanita que la pobló y actualmente soldados de la frontera del Gran Chaco" que reclamaban justicia contra un falso comisionado que pretendía llevarse a una niña vilela del "partido de dha reducción donde emos vuelto a establecernos con otros más".[31]

También los abipones fueron reducidos en Santiago del Estero, con resultados aún más frustrantes para las autoridades coloniales que en San Josep y en Petacas. Si los vilela eran tenidos por "quietos y pacíficos", los abipones eran la

---

30. Según el jesuita Nusdorfer (1764), se trataba de naciones "menos bárbaras que las demás, no sólo no concurren con ellas a hostilizarla, sino que han en varias ocasiones mostrado el deseo que tienen de reducirse a sus pueblos con tal que éstos se funden en sus tierras por la aversión y miedo que tienen de las extorsiones de los malos españoles si se fundan cerca de sus ciudades". Citado en Guillermo Furlong (1939: 20).
31. AHSDE, Trib. 15, 55 (1807).

viva encarnación del enemigo infiel y sólo algunas parcialidades se sumaron a la reducción. Como se dijo ya, Concepción de Abipones no consiguió retener a la población para la que estaba destinada que, como ha sostenido Carina Lucaioli (2011), incorporó las reducciones a su propia logística de "campamentos base".

En resumen, fronterización y políticas fronterizas cristalizaron en un nuevo tipo de "indio" y dotaron de atributos específicos a los antiguos tributarios de los pueblos del Salado. En este espectro, los "pacíficos" vilela integraban una suerte de categoría de transición que dependía de los tributarios para sostener su reducción (hasta llegar a ser cristianos ellos mismos). Por otra parte, la guerra intermitente que por más de dos siglos marcó el pulso de la vida fronteriza exigió políticas defensivas en las que todos los indios –incluidos los vilela– participaron como soldados, ya por estar sus pueblos en las puertas del Chaco, ya por ser requeridos en las entradas ofensivas. La militarización de los pueblos se sustanció en la conversión en fortines de algunos de ellos –Mancapa y quizá Lasco, en los bañados de Añatuya; Yuquiliguala en los de Figueroa– y en una suerte de "profesionalización" de los tributarios. De todos modos, en la mirada española, existían ciertos atributos de la naturaleza indígena que los acomunaban a todos, "cristianos", infieles benévolos y enemigos salvajes. Como sostenían los capitulares de Santiago del Estero, era de lamentar que a los meses estivales de recolección de la algarroba se le siguieran "inmediatamente (…) las embriagueces *en todo género de indios* de esta provincia, *aún de los más domésticos*" (Larrouy, 1923, tomo II: 115, itálica mía).

Auge y ocaso de los pueblos de indios

Las postrimerías del régimen colonial trajeron novedades en la relación entre hispano criollos y las sociedades indígenas. No se trataba solamente de cambios de orden institucional: la evolución demográfica general, la gradual extinción de las encomiendas y de los linajes cacicales, así como el surgimiento de nuevos polos de atracción capaces de promover consistentes flujos migratorios, presionaron sobre las antiguas estructuras de pueblos y reducciones. Generaron también nuevas nomenclaturas que definían pertenencias más o menos "completas" a los pueblos de indios. Las grandes rebeliones tupacamaristas, por otra parte, incidieron en la percepción que los vecinos tenían de las corporaciones que ahora parecían desbordadas de "insolentes" desafiantes de la autoridad.

Las revisitas, que prolija y sistemáticamente fueron levantándose en el Tucumán a partir de la década de 1780, aportan una primera panorámica de estas transformaciones. Los pueblos minúsculos y míseros en los padrones de encomienda de tres décadas antes, ahora parecían rebosar de gente, mientras se reducía el número de caciques y aumentaban sus reemplazantes electivos ("mandones"). Por otra parte, entre 1786 y 1807, el pasaje de encomiendas privadas a pueblos "en cabeza de la Corona" –que tributaban directamente a un encargado investido por el cabildo– reconoció pocas excepciones, habilitando quizás una novedosa autonomía para los tributarios (Boixadós y Farberman, 2009-10). En este sentido, es notable que la última revisita de 1807 tuviera que posponerse por el masivo ausentismo de los indios "ocupados en la siega en la de Buenos Aires". Atraídos por los altos salarios estacionales, no pocos hombres de los pueblos se conchababan en lejanas estancias para retornar a sus casas (si acaso lo hacían) al completar el ciclo de la cosecha de trigo (Farberman, 1997 y 2002).

Como resultado, en el registro de las revisitas santiagueñas (ya que no en todas las cabeceras se guiaron por los mismos criterios) sobraba y faltaba gente. Sobraba porque seguían anotándose los datos de individuos ausentes hacía años, incluso de familias enteras cuyo rastro se había perdido definitivamente. Pero también faltaba, porque no se apuntaba a los "agregados" de los pueblos, que vivían allí a partir de arreglos, probablemente orales, con las autoridades (tal vez arriendos o colaboraciones en trabajo). Por otra parte, aunque apenas se consignaran sus nombres (por no tributar), individuos de otras condiciones habían ido ingresando por vía del matrimonio al pueblo de indios. "Mestizos", "cholas", "indios libres", algunos mulatos y sobre todo numerosos y enigmáticos "soldados" se sumaban al registro de las revisitas y al disfrute de las sementeras comunitarias. En suma, los pueblos de indios santiagueños, al igual que en otras regiones, cobijaban a una población mezclada, de status legales y sociales diferentes, con también diferentes derechos sobre tierras y obligaciones fiscales. Categorías que, insistimos, no existían solamente en la cabeza de los jueces empadronadores, sino que eran parte de un modo cotidiano y familiar de reconocerse como lo muestran algunos sabrosos ejemplos provistos en abundancia por la justicia criminal.[32]

En el espectro de los "indios", los tributarios eran, previsiblemente, los que mostraban la situación menos ambigua. Así por ejemplo, interrogado bajo la fórmula de "si era indio, mestizo, español o mulato", Andrés Amanco, acusado de matar de una puñalada a un tal Ignacio Suárez en una "junta de alojas", se declaraba como "Indio Tributario de Manogasta (…) labrador y (…) casado". Más gris era la identidad de su supuesto cómplice Ildefonso Díaz, "natural de la Isla de Manogasta, *indio libre corriendo de soldado de milicias urbanas*, casado con una india del pueblo de Tuama llamada María Juana Beliz". Nótese cómo

---

32. Los "indios" se encuentran sobrerrepresentados en el universo de los reos procesados por crímenes. En estos expedientes, como lo relevamos en Farberman (2009), puede encontrarse buena parte del nuevo espectro clasificatorio.

el matrimonio con una india de la casta tributaria no hacía de Ildefonso un tributario, incluso si residía en Tuama y accedía gracias a su cónyuge al disfrute de las tierras.[33] Un caso análogo es el de Bartolo Imán y Pedro Salvatierra, apresados por las justicias y acusados respectivamente de asesinato y de robo.[34] A Bartolo Imán, "indio natural de Sabagasta", se le embargó su única posesión –una chacra de trigo de cuatro almudes– en su pueblo de residencia y origen. En cambio, la situación de Pedro Salvatierra era más confusa: sostuvo "traer su origen del Pueblo de Guañagasta" pero ser "natural del de Sabagasta". Sin embargo, añadió significativamente que "aunque pr lo qe ha dicho es indio (…) *ha corrido por soldado* y en esta clase *ha pagado arrendamiento* al curaca del referido pueblo" (itálica mía). Salvatierra e Imán eran primos y vecinos; aunque para ambos se solicitó la defensa del protector de naturales, sólo a Bartolo se lo nombra, a lo largo del expediente, anteponiendo la clasificación de "indio" a su nombre. Entendemos que, en los dos ejemplos, la expresión "correr por" señalaba un status externo, contradictorio con la apariencia y la filiación (por algo, Pedro Salvatierra se encargó con tanta elocuencia de aclarar el equívoco), que señalaba distancias jurídicas en términos de derechos y deberes respecto de la membresía "legítima" de los pueblos de indios.

De hecho, "parecer indio" (tributario) sin serlo a pleno título podía conllevar consecuencias no gratas. Hemos encontrado varios expedientes en los cuales supuestos "soldados" se disponían a probar esa condición (Farberman, 2006). Esta categoría, que hasta principios del siglo XVIII había sido sinónimo de español pobre (pero español al fin) y que comportaba un contenido funcional, en la colonia tardía remitía prioritariamente al universo de los "indios libres", individuos tan cercanos a los tributarios por parentesco y residencia que se hacía necesaria una trabajosa reconstrucción de la filiación si se quería evitar el pago de tributo.[35] Reconstrucción trabajosa porque las "uniones frágiles",

---

33. María Juana Béliz fue registrada en el padrón de Tuama de 1807. La acompañaban sus dos hijos pequeños y su marido Ildefonso Días que, previsiblemente, es anotado como "soldado", con omisión del dato de edad (por no pagar tributo).Archivo General de la Nación (AGN), Documentos Diversos, legajo 33.
34. AHSDE, Tribunales, 16, 47 (1806).
35. Cabe destacar que sólo a veces estos "soldados" se desempeñaban como milicianos. Nos encontramos, pues, frente a una categoría más social que funcional. Entre otros ejemplos, podemos exponer el de Pedro Góngora "vecino de la ciudad de Santiago del Estero y residente en este curato de Salavina", quien se presentó a defender a sus hijos, empadronados por error en los pueblos de indios de Lindongasta y Mamblachi cuando eran "legítimamente libres" (AHSDE, Trib. 11, 31, 1791). ¿Cómo había surgido el equívoco? Pedro aporta algunos elementos. Su suegra, mujer de mala vida, se había casado ya encinta y obligada por el cura con un tributario de Lindongasta, Ignacio Iamsala. Lo cierto es que, fuera o no su padre biológico, Iamsala había criado a la esposa de Góngora, además de legarle su apellido indígena. Un segundo caso es el de Francisco Delgado –significativamente también llamado Ayunta– y sus yernos. Francisco sostuvo en 1758 que se veía "empadronado sin saber por qué motivo, y *como yo me he criado inmediato a este pueblo* supongo que esto habrá sido la causa". El pueblo al que se refería era el de Asogasta, de donde procedía su esposa, hija natural de una india de encomienda. Con tales antecedentes, no extraña que las hijas de Francisco tuvieran que demostrar tres décadas después que no sólo sus

la ilegitimidad de nacimiento, la difusión de ciertos apellidos indígenas y los múltiples parentescos entre soldados y tributarios se alargaban como sombras sobre la "libertad" de los que reclamaban haber sido erróneamente incluidos en los padrones fiscales.

Es posible que buena parte de los individuos "confundidos" que clamaban por su libertad fueran agregados de los pueblos de indios, por lo que no contaban en ellos con derechos permanentes. Aunque ignoramos su peso cuantitativo, sugerimos que hacia fines de la colonia numerosas familias podían hallarse en esta condición de dependencia, tal vez a partir de contratos más formalizados –como el mencionado de Salvatierra, que pagaba arriendo al curaca– tal vez como extensión de los vínculos de vecindad, compadrazgo y parentesco trabados durante años de residencia y cercanía con la gente de la "casta tributaria". Como fuera, la ampliación demográfica de los pueblos seguramente modificó las relaciones internas entre sus miembros y con las autoridades, aunque la escueta información disponible apenas si nos permita especular sobre ello. En todo caso, el formar parte del círculo flotante de los agregados señalaba, al menos hacia afuera, un status más ambiguo que no dejaba de tener consecuencias jurídicas como el pago o la eximición del tributo.

La pertenencia a la casta tributaria como marca socio-étnica se mantuvo como criterio en los primeros años de la revolución, que también fueron los últimos de los pueblos de indios. De hecho, en 1812, un año antes de que la Asamblea Soberana sancionara la abolición del tributo indígena, el cabildo de Santiago del Estero propuso que se arrendaran las tierras de los pueblos para contribuir a sustentar la guarnición de Abipones. Se suponía, no obstante, que "el arrendatario jamás pueda grabar a ningún Indio ni menos pueda impedirles a la labranza de las tierras y que puedan usar estos con la libertad que asta aquí y que solo dho arrendatario grabará o pondrá pechos a haquellas personas que son agregados" (Actas 1941: VI:379 del 18.6.1812). Al parecer, la medida se efectivizó en setiembre de 1813, ya que el cabildo comisionó a los alcaldes de hermandad para que recaudaran el arriendo entre "los agregados qe fueron de los Indios Tributarios (...) para pagar el piquete" (Actas 1941: VI: 419 del 6.9.1813).[36]

Aunque las actas capitulares de estos años permiten imaginar una situación desesperante, en la que se conjugaban las penurias de la guerra de indepen-

---

maridos eran libres por soldados sino también ellas mismas por descender de una supuesta mestiza.
36. Algunos indicios nos hacen suponer que la suerte de los pueblos de indios ya estaba jugada desde antes. A principios de 1813, la heredera a la pequeña encomienda de Pitambalá (una de las pocas encomiendas privadas que todavía subsistían) obtuvo del gobierno santiagueño la gracia de ser preferida para la compra o arriendo de las tierras del pueblo en las cuales afirmaba poseer "casa y cultivos entablados". Como ha destacado Doucet (1993), y lo demuestra la respuesta del teniente de Santiago del Estero, los indios –cuya "liberación" paradójicamente celebraba la peticionante en su carta– no fueron ni siquiera remotamente tenidos en cuenta en un posible reparto a futuro de las tierras.

dencia y las incursiones abiponas en la frontera, la participación de agregados en los pueblos tiene que haber sido lo suficientemente significativa como para ameritar el traslado de los alcaldes a los pueblos para recaudar fondos.[37] Como contrapartida, al traspasar los arriendos al cabildo, los caciques o alcaldes –y las comunidades a través de ellos– pudieron perder un ingreso importante, aunque no existan rastros documentales que permitan evaluar las consecuencias de este primer embate sobre las corporaciones indígenas. Sin embargo, esta situación no duró demasiado: en 1818, las tierras de los pueblos se vendieron en remate –una vez más pretextando el sostén del fuerte fronterizo– y esta vez omitieron toda distinción favorable a los habitantes "legítimos". Aunque en el mismo año un proyecto preveía la reunión de los antiguos tributarios "en un pueblo o pueblos de todas esas familias de naturales dándoles un terreno conveniente i de provecho y esto en cuanto lo permitan su parcialidad y tributo, reduciéndolos siempre según este concepto",[38] no existen noticias de que alguna vez se intentara llevarlo a cabo. Por el contrario, sí sabemos con certeza que varios miembros de las familias principales de Santiago del Estero se hicieron con estancias de entre uno y tres cuartos de legua –la extensión prevista para las reducciones– en apetecibles zonas regadas.[39]

Perdidas las tierras ¿cuál fue el destino de las familias adscriptas a los pueblos y de sus agregados? Poco y nada sabemos, aunque no hay indicios de que el despojo suscitara grandes resistencias. En un artículo reciente (Bonetti, Garay y Maldonado, 2016), se sugiere que los ex tributarios pudieron permanecer en sus tierras como agregados y es muy posible que tal fuera el destino de muchos. En otros casos, pudo existir algún acuerdo entre los nuevos dueños y los antiguos como lo sugiere el ejemplo de Tilingo, sobre el río Dulce. Allí se "dio posesión a los indios" de una parcela, seguramente una porción modesta de las tierras asignadas a los originarios coloniales. El caso es que, a mediados del siglo XIX, un tal Roque Vilapa, apodado por un colindante "el viejo indio Vilapa" y calificado por otro como de "descendencia de los indios", señaló al comisionado los mojones que la delimitaban (o la habían delimitado) durante una operación de mensura. Y el acto de posesión que se invocaba no parece

---

37. En las *Actas* (1941, VI: 529) del cabildo del 23 de agosto de 1817 se lee el siguiente informe sobre la calamitosa situación en todos los ramos "quanto por el atraso de la agricultura y carencia de ganados: en el comercio, por qe la grana ya no se recoje, miel y cera impide con esfuerzo el enemigo abipón bárbaro; extracción de mulas y venta de ellas no se ve por estar ocupado el Perú del Enemigo y en las manufacturas por qe han perdido enteramente su valor antiguo. El atraso de la agricultura y ganados porque estos no existen en la sentésima parte con los auxilios prestados al exto y la continua y cruel destrucción del indio Abipón y aquella por la increíble escasez de manos demanado de la multitud de individuos qe han prestado pa la guerra en todos los años y en todas estaciones".
38. AHSDE, Tribunales 16, 5, 1818 y 105, 2, 1818.
39. Con seguridad, pasan a la venta las tierras de Sabagasta, Salavina, Pitambalá, Manogasta, Anchanga y Sumamao. Cfr. al respecto Bonetti, Garay y Maldonado (2016).

haber pertenecido a "los tiempos de los indios", que no eran otros que los coloniales, a los que también remitían la capilla en ruinas, nombrada significativamente "de los indios de Tilingo".[40]

Un segundo ejemplo sobre el que conseguimos (escueta) información es el de Matará. Según escribía su párroco hacia 1818, en la villa de ese nombre "quasi todos sus habitantes son Indios del Pueblo de Matará y del Pueblo de Mopa y algunos vecinos que no llegan a ocho personas". Aunque nos permitimos dudar de una relación tan despareja entre "indios de pueblo" y "vecinos", no es inverosímil que, tal como sostenía el cura, "con el motivo de la venta de los pueblos, (los indios) no se quieren sujetar al comprador *en su arrendamiento cualesquiera que sea*, y que tendrían a bien mudarse a otra parte" (itálica mía). Considerando la tradición migratoria de los santiagueños, los éxodos masivos no pueden excluirse, aunque sólo el cotejo de los antiguos padrones y de las series parroquiales podría arrojar una respuesta más firme.

Como sea, con la desaparición de las corporaciones cayeron también las clasificaciones socio-étnicas tardo coloniales, excepción hecha, claro está, de los "bárbaros" del Chaco. Este fenómeno puede apreciarse, por ejemplo, en los registros parroquiales que, aunque con lagunas, se conservan para las parroquias otrora "pingües" por su población indígena de Atamisqui (Soconcho) y Mula Corral (Matará).[41] En el libro de matrimonios de Atamisqui, disponible para el período 1783-1814 y aunque con participación declinante, siguieron registrándose entre los contrayentes y testigos a "indios y vecinos de este pueblo". Cuando volvemos a tener registros, en 1835, las clasificaciones de cualquier tipo han desaparecido. Desgraciadamente, los libros parroquiales de Suncho Corral han llegado hasta nosotros a partir de 1835: al igual que en Atamisqui, tampoco se registran "indios" o "naturales" en ellos.

Los expedientes criminales devuelven una imagen similar. A principios del siglo XIX era usual interrogar a los reos bajo una fórmula que exigía autoclasificarse ("que diga si es español, indio, mestizo o mulato").[42] Previsiblemente, estas fórmulas caen en desuso a la par que se rarifican los epítetos socio-étnicos (tan frecuentes en los expedientes tardo coloniales en boca de reos, testigos y jueces) para desaparecer por completo en el frondoso fondo criminal que

---

40. Se omite la referencia documental de esta mensura porque, junto a otros materiales relativos a catastros, se encuentra en proceso de reclasificación. Se trata de la mensura de Tilingo (Loreto), de 1901.
41. Los registros de Atamisqui se encuentran on line en https://www.familysearch.org/ark:/61903/3:1:939X-HDXB-C?owc=M6KT-FZ7%3A257446301%2C257446302%3Fcc%-3D1974197&wc=M6KY-MNL%3A257446501%2C257446502%2C257552001&cc=1974197 (consulta 3/3/2018); los de Suncho Corral https://www.familysearch.org/ark:/61903/3:1:939X-HDXB-C?owc=M6KT-N2S%3A25/44/101%2C257447102%3Fcc%-3D1974197&wc=M6KY-MNL%3A257446501%2C257446502%2C257552001&cc=1974197
42. En ocasiones, tales autoadscripciones eran cuestionadas por el tribunal, como hemos discutido en Farberman (2009).

atesora el archivo de la provincia para la década de 1830.[43] Quizás sea excesivo pensar que estas categorías –que impregnaban el lenguaje coloquial– habían sido desterradas; sin embargo, la ausencia de registro no deja de ser un dato significativo.

Un ejemplo interesante lo ofrece un caso de 1832 contra Juan Ríos y sus hijos Anastasio y Segundo, acusados del asesinato de cuatro blandengues en el fuerte de Abipones.[44] Si los hechos imputados a los Ríos hubieran tenido lugar a inicios del siglo, nadie hubiera dudado en calificar de "indios" a nuestros protagonistas. Además de ser oriundos del pueblo de Matará y de expresarse en "la quichua", además de llevar la esposa de Juan Ríos un apellido paradigmático del antiguo pueblo del Salado (Mori), el grupo familiar era conocido como "los Chalugastas". De hecho, al padre de Juan Ríos se lo conocía por aquel alias y había sido descendiente de tributarios del pueblo de indios de ese nombre, disuelto a principios del siglo XVIII. En contraste, en el expediente de 1832 apenas si se contaban dos referencias concretas a los "indios". La primera, aludía al "capitán de los Indios": "ni siquiera él", se decía, toleraba a los Chalugastas que (como indios) vivían "en el monte, sin más ejercicio que mantenerse de lo que roban". Entendemos que, si había un "capitán de los indios", era porque la formación miliciana específica no se había extinguido; de ser así, se trataría del último vestigio institucional de las dos repúblicas.[45] La segunda referencia, no casualmente, es a los abipones, los "auténticos indios" y sospechosos de siempre, a quienes los Chalugastas terminaron por endilgar las muertes que los habían llevado al banquillo de los acusados.

Epílogo

Que la categoría de "indio" es colonial y que el modelo de las dos repúblicas terminó de formalizar el proceso de homogeneización simultáneo a la conquista es algo ampliamente sabido. También que la existencia de las corporaciones coloniales reforzaba el contraste entre sus miembros –sujetos "en tránsito" y supuestamente cristianizados– y los "infieles" –que se mantenían soberanos acechando en las fronteras–. ¿Cuál sería la peculiaridad santiagueña en este proceso general? A nuestro juicio, son destacables tres rasgos que, quizás, expliquen los legados de más largo plazo que planteamos en la Introducción.

---

43. La fórmula es reemplazada por otra que requería información sobre "patria", estado, profesión y edad.
44. AHSDE, AG 8, 483 (1832).
45. En 1816 y 1817 se consignan compañías de indios en el Salado y en Matará que, probablemente, resultaran de la continuidad de las existentes en los pueblos de indios de la frontera (AHSDE, AG, 7, 409 y 408). En este caso no extraña porque los pueblos de indios no habían sido disueltos todavía como corporación.

El primero de ellos es el relativo fortalecimiento tardo colonial de las corporaciones, más allá de que rebosaran de gente que no contribuía con tributos y que "corría" por "indio libre", "soldado" o "mestizo". Entendemos que ese aporte externo pudo jugar –y mucho– en la reproducción material y social de los pueblos, ampliando la base demográfica de éstos, las redes de parentesco y los vínculos con las poblaciones de las estancias aledañas. El segundo, visible en los pueblos de indios del Salado, apunta a la militarización de los tributarios que generaron en este tramo de la frontera chaqueña un tipo de dispositivo de defensa muy particular. A pesar de encontrarse en las puertas del Chaco y estar sus tributarios siempre "sobre las armas", Matará y Guañagasta eran pueblos numerosos a principios del siglo XIX. Estos "soldados étnicos" completaban un equipamiento fronterizo reforzado en sus extremos norte y sur por fortines y, por reducciones. El tercer rasgo es paradojal: estas estructuras corporativas que parecen tan sólidas en los inicios del siglo XIX dejaron prestamente de existir ni bien los pueblos perdieron sus tierras. Y con el cese de las corporaciones "cayó" también la categoría de indio, que encontramos muy dependiente de la adscripción a los pueblos. Entendemos que, a diferencia de otras jurisdicciones, esa pertenencia se mantenía vigente como criterio de marcación y de automarcación; era un criterio jurídico ciertamente, pero de importancia no menor en una sociedad de Antiguo Régimen. La desaparición de las corporaciones, por tanto, parece correr paralela a la del registro de los "indios", categoría ahora reservada para los "infieles" (a los que ya no se aspiraba a integrar de modo alguno).

Poco podemos decir sobre el largo paréntesis del gobierno de Juan Felipe Ibarra y tampoco se conoce el ciclo taboadista en su dimensión más "a ras del suelo". Sabemos que la formación y consolidación del estado provincial y su posterior integración a la nación coincidió con el recrudecimiento de la guerra de fronteras: uno de los núcleos que se mantuvo y en el que la conflictividad tenía una larga historia se hallaba en el sur del Salado santiagueño y norte de Santa Fe. Recién con la expedición militar de Victorica en 1885 el Estado pudo –sólo hasta cierto punto– controlar de manera efectiva el territorio (Concha Merlo, 2017, en prensa).

Nos preguntamos hasta qué punto este proceso redundó en una "criollización" de los indios –avalada por la falta de registro– o, por el contrario, una "indianización" de los criollos del Salado. Los trabajos recientes de Pablo Concha Merlo (2016 y 2017 ms) permiten especular sobre el asunto: no sería improbable que en ese tránsito lo "indio" se haya desplazado hacia las fronteras –de aquí el surgimiento de la categoría de "shalaco", quichuistas, de hábitos y fenotipo aindiado– y en conflicto con la afirmación de nuevos derechos de propiedad. Como afirma Concha Merlo (2017 ms), "de algún modo, 'shalaco' da cuenta de ese marcaje que es indio pero no étnico. Un estatus liminal que se cae de los regímenes identitarios de la sociedad republicana pero que mantienen su impronta actuante en el mundo cotidiano".

Agradecimientos

Agradezco a Héctor Andreani y Pablo Concha Merlo por la confianza y los generosos aportes. Sin dudas, sus tesis doctorales van a contribuir a la discusión de muchas de las ideas planteadas en este artículo.

Bibliografía citada

Actas Capitulares de Santiago del Estero (1941). Buenos Aires: Academia Nacional de la Historia, 6 Vols.
Acuña, E. y Andreani, H. (2014). Notas para una historia de las ideas hegemónicas sobre el quichua santiagueño, siglo XX. En G. Carreras y D. Guzmán (Comps.), *Historia de las ideas en Santiago del Estero en el siglo XX* (pp. 56-82). Buenos Aires: Ediciones al Margen.
Angiorama, C. y Taboada C. (2008). Metales andinos en la llanura santiagueña (Argentina). *Revista Andina, 47*, 117-50.
Berberián, E. (1987). *Crónicas del Tucumán, Siglo XVI*. Córdoba: Comechingonia.
Boixadós, R. y Farberman, J. (2006). Sociedades indígenas y encomienda en el Tucumán colonial. Un análisis comparado de la Visita de Luján de Vargas. *Revista de Indias, LXVI*(238), 601-628.
Boixadós, R. y Farberman, J. (2009/10). Una cartografía del cambio en los pueblos de indios coloniales del Tucumán. Autoridades étnicas, territorialidad y agregaduría en los siglos XVII a XIX. *Revista Histórica, XLIV*, 113-146.
Boixadós, R. y. Zanolli, C. 2003. *La visita de Luján de Vargas a las encomiendas de la Rioja y Jujuy (1693-1694). Estudios preliminares y fuentes*. Bernal: Universidad Nacional de Quilmes.
Bonetti, C. (2013). Consideraciones sobre el pasado indio en Manogasta, Santiago del Estero: una aproximación interdisciplinar al objeto de estudio. *Breves Contribuciones del I.E.G., 24*, 169-192.
Bonetti, C. (2015). Indios, mestizos y santiagueños: Discursos identitarios acerca de la población rural de Santiago del Estero en la segunda mitad del siglo XIX y principios del XX. *Trabajo y Sociedad, 25,* 281-293.
Bonetti, C. (2016). *Memorias y alteridades indias. Discursos y marcas indígenas en zonas rurales de Santiago del Estero*. Tucumán: Universidad Nacional de Tucumán.
Bonetti, C., Garay, L. y Maldonado, N. (2016). De pueblos de indios a tierras privadas: una aproximación a la problemática de la posesión y privatización de las tierras en dos pueblos de Santiago del Estero durante el siglo XIX. *Indoamérica, 7*, 37-54.

Canal Feijoo, B. (1937). *Ensayo sobre la expresión popular artística en Santiago del Estero*. Buenos Aires: Compañía Impresora Argentina.

Carmignani, L. (2013). *Política colonial y sociedades indígenas en la Gobernación del Tucumán. El gobernador Alonso de Ribera, los Tenientes de Naturales y la elite encomendera durante la vigencia de las Ordenanzas de Abreu*. Trabajo Final Licenciatura en Historia. Córdoba: Universidad Nacional de Córdoba. Mimeo.

Castro Olañeta, I. (2013). La Numeración de los indios del partido del Río Salado. Santiago del Estero, 1607. Encomiendas y servicio personal. *Corpus. Archivos virtuales de la alteridad americana*, *3*(2). Recuperado de https://journals.openedition.org/corpusarchivos/535.

Castro Olañeta, I. (2014). Donde están situados los más indios de la jurisdicción de esta ciudad. Un acercamiento etnohistórico a las encomiendas y pueblos de indios del Río Salado. Santiago del Estero entre fines del siglo XVI y principios del XVII. *Surandino Monográfico*, *3*(2). Recuperado de http://revistascientificas.filo.uba.ar/index.php/surandino/article/view/477

Concha Merlo, P. (2016). Historia, memoria y experiencia en los procesos de etnogénesis. De "puestero" a "indio" en el extremo norte del chaco-santiagueño. *XII Encuentro Nacional / VI Congreso Internacional de Historia Oral de Argentina*, Tucumán: Universidad Nacional de Tucumán.

Concha Merlo, P. (2017). *Articulaciones cotidianas de la estatalidad en los márgenes: el caso de Los Copos santiagueños entre fines del siglo XIX y comienzos del XX*. Mimeo.

Concha Merlo, P. (2017). Regímenes identitarios a través de las *Memorias descriptivas de Santiago del Estero* de Alejandro Gancedo (1885): "paisanos/gauchos santiagueños" e "indios salvajes del Chaco". En A.T. Martínez (Comp.), *Discursos de identidad y geopolítica interior: Indios, gauchos, descamisados, intelectuales y brujos*. Buenos Aires: Biblos (en prensa).

Doucet, G. (1993). La abolición del *tributo* indígena en las provincias del Río de la Plata: indagaciones en torno a un tema mal conocido. *Revista de Historia del Derecho*, *21*, 133-207.

Escolar, D. (2007). *Los dones étnicos de la nación. Identidades huarpe y modos de producción de soberanía en Argentina*. Buenos Aires: Prometeo.

Farberman, J. (1997). Los que se van y los que se quedan: migraciones y estructuras familiares en Santiago del Estero (Río de la Plata) a fines del período colonial. *Quinto Sol. Revista de Historia Regional*, *1*, 7-40.

Farberman, J. (2002). Feudatarios y tributarios a fines del siglo XVII. La visita de Luján de Vargas a Santiago del Estero (1693). En J. Farberman y R. Gil Montero (Comps.), *Los pueblos de indios del Tucumán colonial: pervivencia y desestructuración* (pp. 59-90). Bernal: Universidad Nacional de Quilmes-Universidad Nacional de Jujuy.

Farberman, J. (2005). *Las salamancas de Lorenza. Hechicería, magia y curanderismo en el Tucumán colonial*. Buenos Aires: Siglo XXI.

Farberman, J. (2006). Los caminos del mestizaje. Tributarios, soldados, indios libres y gentiles en la frontera chaqueña 1700-1810. *Estudos de HISTÓRIA*, *13*(2), 177-206.

Farberman, J. (2009). Etnicidad y crimen. Sociedad colonial y adscripciones socioétnicas en Santiago del Estero, siglos XVIII y XIX. En M. Sozzo (Coord.), *Historias de la cuestión criminal en Argentina* (pp. 31-60). Buenos Aires: Del Puerto.

Farberman, J. (2011). Entre intermediarios fronterizos y guardianes del Chaco: la larga historia de los mataraes santiagueños (siglos XVI a XIX). *Nuevo Mundo Mundos Nuevos*, Debates, 2011, [En línea], Recuperado de http://nuevomundo.revues.org/61448

Farberman, J. (2016). La construcción de un espacio de frontera: Santiago del Estero, el Tucumán y el Chaco entre el prehispánico tardío y mediados del siglo XVIII. *Revista del Museo de Antropología*, 9(2), 187-198. Recuperado de https://revistas.unc.edu.ar/index.php/antropologia/article/view/15892

Farberman, J. y Ratto, S. (2014). Actores, políticas e instituciones en dos espacios fronterizos chaqueños: la frontera santiagueña y el litoral rioplatense entre 1630-1800. *Prohistoria*, 22, 3-31. Recuperado de http://www.scielo.org.ar/pdf/prohist/v22/v22a01.pdf

Farberman, J. y Taboada, C. (2018). ¿Lules nómades y lules sedentarios? Sociedades indígenas, movilidad y prácticas de subsistencia en el Salado Medio (Santiago del Estero). *Andes, Antropología e Historia* (en prensa).

Fazio, L. (1889). *Memoria descriptiva de la provincia de Santiago del Estero*, Buenos Aires: Compañía Sudamericana de Billetes de Banco.

Furlong, G. (1939). *Entre los vilelas de Salta. Según noticias de los misioneros jesuitas Bernardo Castro, Joaquín Camaño, Antonio Moxi, Vicente Olcina, Alonso Sanchez, Roque Gorostiza, José Jolis, Antonio García, Tomás Borrego y Pedro Juan Andreu*. Buenos Aires: Academia Literaria del Plata.

Gancedo, A. (1885). *Memoria descriptiva de la provincia de Santiago del Estero*, Buenos Aires: Imprenta, Litografía y Encuadernación de Stiller y Laas.

Garavaglia, J. C. (1987). Los textiles de la tierra en el contexto colonial rioplatense. ¿Una revolución industrial fallida? *Anuario IEHS*, 1, 45-87.

Giudicelli, Ch. (2011). Las Tijeras de San Ignacio: misión y clasificación en los confines coloniales. En G. Wilde (Ed.), *Saberes de la conversión. Jesuitas, indígenas e imperios coloniales en las fronteras de la cristiandad* (pp. 347-371). Buenos Aires: Editorial Sb.

Grosso, J. L. (2008). *Indios Muertos, Negros Invisibles: Hegemonía, Identidad y Añoranza*. Córdoba: Encuentro Grupo Editor.

Herzog, T. (2006). Indiani e cowboys: il ruolo dell' indigeno nel diritto e nell' immaginario ispano coloniale. En A. Mazzacane (Ed.), *Oltremare. Diritto e Istituzioni. Dall colonialismo all' eta post coloniale* (pp. 9-44). Napoli: Cuen.

Herzog, T. (2007). Terres et déserts, société et sauvagerie: De la communauté en Amérique et en Castille à l'époque moderne. *Annales ESC*, 62(3), 507-538.

Larrouy, A. (1923). *Documentos del Archivo de Indias para la historia del Tucumán*, Tomo II. Buenos Aires: Rosso.

López, C. y Bascary, A. M. (1998). Pueblos de indios de Colalao y Tolombón. Identidad colectiva y articulación étnica y social. *Humanitas*, 27, 71-112.

Lorandi, A. M. (2015). *Tukuma-Tukuymanta. Los pueblos del búho. Santiago del Estero antes de la conquista*. Santiago del Estero: Subsecretaría de Cultura de la Provincia.

Ottonello, M. y Lorandi, A. M. (1987). *Introducción a la arqueología y etnología. Diez mil años de historia argentina*. Buenos Aires: Eudeba.

Lucaioli, C. (2011). *Abipones en las fronteras del Chaco. Una etnografía histórica sobre el Siglo XVIII*. Buenos Aires: Sociedad Argentina de Antropología.

Martínez, A.T, Taboada, C. y Auat, A. (2011). *Los hermanos Wagner. Entre ciencia, mito y poesía*. Bernal: Universidad Nacional de Quilmes.

Palomeque, S. (2000). El *mundo indígena*. Siglos XVI-XVIII. En E. Tandeter (Dir.), *Nueva Historia Argentina. La sociedad colonial*, Tomo 2 (pp. 87-144). Buenos Aires: Sudamericana.

Rodríguez, L. (2008). *Después de las desnaturalizaciones. Transformaciones socioeconómicas y étnicas al sur del valle Calchaquí. Santa María, fines del siglo XVII - fines del XVIII*. Buenos Aires: Antropofagia.

Rodríguez, L. (2010). "Informar si el padrón que rige se conocen dos pueblos de indios de amaicha". Re-estructuraciones socio-étnicas y disputas por tierras entre la colonia y la república. *Memoria Americana,18*(2), 267-292.

Rodríguez, L. (2011). La "comunidad" de Colalao y Tolombón hacia mediados del siglo XIX. Características de una institución en redefinición. *Bulletin de l'Institut Français d'Études Andines, 41*(1), 533-559.

Taboada, C. y Farberman, J. (2012). Las sociedades indígenas del territorio santiagueño: apuntes iniciales desde la arqueología y la historia. Período prehispánico tardío y colonial temprano. *Runa, 33*(2), 113-132. Recuperado de http://ica.institutos.filo.uba.ar/modulos/runa/vol_33/v33n2a01.pdf

Taboada, C. y Farberman, J. (2014). Asentamientos prehispánicos y pueblos de indios coloniales sobre el río Salado (Santiago del Estero, Argentina). Miradas dialogadas entre la Arqueología y la Historia. *Revista de Arqueología Histórica Argentina y Latinoamericana, 8*(1), 7-44. Recuperado de http://www.arqhistorica.com.ar/Ediciones4.html- ISSN 2344-9918

Taboada, C., Angiorama, C., Leiton, D. y López Campeny, S. (2013). En la llanura y en los valles: Relaciones entre las poblaciones de las tierras bajas santiagueñas y el Estado Inca. *Intersecciones en antropología, 14*(1), 137-156.

Taboada, C. (2016a). Montículos arqueológicos, actividades y modos de habitar. Vivienda y uso del espacio doméstico en Santiago del Estero (tierras bajas de Argentina). *Arqueología de la Arquitectura*, 13. Recuperado de http://dx.doi.org/10.3989/arq.arqt.2016.003

Taboada, C. (2016b). Arquitectura invisible y "alárabes sin casa": líneas para pensar modos de vida de las poblaciones prehispánicas de Santiago del Estero. *XIX Congreso Nacional de Arqueología Argentina*. Tucumán: Universidad Nacional de Tucumán.

Togo, J., Garay, L. y Bonetti, C. (2009). *Padrones de los pueblos de indios de Santiago del Estero durante el siglo XVIII. 1701-1786. Compilación documental*. Santiago del Estero: Lucrecia.

Población indígena en Corrientes desde los tiempos coloniales al siglo XIX. ¿Mestizaje o nuevas construcciones identitarias?

María Laura Salinas

En este capítulo nos proponemos indagar sobre las características y evolución de la población indígena en el territorio de la actual provincia de Corrientes, desde los tiempos coloniales hasta fines del siglo XIX.

Observando los datos del Censo Indígena de la República Argentina de 2010 referidos a la provincia de Corrientes, nos encontramos con que el 0,5% de la población de dicha provincia se reconoce indígena. Se trata de 5.129 personas sobre un total de 992.595 habitantes. Ese porcentaje está por debajo de la media nacional de 2,4%. El 55,9% de esos 5.129 habitantes se reconoció perteneciente al pueblo Guaraní, el 17,6% al Toba y el 4,3% al Mocoví y al Mapuche.[1] Estos datos que reflejan una escasa población indígena en la provincia, a partir de quienes se reconocen como tal, nos llevan a reflexionar sobre la evolución de dicha población originaria en una de las provincias más antiguas de la Argentina, consideradas "sin indios".

Las numerosas "naciones" y "parcialidades", pueblos de indios y reducciones que se describen en las fuentes desde la fundación de la ciudad de Corrientes en 1588, parecen diluirse o desaparecer en un proceso que se extiende desde la expulsión de los jesuitas hasta principios y mediados del siglo XIX, época de la construcción del Estado-nación y del fin del régimen de comunidad en

---

1. En el caso de la provincia del Chaco el 3,9% de la población se reconoce indígena. Se trata de 41.304 personas sobre un total de 1.055.259 habitantes. En el caso de Formosa el 6,1% de la población de la provincia se reconoce indígena. Se trata de 32.216 personas sobre un total de 530.162 habitantes. En Misiones el 1,2% de la población de la provincia se reconoce indígena. Se trata de 13.006 personas sobre un total de 1.101.593 habitantes (Censo Nacional de población, hogares y vivienda 2010, Instituto Nacional de Estadística y Censos - INDEC).

el que vivían muchos grupos. A partir de una historiografía regional clásica, emerge inmediatamente el mito del mestizaje o las migraciones como respuesta a todos los interrogantes sobre el tema.

Pretendemos en esta aproximación ofrecer una mirada historiográfica de la producción escrita sobre dicha población en este espacio y responder a algunas preguntas que clarifiquen estas visiones del pasado indígena.

¿Cuáles fueron las formas de integración de esta población luego de la expulsión de los jesuitas y del cierre de la misión? y ¿Cómo se organizaron los diversos grupos después del fin de los pueblos de indios y el régimen de comunidad?

También nos preguntamos ¿cuáles fueron sus formas de inclusión y subsistencia en el marco de la ciudad o de los pueblos de la campaña en expansión? ¿Existió mestizaje y/o se construyeron nuevas formas identitarias, que lograron mantener costumbres y tradiciones de una cultura hispano-guaraní?

El fenómeno es interesante de analizar porque en la actualidad aparecen discursos que recuperan las experiencias misionales, por ejemplo, como formas de identificación: "la gran nación misionera", haciendo referencia a los 30 antiguos pueblos jesuíticos; un colectivo que incluye espacios de Brasil, Argentina y Paraguay. Corrientes formaría parte de esta nueva "nación" en vías de revalorización y construcción. Por eso creemos que una mirada abarcativa sobre las poblaciones indígenas, sus itinerarios y su estado hasta mediados del siglo XIX arrojaría luces sobre muchos aspectos de esta provincia que con más de cuatro siglos, ha invisibilizado en diversos momentos de su historia a sus poblaciones nativas, bajo el signo del mestizaje o de otras formas de integración.[2]

La cultura guaraní forma parte de la esencia del correntino, pero ¿cuál fue el camino que transitó esta población y qué queda hoy de ella?

Creemos que este capítulo planteará algunas líneas para iniciar un sendero de conocimiento sobre el tema o bien señalará preguntas para continuar en la indagación de una problemática a la que se le ha dado escaso interés desde la historiografía.

¿Qué se escribió sobre indígenas en Corrientes? Entre misioneros, oficiales e historiadores correntinos

Entre las provincias argentinas, Corrientes parece haber sido llamada, desde el imaginario de sus habitantes y desde las visiones de algunos intelectuales que se ocuparon de escribir su historia, a cumplir un destino diferente al de los otros

---

2. Decidimos detenernos en el siglo XIX como una primera aproximación a esta temática y estudio. En una segunda parte consideramos que debemos avanzar hacia el siglo XX para seguir indagando sobre esta población que se va diluyendo en registros posteriores.

espacios provinciales. Corrientes es constantemente presentada como la defensora de la soberanía nacional, constituyendo una frontera que frena las ansias expansionistas del extranjero. Sobre ello insistirán los historiadores clásicos correntinos de fines del siglo XIX y principios del XX: Manuel F. Mantilla (1853-1909), Manuel Vicente Figuerero (1864-1938), Hernán Gómez (1884-1945), con matices y exaltaciones coincidirán en líneas generales con esta perspectiva.

Los gobernantes correntinos también se preocuparon por robustecer la memoria colectiva que exaltaba el heroísmo de Corrientes en las luchas por la construcción de una Argentina democrática y federal (Leoni, 2004:16).

Una trayectoria de más de cuatrocientos años, con escenarios bélicos, decisiones que se proyectaron en tratados, alianzas, acuerdos que implicaron secesiones, uniones, cambios territoriales, entre otras consecuencias, caracterizan la historia de este espacio situado en el Nordeste de la actual Argentina.

Reclamaba el historiador correntino W. Domínguez en uno de sus escritos en 1947: "los correntinos obstinémonos en el ideal de que Corrientes sea, como ayer, al frente de los pueblos, índice rector en el Río de la Plata" (Domínguez, 1947:43). Se observa en sus discursos la apelación al pasado para fundamentar su reclamo de una mayor participación de Corrientes en una realidad nacional que denunciaron en diversas oportunidades, avanzaba, hacia la centralización. El lema "Hacer la Nación en la provincia", formulado por el historiador Hernán Gómez (1928), con algunas variantes, aparece en casi todo el grupo de intelectuales correntinos de principios del siglo XX, comprometidos con dilucidar y revalorizar la historia provincial en contraposición a la acción recurrente de escribir la historia nacional desde Buenos Aires, sin participación de los aportes provinciales.

El pueblo correntino se convirtió en un ejemplo indómito, capaz de realizar grandes sacrificios y de sobreponerse a las mayores adversidades. Desde los tiempos coloniales ya se advertiría en él la impronta de un pueblo heroico.

Un capítulo aparte merece la indagación sobre el "ser correntino", un modo de actuar que describe al individuo de estas tierras, que a través de la historia ha dado muestras de un valor sin igual y una entrega hacia las causas en que se fueron involucrando para defender la tierra, la ciudad, la nación.

En este contexto con la presencia siempre vigente de aguerridos y valerosos correntinos, nos preguntamos por la configuración de esa sociedad en los diferentes momentos de su historia. Desde los tiempos coloniales, desde la fundación de la ciudad de Corrientes a mediados del siglo XVI, surgen interrogantes sobre la conformación de esa sociedad, quiénes fueron sus integrantes y cuáles fueron las relaciones entre ellos. Estas coordenadas nos llevan a reflexionar específicamente sobre uno de los grupos más significativos: la población indígena, constituida en mayor medida por etnias guaraníes.

A estas características descriptas, debemos sumar la circunstancia de que en Corrientes particularmente, los estudios sobre esta temática son muy acotados, las obras clásicas de la historiografía local de fines del siglo XIX y principios del XX, no le dedicaron mayor atención a los sectores subalternos, tampoco fue un tema que posteriormente interesara a otros historiadores o grupos de estudio. Hasta la actualidad en Corrientes, pervive una historiografía local que prioriza la historia de las élites en desmedro de los otros grupos que conformaron la sociedad.[3] Esto se contrapone a lo que ocurrió en otros espacios en los que la producción sobre la temática indígena fue abundante.[4]

A continuación presentaremos algunas respuestas a la indagación acerca de cómo la historiografía ha abordado la cuestión de los indígenas durante el período colonial y post-colonial, en el espacio del Nordeste.[5] La observación se focalizará hacia lo que se escribió sobre los indígenas, la mirada del otro en los escritos de intelectuales, historiadores, gobernantes y más tempranamente viajeros. La historiografía tradicional producida por los clásicos historiadores correntinos simplificó la problemática, haciendo escasas menciones a esta población, desestimando su protagonismo u ofreciendo una mirada despectiva e invisibilizadora.

En un breve recorrido historiográfico, considerando las obras representativas de la historiografía desde el siglo XVI al XX, se podrá observar la transición en la perspectiva que se tiene de dichos grupos a través de la producción que se realizó en la región. Mientras que en los primeros siglos sólo se destacaba al indio como fuerza laboral, a partir de mediados del siglo XX se comienza a identificarlos como actores dentro de los procesos históricos, lo que permite comenzar a analizar su agencia y las relaciones entabladas entre estos grupos, aunque siempre desde la visión en un lugar menor (Valenzuela y Cargnel, 2015:73).

Es abundante la producción escrita en la que se mencionan indígenas en el período colonial, por tal razón especificaremos algunos ejemplos de obras que han sido pilares para la visión del otro indígena en este territorio. En este registro aparecen los textos de oficiales de la Corona y misioneros que llegaron al

---

3. La historiografía local se ha concentrado en mayor medida en temas genealógicos y aportes de la historia de las familias tradicionales de raigambre hispánica.
4. Señalamos el caso de las provincias del Noroeste, cuya historia indígena desde hace tiempo ha llamado la atención de historiadores y antropólogos.
5. Cuando estudiamos Corrientes, en el período colonial y tardocolonial debemos remitirnos a una idea de región histórica, el *Nordeste* en sentido geográfico amplio, e incluirla en un espacio que trasciende los límites actuales de la provincia e incluye regiones de Paraguay, sur de Brasil, la Banda oriental, Bolivia. Corrientes comparte con Paraguay una cercanía geográfica y una historia cultural que se mantiene intacta en diversos aspectos hasta la actualidad. Existe una conexión permanente con el territorio paraguayo: familias vinculadas a través de relaciones de parentesco, la lengua guaraní que ha permanecido en diversos puntos de la actual provincia argentina, la presencia indígena y afrodescendiente en la construcción de sus sociedades.

territorio y produjeron un relato de tipo histórico que hizo alusión al descubrimiento, la ocupación de los espacios y el conocimiento que se iba adquiriendo de la tierra. Avanzado el siglo XVII y durante el XVIII la narración histórica fue acaparada por los escritos jesuitas y la historiografía de la ilustración representada en esta región específicamente por los demarcadores del límites.

Desde la clásica obra de Ulrico Schmidl,[6] los *Comentarios* de Alvar Núñez Cabeza de Vaca[7] hasta los *Anales* de Ruy Díaz de Guzmán[8] las miradas se concentraron en el accionar político de los adelantados, aportando consideraciones muy generales de la población autóctona de las primeras etapas de la conquista.

En cuanto a la producción vinculada a las órdenes religiosas, que ocuparon estas regiones y brindaron también su mirada sobre el pasado, mencionaremos algunos escritos que han señalado el camino en cuanto a la información que ofrecieron; por ejemplo la obra de Pedro José de Parras (O.F.M.) en la que relató los viajes que realizó durante su vida, desde su llegada al Río de la Plata y los itinerarios emprendidos hacia las Misiones Orientales después de la Guerra Guaranítica y a las reducciones franciscanas de Corrientes. Sus aportes se centran en los indígenas reducidos a pueblos y las irregularidades que presentaba el sistema de trabajo, desde su observación.[9]

La historiografía jesuítica merecería un capítulo aparte. No es nuestra intención ingresar en un análisis exhaustivo de esta contribución, sólo mencionar que son los escritos de las Órdenes los que permitieron con detalles un conocimiento de las poblaciones originarias del territorio correntino, ya sea de parte de los franciscanos que contribuyeron desde su vínculo con los guaraníes que integraron sus doctrinas y posteriormente los jesuitas con Cartas Anuas, informes, y la producción elaborada luego de la expulsión en el exilio.

Las obras de los jesuitas pueden encuadrarse en distintas clasificaciones de acuerdo a los estudios que se hagan de la misma. Ernesto Maeder dividió con

---

6. Esta obra fue publicada por primera vez en alemán en 1567 y posteriormente traducida al latín con el título *Vera Historia* en 1597. Fue traducida del alemán al castellano por Edmundo Wernicke para la primera edición publicada en 1944 con el título *Derrotero y viaje a España y las Indias*.
7. La obra de Alvar Núñez *La Relación y Comentarios del gobernador Alvar Núñez Cabeza de Vaca de lo acaecido en las dos jornadas que hizo a las Indias* fue publicada por primera vez en Valladolid en 1555, integrando las expediciones a La Florida hecha por Alvar Núñez y al mismo tiempo los *Comentarios* en posible co-autoría con Pedro Hernández, su secretario, sobre la expedición al Paraguay y los conflictos con el pueblo asunceño.
8. Conocida comúnmente como *La Argentina manuscrita*, este libro circuló inédito muchos años hasta que fue editado por primera vez en Buenos Aires en 1812. Fue reeditado muchas veces por su valor como primera crónica histórica de estas regiones basada en testimonios orales de los conquistadores y en el conocimiento directo que poseía su autor por haber nacido en estas tierras y participado de la empresa conquistadora.
9. El *Diario y derrotero del Padre Parras* fue escrito por Fray Pedro José de Parras y publicado por primera vez en la Revista de la Biblioteca Pública de Buenos Aires, tomo IV en 1882 a partir de sus manuscritos que se conservan en la Biblioteca Nacional de Buenos Aires. Fue reeditado en 1943 por la editorial Solar con una nota preliminar de José Luis Busaniche.

fines didácticos las obras jesuitas relativas a la historia de la región en: *Cartas anuas, las primeras crónicas y testimonios, las historias de la Compañía y los escritos del exilio*. En el primer grupo aglomeró las cartas que los provinciales estaban obligados a enviar y también otras cartas e informes que circularon hacia Roma; en el segundo grupo reunió los relatos de los primeros misioneros y sus diarios de viaje; el tercero está destinado específicamente a las obras históricas, mientras que el último a las obras que escribieron los jesuitas después de ser expulsados de los territorios americanos (Maeder, 1987).

Utilizando esta clasificación son las *primeras crónicas y testimonios* las que ofrecen, en mayor medida, descripciones de los grupos indígenas, de las tareas que realizaban tanto los que vivían en la reducción como de los no reducidos y de los contactos y las relaciones que estos establecían con los jesuitas. Señalamos también el caso de La *Historia de los abipones* de Martín Dobrizhoffer (1967-1969)[10] etnias en vínculo con el espacio correntino; mientras que *El Paraguay Natural* de José Sánchez Labrador[11] o los *Diarios* de Tadeo Henis (1836) y Bernardo Nusdorffer (1969)[12] sobre la Guerra Guaranítica constituyen una fuente fundamental porque los misioneros relatan sus recuerdos sobre su vida en las misiones y las relaciones entabladas con los distintos grupos indígenas, recurriendo solo a su memoria en algunos casos y en otros a *documentos y papeles* que pudieron llevar después de concretada la expulsión.

A finales del siglo llegaron a esta zona las partidas demarcadoras que debían señalar los límites entre las coronas de España y Portugal. Entre estas se encontraban Félix de Azara (1923), Diego de Alvear (2000) y Juan Francisco Aguirre (2003) que en el ocaso del período colonial, enriquecieron la historiografía de la región con sus nuevas miradas hacia la Historia (Brezzo, 2010). Con funciones específicas vinculadas a la demarcación, estos enviados se convirtieron en naturalistas, cronistas y exploradores, esperando las contrapartidas portuguesas para la demarcación se dedicaron a observar y escribir sobre la región.

En el espacio correntino específicamente destacamos también a Alcides D'Orbigny con su obra *Viaje a la América Meridional*, desde la visión de un

---

10. Las obras de Martín Dobrizhoffer y José Jolís fueron publicadas en Resistencia en la Universidad Nacional del Nordeste en 1967-69 la primera y 1972 la segunda inaugurando una tradición de publicación de fuentes a cargo de Ernesto Maeder, que continuó con la edición de Cartas Anuas desde el Instituto de Investigaciones Geohistóricas-CONICET. *Hacia allá y hacia acá* fue publicada por la Universidad Nacional de Tucumán en 1941 y traducida al castellano por Edmundo Wernicke.
11. *El Paraguay natural* está editado parcialmente y fue escrito entre 1778 y 1790, también desde el exilio, poniendo sobre papel los conocimientos que tenía sobre la naturaleza, las ciencias naturales, los animales y las plantas de estas regiones. Referencias del mismo en Sánchez Labrador (1910).
12. Tadeo Henis escribió su *Diario Histórico de la rebelión y Guerra de los pueblos guaraníes situados en la Costa Oriental del río Uruguay del año de 1754* durante el exilio y fue publicado en Buenos Aires, por la Imprenta del Estado en 1836. La *Relación sobre la mudanza de los siete pueblos*, fue incorporado dentro de los *Manuscritos da Coleçao De Angelis*, *Do tratado de Madri à conquista dos sete povos (1750-1800)*, en Río de Janeiro en 1969.

viajero, naturalista describió las características que presentan algunos territorios de Corrientes, y en sus descripciones ofreció detalles de las particularidades de la población indígena. Siguiendo esta perspectiva se sitúan *Las Cartas de Sudamérica* de J. P. y W. P. Robertson quienes describen la vida doméstica y privada de los vecinos de Corrientes. Por estas cartas, es posible conocer las relaciones internas que se generaban entre los vecinos de Corrientes, indios y esclavos (Robertson y Robertson, 2000).

En el contexto correntino, citamos a tres autores con perspectivas sobre el indígena en Corrientes. Hernán F. Gómez y Florencio Mantilla son puntales en la tradición historiográfica. El primero de ellos publicó *Historia de la Provincia de Corrientes,* mientras que el último escribió la *Crónica Histórica de Corrientes* (Gómez, 1928; Mantilla, 1928). Dichas *Historias* fueron publicadas en el primer tercio del siglo XX y fueron consideradas posteriormente como las visiones clásicas del pasado correntino, razón por lo que su consulta es clave para quien se interese por la historia del Nordeste.

Estas dos obras poseen abordajes generales sobre las poblaciones indígenas que habitaban el suelo correntino desde los tiempos iniciales con las encomiendas en la ciudad de Corrientes, Mantilla planteaba una mirada en la cual no había espacio para pensar en la existencia del mestizaje en la sociedad correntina, idea que la historiografía debe problematizar a la luz de las numerosas fuentes que no han sido trabajadas; según este autor, indígenas y negros no se cruzaron a punto de confundirse en uno solo porque "el indio libre o de encomienda perdía su condición al mezclarse con el factor negro"[13] (Mantilla, 1928: 120).

Más allá de esta perspectiva, la descripción se detiene en algunos datos demográficos provenientes de distintas fuentes éditas como el memorial del fray Pedro José de Parras en 1753 y el informe solicitado por Pedro Cevallos a finales del siglo XVIII referente a la población, industria, comercio, gobierno local, entre otras variables.[14]

La obra de Hernán Gómez, *Historia de la Provincia de Corrientes*, incorpora al indígena al proceso de la conquista sin darle mayor entidad, es parte de ese itinerario de civilización que trae el español, permitiéndole conocer el orden, el trabajo, la familia, fusionándose con el conquistador. Emerge en este discurso la idea de progreso a partir del sometimiento de la población indígena (Gómez, 1928: 40).

De este período sólo W. Domínguez, realza la importancia de lo "guaraní" para la construcción de la historia correntina, no así de lo indígena, desta-

---

13. En esta breve descripción alcanza a definir los rasgos con respecto a la lengua, grado de gobierno, industria, arte y hasta incluso en sus categorizaciones de los diversos pueblos, llega a considerar la cuestión de la barbarie, distinguiendo al grupo de los guaraníes como los civilizados.
14. De este último se logra estimar los grupos poblacionales, "indios agregados a las casas y ocupados en los servicios rurales que llegaban a 137, los de Itatí 164, los de Santa Lucía, 206; los de Guácaras, 149; los de San Fernando, 344" (Mantilla, 1928: 113).

cando la importancia que posee el guaraní en comparación con otros pueblos indígenas.[15] Ninguno de estos autores, considerados pilares de la historiografía correntina, ha centrado su interés en los indígenas.

Queda planteada para futuros trabajos la necesidad de recuperar en las investigaciones el rol de los indígenas, sus itinerarios, liderazgos, vínculos y relaciones. Si bien se han empezado a dar algunos pasos, hay numerosos interrogantes sin respuestas en este espacio regional. La mayoría de los abordajes que presentamos, que intentan describir el pasado de estos grupos, se abocan al período colonial centrados en el XVI hasta las reformas borbónicas del siglo XVIII, sin avanzar hacia el periodo revolucionario, sólo las influencias de la Antropología han permitido pensar en la agencia de estos grupos y observar su historia desde otra perspectiva.

La población indígena en el siglo XIX, entre grillas coloniales y las omisiones liberales de los censos nacionales

Establecer las dimensiones de la población indígena en Corrientes desde los tiempos coloniales y presentar una evolución de la misma en períodos posteriores se transforma en tarea difícil, por la escasez de fuentes en algunos períodos que contengan esa información y por los también escasos estudios que se hayan interesado en dilucidar la cuestión.

En el contexto geográfico de Corrientes y sus pueblos, el contacto entre españoles e indígenas, por lo que nos indican las fuentes, se dio apenas realizada la fundación de la ciudad, ya que en el mes de noviembre de 1588 se hizo el primer reparto de encomiendas en el que se incluían unas doce naciones y más de 50 pueblos. Aunque seguramente ese reparto debió ser más aparente que real, ya que la nueva ciudad fue atacada continuamente en los años siguientes.[16]

A principios del siglo XVII comenzaron a organizarse pueblos de indios vinculados a través del servicio de la encomienda a vecinos de Corrientes e incluidos en un sistema de comunidad bajo la administración franciscana. El grupo étnico mayoritario que las conformaba era guaraní, fundamentalmente en el pueblo de Itatí. En los otros pueblos fundados: Santa Lucía y Santiago Sánchez se incorporaron también algunos grupos chaqueños. En los documentos es permanente la alusión a otros grupos étnicos desde la visión y los conocimientos españoles: charrúas e indios de diferentes territorios como Jujuy, Catamarca y hasta zonas alejadas de Brasil.[17]

---

15. Véase el trabajo de María Núñez Camelino (2004).
16. Primer reparto de encomiendas en San Juan de Vera. *Revista de Buenos Aires*, 1865: 165-176.
17. La bibliografía sobre guaraníes es amplia. Para realizar un estudio más exhaustivo sobre este tema se

Dentro de los distintos grupos de guaraníes de la Argentina, nos interesa especialmente el grupo que ocupaba el norte de la actual provincia de Corrientes, específicamente alrededor de lo que los conquistadores llamaron Santa Ana. Durante el período hispánico y con la fundación de la ciudad de Corrientes, este grupo aumentó en importancia por habérsele agregado otros guaraníes traídos por los españoles del vecino Paraguay.[18]

La unidad guaraní viene apreciada fundamentalmente en que todos hablan la misma lengua, con pequeñas diferencias. Este hecho facilitó los primeros contactos, ya que entre los españoles se encontraban algunos intérpretes que conocían la lengua guaraní, como consecuencia de haber naufragado o haberse extraviado y convivir con este grupo. Con el paso del tiempo el guaraní se transformó en la lengua de uso habitual en poblados como Asunción y Corrientes.

Más allá de la unidad lingüística y cultural no se debe olvidar que se encontraban divididos en nucleaciones independientes, circunstancialmente enemigas, que los españoles conceptuaron como provincias, identificadas a veces con un cacique principal y compuestas por comunidades-aldeas de estructura y dimensiones variables.

Uno de los aspectos fundamentales a tener en cuenta es el contacto que existió entre los guaraníes y los europeos, que fue diferente de acuerdo con la región y con las circunstancias. La relación hispano-guaraní se vio facilitada por algunos aspectos, como la economía agrícola, propia del grupo, que no se modificó demasiado al aplicarse en el sistema reduccional y la amistad de los guaraníes y la enemistad de éstos con el complejo chaqueño-guaycurú, como instrumento de conquista, de sometimiento y hasta de destrucción de otras poblaciones indígenas (Melià, 1986:18).

Esta primigenia organización de pueblos de indios cercanos la ciudad y con presencia de los frailes franciscanos favoreció a una lenta expansión de la frontera y de las actividades agrícolas y ganaderas por parte de los vecinos de Corrientes que en 1760 llegaba hasta el interfluvio de los ríos Santa Lucía y Corrientes. Un amplio espacio de lo que hoy es la provincia de Corrientes se hallaba entonces ajeno a su jurisdicción. Con independencia de este poblamiento centrado en la margen izquierda del río Paraná, otro proceso comenzó

---

puede consultar: Canals Frau (1953), Melià (1986), Clastres, H. (1993), Clastres, P. (1986). En el caso de las nominaciones a los otros grupos raramente se mencionan las etnias, quedan definidos por sus lugares de origen (Jujuy, Santiago del Estero, etc.).

18. Los otros grupos guaraníes de la Argentina eran: a) Los guaraníes de las Islas o chandules que mencionan los primitivos documentos relacionados con la exploración del estuario y con la fundación de la ciudad de Buenos Aires. b) El grupo del Carcarañá se hallaban asentados en la isla que forma el Paraná a la altura de la desembocadura de aquel río, al norte y al sur de la misma. c) Sobre el litoral misionero estaba el grupo de los cainguás, es decir parte del grupo mayor que todavía ocupaba la región occidental de la República del Paraguay. d) El grupo de los chiriguanos, en territorio boliviano donde inmigraron desde el Paraguay hacia 1522.

a radicarse en la cuenca del río Uruguay y sus afluentes en lo que hoy es la parte oriental de la provincia. Esta corriente conformó las denominadas misiones jesuíticas, experiencia misional entre los guaraníes, con un relativo éxito reflejado en la conformación de 30 pueblos que ocupaban territorios de Brasil, Paraguay, la Banda Oriental y Argentina.[19]

De los siglos XVII y XVIII tenemos registros de pueblos de indios, encomiendas y de indígenas residentes en la ciudad, lo que nos ofrece un panorama general de la población indígena sometida. La visita del gobernador del Río de la Plata, Diego de Góngora, nos ofrece a partir de 1622 un panorama más detallado que se articula con registros posteriores de 1673 y 1717 (Maeder, 1981: 35; Salinas, 2010:167).

Tabla 1: Población indígena sometida

Año	Población total estimada	Total de indios encomendados de ambos sexos y todas las edades	Proporción de indios encomendados en relación con población total
1622	1927	1381	71%
1653	2500	1100	44%
1673	3230	1752	54%
1717	5000	912	18%

Fuentes: Visita de Diego de Góngora (1622). Visita de Garabito de León (1653). Padrón de Encomenderos de Corrientes (1673). Visita a Corrientes (1717).[20]

Los datos que se presentan en la Tabla anterior, rescatados de visitas y recuentos realizados por los gobernadores y autoridades rioplatenses, en cierto modo nos aproximan a la población encomendada y nos ofrecen una fotografía de este grupo. Contemplando subregistros, omisiones de los encomenderos para evitar cargas fiscales, fugas, etc., nos ofrecen una referencia a tener en cuenta sobre la población indígena sometida.

Del siglo XVIII tenemos escasas fuentes demográficas que nos permitan seguir a la población indígena registrada en padrones o registros anteriores. El padrón de 1760 realizado por el teniente de gobernador Bernardo López de Luján por pedido del gobernador Pedro de Cevallos ofrece minuciosos datos.

---

19. Véase Necker (1990), Salinas (2010) para una completa descripción, análisis y enfoque etnohistórico de los pueblos fransciscanos del Paraguay y Nordeste de Argentina.
20. Visita de Diego de Góngora de 1622, en Cervera (1907). Archivo y Biblioteca Nacionales de Bolivia (ABNB). Serie Expedientes Coloniales. EC. 1653. 7, 16. 11. Archivo General de Indias (AGI). Contaduría 1877. Padrón de encomenderos de Corrientes. 1673. Archivo General de la Nación (AGN). Visita a las encomiendas de Corrientes por el Maestre de Campo Francisco de Noguera Salguero 1717-1718-1719-1721- Sala IX. 40.8.5.

Tabla 2: Padrón de 1760

Ciudad/Pueblo	Grupos	Familias	Soldados	Total habitantes
Corrientes y su jurisdicción	Españoles	1053	1072	6420
			47	137
Itatí	Indios		195	888
Santa Lucía	Indios		57	206
Santa Ana			29	149
San Fernando				344

Fuente: Padrón de Bernardo López de Luján.[21]

Este padrón dio como resultado una población en la ciudad y en la campaña de 8128 habitantes, en los pueblos de indios 1587.[22]

Entre 1760 y 1814 la población de Corrientes se triplicó (de este período quedan diversas fuentes que se pueden ir cotejando en forma secuencial), de todos modos debido a la baja densidad de la población no se advierte ese crecimiento, por lo menos desde la visión de viajeros y cronistas. Las cifras de estos últimos no son muy confiables, ya que faltan distritos y datos generales. Nos referimos específicamente a Félix de Azara (1923) y Juan Francisco Aguirre (2003). De todos modos se observa la expansión de la frontera y la formación de nuevos poblados en la campaña.

Las reseñas de milicias realizadas por los comandantes de armas, tienen mayores precisiones, ya que registran a toda la población. Estas cifras indican el número de armas que podía proporcionar la población española, como también la de indios y castas:

Tabla 3: Población según recuento para milicias

Año	Españoles		Indios y Castas		Total población
	Milicianos	Población estimada	Milicianos	Población estimada	
1796	2602	15612	303	2424	18920
1802	2942	17652	332	2656	20308

Fuente: Reseña de La milicias urbanas (AGN, IX.3.3.7).

---

21. *Descripción Histórica y geográfica de la ciudad de San Juan de Vera de las Siete Corrientes...* fue datada en esta ciudad por el gobernador Bernardo López de Luján y redactada a pedido del gobernador Pedro de Cevallos. AGN. Manuscritos de la Biblioteca Nacional N° 129.

22. En la Tabla no se incluyó la población esclavizada y libres que suman un total de 1571.

Para el siglo XIX la provincia de Corrientes en vías de organización y con paulatina conciencia de la autonomía, dispuso la realización de censos en su jurisdicción, que son sumamente ricos para seguir en las fuentes a la población indígena. Los datos producidos manifiestan el interés que tuvo la provincia por conocer circunstancialmente la realidad humana y económica. La existencia de censos provinciales en 1814, 1820, 1827-28, 1833, 1854, 1857 permite un estudio continuo de la población en este espacio.

Para la primera mitad del siglo XIX, debemos señalar que se mantuvieron las grillas coloniales para la recolección de la información, de ese modo los indígenas fueron identificados bajo la categoría de "naturales".

Tabla 4. Categorías que aparecen en los registros

Categorías Étnicas	1814	1820	1833	1841
Blancos	14.844	28.115	48.915	47.012
Naturales	3611	4.954	4.903	4.521
Negros, mulatos, pardos, morenos	2.447	3.326	2.722	2624
Totales	25.413	36.397	56.503	55.309

Fuente: Elaboración propia. Archivo General de la Provincia de Corrientes (AGPC). Censos. Tomos II-XV. Sala I.

Los censos de 1814 y 1820 presentan algunas lagunas y omisiones en torno a los datos demográficos sobre los pueblos de indios guaraníes de Santo Tomé, La Cruz y Yapeyú que subsistían en la región de los ríos Uruguay, Miriñay, margen este de los esteros del Iberá hacia Misiones. En el caso del empadronamiento de 1814, además, se ignoran algunos padrones de la ciudad y partidos suburbanos.

En 1814, aparecían empadronados unos 3611 naturales que eran el 14,20% del total poblacional para el momento. Dichos pobladores vivían asimilados a la vida cultural de los españoles y criollos en el ámbito rural; solo el 16,7% de estos subsistían en las reducciones de Itatí y Santa Lucía (Maeder, 1963: 147).

Lo interesante es analizar cómo se produjo el desplazamiento de este grupo étnico hacia los campos y tierras del sur correntino en donde encontramos un 23% de población indígena habitando en el área rural del Pay Ubre. En cambio, en las zonas de poblamiento antiguas se mantenía estable el número de indígenas que representan el 18 al 15% del total poblacional. Estos desplazamientos indican la búsqueda de nuevas formas de vida, trabajo, con posibilidades de cierta movilidad social, en estos nuevos sitios.

Tabla 5. Distribución de la población indígena en el área rural, 1814

Región	Número de indígenas	Porcentaje con respecto al total de población de la región
N° 1	1.828	15,4%
N° 2	1.143	18%
N° 3	632	23%

Fuente: Maeder (1963).

Para 1820, la población indígena constituía el 13,4% del total poblacional. Este porcentaje se encontraba diseminado por la jurisdicción correntina, por un lado, en los pueblos de indios y por otro lado, en la campaña y los pueblos de españoles. En el primer caso, Santa Ana de los Guacaras tenían alrededor de 287 habitantes e Itatí unos 568 habitantes, en este último, se incluían unas 6 familias de españoles que vivían allí. El resto de los pueblos como Santa Lucía y Las Garzas sufrían del despoblamiento y su consecuente decadencia.[23] Ese despoblamiento implicaba la movilización de la población para otros poblados más prósperos y activos en términos económicos y comerciales como el caso de Goya como afirma D'Orbigny.

La información que nos brinda el censo de 1820 nos permite una mirada global sobre la distribución de la población indígena por las diferentes regiones y el espacio urbano de la ciudad. Si tenemos en cuenta, los datos de las Tablas N° 5 y 6 se observan ciertos cambios en el asentamiento y ocupación de la región n° 2; hay una mayor concentración de indígenas en la región que corresponde a los poblados de Goya, San Roque, Santa Lucía (Ver Mapa 1).

Tabla 6. Distribución de la población indígena en el censo de 1820

Regiones	Indígenas	Porcentaje en relación con el total poblacional
Capital	170	3,2%
1° Región	1791	9,7%
2° Región	2027	20%
3° Región	244	9,7%
Total	4232	-

Fuente: Maeder (1963).

En la década de 1830, la población indígena registrada en el territorio correntino rondaba en unos 3363 habitantes, pero si agregamos los datos referidos a los

---

23. Las Garzas había recibido a la población abipona procedente de San Fernando del Río Negro en el Chaco, luego de la expulsión de los jesuitas.

pueblos misionales de San Miguel y Loreto se elevaba a unos 5122. La población indígena empieza a decrecer en relación al total poblacional, ya que solo representa el 9% en relación al 11% o 17,2% que representaba en 1820/1814.

Con respecto a su distribución, se puede dar cuenta de la constante movilización y afluencia hacia los campos del sur como San Roque, Goya, Yaguarete Cora, Esquina, Curuzu Cuatia y La Cruz, como se observa la siguiente Tabla:

Tabla 7. Distribución de la población indígena en la jurisdicción de Corrientes

	1814	1820	1833
Capital	-	170	146
1º Región	1.828	1.791	1.057
2º Región	1.146	2.027	2.707
3º Región	632	244	1.212
Total	3.606	4.232	5.122

Fuente: Maeder (1970: 325).

Años después contamos con el empadronamiento de 1841, que refleja los cambios acontecidos a consecuencia de las guerras civiles en las que Corrientes fue partícipe. Se refleja una contracción en el crecimiento poblacional lo que afecta a todos los grupos sociales, en el caso de la población indígena se reduce el número en forma considerable. No obstante, los análisis se limitan porque los datos son deficientes para una perspectiva general.

Para mediados del siglo XIX se dificulta la posibilidad de evaluar y realizar un seguimiento de la población indígena, pues no se registran las categorías étnicas de la población. De ese modo, en el censo provincial de 1854, encontramos ya una mención a categorías como nombre, edad, origen, relación matrimonial o no (soltero, casado, viudo), profesión, propiedades y ganado; dejándose de lado, las categorías étnicas de los sujetos. Posteriormente, en el censo confederal de 1857, se avanza hacia otros intereses: casa, nombre y apellido, edad, sexo, estado, patria o país de nacimiento, si sabe escribir, el ejercicio/arte u ocupación; si ha recibido vacunas, las imposibilidades físicas y otras observaciones. Se deja de lado la etnicidad de los individuos, para profundizar sobre otros detalles.

La estructura censal definida por el sistema estadístico determinó una lectura del proceso social argentino que habría de conducir a la exaltación del papel desempeñado por los inmigrantes y a la licuación de la presencia de indios y negros (Otero, 1997-1998: 129). Se observa en los censos nacionales el abandono de la grilla clasificatoria colonial, con fines de lograr cierta homogenización en la población argentina atendiendo a la identidad provincial y a las condiciones especiales de la población como ilegítimos, mancebos, sordo-mudos, ciegos, cretinos, imbéciles, estúpidos, inválidos, entre otros, más que a las identificaciones étnicas (Grosso, 2008: 57).

Mapa 1. Regiones pobladas de la ciudad de Corrientes entre el siglo XVII y 1814

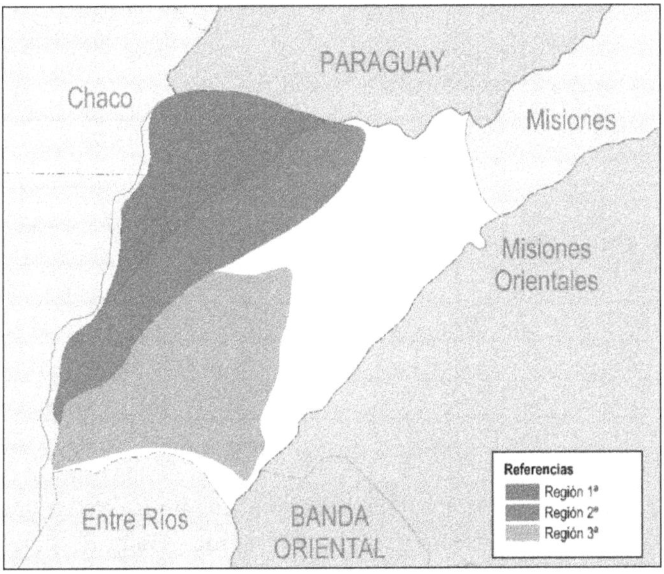

Fuente: Maeder y Gutiérrez (1995).

Los censos y registros de viajeros son una opción central a la hora de evaluar la dimensión demográfica de este grupo pero con ciertos riesgos y sub-registros. Otra vía es el análisis de las fuentes parroquiales que para el período colonial y post-colonial es posible emprenderlo en el espacio de la ciudad y la campaña teniendo en cuenta los registros producidos por la Iglesia Matriz y los curatos rurales.[24]

Los libros de naturales que se conservan del período de 1782-1801 / 1807-1839 reflejan que el grupo indígena que se bautizaba en la ciudad era muy reducido en relación con los otros sectores de la población. El 6,5% de los bautismos correspondían a indígenas. Esta población puede ser proveniente de dos espacios diferentes: las antiguas misiones jesuíticas y los pueblos de indios que finalizaron con el régimen de comunidad. A principios del siglo XIX con el contexto del proceso revolucionario se da la libertad a los indios que vivían en los pueblos. La dispersión se observa en las fuentes.

---
24. Para el espacio correntino, las fuentes parroquiales solo se conservan para el segundo período del siglo XVIII.

José Domingo hijo de Alexandro Guaraci del pueblo de Yaguarón
Maria Dionicia Ariyu, indios del pueblo de Itati[25]
María Eugenia hija de Pedro Gonzalez y María Antonia Ybaru indios del pueblo de Itapua[26]
Petrona Paula hijo de Nicolasa Melgarejo china del pueblo de Itaty y padre no conocido[27]

Tabla 8. Bautismos en la ciudad de Corrientes

	1782-1789	1790-1799	1800-1801/ /1807-1809	1810-1819	1820-1829	1830-1839
Indio	73	0	28	47	13	22
Esclavo	103	194	126	124	0	0
Libre	60	252	102	45	0	0
Liberto	0	0	0	218	188	197
s/definir	338	217	35	394	12	3
Mestizo	1	0	0	0	0	0

Fuentes: Libros de Bautismos. INSR. Corrientes.

En la campaña, contamos con los libros parroquiales de las iglesias que existían en los pueblos de indios por ejemplo de Nuestra Señora de Itatí desde 1734 y los correspondientes a las iglesias de españoles como el caso de San Roque, Saladas, San Cosme.

La presentación de estos datos en el marco de este trabajo pretende señalar caminos para continuar en la indagación sobre la población indígena en Corrientes. Como se puede observar hay una existencia de una diversidad de fuentes para realizar ejercicios metodológicos que desde la historia de la población nos ayuden a puntualizar en los destinos de esta población que se diluye en la documentación a partir de los intereses de quienes recogen la información siguiendo las políticas del momento. Entendemos que las categorías fueron modificándose, por eso más allá del mestizaje (que de hecho existió) nuestras hipótesis nos llevan a pensar en los subregistros y en las visiones del otro con respecto a la denominación de cada individuo que se registra.

---

25. Iglesia Matriz Nuestra Señora del Rosario, Corrientes. Libros de Bautismos. Año 1782-1802. Foja 778. En adelante INSR.
26. INSR. Libros de Bautismos. Año 1807-1824. Foja 30.
27. INSR. Libros de Bautismos. Año 1807-1824. Foja 45.

Loreto y San Miguel: tradición guaraní-misionera

Seleccionamos como ejemplo para el análisis las localidades vecinas de Loreto y San Miguel, ubicadas en la frontera occidental del Iberá, que comparten un mismo origen histórico ligado a las misiones jesuíticas de guaraníes que migraron originariamente de la región del Guayrá a principios del siglo XVII por el avance bandeirante para asentarse en el actual territorio de Misiones. A principios del siglo XIX, en 1817 se trasladan hacia el sur en busca de refugio, ubicándose en su sitio actual.

La antigua provincia de Misiones creada después de la expulsión de los jesuitas tuvo un destino de fragmentación, luego de seis décadas se desorganizó como distrito político. En un primer período entre 1768 y 1801 se logró conservar la integridad de su territorio y unidad política, aunque experimentó signos visibles de cambios.

Después de 1801 y como consecuencia de la guerra con Portugal, la provincia perdió una parte de su patrimonio territorial. Desde entonces los siete pueblos orientales y las extensas estancias del departamento Yapeyú quedaron definitivamente bajo jurisdicción del Brasil. A su vez y luego del fracaso de la expedición de Belgrano, la firma del tratado del 12 de octubre de 1811 entre las Juntas de Buenos Aires y Asunción condujo a una nueva fragmentación de la antigua provincia: los departamentos de Santiago y Candelaria quedaron bajo la jurisdicción paraguaya, mientras que los otros dos Concepción y Yapeyú se mantuvieron en dependencia de las Provincias Unidas (Ver Mapa 2).

Si la división de la provincia entre los nuevos estados nacionales constituía un adelanto de las dificultades para su continuidad institucional, las guerras que inmediatamente se encendieron contribuyeron a su destrucción definitiva. La porción argentina de las misiones fue precisamente la que experimentó las más graves consecuencias de la guerra. Entre 1811 y 1830 los quince pueblos argentinos sufrieron el saqueo y la destrucción, como el desbande de sus habitantes, junto a las secuelas del desgobierno y la pobreza (Maeder, 1984: 209).

Los restos de la población guaraní que quedaron en la provincia buscaron refugios en sitios que preservaran a sus familias y les brindaran cierta tranquilidad y estabilidad. En 1822 y luego en 1827, un grupo de guaraníes provenientes de diversos pueblos, se reunió en Loreto y San Miguel y pactó con Corrientes su incorporación a la provincia. Estos pueblos constituyen la última manifestación en suelo argentino de aquellos guaraníes que buscaban sobrevivir, luego de la historia misionera, quizás siguiendo ese modelo.[28]

---

28. Otros asentamientos como San Roquito y Asunción de Cambaí no llegaron a perdurar. Algún otro como La Cruz se incorporó más tarde a Corrientes conforme al modelo de Loreto y San Miguel. Para ampliar el panorama de la temática post-jesuítica se sugiere la lectura de Maeder (2014), Poenitz y Poenitz (1993).

Debemos considerar un segundo momento que se inicia con la presencia de Francisco Ramírez y la inclusión de Misiones en la República entrerriana y concluye en 1830 con la incorporación de La Cruz a la provincia de Corrientes.

Mapa 2. Período 1811-1830. Los cambios en el espacio misionero

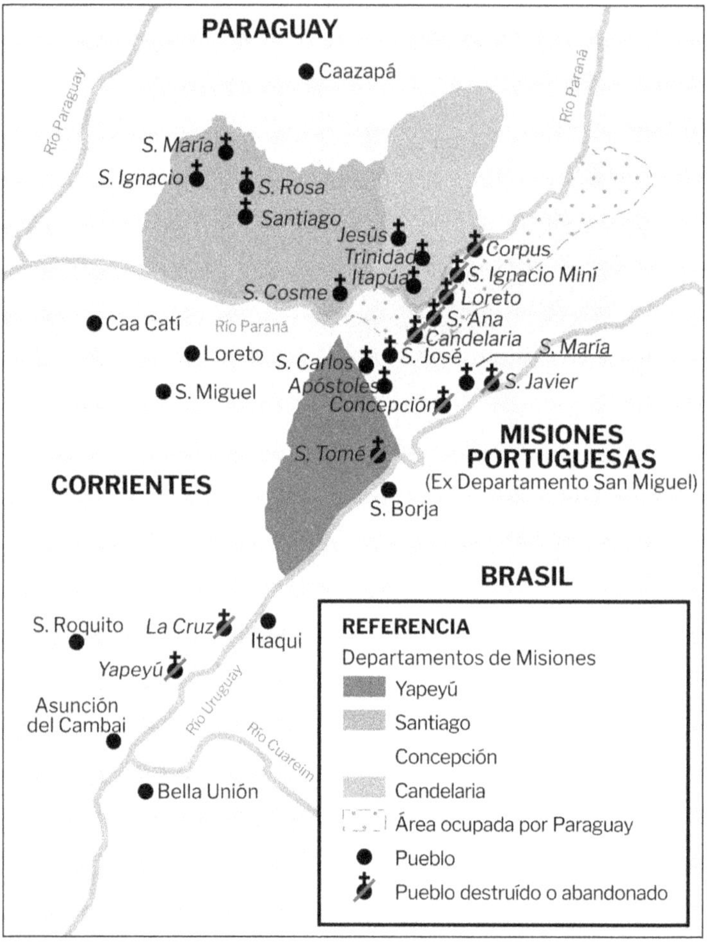

Fuente: Maeder y Gutiérrez (1995).

En el mapa que corresponde al período 1811-1830 se advierte la fragmentación de la provincia: el departamento San Miguel en poder de Brasil, los de Santiago y Candelaria bajo autoridad paraguaya y los de Concepción y Yapeyú en territorio argentino. Los quince pueblos de estos dos últimos fueron destruidos o abandonados como consecuencia de las expediciones de represalia portuguesa sobre las fuerzas de Andresito (1816-1819). Entre los migrantes guaraníes un grupo logró formar Loreto y San Miguel. A su vez la ocupación paraguaya de la margen izquierda del Paraná en el departamento Candelaria, iniciada en 1811 se afirmó con la evacuación de los cinco pueblos allí existentes y el control militar del área (Maeder y Gutiérrez, 1995).

Contamos con datos específicos sobre ambos pueblos que nos ayudan a visualizar las dimensiones demográficas y su condición socio-étnica, con el sustento de los padrones existentes.

Tabla 9. Población de Loreto y San Miguel según su origen étnico

Años	Loreto		San Miguel		Total
	criollos	indios	criollos	indios	
1827	167	323	359	812	1661
1841	559	282	782	706	2329
1854	-	78	-	289	1977

Fuente: Maeder (1984: 218).

Estos datos arrojan algunos detalles sobre la residencia, los guaraníes vivían en los pueblos y los criollos en la campaña. Se observa un descenso en la población indígena, el proceso de mestizaje es una respuesta; aunque como ya lo mencionamos son diferentes las categorías en cada registro, como así también los intereses de cada censo.

También se identificaron los orígenes de la población que se instaló en estos asentamientos definitivos. En la siguiente Tabla se muestra que los guaraníes provenían de los pueblos más próximos, específicamente de los viejos departamentos de Candelaria y Concepción. Maeder advertía en sus estudios que no se observaban por ejemplo migrantes de Yapeyú. El mayor número corresponde a San Carlos y son relativamente pocos los de Loreto, cuyo nombre llevaba el pueblo. Los de Trinidad, único caso del otro lado del Paraná, probablemente procedentes de algunas de las estancias ubicadas con esa zona e incomunicados con el Paraguay por el patrullaje del río, luego de las medidas tomadas por Gaspar Rodríguez de Francia (Maeder, 1984: 219-220).

Tabla 10: Pueblos de origen de los guaraníes de Loreto y San Miguel

Antiguo departamento	Pueblo de origen	Radicados ahora en Loreto	Radicados ahora en San Miguel	Total
Candelaria	Corpus	141	44	185
	S. Ignacio Miní	82	104	186
	Loreto	66	38	104
	Candelaria	-	106	106
	Santa Ana	-	112	112
	Trinidad	-	39	39
Concepción	Concepción	34	20	54
	San Carlos	-	242	242
	Apóstoles	-	34	34
	Santa María La Mayor	-	33	33
	San Francisco Xavier	-	40	40

Fuente: Maeder (1984: 218).

Estos pueblos originados por los guaraníes que emprendieron el éxodo mencionado, se transforman en un interesante caso para el estudio de ciertas prácticas que perduran en sus descendientes hasta la actualidad; se reconocen portadores de una cultura misionera que les da una identidad propia.

Si las antiguas misiones jesuítico-guaraníes despiertan intereses diversos para su abordaje, estas poblaciones guaraníes post-jesuíticas originadas espontáneamente en suelo correntino, ofrecen cierto interés de tipo cultural y etnográfico para verificar la permanencia de la cultura guaraní e indagar acerca de las tradiciones que han quedado del período jesuítico.

Jorge F. Machón y Cantero (2013) sostienen que el éxodo misionero-guaraní de 1817, consistió en aproximadamente 1700 familias, entre las cuáles se destaca la presencia de mujeres y niños, debido a que los hombres habían sido las principales víctimas de las guerras nacionales o civiles entre 1811 y 1830. El Censo de 1827 confirma una vez más, la cifra estimada de 1700 familias transmigradas. En el Archivo de la Provincia existe el censo efectuado a los pueblos de Loreto y San Miguel por disposición de Saturnino Blanco Nardo en 1822 comandante entonces de Yaguareté Corá, actual Concepción; en el cual aparecen consignadas 1700 familias según las reducciones jesuíticas de las cuales serían originarios dichos pobladores.

Las fuentes indican que una vez establecidos en el lugar, los guaraníes mantuvieron muchas de sus prácticas del período de la misión. Levantaron una capilla en veneración a la Virgen de Loreto y a San Miguel Arcángel, patrono de San Miguel; como también para resguardo de las demás imágenes que los acompañaron en su peregrinación. Se organizaron al estilo jesuítico, estableciendo las demás instituciones alrededor de una plaza, a un costado el cementerio y el cabildo, que era la forma en que se habían organizado políticamente. El 9 de octubre de 1827 Loreto y San Miguel, a través de sus representantes, el corregidor Ramón Irá y el cacique Ignacio Baybay, expresaron al gobernador Ferré su decisión de incorporarse al gobierno de la provincia de Corrientes, por medio de un tratado suscrito por ambos pueblos. Este tratado conocido como "Proclama de los pueblos" está escrito en guaraní y castellano, con fecha 16 de octubre de 1827, e integró legalmente a este territorio a dos comunidades que se encontraban ligadas íntimamente desde el momento de su nacimiento.

Hasta la actualidad se pueden observar gran cantidad de apellidos guaraníes que están presentes en la población: Verayú, Guarepy, Chapay, Guayaré, Areyú, Cuyé; muchos continúan vigentes en estos pueblos y otros han sido distorsionados con el objetivo de castellanizarlos. En Loreto, se observan características tales como las viviendas de las primeras familias que se instalaron, antiguas casas que aún perviven mantienen la estructura tradicional, plano rectangular y techo a dos aguas, en su mayoría de paja; y solo en algunos casos, se han renovado algunas utilizando techo de chapa.

Nuevos interrogantes

En este capítulo nos propusimos retomar el tema de la población indígena en Corrientes, en ocasiones eclipsado por otros intereses historiográficos. Desde las visiones históricas del pasado es notoria la ausencia de estudios que focalizaran esta temática. Es clara la necesidad de seguir abordando esta cuestión desde diversas perspectivas.

En el aspecto demográfico, hemos intentado ingresar en una recuperación de datos a partir de la reunión de padrones y censos que nos indicaran el camino de evolución de esta población desde la expulsión de los jesuitas y el fin del régimen de comunidad en los pueblos de indios administrados por los franciscanos hasta principios del siglo XIX en que la población indígena parece diluirse a la luz de la documentación. Más allá de las respuestas sobre el mestizaje, nos atrevemos también a pensar en las irregularidades que presentan nuestras fuentes para poder seguir a la población en el tiempo, los cambios de categorías utilizadas en la recolección de datos y el autoreconocimiento de cada individuo sobre su condición étnica a la hora de los registros.

Por último quisimos presentar el caso de dos pueblos post-jesuíticos con una fuerte herencia misionera desde la perspectiva de sus propios pobladores.

En ellos persisten los apellidos guaraníes, también los usos y las prácticas indígenas en permanente relación con las prácticas de la sociedad criolla. En Loreto, San Miguel, La Cruz, Yapeyú, San Carlos, Santo Tomé reside en la actualidad esa herencia misionera y sus habitantes han encontrado cierta identidad en esta historia relacionada con aquellas experiencias misionales. ¿Podemos encontrar en estos poblados a los descendientes de la población indígena que estamos buscando? Creemos que es un camino posible, no sólo para aplicar en estos espacios sino en el territorio de toda la provincia de Corrientes, que estimamos recibió en cada uno de sus rincones a los habitantes de las misiones y a los nuevos libres de Itatí, Candelaria, Santa Lucía, etc. Subayace en Corrientes la existencia de una cultura hispano-guaraní, que tiene una presencia fuerte hasta la actualidad.

En el plano de las costumbres, que son una manifestación de las creencias, podemos observar en San Miguel y especialmente en Loreto, un sincretismo entre la religión cristiana, las creencias heredadas de los guaraníes y creencias de fe actuales como por ejemplo el Gaucho Gil.

La herencia guaranítica está vigente en Corrientes, sobre todo en estos espacios vinculados a la posibilidad de un rescate patrimonial de los antiguos pueblos jesuíticos. Cabe preguntarnos si los habitantes de estos sitios, frente a dichas posibilidades se identifican como descendientes de la población indígena o es un discurso del que se apropian para ser parte de un itinerario turístico cultural, fomentado por los gobiernos Argentina, Brasil y Paraguay.

En la ciudad de Corrientes, por ejemplo, a diferencia de lo descripto en los pueblos del interior, no se observan indicios del interés por recuperar el pasado indígena, sosteniendo una memoria que apela con orgullo a la herencia hispánica.

Creemos que una segunda etapa de esta primera aproximación debe concentrarse en la evolución de esta población desde mediados del siglo XIX, el siglo XX hasta la actualidad, para comprender y ofrecer mayores respuestas al interrogante sobre porque Corrientes sigue siendo considerada una provincia "sin indios", más allá del pasado y la historia indígena que acabamos de describir.

Fuentes éditas

Instituto Nacional de Estadística y Censos (INDEC). (2015). Censo Nacional de Población, Hogares y Viviendas 2010: Censo del Bicentenario. Pueblos originarios: región Nordeste Argentino. Buenos Aires: Instituto Nacional de Estadística y Censos. E-Book.

Bibliografía citada

Aguirre, J. F (2003 [1793]). *Discurso Histórico sobre el Paraguay*. Buenos Aires: Unión Academique Internationale. Academia Nacional de la Historia.
Alvear, D. de (2000 [ca. 1791]). *Relación histórica y geográfica de las provincias de Misiones*. Estudio preliminar de Ernesto J. A Maeder, Restitución del texto original Helga N. Goicochea. Resistencia: Instituto de Investigaciones Geohistóricas/CONICET.
Azara, F. de (1923 [1809]). *Viajes por la América Meridional*. Madrid: Espasa-Calpe.
Brezzo, L. (2010). La Historia y los historiadores. En I. Telesca (Coord.), *Historia del Paraguay* (pp. 13-33). Asunción: Taurus.
Cabeza de Vaca, A. N. (1971 [1555]). *Naufragios y Comentarios*. Madrid: Espasa Calpe.
Canals Frau, S. (1953). *Las poblaciones indígenas de la Argentina*. Buenos Aires: Sudamericana.
Cervera, M. (1907). *Historia de la ciudad y provincia de Santa Fe. 1573-1853*. Santa Fe: La Unión.
Clastres, H. (1993). *La tierra sin mal: El profetismo tupí-guaraní*. Buenos Aires: Ediciones del Sol.
Clastres, P. (1986). *Crónica de los indios Guayaquis: Lo que saben los Aché, cazadores nómadas del Paraguay*. Barcelona: Alta Fulla.
Dobrizhoffer, M. (1967-1969 [1784]). *Historia de abipones*. Resistencia: Universidad Nacional del Nordeste.
Domínguez, W. (1947). La revolución de 1868. *Boletín del Instituto de Investigaciones Históricas*, XXIX, 1-49.
D'Orbigny, A. (1945 [1835]) *Viaje a la América Meridional*. Tomo I. Buenos Aires: Futuro.
Gómez, H, F. (1928) *Historia de la Provincia de Corrientes*. Corrientes: Imprenta del Estado.
Grosso, J. L. (2008). *Indios muertos, negros invisibles*. Córdoba: Encuentro Grupo Editor.
Guzmán, R. D. de (2012 [1612]). *Argentina Historia del Descubrimiento y Conquista del Río de la Plata*. Edición crítica, prólogo y notas de Silvia Tieffemberg. Buenos Aires: Facultad de Filosofía y Letras.
Henis, T. (1836). *Diario Histórico de la rebelión y Guerra de los pueblos guaraníes situados en la Costa Oriental del río Uruguay del año de 1754*. Buenos Aires: Imprenta del Estado.
Leoni, M. S. (2004). La historiografía correntina en la primera mitad del siglo XX. En E. Maeder, M. S. Leone, M. G. Quiñonez y M. M. Solís Carnicer, *Visiones del pasado. Estudios de historiografía de Corrientes* (pp. 13-41). Corrientes: Moglia.
Machon, J y Cantero, O. (2013). *Andresito Artigas. El líder guaraní-misionero del artiguismo*. Posadas: Tierradentro.
Maeder, E. (1963). Demografía y potencial humano de Corrientes. El censo provincial de 1814. *Nordeste*, 5, 136-138.

Maeder, E. (1970). La población de Corrientes según el censo provincial de 1833. *Investigaciones y Ensayos, 8*, 309-333.

Maeder, E. (1984). Los últimos pueblos de indios guaraníes Loreto y San Miguel (1822-1854). En *Cuarto Encuentro de Geohistoria Regional* (209-226). Resistencia: IIGHI-CONICET.

Maeder, E. (1987). Las Fuentes de información sobre las Misiones Jesuíticas de guaraníes. *Teología, 50*, 143-163.

Maeder, E. (2014). *Misiones del Paraguay. Conflictos y disolución de la sociedad guaraní (1768-1850)*. Resistencia: Instituto de Investigaciones Geohistóricas / Contexto.

Maeder, E. y Gutiérrez, R. (1995). *Atlas Histórico del Nordeste Argentino*. Resistencia: Instituto de Investigaciones Geohistóricas / CONICET.

Mantilla, M. F. (1928). *Crónica Histórica de la provincia de Corrientes*. Tomos I-II. Buenos Aires: Espiasse y Cía.

Melià, B. (1986). *El guaraní conquistado y reducido*. Asunción: Universidad Católica.

Necker, L. (1990). *Indios, guaraníes y chamanes franciscanos. Las primeras reducciones del Paraguay (1580-1800)*. Asunción: Centro de Estudios Antropológicos de la Universidad Católica.

Núñez Camelino, M. (2004). La cuestión indígena en la construcción de la Historia de Corrientes. En *XXIV Encuentro de Geo-Historia Regional*. Resistencia: Instituto de Investigaciones Geohistóricas / CONICET.

Nusdorffer, B. (1969). La Relación sobre la mudanza de los siete pueblos. En *Manuscritos da Coleçao De Angelis. Do tratado de Madri à conquista dos sete povos (1750-1802)*, Tomo VII (pp. 139-300). Río de Janeiro: Biblioteca Nacional.

Otero, H. (1997-1998). Estadística censal y construcción de la nación. El caso argentino 1869-1914. *Boletín del Instituto de Historia argentina y americana Emilio Ravignani*, Tercera serie, *16 y 17*, 123-149.

Parras, P. J. (1943). *Diario y derrotero*. Buenos Aires: Solar.

Poenitz, W. y Poenitz, A. (1993). *Misiones Provincia guaranítica. Defensa y disolución (1768-1830)*. Posadas: Editorial Universitaria Misiones.

Robertson, J. P. y Robertson, W. (2000). *Cartas de Sudamérica*. Buenos Aires: Emece.

Salinas, M. L. (2010). *Dominación colonial y trabajo indígena. Un estudio de la encomienda en Corrientes colonial*. Asunción: Centro de Estudios Antropológicos de la Universidad Católica.

Sánchez Labrador, J. (1910 [1178-90]). *El Paraguay Católico*. Buenos Aires: Imprenta de Coni Hnos. Recuperado de www.bvp.org.py

Schmidl, U. (2016). *Derrotero y Viaje a España y las Indias*. Introducción, cronología, bibliografía y notas de Loreley El Jaber. Paraná: Eduner.

Valenzuela, F. y Cargnel, J. (2015). Una aproximación historiográfica a los sectores subalternos en el Nordeste Colonial. En M. L. Salinas, y H. Beck (Comps.), *Los grupos subalternos en el Nordeste del Virreinato del Río de la Plata* (pp. 69-91). Rosario: Prohistoria.

Tierra de indios, indios sin tierras.
Los indígenas en el Jujuy decimonónico

Ana A. Teruel

Preámbulo

En Hispanoamérica, el parteaguas del estatus diferencial asignado a uno u otro grupo indígena, tanto por las autoridades tardocoloniales, como por las republicanas, se fundó en una cuestión fundamental: que estuviesen, o no, reducidos. De ello también dependió el acceso y los derechos a las tierras otorgadas a los pueblos. Al finalizar el siglo XVIII, en la jurisdicción de Jujuy, las etnias de origen andino gozaban relativamente de estos derechos y su situación de tributarios los identificaba como indígenas ante la administración colonial. Por el contrario, considerados a medio camino entre el salvajismo y la barbarie, los indígenas chaquenses y ava guaraní de la región oriental de frontera, no reducidos o parcialmente sometidos, estaban privados de esos derechos.

En los inicios de la República, la desaparición del tributo y el gradual fin de las marcas étnicas y raciales favorecieron una política de invisibilidad indígena, en general, mientras que la denominación "indio" fue reduciéndose cada vez más a los grupos chaquenses y ava guaraní de la frontera. Sin embargo, a lo largo del siglo XIX y las primeras décadas del XX, la identificación –en el sentido de la impuesta por las autoridades, así como en el de la autoidentificación– de las etnias andinas como indígenas afloró en distintos momentos especialmente asociados a conflictos en torno los derechos de propiedad de la tierra obtenidos durante la Colonia.

Sobre ese último aspecto se centrará el núcleo del artículo. Partimos de un primer acercamiento cuantitativo de la población "india" registrada en esa "clase" en los últimos censos y recuentos coloniales, con el fin de ponderar su importancia e inquirir en las razones y mecanismos de la parcial invisibilidad en las décadas siguientes. Luego revisaremos la primera medida adoptada por el gobierno de la provincia de Jujuy respecto a la propiedad de los pueblos de indios comprendidos en su jurisdicción, que sólo afectó a los de la Quebrada de Humahuaca. Analizaremos la omisión de los "indios" de la Puna en tales medidas y luego veremos cómo –desde el último tercio del siglo XIX hasta mediados del XX– es justamente allí donde la identidad indígena se reivindica, entre otras razones, para fortalecer las demandas sobre los derechos a la tierra que afloraron en las décadas de 1870 y 1920.

¿A qué nos referimos al hablar de "indios"?

> La categoría de indio, en efecto, es una categoría supraétnica que no denota ningún contenido específico de los grupos que abarca, sino una particular relación entre ellos y otros sectores del sistema social global del que los indios forman parte. La categoría de indio denota la condición de colonizado y hace referencia necesaria a la relación colonial (Bonfil Batalla, 1972: 110).

Si nos remontamos a la genealogía del vocablo *indio* no podemos dejar de acordar con lo que Bonfil Batalla advertía hace más de 40 años. En tanto categoría jurídica colonial, el término *indios* homogeneizó a las poblaciones americanas, consideradas libres, aunque sujetas a la tutela de la Corona por su condición de miserables y menores de edad, así como obligadas a la aportación de tributo y servicios por su condición de conquistados (Marino, 2010).

Si bien durante la Colonia, dicha categoría comprendía tanto a las poblaciones reducidas como a las que se mantenían indómitas, la institución del "pueblo de indios" pronto se convirtió en un elemento identificador de la misma. Del mismo modo, la relación de los indios reducidos con la tierra que le fuera reconocida a su pueblo fue uno de los factores más poderosos en la reivindicación de dicha identidad. Veamos esto con un poco más de detalle.

A fines del siglo XVI la política de reducción de la Corona española se empeñó en concentrar o "reducir" aldeas autóctonas pequeñas y dispersas, para formar pueblos de mayor escala y de traza urbana. Los estudiosos de este proceso en el Perú,[1] destacan como motor impulsor: a) un propósito civilizador basado en la idea arraigada en la tradición clásica de que, como los hombres son "animales sociales", se harán plenamente hombres sólo viviendo en un asentamiento urbano (*urbs* en latín) y construyendo una república (*civitas* en latín); y b) que dicho proyecto fue puesto en práctica por parte de agentes civiles y eclesiásticos con miras al control político, la explotación económica y la evangelización.

---

1. Un balance de la nueva producción en torno a la política de reducción del Virrey Toledo en el Perú puede verse en Saito et al (2014), con aportes de Lauro, Mumford, Wernke, Rada y Spalding.

Nuevas interpretaciones en torno a la política de reducción han puesto en cuestión conceptos que tenían bastante consenso, tal como la idea de que las reformas impuestas por el virrey Toledo supusieron una imposición unilateral de un modelo preconcebido sin tener en cuenta las particularidades locales. Contrariamente, Zuloaga afirma que las propias prácticas sociales nativas, en constante negociación con las imposiciones de los colonizadores

> desde un inicio fueron moldeando y adaptando el dúctil marco institucional y político de las reducciones haciéndolas más congruentes con sus principios y confiriéndoles un sentido mucho más afín a sus intereses hasta convertirlas en un baluarte de su propia identidad [indígena] (Zuloaga, 2014: 442-443).

Aunque concebidas como una estrategia de dominio imperial, las reducciones resultaron ser un instrumento utilizado por los indios para reforzar su autonomía e identidad en el contexto colonial. Cuando la dominación hispana finalizó, en los albores del siglo XIX, los pueblos de indios simbolizaban el baluarte de las identidades indígenas, así como el proceso de reducción –y el de repartimiento– había sido activo partícipe de las reconfiguraciones étnicas (Rodríguez, 2011).

Pueblos de indios y reducciones religiosas de frontera en la jurisdicción de la ciudad de San Salvador de Jujuy en las postrimerías de la colonia

Al comenzar el siglo XIX, en la última década de la Colonia, la situación de los indígenas era diferente en las tierras altas respecto de las tierras bajas de frontera. En las primeras, esto es en la Puna y en la Quebrada de Humahuaca, el proceso de colonización y sometimiento había finalizado en el siglo XVII y los indígenas pagaban tributo y vivían en pueblos de indios o en haciendas de españoles.

Por otra parte, en las tierras bajas, la proximidad con la región chaqueña le dio el carácter de frontera con los vecinos pueblos indígenas y aún a comienzos del siglo XIX se mantenía como tal otorgándole al oriente de Jujuy una fisonomía particular. Fray Antonio Tamajuncosa ([1836] 1971: 146) refería, en 1800, al hablar de la vecina misión de Zenta (en las proximidades de Orán), que: "por tres partes está rodeado de bárbaros infieles: por el Norte está la nación Chiriguana; por el Sur los matacos; por el Este los tobas, y por el Oeste los cristianos de Humahuaca". Allí los indígenas sin someter eran considerados salvajes o bárbaros infieles, o se encontraban reducidos en las misiones religiosas, en esta época bajo la égida de los franciscanos.

Al referir, en esta primera parte, a la población indígena de la jurisdicción de Jujuy a fines de la Colonia, seguiremos esta diferenciación según su situación fuera de tributarios –y ya sometidos– o en proceso de reducción. Nos interesa destacar el volumen de la población censada como indígena en diferentes fuentes: el censo ordenado por Carlos III y las visitas de reducciones de fines del siglo XVIII, así como los padrones de indios tributarios de comienzos del XIX. Ello nos permitirá ponderar la cantidad de población caratulada como india en la jurisdicción de Jujuy y comprender la dimensión del fin de las categorías étnico-raciales en el período republicano.

En el año 1806 el Alcalde Ordinario de 2º Voto del cabildo de la ciudad de Jujuy ordenaba un padrón de indios tributarios comprendidos en su jurisdicción.[2] En ese documento se registró tanto a los "indios originarios" como a los "indios forasteros sin tierras agregados" a sus mujeres y a los "próximos", es decir a los varones menores de 18 años próximos a cumplirlos y tener la obligación de tributar. Se los registró en tres "repartimientos", con el siguiente detalle:

Primer repartimiento. Curato Rectoral de San Salvador de Jujuy
Se encontraban allí un total de 35 varones en edad de tributar (entre 18 y 50 años). Tanto acá como en los siguientes casos de este padrón debemos entender que esa cifra es susceptible de ser multiplicada por lo menos por 4 para aproximarnos al volumen de población "india". En el pueblo de Ocloyas 14 tributarios eran originarios y pertenecían a la encomienda de José Joaquín del Portal. Además, en ese mismo pueblo tributaban 12 "forasteros agregados" a los que se sumaban 9 en el partido de Yala.

Segundo repartimiento. Curato de Nuestra Señora de Dolores de Tumbaya (total 177 tributarios)
En el pueblo de Tumbaya, cabecera del repartimiento, no había originarios, sino sólo forasteros agregados (37). Situación similar era la del "Ayllu de Guacalera", compuesto por 79 forasteros agregados. Los indios originarios residían en los pueblos de Santa Rosa de Purmamarca (23 tributarios originarios y 4 forasteros) y San Francisco de Tilcara (34 tributarios originarios y ningún forastero).

Tercer repartimiento. Curato de San Antonio de Humahuaca (total 306 tributarios)
En el pueblo cabecera, Humahuaca, se concentraba el núcleo más numeroso de originarios, sumaban 88 además de 11 forasteros agregados. El otro pueblo de indios originarios era San Francisco de Paula de Uquía, donde residían 59 tributarios, entre los cuales 6 eran forasteros.

---

2. Archivo Histórico de Jujuy (en adelante AHJ). Colección Ricardo Rojas (RR). Caja XL, Legajo 3. *Padrón de Indios tributarios de la ciudad de Jujuy y pueblos de su comprensión, actuado por el Alcalde Ordinario de 2ª Voto de ella, Don Saturnino Domingo de Eguía, como Juez de Revisita e intervención del apoderado fiscal Don Dionisio Falcon, en el año 1806.*

En el resto del curato residían sólo forasteros sin tierras: 93 tributaban en las Hacienda de Aguilar y Tejada; y 55 en los partidos de La Cueva, Sianzo y Casillas.

Vemos entonces que, exceptuando el pequeño pueblo encomienda de Ocloyas, la Quebrada de Humahuaca era la única región en la que se consideraba había pueblos de indios con derechos a la tierra. En orden de importancia según el número de tributarios éstos eran Humahuaca, Uquía, Tilcara y Purmamarca. Es decir que, en el tramo Sur, más cercano a San Salvador de Jujuy, los indígenas tributarios eran escasos, mientras que su número era significativo en la porción Norte, más cercana a la Puna.

Este documento nos introduce también como interrogante el motivo por el que no aparecen consignados en el padrón los pueblos de indios de la Puna. Posiblemente la razón fuese de orden administrativo: con las reformas borbónicas la Puna quedó a cargo de un Subdelegado dependiente de la Intendencia de Salta del Tucumán, por ende la región quedó fuera de la jurisdicción del cabildo jujeño. Tal reforma era, por otra parte, del agrado del Marquesado del Valle de Tojo

> cuyos titulares nobiliarios venían manteniendo relaciones conflictivas con el cabildo de Jujuy desde la época del primer marqués, Juan José Campero, quien intentó sustraerse a la incómoda dependencia política de Jujuy, que lo obligaba a contribuir con la mita de Casabindo y Cochinoca para uso del vecindario urbano, y a acudir a la guerra con el Chaco (Aramendi, 2017: 25).

De tal manera, los pueblos encomendados al Marqués del Valle de Tojo fueron registrados en ese mismo año de 1806 en el padrón de los "indios originarios, tributarios de la encomienda del Sor Marqués (…) que residen en el Curato de San Juan Bautista de Zerrillos, sus vice parroquias, anexos, ayllus y otros".[3] Se hallan registrados 580 tributarios originarios, la mayoría residente en los pueblos de Casabindo y Cochinoca (474). Los demás estaban en el Valle de Tojo y en el Beneficio y Doctrina de Livi-Livi (actual Bolivia), además de distintos establecimientos de la jurisdicción de la ciudad de Salta.[4] Este panorama adquiere otra dimensión al considerar a toda la población de indios que residían en los cuatro curatos de la Puna (Yavi o Cerrillos, Cochinoca, Santa Catalina y Rinconada), es decir, si al recuento de los tributarios del Marqués

---

3. AHJ, Fondo Marquesado de Tojo (MT), caja 7, carpeta 227. *Padrón de la encomienda del Sor Marqués del Valle de Tojo practicado por Dn Francisco Poveda como apoderado fiscal de Revisita de Indios Casabindo en diciembre 21 de 1806.*

4. El número de "tributarios útiles" de esta fuente coincide con el de los tributarios varones adultos de la *Matricula de la encomienda del Marqués* de 1806, cuyo original del Archivo General de la Nación, Argentina, fue transcripto por Palomeque (1995).

(indios originarios) y sus familias, le sumamos los indios forasteros sin tierras (y sus familias) que tributaban a la Corona. Así las cifras de la población indígenas censada oscilan entre 6.758 (Palomeque, 1995) y 6.845 (Gil Montero, 2004) personas.

En resumen, en los límites de lo que luego sería la provincia de Jujuy, la cantidad de indios tributarios (varones entre 18 y 50 años) al finalizar la Colonia era la siguiente:

Tabla 1. Cantidad de indígenas en edad de tributar en la jurisdicción del cabildo de Jujuy y en la Subdelegación de la Puna jujeña en 1806

Región	Originarios	Forasteros	Total
Puna	580	949	1.529
Quebrada	198	285	483
Valle	12	21	33
Total	790	1.255	2.045

Fuentes: elaborado en base a AHJ. *Padrón de Indios tributarios de la ciudad de Jujuy y pueblos de su comprensión (...) 1806, cit.; Padrón de la encomienda del Sor Marqués del Valle de Tojo (...) 1806, cit.;* Palomeque (1995).

Si mantenemos el criterio de multiplicar por 4 el número de indígenas tributarios, estaríamos frente a una población de unas 8 mil personas, como cálculo más moderado, lo que coincide con el Censo de 1778-1779 ¿Qué significaban estas cifras en el total de población de la jurisdicción del Jujuy colonial y de la Gobernación de Salta del Tucumán? En la jurisdicción de Jujuy el 55% de la población era indígena,[5] porcentaje notoriamente mayor que el total de la Gobernación, que era de 28%. Estamos entonces ante la jurisdicción de mayor cantidad de indígenas, tanto en términos absolutos como relativos, en toda la Gobernación de Salta del Tucumán.

Tabla 2. Población de la Jurisdicción de la ciudad de Jujuy según el censo de 1778-1779

Curato	Españoles	Mestizos	Indios	Negros	Mulatos	Indeterminado	Totales
Jujuy	507	1.436	1.123	316	556	27	3.965
Santa Catalina	17	132	1.440	3	13	340	1.945
Rinconada	57	5	1.445	2	0	490	1.999
Cochinoca	3	0	1.843	4	3	394	2.828

---

5. En el cómputo no se encuentra comprendido el Curato de Humahuaca ni la frontera de Río Negro, cuyos legajillos se suponen extraviados.

Curato	Españoles	Mestizos	Indios	Negros	Mulatos	Indeterminado	Totales
Yavi	38	323	1.964	15	218	270	2.703
Tumbaya	32	520	404	9	67	145	1.177
Perico	5	315	0	1	14	326	661
Totales	659	2.731	8.219	350	871	1.992	14.822
	4%	18%	55%	2%	6%	13%	100 %

Fuentes: Rojas (1913) y Rasini (1965).

A estas cifras debemos sumar la de los indígenas de la frontera que no aparecen contabilizados en el censo. En las tres últimas décadas del XVIII, Río Negro, Río del Valle y Zenta constituían las tres áreas de avanzada sobre territorio indígena en el Chaco nor-occidental. En la jurisdicción de Jujuy, en la frontera de Río Negro, se encontraba la misión jesuita de San Ignacio de los Tobas, fundada en 1756, y los fuertes de Ledesma, Río Negro, San Bernardo y Santa Bárbara (Teruel, 1994). Según el *Testimonio de Auto de Visitas de Reducciones realizado por el Gobernador Gerónimo Matorras*, en 1771 había 332 indios reducidos en San Ignacio,[6] a los que fueron sumándose *matacos* (wichís) asentados en las rancherías de los fuertes atraídos por las haciendas ganaderas y azucareras originadas en la entrega en merced de grandes extensiones de tierras. En 1791, Carlos Sevilla, comandante de la Frontera del Río Negro, compró parte de las tierras de San Ignacio de los Tobas, fundando sobre ellas la hacienda de Ledesma. En 1821 se vendieron las últimas tierras de la reducción (Teruel, 1994).

De la discriminación estamental a los principios igualitarios de la república

Es conocido el propósito de los primeros gobiernos patrios de hacer efectivo en el territorio de las Provincias del Río de La Plata los principios de Igualdad y Libertad, así como las medidas adoptadas en consecuencia. Todo ello en el convulsionado ambiente revolucionario que había permeado a América desde Europa, incluso desde Cádiz donde las Cortes, en carácter de titular de la Regencia del Reino, ordenaban en nombre del rey cautivo la supresión del tributo indígena para el Virreinato de Nueva España (el 26 de mayo de 1810) y al año siguiente para toda América –el 13 de marzo de 1811–. En el Río de

---

6. AHJ. RR. Caja XL, Leg. 2. *Testimonio de Auto de Visitas de Reducciones realizado por el Gobernador Gerónimo Matorras. Año 1771.*

La Plata la Junta Grande tomó la misma medida el 1 de septiembre de 1811 y al día siguiente la Junta Gubernativa de Salta dictó y mandó a publicar un bando por el cual se liberaba a todos los indios de su distrito "del gravoso impuesto de pagar tributos".[7] Las nuevas autoridades se preocupaban en destacar la diferencia entre la conducta sostenida por el gobierno español hacia los indios y la mantenida por ellos en defensa de "sagrados derechos" (Stringini, 2008: 275).

Con el propósito de propender a la igualdad, poco antes Moreno había suprimido el cuerpo de "Castas de Pardos y Morenos" para integrar a sus miembros a los regimientos 2 y 3 del ejército. En el convencimiento de que la libertad era inseparable de la igualdad, en el decreto del 6 de diciembre de 1810 expresaba:

> La libertad de los pueblos no consiste en palabras, ni debe existir en los papeles solamente (…) Si deseamos que los pueblos sean libres, observemos religiosamente el sagrado dogma de la igualdad. ¿Si me considero igual a mis conciudadanos, porque me he de presentar de un modo, que les enseñe, que son menos que yo? (citado en Goldman, 1989: 175).

Una década después, San Martín, en su carácter de Protector del Perú, disponía que los aborígenes no fueran llamados "indios" o "nativos" dado que "son hijos y ciudadanos del Perú y ellos deben ser reconocidos como peruanos" (citado en Oieni, 2003: 8).

Es que los cimientos del nuevo orden debían asentarse en el principio de que la nación se constituía en la comunidad voluntaria de ciudadanos libres y autónomos, sin diferencias ni distinciones de "castas" ni razas. Luego,

> La historia mostró la distancia entre la voluntad revolucionaria y la realidad (…) Pero en aquel momento, para la élite criolla que conducía el proceso revolucionario y la guerra, era central dividir la historia entre un antes y un después, entre lo ilegítimo –la colonización española– y lo legítimo, la independencia y el gobierno del pueblo; para hacerlo, elevó al indio a la categoría de símbolo de una nueva identidad americana (Oieni, 2003: 8-9).

La población indígena en la primera mitad del siglo XIX

El propósito de implementar los principios de la igualdad jurídica se tradujo en la desaparición de las categorías raciales y étnicas de los registros oficiales. El término "indio" se mantuvo casi exclusivamente para denominar a los aborígenes de la región chaqueña y pampeano patagónica que aún no habían sido sometidos o estaban en proceso de colonización. Los otros pueblos y comunidades

---

7. La medida fue reafirmada por la Asamblea General Constituyente que sancionó el decreto del 12 de marzo de 1813 por el cual suprimía también los servicios personales de los indígenas.

que tributaban durante la Colonia ya no fueron registrados con ese propósito y en los censos provinciales pre-estadísticos la categoría étnica o racial, en general, desaparece. A la vez hubo un proceso de desestructuración de los pueblos de indios que habían llegado como tales a los comienzos de los tiempos republicanos. Por una parte, por el claro propósito gubernamental de ponerles fin y, por otra, por un acelerado proceso de mestizaje. Es que, como sostiene Marino (2010), los elementos de la sociedad de antiguo régimen que hacían posible la existencia de los pueblos de indios representaban lo que los constructores de la nación moderna repudiaban: la segmentación estamental, el pluralismo jurídico, el vasallaje, el tributo y el trabajo forzado, la autoridad de los curas y las tierras amortizadas.

No obstante, ni los indígenas desaparecieron totalmente de los documentos oficiales ni el ánimo igualitario se tradujo fehacientemente en las relaciones sociales. Veamos estas situaciones.

En la antigua frontera de Río Negro, ya fuera de la línea de avanzada, la desestructuración de San Ignacio de los Tobas llevó a la dispersión de los aborígenes reducidos. Algunos permanecieron en la zona como trabajadores residentes en las haciendas, otros, aún internándose en el Chaco, conservaron la práctica establecida en las últimas décadas de la Colonia de asistir al trabajo en los cañaverales en época de zafra. A ellos menciona el Juez del Partido que levanta el padrón de Ledesma, en 1839, calculando que la población permanente de dicha hacienda se componía de 280 "cristianos" y 70 "infieles", a la vez que aclaraba que la población registrada no incluía a "los indios infieles, ni sus familias (…) que ya se han retirado".[8] En una sociedad altamente mestizada como era esta, la distinción entre "cristianos" e "infieles", o entre "plebe" y "decente" tenía una mayor correspondencia con su realidad que la mera distinción entre "indio", "blanco", "negro" o "mulato". Ello explica también la "visibilidad" o "invisibilidad" de los indígenas en la frontera. El wichí aquerenciado en la hacienda y "acriollado", incorporado a las clases subalternas, era "menos indio" que el de la toldería.

Ese mismo censo del año 1839, el primero para el ámbito rural que se conserva en la provincia de Jujuy, obedece ya al espíritu de época al omitir la mención racial o étnica, pero tiene como particularidad observaciones como la que ya señalamos en el caso de Ledesma, o, un padroncillo, el de la vice parroquia de la Candelaria, que mantuvo la terminología colonial, registrando la "clase": indio, cholo, mulato.[9]

---

8. AHJ. Caja 1839, Nro. 3. *Padrón de Población de la Hacienda de Ledesma, vice parroquia de la Candelaria, Hacienda de San Lorenzo y desde el río de la Reducción hasta el Luvayén*. Año 1839.
9. AHJ. Caja 1839, Nro. 3. *Padrón General que se hace de los habitantes de esta vice parroquia de la Candelaria*. Año 1839. La Candelaria se ubica en una zona de transición entre las tierras altas y la bajas y toda su población, salvo 18 personas entre cholos y mulatos, fue anotada como india. Se trataba de 343 individuos de filiación andina, provenientes varios de ellos de la Quebrada de Humahuaca.

Otro caso, algo más temprano, refería a los indígenas bajo la égida del Marqués de Tojo, Juan José Feliciano Fernández Campero, propietario de grandes extensiones a ambos lados de la frontera argentino-boliviana (Teruel, 2016). Si bien la supresión del tributo implicaba de hecho el fin de la encomienda de Casabindo y Cochinoca –que había subsistido hasta inicios de la república en la Puna jujeña–, una década después encontramos que algunas de las personas que estaban por contraer matrimonio en la vice parroquia del Valle de Tojo (dominios del Marquesado en la actual Bolivia), entre los años 1821 a 1823, habían sido registradas por el vicario como "indio de la encomienda de Sococha", "indio de la encomienda de Yavi", "indio tributario" o "indio libre".[10]

Volveremos al caso de la Puna jujeña al tratar la emergencia de la cuestión étnica a raíz del conflicto en torno a la propiedad de la tierra.

La visibilidad indígena durante la desamortización de la propiedad comunal

Se entiende por desamortización a un proceso iniciado en Europa a fines del siglo XVIII, asociado al advenimiento de la sociedad burguesa moderna, a través del cual se procura poner fin a las formas de propiedad del Antiguo Régimen. En palabras de Levaggi:

> La burguesía reclamó, pues, una propiedad que fuera individual, libre y plena. En cuanto individual, la tierra podía ser poseída (aunque no debía serlo imprescindiblemente) por una sola persona. Era esta una apetencia que entraba en contradicción con las diversas formas de propiedad comunal e institucional del Antiguo Régimen, incluida la propiedad indígena (1999: 42).

Las acciones de desamortización implicaron la venta de los bienes corporativos y comunales (de la Iglesia, de los municipios), la división de la propiedad indígena común, la prohibición de los gravámenes perpetuos sobre la tierra, incluida la cláusula de inenajenabilidad y el desaliento al dominio dividido. Como bien lo destacaba Piel (1999) lo que se conoce bajo el nombre de desamortización incluyó varios procesos: "desvinculaciones", "secularizaciones", "fiscalizaciones", "desmembración de bienes indivisos" y hasta "redenciones de censos perpetuos".

No es nuestra intención detallar acá los variados procesos de desamortización y desvinculación de la propiedad indígena en Latinoamérica, cuyas diferencias nacionales y regionales son sustantivas. No obstante, como puso en

---

10. AHJ-MT Carpeta 80. *Habitantes de las jurisdicciones de la vice parroquia del valle de Tojo, informan al vicario y juez eclesiástico su determinación de casamiento para que se labre las actuaciones pertinentes para verificar su soltura y libertad. Años 1821,1822 y 1823.*

jaque a la propiedad comunal de las tierras –uno de los basamentos que habían permitido la perdurabilidad de los pueblos de indios–, y más aún, a menudo recortó los derechos de propiedad de los indígenas sobre dichos predios (Teruel, 2014), aquí y allá generó reclamos y movimientos en los que los indígenas vuelven a resultar visibles.

En este contexto, el caso de la Quebrada de Humahuaca ha despertado un interés especial, tanto por sus consecuencias sobre la estructura agraria de la región, como porque allí se realizó el primer y temprano ensayo republicano de expropiación de la tierra comunal y su reversión al Estado. Luego de la etapa inicial de las normativas igualitarias de los primeros gobiernos patrios, entre 1811 y 1813, y ya superadas las Guerras de Independencia, volvió a manifestarse en las preocupaciones de los gobernantes la cuestión indígena. El tema central era la propiedad comunal de sus tierras, cuya permanencia suponía una flagrante contradicción a los principios del liberalismo. El 8 de abril de 1824, Bolívar en Perú declaraba a los indígenas comunarios propietarios absolutos de sus parcelas y al año siguiente el gobierno de Salta, del que aún dependía Jujuy, se expidió en el mismo sentido (Madrazo, 1990). La disposición no pasó de la letra de la ley y la clara intención de convertir a los comunarios en plenos propietarios individuales fue transformándose en otras opciones acordes a las necesidades del fisco y a los intereses de los distintos sectores de las élites en el poder.

Luego de la autonomía política de la provincia de Jujuy la cuestión seguía en suspenso. En 1835 el Juez General de Humahuaca informó al Gobernador que los indígenas querían vender a foráneos terrenos del pueblo, para lo que solicitó instrucciones al respecto. La respuesta provino de la Asamblea Constituyente –en plena tarea en la provincia– prohibiendo "toda venta y enajenación de sitios y terrenos pertenecientes a las comunidades de los indígenas de los departamentos de la provincia. Su administración, adjudicación o reparto se arreglará por una ley al efecto".[11] Hubo que esperar cuatro años más para que dicha ley se dictara. En ella, conocida en la historiografía local como Ley de Enfiteusis, la mención a "sitios y terrenos pertenecientes a las comunidades de los indígenas" trasmutó a "terrenos del Estado". Sobre la aplicación de la enfiteusis en la Quebrada de Humahuaca y sus consecuencias remitimos a varios estudios que profundizan el tema;[12] acá nos explayaremos sobre lo que interesa puntualmente respecto a la visibilidad de los indígenas en este proceso.

---

11. Archivo de la Legislatura de Jujuy (en adelante ALJ). Año 1835. Despachos de comisión. *Ley de 7 de mayo de 1835.* f. 54.

12. Debemos la primera investigación sobre la enfiteusis en la Quebrada de Humahuaca a Madrazo (1990). Posteriormente fue tratada parcialmente por Díaz Rementería (1995) y por Bushnell (1997). Recientemente, Levaggi (2012) publicó un ilustrativo libro en el que aborda las distintas formas de aplicación de la enfiteusis en Argentina. De la misma época data nuestra investigación sobre el caso en Jujuy (Fandos y Teruel, 2012).

La mención a los indígenas aparece recién en la reglamentación de esta ley, cuyo artículo 5 establecía que "Gozan del derecho de preferencia los indígenas originarios de los terrenos que fueron de comunidad".[13] Unos meses después, nuevamente se alude a ellos en un decreto del Gobernador que reiteraba el derecho de preferencia de los indígenas a los terrenos que se encontraren baldíos y ordenaba reducir a una tercera parte los gastos que pudiera originarles las escrituras del contrato enfitéutico.[14] De allí en más el término indígena va desapareciendo de toda la documentación relativa a las tierras afectadas a la enfiteusis y al arrendamiento. Los sujetos involucrados en estas operaciones y en los escasos reclamos relativos a las mismas, son mencionados, y se asumen, como vecinos, enfiteutas, otras veces ciudadanos, y menos frecuentemente naturales.

Además de ese giro conceptual, es de notar que al momento de decidir el destino de las tierras de los pueblos de indios sólo se hizo referencia a los de la Quebrada de Humahuaca, como si fuesen los únicos existentes en la provincia. Recordemos que los recuentos de tributarios tardocoloniales de la jurisdicción de Jujuy evidencian que hacia 1806 los indígenas originarios con derechos a la tierra residían en varios pueblos. Además de aquellos de la Quebrada de Humahuaca (Santa Rosa de Purmamarca, San Francisco de Tilcara, San Antonio de Humahuaca, y San Francisco de Paula de Uquía) donde desde el siglo XVII poseían tierras agrícolas y campos de pastura (Sica, 2016); estaba el pequeño grupo de originarios del pueblo de Ocloyas, en los valles, y el más numeroso de todos y de todo el ámbito de la Gobernación colonial: los indígenas originarios de los pueblos de Casabindo y Cochinoca, en la Puna, que fueron relevados en otra matrícula destinada a los tributarios del Marqués de Tojo. La pregunta surge inmediatamente: ¿qué ocurrió con esos pueblos que de pronto parecen invisibilizarse?

En lo relativo al de Ocloyas, Sica (2016) investigó la privatización de sus tierras en 1818 durante el gobierno de Martín Miguel de Güemes en Salta, de la que dependía Jujuy antes de su autonomía política. En el contexto de las guerras de independencia, el gobernador las entregó en merced a uno de sus más fieles seguidores: Bartolomé de la Corte. Resulta interesante destacar que en los fundamentos de dicho acto se hacía constar el derecho de reversión al Estado por "tratarse de un pueblo de encomienda colonial" (Sica, 2016: 182).

---

13. ALJ. Libro borrador de actas de la HJ de R de la provincia de Jujuy en su segunda legislatura. 1837,1838 y 1939. *Reglamento del censo enfitéutico, redactado por la Comisión Permanente de la Legislatura con fecha abril 16 de 1839*. Este Reglamento quedó aprobado por Ley de la Legislatura del 18 de enero de 1840.
14. AHJ. Libro 1. *Relativo a la enajenación y venta en enfiteusis de los terrenos de utilidad pública existentes en Tilcara y toda la comprensión de este Departamento formado de orden superior del Gobierno de la Provincia de Jujuy por su Comisionado General Manuel Rosa de la Quintana. Año 1839*. Decreto 1 de julio de 1839.

Los indios de la Puna: de la invisibilidad a la rebelión indígena

Varias razones pudieron haber incidido en que no se considerase a los pueblos de la Puna cuando se impuso el régimen de enfiteusis en las tierras de indios de la Quebrada de Humahuaca. La razón más invocada por los historiadores fue señalada la primera vez por Madrazo (1982), al afirmar que en las primeras décadas del siglo XIX el Marqués si bien dejó de cobrar tributos a los indígenas de Casabindo y Cochinoca, les impuso el pago de arriendos en aquellas que habían sido las tierras de sus pueblos. A pesar de que el autor no brindó más detalles de cómo se produjo esa trasmutación, hasta el momento todos los historiadores ocupados en el tema hemos seguido –y dado por cierto– ese argumento sin poder aportar más datos ni a favor ni en contra. La cuestión también produjo la inquietud de Doucet (2002: 271), quien refirió a los Marqueses como "avezados alquimistas o ingenieros de transformaciones institucionales, [que] según las conveniencias de los tiempos, convirtieron a arrenderos en tributarios o a ex tributarios en arrenderos" y al caso como un "singular, fascinante y desconcertante caso de 'mutación institucional'" (Doucet, 2002: 270) que quizás pudiera haber sido preparada por los mismos Marqueses a finales del siglo XVIII, cuando la encomienda estaba ya en su última vida, o durante la Guerras de la Independencia, tras la abolición del tributo.

Si efectivamente ocurrió de esa forma, entonces se explica que el gobierno de la provincia no contemplara allí la desamortización y desvinculación pues ya no habría propiedad indígena comunal en la Puna, sino sólo naturales arrendatarios en tierras de la familia Campero, descendiente del Marques de Tojo.

Entre todas las cuestiones llamativas en este proceso nos preguntamos sobre los motivos del silencio total de las autoridades de la provincia de Jujuy en torno a estas cuestiones. ¿Habían dejado a los indígenas de la Puna a total merced de la voluntad de su antiguo encomendero? ¿Por qué no hubo ninguna intervención reglando la situación de los antiguos encomendados? La lectura de la documentación de la época permite inferir una escasa injerencia de las autoridades provinciales en esa región, que tenía el "hábito de obediencia a Salta" aún a mediados del siglo XIX, según afirmación de un legislador (Bushnell, 1997:77). Pero también hay que decir que durante las Guerras de Independencia los puneños fueron renuentes a enrolarse en el ejército (Bushnell, 1997; Gil Montero, 2002) y muchos fueron alistados por el propio Marqués Juan José Feliciano Fernández Campero que volcó la Puna a favor de los realistas, aunque luego pasó sus fuerzas a las huestes patriotas. Su hijo, y heredero de las posesiones del Marquesado a ambos lados de la frontera internacional establecida en 1825, Fernando Campero Barragán, era ciudadano boliviano y durante la guerra que enfrentó la Confederación Argentina y Chile contra la

Confederación Perú-boliviana, favoreció la invasión y ocupación de la Puna por parte de las tropas bolivianas en 1838. La guerra finalizó en 1839 con la caída del Mariscal Santa Cruz derrotado por las tropas chilenas en Yungay; el territorio de la Puna fue devuelto en marzo de ese año. En ese mismo mes la legislatura de la provincia de Jujuy dictaba la ley que disponía la enfiteusis y el arriendo sobre las tierras de los pueblos de indios de la Quebrada de Humahuaca. A la vista de lo que acabamos de narrar resulta inteligible que los legisladores no mencionaran a los pueblos de la Puna, sobre los que no tenían dominio efectivo. La relación de la provincia con los sectores tanto dominantes como subalternos de la Puna había sido compleja y oscilado entre la ajenidad, la negociación y la rebeldía.

Pocos meses después, en febrero de 1840, el gobierno de la provincia decidió someter, por la vía fiscal, a los indígenas de la Puna, elípticamente mencionados como "personas avecindadas en los cuatro departamentos comprensivos del territorio de la Puna". No se avanzaba sobre sus tierras, que ya no las tenían, sino que se reestablecía el tributo solapado bajo el nombre de "contribución directa", que debían pagar todos los puneños que desearan ser exceptuados del enrolamiento en los Milicianos de la Provincia (Bushnell, 1997: 76). Esta medida no parece haber despertado resistencia por parte de los indígenas que parecían recibir el tributo como un retorno a un *statu quo* que les garantizaba menos pérdidas que el nuevo orden. Al respecto resulta ilustrativo el testimonio que menciona Platt de un grupo de indígenas de la Puna de Jujuy que durante la guerra con la Confederación Perú-boliviana acuden al gobernador de López para "agregarse a esta [esa] provincia y seguir pagando con nuestra contribución que es de nuestro deber y de nuestra entera voluntad" (Platt, como se citó en Gil Montero, 2002: 23). No hay que perder de vista que, al otro lado de la frontera, justamente durante el gobierno del Mariscal Santa Cruz, se reestableció el carácter del Estado como garante de la integridad territorial de las comunidades a cambio del pago del tributo indígena (Langer, 1988), que había sido suprimido por Bolívar y reestablecido por Sucre en 1826.

En 1851 se pone fin a la "contribución directa de la Puna" y aunque dos años después hubo un intento de reestablecerla, ahora con el nombre más franco de "contribución indigenal", no tuvo efectiva aplicación.

Las rebeliones

Menos de dos décadas después resurgió en la Puna la cuestión indígena de la mano de la situación que había sido desatendida por los primeros gobiernos de la provincia: el avance de los Marqueses de Tojo y de sus descendientes sobre las tierras de comunidad. El cuestionamiento de la legitimidad de los títulos de propiedad de Campero sobre Casabindo y Cochinoca fue encabezado por sus "arrenderos". Si bien hacían el reclamo en calidad de "naturales" que fundaban sus derechos en el estatus de indios durante la Colonia, no reivindicaban la propiedad para sí, sino que la denunciaban como tierra fiscal, acogiéndose a los procedimientos de la ley de 1864 sobre denuncia de tierras públicas en la provincia.[15] Paz, quien investigó la rebelión de 1872-1875 que se extendió por toda la región y cuestionó los títulos de todos los terratenientes, narra que los denunciantes presentaban como documentos probatorios "que los indígenas habían pagado tributo al Estado hasta comienzos del siglo XIX y, en un pleito por tierras de 1786, el cacique de la comunidad de Casabindo había sido citado como colindante" (Paz, 1991: 77).

El gobernador dio curso a la denuncia y convocó a través de edictos a la presentación de títulos de aquellos que se consideraran con derechos de propiedad, ante lo cual Fernando Campero, residente en Bolivia, solamente presentó el de encomienda, por lo cual el mandatario decretó la transferencia de Casabindo y Cochinoca a la esfera fiscal. Campero apeló, primero ante la justicia federal local, y luego ante la Corte Suprema de Justicia, que se expidió en 1877, cuando declaró fiscales las tierras de Casabindo y Cochinoca, considerando –en base a las Leyes de Indias– que el otorgamiento de la encomienda durante la colonia no implicaba derechos de propiedad territorial. En esa instancia legal las partes en litigio fueron la provincia y el terrateniente, sin intervención de los denunciantes.[16] Es interesante destacar que la sentencia se cerraba afirmando

> el nuevo régimen político que se ha dado la república, en virtud del cual todos los hombres han sido reconocidos iguales, y con los mismos derechos y deberes ante la ley, cesando por consecuencia el pupilaje a que estaban sujetos por las antiguas leyes de encomienda los indios reducidos y civilizados, y que forman también parte del Pueblo de la Nación.[17]

Entre tanto, mientras el pleito seguía su curso, ante la posibilidad de que las tierras volviesen a manos de Campero, estalló la rebelión que se expandió por la Puna durante más de dos años. En ese lapso abundaron denuncias de parte de los

---

15. *Compilación de Leyes y Decretos de la Provincia de Jujuy*. T II. 1887. Jujuy: Imprenta tipográfica de José Petruzzeli. Ley del 4 de noviembre de 1864, pp. 391-393.
16. Décadas más tarde, nativos de Cochinoca y Casabindo iniciaron juicio contra la provincia de Jujuy a fin de exigir la reivindicación de esas tierras. Argumentaban que al no haber sido los indígenas parte del proceso entablado por la provincia contra Campero, desconocían el fallo de 1877 de la Corte Suprema de Justicia y las posteriores ventas realizadas. En esa ecuación la Corte Suprema volvió a fallar, en 1929, a favor de la provincia. *Fallo de la Corte Suprema de Justicia, 9 de setiembre de 1929. Don Lorenzo Guari y otros contra la Provincia de Jujuy, sobre reivindicación*. Reproducido en Carrasco (2000).
17. *La Provincia de Jujuy contra D. Fernando Campero, sobre reivindicación*. Reproducido en Carrasco (2000: 218).

arrendatarios contra varios terratenientes, mencionando los derechos otorgados durante la Colonia y el pago de tributos a la Corona. Por parte de las autoridades y de quienes se sentían amenazados por la rebelión, la palabra "indio" corría por las misivas y la correspondencia aludiendo a los sublevados (por otra parte, aliados con una fracción política local mitrista). Las palabras del comisario de Santa Catalina ilustran el uso del vocablo cuando refería a "los indios y los muy poco vecinos de este pueblo" (citado por Paz, 1991: 78).

Aunque la rebelión fue aplastada finalmente en 1875 los reclamos y denuncias no cesaron. En dos peticiones elevadas al gobernador de la provincia, en 1881 y 1882, los "naturales y vecinos" de Rodero-Negra Muerta (Humahuaca),[18] y los "indios y naturales" del departamento de Valle Grande, denunciaban como terrenos públicos las tierras en las que, decían, "moramos desde nuestros antepasados". Los fundamentos de ambos reclamos, basados en las Leyes de Indias, eran idénticos y adjudicaban la "pérdida del dominio directo" (sic) a la situación posterior a la guerra de independencia (Teruel y Bovi, 2009):

> Como indios y naturales de Valle Grande teníamos tierras propias y estábamos amparados por las Leyes de la Recopilación de Indias pagando tributos para vivir tranquilos según nos consta un padrón formado en el año 1806 por un Gobernador llamado Martín Flores y más recibos que se pagaron los tributos a S.M. del Rey hasta el año 1811; pero vino la guerra de la independencia, desconociendo nuestros derechos y después de servir con nuestras personas y bienes ha resultado que se los han quitado nuestras tierras a nuestros padres.[19]

El gobernador Eugenio Tello, durante su gestión (1883-1885), atendió estos y otros reclamos decidido a transformar a los indígenas arrendatarios en titulares de propiedad privada, lo que llevó a cabo en el caso de Valle Grande y de Yoscaba, en la Puna.[20] Así, al regularizar la propiedad, Tello creía asegurar el orden y afirmaba:

> Sin que importe jactancia puedo decir que hemos salvado del naufragio, porque ahora los indígenas están sometidos, reconocen el derecho de propiedad, respetan el principio de autoridad, y algo más, están prontos a sostener mi gobierno en caso necesario.[21]

---

18. AHJ. Caja de documentos año 1881, N° 2. Denuncia de las tierras de Rodero, Negra Muerta ubicadas en las tierras del departamento de Humahuaca, julio de 1881.
19. AHJ. Caja de documentos año 1882, N° 1. Nota al Gobernador de la provincia de Jujuy, 27 de abril de 1882.
20. Para mayores detalles de la política del gobernador Tello en torno a la propiedad, puede verse Teruel y Bovi (2009).
21. Mensaje del Gobernador de la provincia al abrir las sesiones de la Legislatura en enero de 1884. Jujuy, Imp. De la Unión, 1884.

Pero los conflictos por la propiedad de la tierra en la Puna de Jujuy perduraron y volvieron a manifestarse, con toda virulencia, en la década de 1920, extendiéndose a las vecinas Yungas altas de Salta (Santa Victoria) y a algunas haciendas de la Quebrada de Humahuaca. Esto ocurrió en el contexto del arribo del Partido Radical al gobierno de la provincia y la campaña de uno de sus dirigentes yrigoyenistas más populares, Miguel Aníbal Tanco, para las elecciones gubernamentales de enero de 1924.

No vamos a referirnos en esta ocasión a las connotaciones políticas ni programáticas del radicalismo yrigoyenista en Jujuy, ni a las influencias del pensamiento georgista en Tanco, cuestiones que fueron objeto de dos artículos anteriores, respectivamente (Fleitas y Teruel, 2007 y 2011). En esta oportunidad nos interesa centrarnos en la forma en que se representaban a sí mismos los reclamantes. Conocemos ello gracias a un expediente judicial abierto en contra de Tanco, en el que se recogen los volantes dedicados a hacer públicos los reclamos de los arrendatarios de las tierras altas, organizados en La Unión, célula partidaria tanquista que actuaba canalizando las demandas de reivindicación sobre la tierra (nuevamente para convertirlas en terrenos fiscales) y luchando por la representación política en la Legislatura Provincial (Fleitas y Teruel, 2007). Más allá de un común formato de los escritos y de la evidente intervención de asesores letrados partidarios, se vislumbra la acción política de los indígenas que intentaban maximizar las posibilidades que les brindaba la apertura democratizante. En más de cuarenta petitorios de los que se habían impreso más de 3.000 ejemplares destinados a ser distribuidos por toda la provincia, los firmantes se referían a sí mismos como "humildes pobladores de la raza primitiva", "humildes y campesinos tristes", "nativos aborígenes", "pobladores nativos de olvidadas regiones", o simplemente "naturales" o "vecinos" de algún paraje. Todas estas expresiones de contenido étnico y social se enunciaban junto a otras que remitían a la condición de argentinos amparados por las leyes del país, como ser "'tan ciudadanos argentinos como cualesquier otro de la Capital Federal" y "pobres ciudadanos moradores hijos del país". Por su parte, cuando los otros actores de este conflicto se referían a los reclamantes, no lo hacían en términos de indígenas, ni aborígenes, ni naturales, sino como "arrendatario", "vecino", "ganadero", "ciudadano".[22] Tanco refería a ellos como "campesinos", síntoma de los nuevos tiempos. Cuando durante el peronismo las demandas por la propiedad de la tierra se reactivaron, tendrán un carácter más social –en el sentido clasista– que étnico.

---

22. Archivo Superior Tribunal de la Provincia de Jujuy. Carpeta Tanco.

Reflexiones de cierre de un problema inconcluso

El cierre de este artículo en torno a la década de 1920 responde a una cierta uniformidad de los procesos en el período tratado, sin embargo, de ninguna manera debe entenderse que significó el fin del conflicto por la propiedad de la tierra en el que la reivindicación de la identidad indígena jugó un rol fundamental (Espósito, 2014; Lagos, 2017). Como colofón a este período debemos recordar que, en 1946, el triunfo del peronismo despertó esperanzas e incentivó al campesinado indígena a emprender nuevas negociaciones con los agentes estatales del momento. En mayo de ese año se precipitaron los acontecimientos cuando iniciaron una marcha (denominada "Malón de la Paz"), hacia la Capital Federal, que tuvo gran impacto en los medios de comunicación, visibilizando sus reclamos por la tierra. Sin embargo, retornaron al altiplano con las manos vacías. Un año después, Miguel Tanco presentaba en el Senado Nacional su proyecto de "Expropiación de terrenos de la provincia de Jujuy que pertenecieron a aborígenes", aunque recién en 1949, a través del decreto 18.341, Perón declaró sujetas a expropiación cincuenta y ocho haciendas de la Puna y Quebrada de Humahuaca, que no se transfirieron a los arrendatarios que las reclamaban, sino que quedaron en manos del fisco.

Desde en el año 1994, cuando la reforma de la Constitución Nacional incorporó en su Art. 75, inc. 17, los derechos de los pueblos indígenas, especialmente el "reconocimiento de la posesión y propiedad comunitaria de las tierras que tradicionalmente ocupan" (Carrasco, 2000: 44), se abrió un nuevo capítulo en el proceso de redefiniciones identitarias vinculadas a la reivindicación de la propiedad.

Bibliografía citada

Aramendi, B. (2017). El distrito de la Puna y su primer subdelegado. Intendencia de Salta del Tucumán, 1784-1795. *Fronteras de la Historia*, *22*(1), 12-37.

Bonfil Batalla, G. (1972). El concepto de indio en América: una categoría de la situación colonial. *Anales de Antropología*, *9*, 105-124.

Bushnell, D. (1997). La política indígena en Jujuy en la época de Rosas. *Revista Historia del Derecho*, *25*, 59-84.

Carrasco, M. (2000). *Los derechos de los pueblos indígenas en Argentina*. Buenos Aires: Vinciguerra.

Díaz Rementería, C. J. (1995). Supervivencia y disolución de la comunidad de bienes indígena en la Argentina del siglo XIX. *Revista de Historia del Derecho R. Levene*, *30*, 11-39.

Doucet, G. (2002). Perduración y transformaciones de los pueblos de indios coloniales, sociedades indígenas y economías coloniales en el Tucumán colonial. Comentarios. En J. Farberman y R. Gil Montero (Comps.), *Los pueblos de indios del Tucumán colonial: pervivencia y desestructuración* (pp. 257-274). Bernal: Universidad Nacional de Quilmes y Editorial de la Universidad Nacional de Jujuy.

Espósito, G. (2014). Despojo, reconocimiento y después. En C. Fandos, y A. A. Teruel. (Comps.), *Quebrada de Humahuaca. Estudios históricos y antropológicos en torno a las formas de propiedad* (pp. 185-214). Jujuy: Editorial de la Universidad Nacional de Jujuy.

Fandos, C. y Teruel, A. A. (2012) "¿Cómo quitarles esas tierras en un día después de 200 años de posesión?" Enfiteusis, legislación y práctica en la Quebrada de Humahuaca (Argentina). *Bulletin de l'Institut Français d'Études Andines, 41*(2), 209-239. Recuperado de https://journals.openedition.org/bifea/597

Fleitas, M. S. y Teruel, A. A. (2007). Política y movilización campesina en el norte argentino. La cuestión de la tierra indígena en el proceso de ampliación de la democracia. *Revista Andina, 45,* 41-65.

Fleitas, M. S. y Teruel, A. A. (2011). Los campesinos puneños en el contexto de los gobiernos radicales: política de tierras y conflictividad social en Jujuy. *Revista Estudios del ISHIR, 1,* 102-123. Recuperado de http://web2.rosario-conicet.gov.ar/ojs/index.php/revistaISHIR/article/view/73

Gil Montero, R. (2002). Guerras, hombres y ganado en la Puna de Jujuy: Comienzos del Siglo XIX. *Boletín del Instituto de Historia Argentina Dr. Emilio Ravignani, 25,* 9-36.

Gil Montero, R. (2004). *Caravaneros y trashumantes en los Andes meridionales. Población y familia indígena en la puna de Jujuy, 1770-1870.* Lima: Instituto de Estudios Peruanos.

Goldman, N. (1989). *El discurso como objeto de la historia. El discurso político de Mariano Moreno.* Buenos Aires: Hachette.

Lagos, G. (2017). La nueva cuestión indígena en Jujuy. Territorio, comunidades y movimientos indígenas en las regiones de Puna y Quebrada (1994-2015) (Tesis de Maestría). Sevilla: Universidad de Sevilla.

Langer, E. (1988). El Liberalismo y la abolición de la comunidad indígena en el siglo XIX. *Historia y Cultura, 14,* 59-95.

Levaggi, A. (1999). El proceso desamortizador y desvinculador. *Cuadernos de Historia Latinoamericana, 7,* 33-60.

Levaggi, A. (2012). *La enfiteusis en la Argentina (siglos XVII-XX). Estudio histórico-jurídico.* Buenos Aires: Universidad del Salvador.

Madrazo, G. (1982). *Hacienda y encomienda en los Andes. La puna argentina bajo el Marquesado de Tojo, siglos XVII a XIX.* Buenos Aires: Fondo Editorial.

Madrazo, G. (1990). El proceso enfitéutico y las tierras de indios en la Quebrada de Humahuaca. Período nacional. *Andes. Antropología e Historia, 1,* 89- 114.

Marino, D. (2010). Indios, pueblos y la construcción de la Nación. La modernización del espacio rural en el centro de México, 1812-1900. En E. Pani (Coord.), *Nación, Constitución y Reforma. 1821-1908* (pp. 163-204). México: Fondo de Cultura Económica - Centro de Investigación y Docencia Económicas - Consejo Nacional para la Cultura y las Artes.

Oieni, V. (2003). Imaginar al Ciudadano. Introducción del concepto de ciudadano en el proceso de emancipación en Río de la Plata. *E-l@tina. Revista electrónica de estudios latinoamericanos, 1*(2), 3-11. Recuperado de http://publicaciones.sociales.uba.ar/index.php/elatina/article/view/2699

Palomeque, S. (1995). Intercambios mercantiles y participación indígena en la Puna de Jujuy a fines del período colonial. *Andes. Antropología e Historia, 6,* 13-48.

Paz, G. (1991). Resistencia y rebelión campesina en la Puna de Jujuy, 1850-1875. *Boletín del Instituto de Historia Argentina y Americana Dr. Emilio Ravignani.* Tercera serie, *4,* 63-89.

Piel, J. (1999). Problemática de las desamortizaciones en Hispanoamérica en el siglo XIX. *Cuadernos de Historia Latinoamericana, 7,* 97-127.

Rasini, B. (1965). Estructura demográfica de Jujuy. Siglo XVIII. *Anuario del Instituto de Investigaciones Históricas, 8,* 121-150.

Rodríguez, L. B. (2011). La "comunidad" de Colalao y Tolombón (Argentina) hacia mediados del siglo XIX. Características de una institución en redefinición. *Bulletin de l'Institut Français d'Études Andines, 40*(3), 533-559.

Rojas, R. (Recop.) (1913). *Archivo Capitular de Jujuy.* Tomo I. Buenos Aires: Imprenta Coni.

Sica, G. (2016). Procesos comunes y trayectorias diferentes en torno a las tierras de los pueblos de indios de Jujuy. Siglo XVI al XIX. *Revista del Museo de Antropología, 9*(2), 171-186.

Saito, A., Rosas Lauro, C., Ravi Mumford, J., Wernke, S., Zuloaga Rada, M. y Spalding, K. (2014). Nuevos Avances en el estudio de las reducciones toledanas. *Bulletin of the National Museum of Ethnology, 39*(1), 123-167.

Stringini, N. (2008). Manifestaciones del derecho a la igualdad del indígena en el discurso revolucionario entre 1810-1820. *Misceláneas, 5,* 261-277. Recuperado de https://p3.usal.edu.ar/index.php/iushistoria/article/view/1430/1780

Tamajuncosa, A. ([1836] 1971). Descripción de las misiones al cargo del Colegio de Nuestra Señora de los Ángeles de la Villa de Tarija. En P. De Angelis, *Colección de Obras y Documentos,* T. 7. (pp.89-166). Buenos Aires: Plus Ultra.

Teruel, A. A. (1994). Zenta y San Ignacio de los Tobas. El trabajo en dos misiones del Chaco Occidental a fines de la colonia. *Anuario IEHS, 9,* 227-252.

Teruel, A. A. (2014). En torno al conocimiento histórico de los derechos de propiedad de la tierra en la frontera argentino-boliviana. *Estudios Sociales del NOA, 14,* 63-86. Recuperado de http://revistascientificas.filo.uba.ar/index.php/esnoa/article/download/1110/1090

Teruel, A. A. (2016). El Marquesado del Valle de Tojo. Patrimonio y Mayorazgo en Bolivia y Argentina. *Revista de Indias, 77* (267), 379-418.

Teruel, A. A. y Bovi, M. T. (2009). Aportes al estudio de la conformación de la propiedad moderna en Argentina. Ni "feudal" ni "comunista". El caso de la provincia de Jujuy. En F. Heinz (Org.), *Experiências nacionais, temas transversais: subsídios para uma história comparada da América Latina* (pp. 217-251). São Leopoldo: Oikos.

Zuloaga Rada, M. (2014). Presentación de La conquista negociada: guarangas, autoridades locales e imperio en Huaylas, Perú (1532-1610). *Bulletin of the National Museum of Ethnology, 39*(1), 442-443.

Los derechos de los comuneros. Comunidad, tierras y jurisdicción en la provincia de Córdoba en el siglo XIX

Sonia Tell

La desarticulación de las tierras comunales indígenas persistentes desde el período colonial fue un proceso común, en el siglo XIX, a todas las jurisdicciones que habían integrado la gobernación del Tucumán y contribuyó a la invisibilización de los pueblos o comunidades indígenas como colectivos. Las variantes regionales se vinculan con los marcos legales y disposiciones provinciales y municipales que condujeron este proceso, pero sobre todo a los trayectos coloniales previos de las poblaciones indígenas (que las colocaron en distinta situación y con diferentes herramientas para enfrentar esta nueva época de despojo),[1] a las modalidades de concentración territorial propias de cada provincia que incidieron en la mayor o menor apetencia por estas tierras en común y a las transformaciones internas de los colectivos indígenas, que debieron responder a políticas surgidas de los gobiernos provinciales –en muchos casos resistiéndose activamente–, pero también condujeron cambios que antecedieron o excedieron esas políticas, como volveremos a señalar más adelante (Teruel y Fandos, 2009; Rodríguez, 2015; Sica, 2017).

Las soluciones legales o fácticas ensayadas en estas provincias con el propósito de liquidar la comunidad de tierras, de acuerdo con los casos conocidos, incluyeron variantes practicadas también en otros países latinoamericanos: el cobro de arriendo a los forasteros o a todos los habitantes de los pueblos de indios y el remate de las tierras "sobrantes"; la declaración de las tierras comu-

---

1. Particularmente importante fue la posesión de títulos o mensuras de las tierras –que muy pocos pueblos tenían– y la relación con la tierra en el período colonial derivada del hecho de estar asentados en tierras de reducción o apropiadas por particulares y de la condición fiscal de originarios o forasteros.

nales como fiscales por derecho de reversión, para ser concedidas como merced por los gobernadores, rematadas o arrendadas –incluso a los propios indígenas que las tenían hasta entonces–; su entrega en enfiteusis como paso previo a su venta, con o sin preferencia otorgada a sus poseedores indígenas. Las investigaciones disponibles apuntan a las tres últimas décadas del siglo XIX como el momento crítico de desestructuración de la comunidad de tierras de origen colonial tal como se la había conocido hasta entonces, que afectó a casi todos los pueblos, con la notable excepción de Amaicha del Valle en Tucumán.[2]

En Córdoba, al momento de la crisis del orden colonial llegaron, pagando tributo y con tierras comunales, ocho de los "pueblos de indios" que habían sido reducidos en la jurisdicción entre los siglos XVI y XVII: Quilino, San Antonio de Nonsacate, San Marcos, Soto, Pichana, Nono, Cosquín y La Toma. Posiblemente se mantuvieran otros grupos de habitantes de pueblos recientemente despojados o asediados, pero con derechos de tierras reconfigurados, más precarios o individualizados, como San Joseph y Salsacate. De aquellos ocho, sólo seis (menos Nono y San Antonio de Nonsacate) llegaron reconocidos a fines del siglo XIX y vieron cómo gran parte de sus tierras eran expropiadas por el poder ejecutivo provincial después de 1880 y se les reasignaba una parte muy pequeña en la forma de lotes individuales, a fin de formar o consolidar "villas".

Desde esta perspectiva, la historia de la persistencia de los "pueblos de indios" en Córdoba en el siglo XIX se enlaza con la de sus dos expropiaciones públicas: de las tierras comunales y de la jurisdicción civil y criminal de los cabildos de indios, que antecedió el desconocimiento de los curacas o caciques. A lo largo del trabajo, mediante una síntesis de investigaciones disponibles y la integración de nuevas fuentes, procuraremos poner de manifiesto que ambas expropiaciones se dieron de manera desfasada y con ritmos diferentes. De manera más lenta pero temprana, el desconocimiento de las autoridades, en particular de los caciques. De manera más abrupta, homogénea y tardía –para las seis comunidades persistentes hasta 1880– la expropiación de las tierras. Posiblemente ambas expropiaciones no hayan significado la desarticulación de todas las comunidades –más bien su invisibilización como colectivos, mantuvieran o no tierras en común– pero recortaron significativamente derechos adquiridos en el período colonial que habían sido hasta entonces celosamente defendidos por sus miembros o buena parte de ellos, incluso dentro de dinámicas de profunda transformación interna.

---

2. Una muestra de los estudios regionales incluye Madrazo, 1990; Palomeque, 1992; López de Albornoz y Bascary, 1998; López, 2006; Fandos, 2007; Farberman, 2008; Teruel y Fandos, 2009; Fandos y Teruel, 2012; Rodríguez, 2009 y 2015; Sica, 2016, entre otros que omitimos citar por razones de extensión.

Transformaciones en el gobierno local

Durante el reacomodo y transformación de la administración de gobierno y justicia (y su separación) ocurridos en el transcurso del siglo XIX, un proceso que entendemos largo y con vaivenes, se concretó la expropiación de la antigua "jurisdicción civil y criminal" acotada por la Corona española a los cabildos de los pueblos de indios y la anulación de los curacas o caciques como interlocutores reconocidos por el estado provincial. Para nosotros, este despojo, que precedió y luego acompañó la expropiación territorial,[3] significó, en la práctica, transitar hacia el desconocimiento de la comunidad como sujeto colectivo de derecho.

Un rastreo de las *ausencias* –en tanto huellas– en el registro documental, indica que en el curso de la década de 1810 se desarticularon o fueron desconocidos los cabildos de indios, sin que mediara un acto formal y específico de supresión.[4] Las últimas menciones a estos cabildos que hallamos datan de 1811 para Cosquín, 1812 para Pichana y San Marcos, 1814 para Quilino y 1819 para Soto (Tell, 2014a). Paralelamente, para 1813 encontramos que los jueces pedáneos o territoriales con sus auxiliares ya habían extendido legalmente su jurisdicción a los pueblos de indios,[5] ejerciendo también las funciones de recaudación, levas de soldados y policía.

Los curacas o caciques persisten o reaparecen en la documentación por mucho más tiempo, pero con renovados modos de ejercicio de autoridad y representación. Continuaron actuando como mediadores informales y apoderados de sus comunidades, a cargo de la litigación judicial y de la gestión de los bienes comunes.[6] Paralelamente, los primeros gobiernos posrevolucionarios propiciaron la entrada de autoridades y personas externas a los pueblos que comenzaron a interceder en sus conflictos y relaciones internas, principalmente los jueces pedáneos, disolviendo la división entre las dos "repúblicas" que –con tensiones y quizá hasta defectuosamente– había funcionado en el siglo XVIII.[7] Las referencias más tardías a la presencia de curacas o caciques *reconocidos oficialmente* en la

---

3. Retomamos aquí planteos sobre el valle central de México (Marino, 2010). Tomamos la expresión jurisdicción civil y criminal de Assadourian (1994).
4. Esto se hizo, en cambio, con los cabildos de Córdoba, La Carlota y Villa de la Concepción, suprimidos por ley provincial en 1824. *Compilación de leyes, decretos, acuerdos de la Excma. Cámara de Justicia y demás disposiciones de carácter público dictadas en la provincia de Córdoba* (en adelante CLC), Tomo I, Córdoba: Imprenta del Estado, p. 18.
5. En el período colonial estos jueces, junto con los alcaldes de la hermandad, habían estado a cargo de la administración de gobierno y justicia sobre la población rural, excepto la de los pueblos de indios que quedaban bajo jurisdicción de su propio cabildo.
6. Arrendamientos de tierras, solicitud de limosnas y préstamos para construir capillas figuran entre sus actividades (Tell, 2014a).
7. Ver un desarrollo de este argumento en Tell (2013 y 2014a). Incluso Ortiz de Ocampo, quien en su breve gobierno trató de proteger tierras y ganados de los pueblos de indios, validó la jurisdicción de los jueces pedáneos sobre sus habitantes.

documentación del siglo XIX localizada provienen de Cosquín en 1878 cuando el gobernador destituyó por decreto al curaca Miguel Ortiz –única referencia que encontramos hasta ahora de un curaca investido formalmente por el gobierno– de Soto en 1887 (por referencia indirecta) y de La Toma en 1901, cuando falleció Lino Acevedo.[8]

Después de mediados del siglo XIX los gobiernos locales comenzaron, muy lentamente, a organizarse como municipalidades (urbanas) y distritos municipales de campaña. Es todavía poco lo que se sabe de los ensayos por establecer el régimen municipal, que fue ordenado en esos términos por primera vez en la constitución provincial de 1855, precisado y parcialmente redefinido en la constitución provincial de 1870 y en el texto ordenado de 1883, pero que recién tuvo su primera ley orgánica en 1893, casi cuarenta años después de ser ordenada su elaboración y de haberse creado varias municipalidades por decretos de sucesivos gobernadores. En ese proceso, los pueblos fundados o re-fundados como villas –entre ellos, los antiguos pueblos de indios– vieron aparecer comisiones sindicales, que quedaron a cargo de la administración de los bienes e intereses comunales, en distintos tiempos.

La Toma es el caso mejor documentado de continuidad de curacas reconocidos más o menos formalmente, su parcial reacomodo dentro de la transformada estructura de poderes y autoridades de la provincia y su actuación en defensa de la integridad territorial del pueblo y de una organización colectiva dedicada a gestionar los bienes comunes y asignar derechos individuales de usufructo, incluso enfrentando posturas encontradas dentro de sus comunidades. Por lo menos desde 1867 hasta 1885, el curaca Lino Acevedo actuó reiteradamente como representante de su comunidad en instancias judiciales o administrativas, aunque en ocasiones los comuneros recurrieron a un apoderado letrado, o bien aquellos que estaban en conflicto con Acevedo buscaron otro apoderado. En el decreto de 1869 que promovía la división de tierras, antes comentado, se dispuso la formación de una "Junta Sindical" o "Comisión Sindical" integrada por el curaca –reconocido en esa normativa como "jefe actual de la comunidad"– y "dos de los comuneros principales", acompañados por un abogado nombrado por el gobierno, con el título de "defensor de la comunidad".[9] Desconocemos si se constituyó finalmente la comisión, pero el decreto marca la aceptación de la autoridad del curaca. En 1878 Acevedo ejercía por disposición del gobierno provincial, ad honorem, la función de subcomisario de los suburbios del oeste de la ciudad, con la colaboración de dos gendarmes de la comisaría de campaña.[10]

---

8. CLC, Tomo 5, p. 417. Archivo Histórico de la Provincia de Córdoba (en adelante AHPC), Gobierno 1887, Tomo 10, f. 33. Diario *Los Principios*, 22/08/1901.
9. CLC, Tomo 2, pp. 387-388.
10. CLC, Tomo 5, pp. 585-586.

Desde fines de la década de 1850 identificamos referencias de comisiones sindicales o comunales en otros pueblos, algunas de ellas formadas o designadas especialmente para colaborar en el ordenamiento territorial de esos asentamientos que habían sido recientemente erigidos en villas, otras designadas para tareas específicas como levantar padrones de los accionistas o comuneros, mientras que otras cumplieron las funciones de gestión de recursos que luego absorbieron las municipalidades y siguieron ejerciendo estas funciones toda vez que no se pudo concretar la organización del gobierno municipal. Citamos algunos ejemplos: en 1866, al ordenarse por decreto que se erigiera la villa de Soto, se nombró una comisión sindical, integrada por tres individuos (aparentemente) comuneros, que quedaron a cargo de adjudicar los solares.[11] En 1878 fue designada una comisión sindical para levantar el padrón de los comuneros en el mismo pueblo, de cinco miembros, de los cuales al menos tres eran comuneros. En Cosquín, en un decreto de 1877 se estableció que una vez verificada la traza de dicha villa, sus ejidos y pastos comunes, se crearía una comisión sindical para administrar y cuidar de los intereses de la misma, la que quedó integrada por cinco personas que al parecer no eran comuneros.[12] Al año siguiente, el gobernador Juárez Celman resolvió por decreto dejar sin efecto "el nombramiento de curaca de los indios de Cosquín" que se había hecho previamente en la persona de Miguel Ortiz y lo separó de la comisión sindical de la villa. El mismo decreto dispuso que los comuneros de Cosquín, convocados por el jefe político del departamento, nombraran a una o más personas para administrar sus bienes en común (las que se dividieron dos décadas después).[13] Para el año en que las tierras de la comunidad de Cosquín terminaron de parcelarse (1897), la villa ya tenía municipalidad.

En 1877 también se designó una comisión sindical que representaría "a los naturales de Quilino".[14] Entre sus principales funciones estaba la de determinar los ejidos de la villa junto con un vocal del Departamento Topográfico, distribuir los solares y suertes de quintas entre aquellos que lo solicitasen y extender títulos provisorios. Además, se encargó a esta comisión (como también a la de Cosquín) la sensible cuestión de reglamentar momentáneamente la distribución del agua de riego y la construcción y mantenimiento de los canales de irrigación. En 1885 se dispuso por decreto que la comisión sindical fuera reemplazada por la municipalidad, que debía absorber las funciones, deberes y atribuciones previamente conferidas a aquélla. El caso de Quilino ejemplifica

---

11. CLC, Tomo 2, p. 350.
12. CLC, Tomo 4, p. 246. Por lo menos desde 1873 había una "comisión comunal" para administrar "los intereses de la comunidad", cuya conformación había sido negociada por los comuneros y el jefe político del departamento. CLC, Tomo 3, 1870-73, p. 227.
13. CLC, Tomo 5, p. 417.
14. En Quilino había comisión sindical por lo menos desde 1872.

que la transición entre distintos regímenes de gobierno local o comunal no fue armoniosa ni eficaz en todos los casos, si nos atenemos a los periódicos nombramientos por decreto de comisiones completas por renuncia de las anteriores y las menciones a lo conflictivas que resultaban las elecciones de los representantes comunales.[15] Justamente, debido a la acefalía de la municipalidad de Quilino, en 1892 el gobernador nombró una "comisión municipal" que actuaría como "comisión administradora de los intereses municipales de la villa", hasta tanto se reorganizase la municipalidad.[16]

Comunidad de tierras y políticas provinciales

Las políticas de los primeros gobiernos provinciales posrevolucionarios con respecto a los pueblos de indios y sus tierras en común no parece haber tenido una dirección uniforme ni haber existido un consenso acerca del destino que debía dárseles.[17] Tempranamente, ya en 1813, ante una consulta del gobernador José Xavier de Viana sobre el pueblo de Nono, el fiscal José Eugenio del Portillo se refirió a "los remedios que conviene adoptar para la extincion de curacas, comunidades y parcialidades, la reunion de pueblitos dispersos", la adjudicación de terrenos entre "cada padre de familia" y la promoción de "la igualdad de derechos con los demas individuos y ciudadanos del Estado". Al respecto, sólo propuso pedir un "informe instruido al superior gobierno" y como solución momentánea, sugirió el nombramiento de un alcalde pedáneo que administrara justicia a los "moradores" del pueblo.[18] El siguiente gobernador, Francisco Antonio Ortiz de Ocampo (1815), en cambio, tomó medidas para proteger la integridad de las tierras y recursos de los "pueblos de naturales", aunque se reservó para el gobierno provincial la facultad de autorizar la distribución o expropiación de las tierras.[19]

---

15. En su discurso de apertura de sesiones legislativas del año 1893, el gobernador Manuel Pizarro se quejaba que "el gobierno comunal es un permanente y general conflicto en toda la provincia" y el poder ejecutivo provincial se veía obligado a intervenir para regularlos; mencionaba el caso de Quilino como ejemplo de poblaciones urbanas "formadas casi en su totalidad de una población indígena" para quienes la municipalidad era más un problema que una solución, por la estrechez de recursos de los vecinos para sostener esa estructura burocrática. CLC, Tomo 20, pp. 111-112, 115.
16. CLC, Tomo 19, pp. 544-545.
17. En un plano más general, una investigación previa de Arcondo (1969) plantea que no se consolidó una política de tierras en la provincia de Córdoba hasta después de la promulgación de la primera ley orgánica de tierras en 1862, cuando se inició una actividad más sistemática de racionalización y unificación legislativa, institucional y práctica en materia de propiedad. Antes, las medidas tuvieron un carácter circunstancial, orientadas a obtener recursos para las arcas del estado provincial más que a consolidar la propiedad privada individual. Nuestra impresión sobre las medidas relativas a pueblos de indios es que concuerdan con esa tendencia.
18. AHPC, Crimen, Legajo 123, Expediente 19 (1813), fs. 7v-8r.
19. Ortiz de Ocampo respondió a las quejas de los naturales de Quilino con un bando que ordenaba a los jueces pedáneos proteger el ganado y las tierras de los pueblos de indios, prohibía cercenar o distribuir

A partir de 1837 y de manera esporádica (con décadas entre una y otra) se expidieron normativas tendientes a desarticular la comunidad de tierras, con algún grado de reconocimiento hacia los derechos de quienes ya las ocupaban. En 1837, un decreto de la Sala de Representantes de la provincia autorizó la venta de las tierras de los "antiguos pueblos de indios", con el fin de generar un ingreso para el erario provincial. El decreto amparaba la posesión de los "legítimos poseedores" y estipulaba que tanto a ellos como a los demás que poseyeran terrenos sin "justo título" se los preferiría en la compra.[20] Este decreto no se llevó a efecto, pero pudo haber abonado un contexto propicio para que algunos habitantes de los pueblos solicitaran "posesión judicial" de las parcelas que laboraban, "como dueños absolutos que son" por vía de herencia paterna, en contra de otros que reclamaban los "derechos al usufructo en general" de los bienes comunes.[21]

Los gobiernos provinciales comenzaron a definirse más claramente en dirección a la desarticulación de las tierras en común pasado mediados del siglo XIX. En una ley de 1858 y un decreto de 1859 –esto es, con posterioridad a la sanción de la ley de tierras fiscales de 1857– la Sala de Representantes autorizó al gobierno a dividir el terreno "que poseen en común las antiguas reducciones de indígenas (...) adjudicando la propiedad de él a los actuales comuneros". Redefinía de este modo a los "indios" como "indígenas" o "comuneros", términos que quedarían incorporados al lenguaje oficial en el siguiente medio siglo. Accionista y comunero en esa época no eran sinónimos exclusivos de indio o indígena, sino que se aplicaban a cualquier persona con derecho a una tierra indivisa y a la vez miembro de "poblaciones en común", que el decreto caracterizaba como un "modo de ser actual".[22]

El proyecto de dividir las tierras de los pueblos se concretó, finalmente, tras la sanción y resistida aplicación de una ley provincial de 1881 –llamada coloquialmente en esa época "ley general de comunidades"– algunas de cuyas disposiciones fueron modificadas por otra de 1885. En la documentación que generó su puesta en marcha también se reemplazó "pueblo de indios" o "reducción de indios" por "comunidad indígena". En 1881, el Senado y la Cámara de Diputados atribuyeron al poder ejecutivo provincial la facultad de hacer mensurar, por medio del Departamento Topográfico, "las tierras ocupadas por las comunidades

---

tierras sin permiso del gobierno –aunque estuviesen baldías o incultas– y prohibía también aplicar castigos corporales a los naturales que trabajaran en estancias, sin permiso del juez pedáneo. AHPC, Gobierno, Caja 39, Carpeta 2, Expediente 2 (1815), fs. 339r-340r.
20. CLC, Tomo I, Córdoba: Imprenta del Estado, p. 99.
21. AHPC, Escribanía 4, Legajo 89, Expediente 10 (1842). Tratamos más extensamente este pedido, hecho por habitantes del pueblo de San Marcos, en Tell (2011b).
22. CLC, Tomo 8, pp. 111-112, 142-143.

de indígenas".²³ En 1885, esta política quedó expresamente definida como una *expropiación* "por razón de utilidad pública", introduciendo una variante más al rango de soluciones legales que se iban ensayando en las otras provincias del Noroeste argentino.²⁴ El poder ejecutivo también quedó facultado para nombrar en cada comunidad una comisión compuesta por dos miembros de ella y un vocal por el departamento, encargado de la mensura, con las funciones de confeccionar el padrón de los comuneros y elegir el lugar para demarcar una villa. Aparte de las manzanas reservadas para edificios y espacios públicos de la villa, se asignaría un solar a cada comunero gratuitamente, con su respectivo título. El resto de las tierras debía dividirse en lotes rurales de un mismo valor,²⁵ que se rematarían al mejor postor sin previa tasación, aunque sus "poseedores" serían preferidos en las posturas y en caso que otra persona comprara su lote, tendrían derecho a retenerlo hasta que el comprador pagara las mejoras.²⁶

La aplicación de estas leyes –resistida y negociada– significó que fueran identificadas, mensuradas y subdivididas seis "comunidades indígenas". Si tomamos como referencia las fechas de las primeras mensuras y delineaciones –que no siempre fueron las únicas ni se aprobaron de inmediato– el punto de partida del proceso puede ubicarse en 1883 para La Toma,²⁷ 1892 para Soto y San Marcos, 1896 para Quilino, 1897 para Cosquín y 1898 para Pichana.²⁸ En el reconocimiento de linderos y mojones, participaron en muchos casos los ancianos de la comunidad o su curaca donde lo había, con la intención de solucionar las dudas de interpretación que generaban las mensuras coloniales o de principios del siglo XIX o de salvar la desaparición material de centros y mojones. Frente a interpretaciones conflictivas, no siempre las comunidades lograron hacer valer su postura frente a la de agrimensores formados en técnicas y racionalidades distintas de medición (Tell, 2011a).

Según acusan las carátulas de los expedientes de mensura –insistimos en que estas primeras mensuras fueron en algunos casos cuestionadas y siguieron otras– en La Toma se delinearon 8335 hectáreas,²⁹ de las cuales sólo un 3% se

---

23. CLC, Tomo 8, p. 397.
24. CLC, Tomo 12, p. 253.
25. Se calcularía su número de tal modo que nueve décimas partes fueran equivalentes al número de miembros de la comunidad y se reservaría la décima parte restante para atender los reclamos de los "comuneros ignorados", quienes tenían tres años para reclamar. Se contemplaba la posibilidad de que el terreno no permitiera dividirlo en esa cantidad de lotes y la comisión tuviera que reducir su número.
26. Ver un análisis más detallado de estas leyes en Tell (2014b).
27. Esta primera mensura se suspendió por la activa resistencia de la comunidad; la siguiente se hizo en 1885.
28. Archivo de Cartografía Histórica de la Dirección de Catastro de la Provincia de Córdoba (en adelante ACHC), Capital, Administrativas aprobadas, Mensura 29; Cruz del Eje, Administrativas aprobadas, Mensuras 26, 27 y 29; Ischilín, Administrativas aprobadas, Mensura 3; Punilla, Administrativas sin aprobar, Mensura 16.
29. El pueblo de La Toma era contiguo a la ciudad de Córdoba y se incorporó posteriormente al ejido municipal. Cuando este se delimitó en 1893, los antiguos terrenos de La Toma representaron aproximadamente el 15% (Boixadós, 1999: 89).

repartió entre los comuneros bajo la forma de lotes de villa y el 97% restante quedó sujeto a remate (Boixadós, 1999: 89 y 96). En Cosquín, se delinearon 2285 hectáreas cuya división se practicó en parte como un ensanche de la villa homónima, contigua a las tierras de la comunidad. En Pichana se mensuraron 10926 hectáreas, en Quilino 48720 hectáreas, en San Marcos 5925 hectáreas y en Soto 20330 hectáreas, parte de las cuales también se anexaron a la "villa vieja" contigua y continuaron su trazado. Las importantes superficies mensuradas se localizaban en valles serranos, con suelos de calidad variable, pero en general aptos para la actividad agrícola y ganadera y con agua de ríos y arroyos, eran accesibles por caminos carreteros y vías férreas y algunos de ellos quedaron como puntos importantes en la red de comunicaciones terrestres.

Urbanización y comunicaciones

El proyecto de fraccionamiento de las tierras de las comunidades fue precedido por expropiaciones de terrenos para diversas obras públicas y por una urbanización parcial de poblados preexistentes, que vino de la mano de la fundación de villas. Cuando las tierras de las comunidades se mensuraron y dividieron, en todas ellas ya se habían hecho expropiaciones o "cesiones" de terrenos para el tendido de vías férreas, para apertura de caminos y estaciones de ferrocarril. Algunas, además, habían resultado desfavorecidas por deslindes con propiedades vecinas o por el avance de propietarios contiguos sobre sus tierras.[30] En La Toma, tempranamente afectada por el crecimiento de la ciudad de Córdoba, se habían cedido o expropiado terrenos para la construcción de canales de riego, estanques de agua y hasta de un cementerio público.[31] El tendido de las vías férreas –que conectaron el territorio provincial con los principales puertos fluviales y marítimos del país– incentivó una relativa reconfiguración de la jerarquía de localidades en el área serrana, al poner en valor aquellas que tenían estaciones, que emergieron como nuevos "componentes del paisaje" (Díaz Terreno, 2013: 46), convirtiéndose en puntos de gravitación del abasto de recursos y servicios y de la reorganización del golpeado transporte por tracción a sangre.[32] Se integraron así en paisajes rurales y urbanos compuestos

---

30. Lo primero consta, por ejemplo, en las mensuras administrativas de Pichana, San Marcos y Quilino. Lo segundo entre las quejas de los comuneros de Soto. ACHC, Cruz del Eje, Administrativas aprobadas, Mensuras 26, 27 y 28; Ischilín, Administrativas aprobadas, Mensura 3.
31. AHPC, Registro de Escribanos n° 4, Inventario 124 (1869), fs. 127v-141r.
32. El Ferrocarril Central Argentino que unía Rosario con Córdoba y pasaba por tierras de La Toma (dividida en 1885) se inauguró en 1870. El Ferrocarril Argentino del Norte puso en servicio su primer tramo en 1891; pasaba por Soto (donde había estación), San Marcos y Pichana (cuyas tierras fueron fraccionadas en 1892 –las dos primeras– y en 1898 la tercera). La línea del Ferrocarril Central Córdoba (Sección Norte) que unía a esta ciudad con Salta y Jujuy, inició su servicio en 1875 y tenía una de sus estaciones

por elementos persistentes –activos o vestigios– de diversas lógicas históricas de ocupación (Díaz Terreno, 2013).

Además del sistema ferroviario, contribuyó al diseño más abigarrado de las comunicaciones la ampliación y regulación de la red de caminos y cuestas y, hacia fines de siglo, la instalación de líneas de mensajería, correos y telégrafos (Río y Achával, 1905: 411-422). Dentro de este esquema, algunas de las comunidades indígenas que ya eran importantes puntos de encuentro e intersección de los caminos, pasaron a serlo también de los "caminos de hierro". Las descripciones de principios del siglo XX sugieren que adquirieron cierta relevancia dentro de la jerarquía de localidades de sus respectivos distritos: Quilino y Cosquín se convirtieron en cabeceras de los departamentos Ischilín y Punilla respectivamente;[33] Soto quedó como una animada segunda población del departamento Cruz del Eje, después de la ciudad homónima que era su cabecera y a la que se encontraba muy próximo; Pichana y San Marcos se contaban entre las localidades con más población –si bien modesta– de ese distrito (Río y Achával, 1905). No fue el caso de La Toma porque quedó integrada (defectuosamente) al ejido de la ciudad de Córdoba (Boixadós, 1999).

Por otra parte, desde la ley de 1858 ya citada, sucesivos decretos específicos fueron ordenando que se erigieran villas en muchos de esos pueblos. Todavía no conocemos en detalle cómo se fue dando esa intervención en el diseño territorial y administrativo del espacio proyectada en esos decretos y hasta qué punto invadieron las tierras comunales o se extendieron en tierras contiguas. La repetición de la orden de erigir villas en la ley de 1881 sugiere que las comunidades no habían adquirido forma y carácter urbano al menos en parte de su territorio, pero cabe señalar que en algunas ya había avanzado el cercamiento de terrenos individuales.

La Toma, Soto, Quilino y Cosquín se cuentan entre los casos más ilustrativos y tempranos de esta transición y las tensiones internas que generaba. Un decreto de 1869 que determinó el procedimiento para dividir las tierras de La Toma fue el más resistido antes de su sanción y resultó del compromiso entre los intereses de los gobiernos municipal y provincial y los de la comunidad. La negociación entre el Ministerio de Hacienda y el apoderado de los comuneros llevó a que en el texto definitivo se dejara abierta la posibilidad de separar aquella parte de las tierras que ocuparan "los que desean la comunión" y sólo

---

en Quilino, cuya división data de 1896. La línea del ferrocarril Córdoba y Noroeste se construyó entre 1889 y 1892, tenía una de sus estaciones en Cosquín (que fue fraccionada en dos etapas, 1877 y 1898) (Río y Achával, 1905: 411-422). Según Arcondo, el transporte de carretas a larga distancia fue liquidado por la competencia ferroviaria, pero parte del transporte por tracción a sangre se reorganizó en torno al acarreo, carga y descarga de productos en las estaciones de trenes (Arcondo, 1996: 102-105).

33. Frente al pueblo de Quilino (que pasaría a llamarse Villa Quilino) se formó otro núcleo en torno a la estación del ferrocarril (Estación Quilino).

dividir en partes iguales la correspondiente a "los que piden la división", más la destinada a los espacios públicos de la futura villa.[34] Un mes después un numeroso grupo de 171 "vecinos" de La Toma firmaron un convenio o contrato por el cual resolvieron "continuar en comunidad" y mantener sus posesiones "en una sola masa que sera gozada en comun por todos los copartícipes en la forma y del modo que se ha hecho hasta el presente, teniendo desde luego por reconstruida la comunidad en virtud del presente contrato libremente celebrado".[35] El copartícipe que quisiera separarse podía hacerlo enajenando su parte a favor de la comunidad. De este modo, en 1869 esta última era concebida y *recreada* legalmente por los vecinos del Pueblito como comunidad de tierras y de personas, aunque se le reconocía un carácter dinámico y heterogéneo, al dejarse prevista la posibilidad de que hubiese comuneros dispuestos a separarse de la misma. La documentación localizada y revisada hasta el momento indica que la lógica de gestión comunal y ocupación dispersa persistió y el trazado de calles y manzanas recién se concretó después de la división de 1885, avanzando mientras duró la especulación inmobiliaria en la ciudad de Córdoba (Boixadós, 1999).

El decreto de fundación de la villa de Soto firmado por el gobernador en 1866 definía la extensión del "terreno" (no hablaba de ejidos) y establecía que los "naturales cabezas de familia" tendrían derecho a un solar, con obligación de edificarlo y cercarlo en el término de un año. Tras el reparto, la comisión podría enajenar los solares restantes y aplicar esos ingresos a la "utilidad común" de la villa.[36] Quizá este fuera el origen de la "villa vieja" cuya traza desconocemos si absorbió tierras de la comunidad indígena, pero con seguridad se prolongó con la anexión de los terrenos comunales divididos en 1892.[37]

En 1877, el ministro de gobierno Miguel Juárez Celman (quien posteriormente como gobernador sería autor del proyecto original de la ley general de comunidades) ordenó la fundación de una villa en Quilino y la delineación de la villa de Cosquín, que había sido erigida por decreto del año anterior. En sendos decretos incluyó disposiciones sobre el trazado de calles, manzanas, espacios públicos y la parcelación de quintas.[38] Ese mismo año, en Cosquín, se hizo la mensura y división de suertes de quintas y de manzanas con solares, que veinte años después quedarían anexadas a los terrenos indivisos de los comuneros, expropiados y parcelados en 1897.[39]

---

34. CLC, Tomo 2, p. 493.
35. AHPC, Registro de Escribanos n° 4, Inventario 124, f. 136r.
36. CLC, Tomo 2, p. 350.
37. ACHC, Cruz del Eje, Administrativas aprobadas, Mensura 26.
38. CLC, Tomo 5, pp. 149-150, 153-154.
39. Es posible que parte o todas las tierras destinadas a la villa en 1877 correspondieran a las asignadas a los indios de la encomienda de Cristóbal Pizarro de Albornoz por el oidor Luján de Vargas durante su

El decreto de 1877 de creación de la villa de Quilino contiene una sintética expresión de esa suerte de misión civilizatoria que los liberales juaristas veían en la fundación de estas villas, o con la que pretendían justificarlas. El primer considerando sostenía "Que la formación de centros de población de importancia en la campaña, es una de las medidas de buena administración más aconsejadas para propender á la cultura del mayor número posible de sus habitantes, que actualmente se encuentran privados de los beneficios de la civilización, motivado, principalmente, por el aislamiento en que viven".[40]

Por otra parte, los decretos mencionados contenían artículos que propendían a una individualización de la propiedad y a la definición cierta de su superficie y linderos. En Quilino se preferiría a aquellos solicitantes que ya hubiesen trabajado el terreno y se exceptuaría a los "naturales del lugar" del pago de los títulos provisorios extendidos por la comisión formada con ese propósito. Pero tanto allí como en Cosquín la condición para "adquirir la plena propiedad" era edificar por lo menos "una pieza" de material crudo o cocido y cercar todo el terreno en el término de dos años. Para las suertes de quinta de este último pueblo, se extendía el plazo para cercarlas y cultivarlas a tres años.[41] Las mensuras de la década de 1890 dan cuenta de la efectiva presencia de propiedades con cercos de material cocido en los terrenos de estas tres comunidades y del interés de sus poseedores por consolidar derechos de propiedad individual.

Podemos pensar la expropiación parcial y división impulsada desde 1881, por lo tanto, como una continuación más ambiciosa de un proyecto de reconfiguración administrativa y territorial iniciado en los años previos. Queda por evaluar los resultados efectivos, es decir, hasta qué punto esta voluntad civilizatoria modificó lógicas preexistentes de ocupación del espacio en las sierras y en qué sentido lo hizo, teniendo en cuenta que en el período 1895-1914 la urbanización fue mayor en la región pampeana, donde estuvo marcada por la influencia de la colonización agrícola, pero incluso allí la fundación y organización de nuevos pueblos estuvo condicionada por una cantidad de factores vinculados a las condiciones económicas de los asentamientos y sus transformaciones sociales (Arcondo, 1965: 23-24).

---

visita a la gobernación del Tucumán en 1692/93, cuya sentencia fue ejecutada por su comisionado en 1694 y dio origen, en este caso, al pueblo de indios de Cosquín (Castro Olañeta, 2015). Hasta ahora no hallamos el expediente de mensura de 1877, del que tenemos referencias en mensuras posteriores. Los terrenos que se parcelaron en 1897 habían sido comprados por un grupo de naturales del pueblo de Cosquín al Hospital de Betlemitas en 1817 (Tell, 2011a).

40. CLC, Tomo 5, p. 149.
41. CLC, Tomo 5, pp. 150, 153-154.

Los derechos de los comuneros: individualización y conflicto

Los procesos descriptos indican un esfuerzo de sucesivos gobiernos provinciales por individualizar derechos y reducirlos a una forma específica de propiedad –privada, individual y absoluta– en la segunda mitad del XIX. Los derechos "individuales", asociados a unidades domésticas o a tributarios, no eran algo desconocido dentro los pueblos de indios. A fines del siglo XVIII y primeras décadas del XIX, el usufructo de parcelas, pastos y agua de riego por las unidades domésticas estaba regulado por cabildos y/o curacas, quienes mediaban en los conflictos, aunque no siempre actuaran como un bloque sin fisuras ni su gestión fuera en beneficio del conjunto. En el caso de los derechos de tierras, testimonios más tardíos indican que a fines del período colonial, al menos entre la población de mayor arraigo, el usufructo de un terreno pasaba de una generación a otra dentro de la misma familia mientras existieran descendientes que se quedaran en el pueblo y esto siguió vigente después de 1810, al menos para algunos pueblos y para una parte de sus habitantes, si no todos. Justamente, los conflictos que van apareciendo desde fines de la década del '10 en torno a los derechos de tierras y de agua, marcan la coexistencia –con fricciones y competencia– de usos y prácticas de carácter colectivo con derechos individualizados y privatizados, proceso que creemos no fue producto directo de la imposición de nuevos marcos legales, aunque hubiera medidas y normativas esporádicas que lo alentaran, sino de desarrollos internos de los propios pueblos.[42]

Para 1880, antes que comenzaran las expropiaciones y divisiones, ya se había vuelto una práctica frecuente la compraventa de derechos y acciones de tierras entre los propios comuneros o de estos con personas externas a la comunidad.[43] Las numerosas transferencias documentadas una o dos décadas antes del inicio de las mensuras o en el segmento que va desde la sanción de la ley del '81 a la realización de la mensura, permiten apreciar que había diferencias importantes en el número de derechos que tenían algunos comuneros.[44] Es

---

42. Desarrollamos este argumento en Tell (2011b) en base a los conflictos documentados para Cosquín y San Marcos.
43. Los términos "derechos" y "acciones", a veces usados por separado en la documentación del siglo XIX, otras a la par, se refieren a la facultad de uso de una porción determinada de las tierras en común, asignada a un individuo o a una unidad doméstica; también se aplicaban a las cuotas del agua de riego en los pueblos donde había acequias. Poco sabemos aún de las reglas consensuadas que regulaban la determinación del derecho y/o acción en el terreno (localización y extensión), su distribución entre los comuneros y quiénes tenían a cargo esta gestión –en 1887 por ejemplo, en la "estancia de la comunidad" de Soto, era su cacique el que firmaba los certificados de traspaso–. En las transferencias registradas, previas a la subdivisión, en general no se explicitaron los criterios de medición y localización, la extensión ni los linderos del terreno; los pocos casos en que sí se lo hizo, sugieren que cada derecho y/o acción correspondía a una extensión laborada y edificada, pero no era necesariamente uniforme.
44. Por ejemplo, en Pichana se mencionó que un comunero había comprado 100 acciones (no sabemos si

posible apreciar que ese movimiento interno de derechos y acciones no había llevado necesariamente a la desarticulación de la tenencia comunal, sino que podía ser compatible –aunque con algún grado de conflicto– con la continuidad de la organización y gestión colectiva de tierras, agua y pastos.

En esa coyuntura, se manifestaron posiciones enfrentadas entre los miembros de las comunidades, unos a favor del fraccionamiento y otros de la continuidad de la propiedad indivisa. Así, por ejemplo, mientras un grupo de auto-denominados "accionistas de la merced de Quilino" en 1895 rechazaban quedar encuadrados como una "comunidad indígena", otro grupo numeroso de San Marcos se presentaba como "vecinos de la comunidad de los indios de San Marcos" para reclamar cambios en la distribución y destinatarios de los lotes. Del mismo modo el curaca y habitantes de La Toma se presentaban alternativamente como "pueblo", como "vecinos y comuneros", "comunidad de los indios", muy raramente como "población indígena", para defender la propiedad indivisa. En Pichana, un sector de "miembros de la comunidad indígena" pedía la división para "ubicar los derechos de cada uno" de los propietarios, puesto que "éstos son dueños de todo y ninguno de una porcion determinada"; era respondido por otro sector de "vecinos de la pedanía (…) herederos y copropietarios de la estancia de Pichanas" que consideraba la división gravemente perjudicial para sus intereses y solicitaba que se prorrogara cinco años.[45]

Con esta pluralidad de relaciones, prácticas y posturas al interior de los pueblos, es claro que la materialización de los derechos individuales y privados de los comuneros iba a ser mucho más complicada que una simple operación de trazado, cercado y titulación de terrenos que ya ocupaban y laboraban. El proceso por el cual se llegó a identificar e *individualizar* –ahora sí, en sentido literal–[46] a los comuneros y sus derechos durante el proceso de desamortización de fines del siglo XIX tuvo varias etapas. Comenzó con la revisión del proyecto original de la ley de comunidades elevado por Juárez Celman en 1881, por la cual se determinó que cada miembro de la comunidad tendría derecho a recibir lotes (residiera o no en el pueblo), criterio que finalmente se adoptó en la ley.[47]

Durante la puesta en práctica surgieron dos problemas principales: el primero fue la inscripción de los comuneros en el padrón abierto en cada pueblo,

---

era un antiguo habitante o un recién llegado). AHPC, Gobierno 1895, Tomo 23 (1893). Trabajamos con más detalle este tema en Tell (2015).

45. AHPC, Gobierno, Caja 259, f. 464v. Escribanía 2, Legajo 223, Expediente 22, f. 25r. Gobierno 1895, Tomo 23, fs. 84r-v, 97v, 137v. Revisamos minuciosamente estas posturas en Tell (2015).

46. A cada derecho y acción se hizo corresponder un lote de villa, de modo que cada comunero recibiría un lote de villa por cada derecho que le correspondiere. AHPC, Gobierno 1895, Tomo 23, f. 139v.

47. El proyecto original elevado por el poder ejecutivo proponía una definición más restrictiva: empadronar y otorgar lotes a "las personas cabezas de familia, entendiéndose por tales todo individuo casado y los solteros mayores de edad". Este criterio fue modificado a instancias de la Comisión de Legislación del Senado. Archivo de la Legislatura de Córdoba, Actas de Sesiones del Senado, Tomo 10, f. 204r.

que exigió una operación de inclusión/exclusión trabajosa, contendida entre las comisiones sindicales y los interesados en ser inscriptos. Fue un proceso que se alargó por varios años y en la mayoría de los pueblos implicó el cierre y posterior reapertura del padrón para sortear conflictos y demoras. Ante la dificultad práctica de exigir pruebas materiales de la membresía, el empadronamiento se basó fundamentalmente en el auto-reconocimiento de los propios comuneros, tanto como el conocimiento compartido dentro de las comunidades y entre los miembros de la comisión sobre quiénes detentaban derechos y acciones, con todas las memorias sobre migraciones y vínculos comunitarios que esto ponía en movimiento.[48] Este reconocimiento mutuo se especificó en un conjunto de criterios, que incluyó la genealogía, el matrimonio, la residencia o la compra de derechos y acciones.[49] Se identificaron como comuneros aquellos de quienes se sabía que eran descendientes de anteriores generaciones de comuneros, que como hemos visto, en algunos casos estos se auto-definían también como indios o indígenas y en otros no. Cuáles vínculos genealógicos se consideraron es algo que no hemos podido descifrar, puesto que no se explicitó salvo frente a situaciones concretas, en particular cuando hubo que resolver si se incluía o no en el padrón a los hijos de comuneros nacidos después de la fecha de sanción de la ley general de comunidades (27/12/1881).[50] Hubo pueblos donde se resolvió adjudicar lotes a los comuneros nacidos después de diciembre del '81 hasta el momento de cierre del padrón, mientras que en otros el criterio adoptado fue el contrario, lo que implicó que esos menores se quedaran sin derechos propios y sólo los obtendrían en el futuro al heredarlos de sus padres. Finalmente, se reconoció también a los que habían obtenido derechos y acciones por matrimonio o por compra.[51] En cualquiera de los tres casos (derechos por ascendencia genealógica, por matrimonio o por transferencia mercantil), no se exigió como condición la residencia en el pueblo, algo que ya estaba previsto en la ley general de comunidades.

Un segundo problema, posterior a los remates, fue hacer caber las "posesiones" —es decir, a las extensiones ocupadas y trabajadas por cada comunero— en los límites de los solares y lotes rurales que los redactores de las leyes pretendían

---

48. En Pichana, por ejemplo, la comisión decidió anotar a "todos los que se creen con derecho a ser inscriptos", escribir observaciones en el borrador de padrón y más tarde depurarlo y pasarlo en limpio, aprovechando que dos integrantes de la comisión eran "comuneros i vecinos conocedores de la localidad y de los miembros que componen la comunidad" y podían confrontar criterios con el presidente, que era ajeno a la misma. AHPC, Gobierno 1895, Tomo 23, fs. 103v-104r.
49. Desarrollamos este problema en Tell (2014b).
50. Este problema surgió por las demoras de años en ejecutar la mensura y división, con la consecuente demora en la apertura, confección y depuración de los padrones, que tomó hasta seis años en algunos casos.
51. En Soto se exigió la presencia de documentos escritos que acreditaran la tenencia de acciones. En el resto de los pueblos, no lo sabemos. AHPC, Gobierno 1895, Tomo 23.

uniformes en extensión y/o en valor.[52] La definición normativa abstracta de lotes de villa y lotes de campo, en la práctica se aplicaron sobre tierras habitadas, cercadas, con viviendas y trabajo invertido en cultivos. Era previsible que la imposición de límites de tamaño, forma y disposición del terreno a quienes tenían mayor extensión labrada y ocupada que la correspondiente a su derecho y acción, o bien tenían terrenos con "mejoras" (alfalfa, viñas, edificaciones, etc.), generara conflictos. Estos pusieron de manifiesto, además, las tensiones internas de comunidades donde había una diferenciación entre sus habitantes en cantidad y calidad de terrenos y dos posturas frente a la desamortización: quienes apoyaban la continuidad de la propiedad indivisa y su gestión colectiva y quienes se inclinaban por el cambio a la propiedad privada individual.

La documentación que localizamos hasta el momento indica que se dieron soluciones específicas a este problema en cada comunidad. Las representaciones de los comuneros de San Marcos y de Soto motivaron un decreto del Ministerio de Gobierno en 1893, que especificó el procedimiento de remate de los lotes de campo y distribución de lotes de villa para las comunidades del Departamento Cruz del Eje, procurando que los comuneros pudieran adquirir en propiedad sus "actuales posesiones". Entre otras situaciones problemáticas que regulaba, estipuló que se pagarían las mejoras a los comuneros en cuyos terrenos se trazaran calles públicas, tomando ese monto de lo producido por el remate de los lotes rurales; que el comunero que obtuviere un lote de villa cultivado por otro debía pagar a este las mejoras; que las adjudicaciones de lotes de villa a una misma familia serían en lo posible de terrenos contiguos, si así lo solicitaban sus miembros.[53]

En el caso de San Marcos, una vez terminada la mensura, el agrimensor declaró haber trazado los lotes rurales de acuerdo con el convenio celebrado con la comisión sindical. Esta se encargó también de dar instrucciones cuando la división no podía hacerse en lotes regulares e iguales, "debido a la forma del terreno, montañoso en parte, montoso en su totalidad y sobre todo las posesiones de los comuneros", en cuyos casos, el perito informó haber hecho el trazado en "la forma más conveniente".[54] Estas disposiciones plantean la posibilidad que la *propiedad* de lotes individuales, haya resultado de un compromiso entre las necesidades impuestas por el trazado abstracto y regular de campos y villas y el trabajo invertido por los comuneros en sus *posesiones* –de alguna manera, un compromiso entre dos lógicas de ocupación y ordenamiento del espacio y de entender la formación de derechos de tierra–. Conociendo las diferencias

---

52. Los solares o lotes de villa tenían 25 metros de frente por 50 metros de fondo y había ocho por manzana, según se desprende de las mensuras administrativas ya citadas.
53. AHPC, Gobierno 1893, Tomo 23, fs. 43r-44v.
54. AHPC, Gobierno 1895, Tomo 23, 1893, f. 31r.

internas de acumulación de derechos y acciones y los intereses contrapuestos de distintos sectores de las comunidades, cabe un estudio de los resultados del remate que muestre a quiénes benefició este tipo de arreglos en cada pueblo. En esa dirección apuntó la representación de un grupo de comuneros de San Marcos al Ministro de Gobierno en 1892, que solicitó que los lotes de campo fueran para los "indios que [los] hemos trabajado" y que su distribución se hiciera "en proporción de lo que cada uno puede satisfacer".[55]

Reflexiones finales

En el complejo derrotero de los pueblos de indios en el siglo XIX se entrelazaron varias historias, entre las cuales hemos procurado seguir dos: la ejecución de la política de división y expropiación parcial como continuación más ambiciosa de un proyecto urbanizador; la supresión de la jurisdicción civil y criminal de los cabildos de indios, que acompañó el desconocimiento o degradación de los curacas, en la larga y diversa transición hacia un régimen municipal fundado en mecanismos electorales. Creemos que no era un desenlace predefinido a principios del siglo XIX ni el único imaginado por los pueblos indígenas de Córdoba, como tampoco por los de las otras provincias de la antigua gobernación del Tucumán. Por el contrario, terminó de concretarse recién al cabo de casi un siglo, con resultados posiblemente dispares.

Creemos que a lo largo del siglo, la compleja operación de trasladar un modelo de propiedad privada, individual, absoluta y territorialmente circunscrita, imaginado sobre un abstracto espacio vacío y de características homogéneas, a un territorio habitado, vivido, trabajado, con desiguales atributos y construido sobre un denso sustrato de vínculos sociales, prácticas y costumbres; así como la trabajosa rearticulación de los poderes locales en torno a nuevas formas jurisdiccionales, institucionales y jurídicas, fueron procesos hasta cierto punto modelados por los miembros de las comunidades, con resultados que posiblemente reflejaran sus propias diferencias socioeconómicas y balances de poder internos.

Había diferentes posturas entre los comuneros sobre la forma deseable y adecuada de poseer y explotar las tierras en común, que se articulaban con prácticas vigentes, algunas de los cuales empujaban hacia una individualización más definida de los derechos y otras hacia una continuidad –dinámica y con fricciones– de las formas colectivas de propiedad y usufructo, con la mediación de curacas o consejos comunales. Frente a la reinscripción estatal de los *indios* coloniales en *indígenas* republicanos (Guerrero, 2010), no hubo, por parte

---
55. AHPC, Gobierno 1895, Tomo 23, f. 137v.

de los miembros de las comunidades, una asociación lineal entre sus posturas acerca de la organización más conveniente para la comunidad y una noción de autoctonía vinculada a la condición de indio, de origen colonial. Los comuneros –en tanto miembros y accionistas de una comunidad– se reconocieron en algunos casos y circunstancias como indios o indígenas, mientras que en otros no; cuando lo hicieron, su opción pudo servir tanto al propósito de apoyar la persistencia de la "población en común" como a su tránsito hacia formas liberales de individualización de los derechos.

Agradecimientos

Agradezco a Mariana Canedo por sus comentarios a la primera versión de este trabajo, presentado en el *IV Congreso Latinoamericano de Historia Económica* (Bogotá, 2014) y a Edgardo Dainotto por su atenta lectura de esta versión. Los errores u omisiones son responsabilidad de la autora.

Bibliografía citada

Arcondo, A. (1965). *La expansión de la agricultura en el interior. Córdoba 1880-1914*. Córdoba, mimeo.

Arcondo, A. (1969) Tierra y política de tierras en Córdoba. *Revista de Economía y Estadística. Nueva Serie, 3-4*, 13-44.

Arcondo, A. (1996). *En el reino de Ceres. La expansión agraria en Córdoba 1870-1914*. Córdoba, Argentina: Universidad Nacional de Córdoba.

Assadourian, C. (1994). Los señores étnicos y los corregidores de indios en la conformación del estado colonial. En C. Assadourian, *Transiciones hacia el sistema colonial andino* (pp. 209-279). Lima: El Colegio de México/Instituto de Estudios Peruanos.

Boixadós, M. C. (1999). Expropiación de tierras comunales indígenas en la provincia de Córdoba a fines del siglo XIX. El caso del pueblo de La Toma. *Cuadernos de Historia. Serie Economía y Sociedad, 2*, 87-113.

Castro Olañeta, I. (2015). Encomiendas, pueblos de indios y tierras. Una revisión de la visita del Oidor Luján de Vargas a Córdoba del Tucumán (fines siglo XVII). *Estudios del ISHiR, 12*, 82-104.

Díaz Terreno, F. (2013). Constelaciones rurales serranas. Lógicas de ocupación del territorio y modelos de orden en el Norte de Traslasierra [Córdoba, Argentina]. *Revista Labor & Engenho, 7*(3), 37-58.

Fandos, C. (2007). Estructura y transferencia de la propiedad comunal de Colalao y Tolombón (provincia de Tucumán) en la segunda mitad del siglo XIX. *Mundo Agrario, 7* (14). Recuperado de https://www.mundoagrario.unlp.edu.ar/article/download/v07n14a12/1119/

Fandos, C. y Teruel, A. (2012). "¿Cómo quitarles esas tierras en un día después de 200 años de posesión?" Enfiteusis, legislación y práctica en la Quebrada de Humahuaca. *Bulletin de l'Institut Français d'Études Andines, 41* (2), 209-239.

Farberman, J. (2008). Santiago del Estero y sus pueblos de indios. De las Ordenanzas de Alfaro (1612) a las guerras de independencia. *Andes. Antropología e Historia, 19,* 225-250.

Guerrero, A. (2010). Los protectores de indios republicanos y el historiador: una hermenéutica de los archivos locales (Otavalo-Ecuador, siglo XIX). *Administración de poblaciones, ventriloquía y transescritura. Análisis históricos: estudios teóricos* (pp. 239-319). Lima: Instituto de Estudios Peruanos / FLACSO Ecuador.

López, C. (2006). Tierras comunales, tierras fiscales: el tránsito del orden colonial a la revolución. *Revista Andina, 43,* 215-238.

López de Albornoz, C. y Bascary, A. M. (1998). Pueblos indios de Colalao y Tolombón: identidad colectiva y articulación étnica y social. *Humanitas, 27,* 71-113.

Madrazo, G. (1990). El proceso enfitéutico y las tierras de indios en la Quebrada de Humahuaca (Pcia. de Jujuy, República Argentina). Período nacional. *Andes. Antropología e Historia, 1,* 89-114.

Marino, D. (2010). Indios, pueblos y la construcción de la Nación. La modernización del espacio rural en el centro de México, 1812-1900. En E. Pani (Coord.), *Nación, constitución y reforma, 1821-1908* (pp. 163-204). México: Fondo de Cultura Económica.

Palomeque, S. (1992). Los esteros de Santiago. Acceso a los recursos y participación mercantil. Santiago del Estero en la primera mitad del siglo XIX. *Data. Revista de Estudios Andinos y Amazónicos, 2,* 9-61.

Río, M. y Achával, L. (1905). *Geografía de la Provincia de Córdoba,* volumen II. Buenos Aires: Compañía Sudamericana de Billetes de Banco.

Rodríguez, L. (2015). Tierras comunales indígenas en Tucumán. Apuntes sobre un viejo problema en tiempos de reivindicaciones étnicas. *Revista de Ciencias Sociales. Segunda época, 27,* 47-66. Recuperado de http://www.unq.edu.ar/advf/documentos/59384eae77dd7.pdf

Rodríguez, L. (2009). Los usos del sistema judicial, la retórica y la violencia en torno a un reclamo sobre tierras comunales. Amaicha del Valle, siglo XIX. *Runa, XXX* (2), 135-150. Recuperado de http://revistascientificas.filo.uba.ar/index.php/runa/article/view/769/751

Sica, G. (2016). Procesos comunes y trayectorias diferentes en torno a las tierras de los pueblos de indios de Jujuy. Siglo XVI al XIX. *Revista del Museo de Antropología, 9* (2), 171-186. Recuperado de https://revistas.unc.edu.ar/index.php/antropologia/article/viewFile/15891/16044

Sica, G. (2017). Las sociedades indígenas del Tucumán colonial. Una breve historia en larga duración. Siglos XVI a XIX. En S. Bandieri y S. Fernández (Coords.), *La historia argentina en perspectiva local y regional. Nuevas miradas para viejos problemas,* Tomo I (pp. 41-82). Buenos Aires: Teseo.

Tell, S. (2011a). Títulos y derechos coloniales a la tierra en los pueblos de indios de Córdoba. Una aproximación desde las fuentes del siglo XIX. *Bibliographica Ameri-*

cana, 7, 201-221. Recuperado de http://200.69.147.117/revistavirtual/documentos/2011/11-Tell-itulosyderechoscoloniales.pdf

Tell, S. (2011b). Tierras y agua en disputa. Diferenciación de derechos y mediación de conflictos en los pueblos de indios de Córdoba, Río de la Plata (primera mitad del siglo XIX). *Fronteras de la Historia, 16*(2), 416-442. Recuperado de http://www.icanh.gov.co/recursos_user/documentos/editores/202/Fronteras_16_2/Fronteras_16_2_05_articulo.pdf

Tell, S. (2013). En defensa de la autonomía. Gobierno, justicia y reclutamiento en los pueblos de indios de Córdoba (1810-1850). En R. Fradkin y G. Di Meglio (Comps.), *Hacer política. La participación popular en el siglo XIX rioplatense* (pp. 127-150). Buenos Aires: Prometeo.

Tell, S. (2014a). Iniciativas y resistencias. El gobierno de los pueblos de indios de Córdoba en la década de 1810. En D. Santilli, J. Gelman y R. Fradkin (Comps.), *Rebeldes con causa. Conflicto y movilización popular en la Argentina del siglo XIX* (pp. 55-79). Buenos Aires: Prometeo.

Tell, S. (2014b). ¿Quiénes son los comuneros? Formación de padrones y división de tierras de las 'comunidades indígenas' de Córdoba, Argentina (1880-1900). *Estudios Sociales del NOA. Nueva Serie, 14*, 87-108. Recuperado de http://revistascientificas.filo.uba.ar/index.php/esnoa/article/view/1111/1091

Tell, S. (2015). Campos en común, campos contendidos. Apropiaciones de la comunidad en Córdoba (siglo XIX). *Revista de Ciencias Sociales. Segunda época, 27,* 67-86. Recuperado de http://www.unq.edu.ar/advf/documentos/553a7fa9f3b57.pdf

Teruel, A. y Fandos, C. (2009). Procesos de privatización y desarticulación de tierras indígenas en el norte argentino. *Revista Complutense de Historia de América, 35,* 233-255. Recuperado de http://revistas.ucm.es/index.php/RCHA/article/view/RCHA0909110233A/28415

"Indios" después de la colonia. Derrotero de una experiencia de investigación y balance para las provincias de Tucumán y Catamarca durante el siglo XIX

Lorena B. Rodríguez

Introducción

En la gobernación de Tucumán, a fines del período colonial, se había producido un crecimiento generalizado de población y, en particular, de los indígenas. Si bien en el Censo realizado en 1778 las jurisdicciones de Tucumán y Catamarca conformaban –junto con Córdoba– los espacios con menor cantidad de indígenas de la gobernación, mantenían aún una presencia notable. En otros registros disponibles del período, no sólo se identifica a los indios de pueblo o indios de reducción, sino que también toda la gama de la "indianidad" puede visualizarse claramente en los debates de las salas capitulares, en la documentación administrativa, en los archivos parroquiales. Posteriormente, los cambios introducidos en el paso del período colonial al republicano sometieron a los indígenas a una serie de dispositivos que tendieron a borrarlos o a invisibilizarlos (al menos discursivamente) bajo nuevas clasificaciones o retóricas. Así, poco a poco, fue instalándose fuertemente la idea de que en regiones como el Noroeste del país los indígenas habían desaparecido incluso ya durante la colonia. Esta sentencia de extinción fue fundamentada por las nacientes ciencias sociales decimonónicas (principalmente la antropología y la historia) que aportaron algunos insumos a tal fin (desacreditando identidades, reclamos, documentos) y que dejaron su impronta hasta no hace mucho tiempo. En efecto, pocos años atrás prácticamente nada sabíamos acerca de lo acontecido con aquellos indígenas. A diferencia de los "indios de frontera", que aunque con dificultades y sesgos ideológicos habían sido tema de interés, los "ex-indios coloniales" no figuraban en las agendas de investigación (o lo hacían sólo como espectros de un pasado remoto) cuyo recorte temporal era el siglo XIX.

Desde este marco, en este capítulo me propongo revisar la producción académica (propia y ajena, antigua y actual) referida a los indígenas de Tucumán y Catamarca durante el siglo XIX. A tal fin, como un ejercicio retrospectivo y siguiendo mi propio derrotero de investigación durante los últimos años, describiré los temas con los que fui trabajando, los documentos históricos sobre los que me basé, la bibliografía que recopilé y los diálogos que con ella fui entablando. Así, el propósito general de este trabajo es hacer un balance de los conocimientos que tenemos hasta el momento, dar cuenta de las fuentes disponibles para trabajar el período y la temática y aportar a la conformación de nuevas líneas de investigación que nos permitan seguir reflexionando sobre la historia, el devenir y el presente de los pueblos indígenas del país. Hoy más que nunca, cuando identidades, autoridades y territorios indígenas se ponen públicamente en cuestión, cuando la desinformación gana la calle para "montar" un sentido común que esconde intereses de diversa índole, resulta indispensable un ejercicio que sintetice los avances y acuerdos académicos establecidos como base de proyección de argumentos sólidos y fundados que aporten a la discusión en torno a la "cuestión indígena" en Argentina.

Una investigación, muchas investigaciones: los indígenas de Tucumán y Catamarca en el siglo XIX

En el año 2007, una vez finalizada la tesis de doctorado,[1] diseñé un proyecto de investigación post-doctoral en el que me proponía analizar, en perspectiva comparativa, los cambios y las continuidades atravesados por los indígenas de Tucumán y Catamarca en la transición a la república y durante el siglo XIX. A la luz de las lecturas que venía haciendo,[2] el planteo del problema se asentaba en la tensión entre la "incorporación" del indígena al nuevo orden republicano (y, por ende, su borramiento o recategorización) y su segregación paralela (con el consecuente mantenimiento, aunque velado, de las marcas de la indianidad). El proyecto se sostenía también en lo que suponía era la vacancia de una temá-

---

1. La tesis doctoral tuvo como objetivo analizar las reconfiguraciones socio-étnicas y económicas que ocurrieron al sur del Valle Calchaquí desde mediados del siglo XVII y durante el siglo XVIII, poniendo el foco en las poblaciones indígenas. Una síntesis de la tesis puede encontrarse en Rodríguez (2008).
2. Por aquellos años releía un conjunto de trabajos realizados por colegas de la Universidad de Buenos Aires quienes proponían pensar los movimientos indígenas de las últimas décadas y sus rearticulaciones políticas e identitarias desde conceptos tales como reemergencias étnicas, etnogénesis, procesos de invisibilización-visibilización (Briones, 2005; Delrío, 2005; Escolar, 2007). Asimismo, en el marco de mi desempeño docente, me vi sumamente influenciada por literatura que formaba parte de los programas de estudio y que se centraba en el análisis de la situación de los indígenas del sur andino en el paso al período republicano. Me refiero a: para el caso chileno Martínez et al. (2002), para el boliviano Platt (1999) y Sanjinés (2002, 2005), para el peruano Thurner (1996), Millones (2004), De la Cadena (2006); entre otros.

tica para la que había algunos antecedentes bibliográficos y fuentes conocidas, pero sobre la cual entendía que valía la pena profundizar a partir del planteo de nuevas preguntas y marcos teórico-metodológicos y, especialmente, del contexto contemporáneo de revitalizaciones étnicas. En los años que siguieron, como en toda investigación que a veces toma rumbos impensados, acoté o extendí alternadamente el marco temporal de estudio y la perspectiva comparativa originariamente planteada nunca pude concretarla (y tal vez este artículo sea lo más cerca que llegue a eso). Sin embargo, en las diversas temáticas sobre las que me fui enfocando (el problema del territorio, la reconfiguración de las autoridades étnicas o los procesos de etnogénesis, etc.) la tensión arriba mencionada fue dándole carácter a la investigación. En los apartados que siguen, entonces, me propongo revisar los distintos aspectos de esta problemática con los que fui trabajando a partir del análisis de fuentes y en diálogo con bibliografía específica o que sirvió de marco general. Describiré, de manera separada, los aportes sobre Tucumán y Catamarca propios y de terceros para luego hacer un balance conjunto de ambos espacios, destacando problemas comunes y particularidades así como posibles líneas a seguir en el futuro.

Tucumán: disputas territoriales, doble residencia, autoridades y etnogénesis

Aunque en el proyecto postdoctoral original, como señalé, me proponía avanzar en una perspectiva comparativa, finalmente distintas causas me orientaron a enfocarme en primer lugar en la antigua jurisdicción de San Miguel de Tucumán. Entre otras cuestiones, disponía de antecedentes bibliográficos sólidos desde los cuales partir. Sin dudas fueron los trabajos de Cristina López (sola o en coautoría), los que me dieron las primeras pistas a seguir. En conjunto sus avances, si bien con matices y fluctuaciones conforme pasaba el tiempo, daban cuenta de la tensión arriba mencionada entre la desaparición de los indígenas y sus prácticas de reproducción y supervivencia. En tal sentido, en la década de 1990 realizó dos trabajos señeros que reflejan esta cuestión. El primero de ellos, del año 1996, tuvo como propósito analizar algunos aspectos del discurso liberal de las décadas iniciales del siglo XIX en torno al indio, vinculándolos especialmente al tema del control de las tierras comunales. En este estudio, López hizo hincapié en el proceso de desarticulación étnica de los pueblos indígenas durante la etapa postrevolucionaria, al punto de señalar que "a comienzos del siglo XIX (...) el nuevo campesino que fue surgiendo mientras se diluía el sentimiento de pertenencia étnica, fue adquiriendo características clasistas muy definidas. Lentamente los pocos indígenas que quedaban habían dejado de ser indios" (1996: 414). El segundo artículo, realizado por López en colaboración con Ana María Bascary, centrado sobre el pueblo de Colalao y Tolombón (López y Bascary, 1998), se enfocó –en cambio– en analizar en un marco de larga duración las estrategias llevadas adelante por estos indígenas hasta fines del siglo XIX para hacer frente a su reproducción socio-étnica. En este trabajo, las autoras además sintetizaron los conflictos por las tierras comunitarias que, aunque de larga data, se agudizaron en las primeras décadas del siglo XIX y que implicaron reacomodamientos internos a fin de defender este recurso, por ejemplo en lo referente a las autoridades étnicas. Así, este texto aportaba un marco de interpretación novedoso que matizaba –desde el análisis de un caso particular– la desestructuración absoluta luego del fin del período colonial.

En posteriores trabajos, López (2003, 2006) continuó profundizando el análisis de la situación de los pueblos de indios tucumanos en la transición de la colonia a la república y, en especial, del problema del despojo territorial al que se vieron sometidos en el nuevo contexto de declamada igualdad jurídica de los individuos. Desde una mirada global, la autora caracterizó los pleitos que actualmente hay disponibles en el archivo local[3] y retomó la hipótesis de que la "desaparición de las comunidades" en la primera mitad del siglo XIX fue el resultado de la pérdida de los derechos comunitarios sobre las tierras que habían detentando durante toda la colonia. Hacia el final del trabajo publicado en revista *Andina*, matizando la fuerte idea de la desaparición a la luz de las interpelaciones del presente, agregó el siguiente párrafo:

> En la jurisdicción de Tucumán sobrevivió sólo la comunidad de Amaicha, pero algunos grupos familiares que apelando a la memoria histórica se consideran descendientes de las antiguas comunidades, están utilizando en estos últimos años estrategias similares de conformación de asociaciones civiles que intentan recrear los lazos de identidad y de lucha por los derechos de los viejos "pueblos de indios" (López, 2006: 234).

Además de reconocer el innegable contexto de revitalizaciones étnicas atravesado por los pueblos indígenas de Tucumán, López destacaba el caso de Amaicha casi como una excepción por ser el único que había "sobrevivido" en la provincia. Curiosamente, era sobre el que menos ella avanzaba. ¿Qué tenía de especial ese caso? ¿Cómo sopesar su particularidad en relación con el contexto más amplio? ¿Era verdaderamente excepcional? ¿Por qué?

Como un primer paso, a la luz de algunos documentos coloniales sobre Amaicha que había revisado durante mi investigación doctoral, me di a la tarea de profundizar el análisis de este caso. Sin dudas, fueron los trabajos de Rodolfo Cruz los que me dieron las herramientas para hacerlo. Sus artículos más conoci-

---

3. Hasta el momento en el Archivo Histórico de Tucumán (en adelante AHT) se han encontrado pleitos de los siguientes pueblos de indios: Colalao, Tolombón (que hacia el siglo XIX constituirán una sola entidad), Chuscha, Amaicha, La Ramada, Naschi y Marapa.

dos (1990-92, 1997) dejaban en claro que los indígenas de Tucumán en general y los "amaichas" en particular desde temprano habían implementado estrategias para reconfigurar sus identidades étnicas en un tenso y extenso campo de disputa con los españoles. Específicamente, este autor destacaba la importancia del territorio para la reproducción socio-étnica y, en ese sentido, instaba a prestar atención no sólo a cómo habían recurrido a la justicia colonial para resguardar sus tierras comunales sino también a cómo habían logrado delinear lógicas territoriales que excedían los moldes prefigurados por los españoles; por ejemplo, a través de la "doble residencia" que los "amaichas" (y también "colalaos" y "tolombones") habían sostenido durante todo el período colonial entre su pueblo de reducción en el llano tucumano y sus asientos originarios en el valle Calchaquí luego de ser desnaturalizados[4] (Cruz, s/a; Noli, 2003; Rodríguez, 2017a).

En efecto, siguiendo las pistas dejadas por Cruz para el período colonial comencé a trabajar con varios expedientes del AHT en los cuales los "indios de Amaicha", durante las primeras décadas del siglo XIX, entablaban disputas territoriales con diversos agentes[5] y a partir de los cuales me fue posible advertir un dato sobre el que hasta el momento no se había prestado atención. Me refiero a que lo curioso de aquellos expedientes judiciales no eran los conflictos que allí se ventilaban (en un contexto en el que sabemos se avanzó definitivamente sobre las tierras comunales y los colectivos indígenas) sino al hecho de que, prácticamente en paralelo, los "indios de Amaicha" pleitearan territorio tanto en el llano tucumano como en el valle Calchaquí,[6] reflejando tardíamente –a mi entender– la "doble residencia" de la que nos hablaba Cruz y abriendo así un abanico de preguntas y reflexiones sobre los que me disponía a trabajar.

En una primera aproximación, y dado mi conocimiento previo de la zona, me enfoqué exclusivamente en el pleito referido a las tierras vallistas para dar cuenta de las estrategias (jurídicas, retóricas, físicas) que durante el siglo XIX habían desplegado con éxito los "indios de Amaicha" para defender sus tierras comunales (Rodríguez, 2009). Comprendida la experiencia y las dinámicas de

---

4. Una de las consecuencias de las denominadas Guerras Calchaquíes fue el proceso de "desnaturalizaciones"; esto es, el traslado compulsivo y masivo de los indígenas a diversos lugares para su posterior reparto en encomiendas. La desnaturalización como política sistemática fue empleada ya en el contexto del Gran Alzamiento (1630-1643). Sin embargo, las desnaturalizaciones masivas del valle Calchaquí caracterizaron el último de los períodos bélicos (1656-1665), el liderado por el falso Inca Bohórquez, y fueron parte de una política diseñada por el entonces gobernador de Tucumán, don Alonso de Mercado y Villacorta. Se diferenciaron de las anteriores por el alto nivel de fragmentación que supusieron para los indígenas vencidos que se expresó en el sistema de composición de piezas así como las distancias enormes de los sitios a los que fueron destinados. Un análisis actualizado sobre este tema puede encontrarse en Giudicelli (2017).
5. Ver, AHT, Sobre posesión, Sección Judicial Civil (en adelante SJC), Serie A, Caja 82, Expte. 31, Año 1845y AHT, Sobre posesión de un terreno, SJC, Serie A, Caja 125, Expte. 25, Año 1823.
6. María Clara Medina (2002), en su tesis sobre la estructura agraria del valle de Santa María (sur de Calchaquí) durante la segunda mitad del siglo XIX, cita estos expedientes y conflictos aunque no llega a identificar que refieren a dos espacios diferentes.

acción de estos indígenas para el espacio vallisto me propuse avanzar sobre el conflicto territorial en el llano (Rodríguez, 2010). El estudio comparado de uno y otro pleito (sumado a otro conjunto de documentos como los padrones de indios finiseculares, los archivos parroquiales y algunos datos censales) me permitió observar, o al menos plantear la hipótesis, de que si bien durante el período colonial y la república temprana el colectivo se había mantenido como una única entidad que afrontaba los desafíos de su reproducción entre otras cosas a través de la bilocalización, con el correr del tiempo se había producido una fisión para –a través de un proceso de etnogénesis– dar origen a dos grupos cuyos caminos se habrían bifurcado en procesos históricos diferenciados de configuración de colectividades étnicas. Así, los indígenas asentados en el valle habrían afianzado allí sus lazos comunitarios formalizando a partir de un reclamo concreto por las tierras una antigua pulsión –nunca dejada de lado– por volver al espacio calchaquino.[7] En efecto, es importante destacar que mientras la comunidad de Amaicha en el valle puede rastrearse en diferentes documentos durante prácticamente todo siglo XIX –e incluso más tardíamente–, la última referencia encontrada para el pueblo de Amaicha en el llano es un documento de 1857 en que se lo denuncia como vaco.

Ahora bien, a la luz de diversas lecturas que acompañaron el análisis de estos documentos en aquella etapa de la investigación, empecé a prestar atención a algunos actores sociales que, según mi interpretación, habían cumplido un rol fundamental en el impulso de las transformaciones.[8] Don Lorenzo de Olivares, por ejemplo, emergía así de las fuentes como un agente que para la comunidad de Amaicha se destacaba: no sólo había sido nombrado a fines del siglo XVIII como alcalde cobrador de los tributos, sino que también aparecía mencionado –en el expediente sobre el conflicto por las tierras vallistas– directamente como cacique. En efecto, con el correr del tiempo, las fuentes lo mostraban como una figura emblemática y sus acciones en torno al conflicto territorial (por ejemplo, un viaje que realizara hasta Buenos Aires) como un hito y mojón temporal de la memoria colectiva (Rodríguez, 2011a). No es de menor importancia aclarar que don Lorenzo, aun cuando ocupó estos roles tan destacados, no era "originario" de Amaicha. Según los registros parroquiales locales era atacameño, habiéndose incorporado al pueblo (junto a su familia) en las últimas décadas del siglo XVIII.[9]

---

7. La idea de la "pulsión por volver al valle Calchaquí" fue planteada por Noli (2003) en referencia a las trayectorias que siguieron muchos grupos indígenas desnaturalizados al finalizar las Guerras Calchaquíes.
8. Nuevamente fueron algunas de las lecturas realizadas en el marco de mi desempeño docente las que orientaron mis reflexiones. Me refiero particularmente a los trabajos de O'phelan Godoy (1997), Serulnikov (2004), Chassin (2008) para el sur andino y, muy especialmente, a los de Farberman (2004) y Boixadós (2008) para Santiago del Estero y La Rioja respectivamente.
9. En la segunda mitad del siglo XVIII se desarrolló un intenso proceso migratorio en el sur andino. Den-

Con una mirada retrospectiva, pienso que hay un tema que me permitió comprender el caso de Amaicha y sobre el cual no se ha hecho suficiente hincapié: los "pueblos de indios" coloniales[10] constituyeron ya en aquel período entidades abiertas, flexibles y de límites permeables que se reconfiguraron activamente al calor de cada coyuntura histórica; en especial en períodos de grandes transformaciones como la transición hacia la república. En ese sentido, el otro caso con el que me dispuse a trabajar (el de Colalao y Tolombón), aunque con sus particularidades, tenía varios puntos en común con el de Amaicha y me permitía reflexionar en torno a esta problemática. De ahí que comencé a preguntarme qué significaba, en pleno siglo XIX, constituir una "comunidad indígena" (tal como empezaba a aparecer en los documentos de la época) cuando todos los indicadores coloniales que habían definido los límites jurídicos de un "pueblo de indios" habían sido abolidos (al menos formalmente) durante los primeros años posteriores a la revolución de mayo.[11]

Sobre este caso, además de los trabajos ya citados de López y Cruz, contaba asimismo con los avances que, más recientemente, había realizado Cecilia Fandos (2007a y b y Teruel y Fandos, 2009). Aunque esta autora se había centrado en el análisis del proceso de fraccionamiento de la propiedad comunal de los indígenas de Colalao y Tolombón entre 1870 y 1890, aportaba claves interesantes para repensar cómo se habían reconfigurado (o no) los límites colectivos en el marco de las transformaciones sociales y económicas del siglo XIX y, en especial, de las presiones sobre sus tierras colectivas. Sintéticamente, ella planteaba que la desestructuración de la propiedad colectiva se había producido por la infiltración de intereses externos a la comunidad, especialmente desde mediados de siglo, con la consecuente conflictividad entre los comuneros y el fraccionamiento y privatización definitiva de sus tierras comunales. El llamado de atención de esta autora respecto a las tensiones internas que ella encontraba en la segunda mitad del siglo XIX me llevó a abordar la nutrida documentación depositada en el AHT[12] respecto a este caso en esa clave.

---

tro de ese marco, los valles Calchaquíes recibieron una importante cantidad de migrantes originarios de Atacama. Para más detalle sobre este proceso puede consultarse: Gentile (1986); Rodríguez (2008); Castro Olañeta y Palomeque (2016), entre otros.

10. La categoría "pueblo de indios" refiere a la dinámica de organización política y administrativa impuesta por el sistema colonial sobre las poblaciones indígenas a partir del virrey Toledo en la década de 1570 para el Virreinato del Perú. En lo que actualmente es el Noroeste argentino, este sistema de reducción a pueblo comenzó a instaurarse luego de las Ordenanzas del oidor Francisco de Alfaro (1612) y suponía tres características principales: usufructo de tierras comunales, un sistema político de autoridades (caciques y cabildo indígena) y la imposición del pago de un tributo específico (Castro Olañeta, 2006).
11. Una de las principales medidas de la Junta Gubernativa –dictada el 1º de septiembre de 1811– fue declarar extinto el tributo indígena. Posteriormente, el 12 de marzo de 1813, la Asamblea General Constituyente derogó las mitas, el yanaconazgo y el servicio personal y, paralelamente, declaró a los indios de las Provincias Unidas como hombres libres e iguales a todos los ciudadanos (Doucet, 1993).
12. He consultado diversos expedientes tanto de la Sección Administrativa (SA) como de la Sección Judicial

Del corpus documental analizado observé, por un lado, que en realidad la conflictividad interna habría estado presente al menos desde el período finicolonial. Tal como habían propuesto López y Bascary (1998) a partir del análisis de un censo de 1799, en aquellos años en Colalao y Tolombón existía ya una marcada estratificación interna (por ej., de las 62 familias censadas sólo 6 de ellas poseían casi el 40% del ganado vacuno, el 25% del ganado caballar y el 40% del ganado ovino y caprino), siendo algunos indios exentos de pagar tributo y otros foráneos los que detentaban el mayor poder económico. Por otro lado, aunque en vinculación con este tema, me enfrenté al problema de no poder distinguir con claridad los límites de la comunidad: ¿quiénes conformaban el adentro y quienes el afuera? Nuevamente, como en el caso de Amaicha, encontraba apertura/flexibilidad en ciertas coyunturas. Por ejemplo, en un trabajo específico sobre las autoridades étnicas en Colalao y Tolombón en las últimas décadas del siglo XVIII noté que el sistema se había vuelto más flexible y abierto (aunque no totalmente aleatorio) que en épocas anteriores, redefiniéndose no sólo las formas de acceso o los perfiles de caciques y alcaldes sino también profundizándose su imbricación mutua, difuminándose los límites entre unos y otros e intercambiando progresivamente sus roles y funciones (Rodríguez, 2012 y 2017b). Para el siglo XIX, la precisión del "adentro" y del "afuera" se tornaba aún más difícil, toda vez que en esa coyuntura de cambio se profundizaba la incorporación de distintos individuos de variados status étnicos y socioeconómicos dentro de los márgenes de la comunidad.

Una cuestión interesante que refleja dicha problemática es la de los apoderados (una figura jurídica impuesta como resultado de las reformas liberales decimonónicas en cuyo fundamento se encontraba el principio de igualdad ante la ley de todos los hombres y por ende de la emancipación de los indios de toda tutoría).[13] En el caso de Colalao y Tolombón, en el marco de una fuerte disputa

---

Civil (SJC), que refieren a unos litigios por tierras entablados –al menos desde el siglo XVIII– entre distintos vecinos y la comunidad, así como a otras causas judiciales cursadas durante el siglo XIX que giraron alrededor de los denominados apoderados de la misma. Véase, por ejemplo, AHT, SA, Vol. 40, Tomo II, Año 1832. AHT, SJC, Solicitar deslinde de los terrenos de Tolombón y Colalao, Caja 290, Expte. 1, Año 1839; Juicio sobre tierras, Caja 77, Expte. 1, Año 1840; Sobre arriendos en Colalao y Tolombón, Caja 80, Expte. 17, Año 1843; Nombramiento de apoderado Caja 269, Expte. 9, Año 1845; Exhibición de documentos, Caja 88, Expte. 20, Año 1849; Sobre las tierras de Colalao, Caja 93, Expte. 3, Año 1855; Posesión de un terreno en Colalao, Caja 263, Expte. 5, Año 1860; Deslinde en Colalao, Caja 220, Expte. 17, Año 1876; entre otros.

13. En el sistema jurídico de antiguo régimen, los indios eran considerados como menores, rústicos y miserables; de ahí que si bien se reconocía a los caciques como representantes naturales de su comunidad, las presentaciones en las distintas instancias judiciales debían hacerse a través de la tutoría del protector de naturales (para este tema véase Levaggi, 1990; Cunill, 2011). A partir de la instauración del sistema republicano que abolió las figuras de caciques y protectores y que se centró en el individuo y en la representación personal frente a la ley, paulatinamente se fue exigiendo un nuevo tipo de representación –basado en la ley y la palabra escrita– que sería condensado en la figura del apoderado (Soux, 2005; Mendieta Parada, 2006).

acerca de la pertinencia o no de que la comunidad siguiera contando en el nuevo contexto con un protector de naturales, la elección de los primeros apoderados tuvo lugar en la década de 1830. Como señalan López y Bascary (1998), esta institución tenía la particular característica no sólo de ser electiva sino también colegiada. Pero ¿quiénes eran estos apoderados? ¿Cómo se elegían? ¿Qué funciones específicas cumplían? Sintetizando los avances realizados sobre el tema puedo decir que en Colalao y Tolombón el cargo de apoderado fue ocupado por personas que *a priori* podríamos considerar como externas a la comunidad. Al respecto, resulta interesante notar que la mayoría de quienes fueron elegidos como apoderados no poseían apellidos "tradicionales" (en el sentido de no ligados al núcleo de apellidos que aparecían en los padrones de indios de período borbónico) y se distinguían por algunas características particulares: sabían leer y escribir y, fundamentalmente, poseían tierras a título individual (Rodríguez, 2011b y 2016a). Sin embargo, parecen haber desempeñado funciones importantes e imprescindibles dentro de la organización comunal; por ejemplo, representar los intereses de la comunidad en los litigios territoriales y administrar los recursos colectivos (arrendaban terrenos, llevaban las cuentas de ingresos y egresos, buscaban dinero para solventar distintos gastos). De ahí que resulte válido preguntarse: ¿eran o no parte de la comunidad? ¿Estaban adentro o afuera de los márgenes de la misma? ¿Actuaron en pos del "bien común" o de intereses personales?[14] Una vez más, los límites resultan difusos y permeables.

En todo caso, además de esta flexibilidad que impide determinar con claridad los límites de la comunidad, lo que pareció mostrarme el caso de los apoderados es la ambigüedad y las tensiones emergentes propias de un período de transición, en el que lo nuevo y lo viejo convivían y en el que aún no estaba definido el rumbo a ser transitado. En particular, al calor de las transformaciones impuestas por los discursos decimonónicos, parecen haberse puesto en tensión los límites de la indianidad. En tal sentido, baste aquí con traer a colación un aspecto del conflicto que en 1843 se produjo entre dos de los apoderados de la comunidad, Bernardo Goya y Mariano Córdoba, a raíz de que el primero solicitara ante las autoridades provinciales que Córdoba fuera removido de su cargo de apoderado y administrador de la comunidad. Puntualmente, interesa mostrar que a lo largo del pleito uno y otro sostuvieron discursos bien diferenciados respecto a las concepciones que tenían sobre la "indianidad" de sus

---

14. En términos generales Soux (2005) y Medieta Parada (2006), para el caso boliviano, plantean que al ser eliminadas las figuras del cacique y del protector de naturales, las comunidades indígenas "presionadas por un nuevo sistema jurídico que instituía la representación personal e individual frente a la ley" iniciaron rápidamente el proceso de nombramiento de nuevas autoridades, los denominados los apoderados, que lejos de ser meros representantes de las comunidades indígenas sólo en cuestiones legales fueron paulatinamente consolidándose como verdaderos líderes políticos, recreando de algún modo las antiguas autoridades étnicas de intermediación colonial.

poderdantes. Mientras el primero –en una clara concepción tutelar y colonial de la comunidad– hablaba de sus "hermanos indios", del abuso que Córdoba ejercía sobre ellos por su "sencillez e ignorancia" y solicitaba que el juzgado lo designara en el cargo de "curador de indios (…) por falta de discernimiento para ello"; Córdoba, por su parte, elegía hablar de "socios" que no necesitaban de tutor y curador pues eran una "comunidad de muchos individuos que tratan y contratan, compran y venden por sí solos y no pudiendo estos defender sus acciones y derechos todos en montón se reunieron para entresacar entre ellos tres individuos de aquellos que les pareció que podrían desempeñar estas funciones".[15] En definitiva, mientras para el primero la "comunidad" y los "indígenas/indios" estaban aún en vigencia, para el segundo lo que existía era una "comunidad de socios".

Este último tema –a la luz de los casos específicos analizados– me permitió visualizar, desde una perspectiva general que podría aplicarse al resto de Tucumán y de otras jurisdicciones incluso, las contradicciones que se produjeron en el paso a la república. En tal sentido, la conversión de indio en ciudadano (en el marco del ideario de igualdad de todos los hombres) promulgada por los revolucionarios de mayo a través de diversas medidas fue sólo una declaración de principios que no tuvo correlato absoluto, ni inmediato ni a largo plazo en la realidad. Si nos atenemos a la esfera de lo jurídico, es cierto que la cualidad diferenciadora colonial a partir de la cual se consideraba a los indígenas como menores, rústicos y miserables (fundamento jurídico representado por el "protector de naturales") dejó de tener cabida en el nuevo contexto pues, como señala Levaggi (1990, 1992), en el paso a la república se abandonó formalmente el estatuto especial otorgado a los indígenas definiendo para ellos el mismo tratamiento jurídico que para el resto de las personas libres. De todos modos, como agrega este autor, la igualdad teórica no se traduciría en una igualdad real. En la práctica, la incapacidad relativa de los indígenas (y su minoridad), por ejemplo, siguió sosteniéndose y realimentándose por largo tiempo, a tal punto que el lugar del protector de naturales fue ocupado en muchos casos por el del defensor de incapaces y menores. Por otra parte, la disolución formal del marco jurídico colonial, dejó a los indígenas en situación de precariedad; en particular, respecto a las tierras comunales que les habían sido otorgadas por la Corona pero que, al menos en el espacio del Tucumán, raramente podían ser respaldadas con títulos probatorios.

En definitiva, en el nuevo contexto estas tensiones se expresaron en diversos ámbitos, incluso dentro de los marcos comunales y han quedado registrados en archivos estatales. Como hemos visto, el AHT guarda una cantidad importan-

---

15. AHT, SJC, Sobre arriendos en Colalao y Tolombón, Caja 80, Expte. 17, Año 1843, f. 17.

te de expedientes que orientan nuestras miradas hacia esas contradicciones. En efecto, si por ejemplo ponemos el foco en las constituciones decimonónicas de la provincia de Tucumán y/o en sus registros estadísticos, los indígenas parecen desaparecer abruptamente (Rodríguez, 2016b). Sin embargo, si consultamos otro tipo de documentos –como los expedientes judiciales– notamos que es posible rastrear la presencia de un conjunto de personas diferenciadas de otros sujetos (ya sea por autoidentificación, ya sea por identificación por terceros) en su condición de indígenas. No podemos explayarnos aquí en la descripción de los datos que ofrecen las causas judiciales civiles o criminales que se cursaron en Tucumán a lo largo del siglo XIX, baste resaltar a partir de ellas que la vieja sentencia de que todos los indígenas de antigua colonización se extinguieron abruptamente al finalizar la etapa colonial puede (debe) revisarse. En el apartado siguiente retomaremos esta cuestión para el espacio catamarqueño.

Catamarca: las persistentes y solapadas marcas de la indianidad

Como señalé al principio de este artículo, si bien originariamente me había propuesto llevar adelante una investigación de tipo comparativo entre Tucumán y Catamarca, sólo recientemente y en el marco de un nuevo proyecto[16] he comenzado a avanzar en este último espacio. Al diseñar aquel proyecto postdoctoral, lo que me parecía interesante de la comparación era el hecho de que hacia fines del período colonial, ambas jurisdicciones –si bien con sus particularidades[17]– mostraban cifras más o menos parejas en cuanto a cantidad de población registrada como indígena (Catamarca un 18.4% y Tucumán un 20.2%, según el Censo de 1778 cuyo resumen publicó Larrouy en 1927); aspecto que a mi entender propiciaba una interesante mirada de los procesos desarrollados respectivamente en el paso a la república.

---

16. En los últimos dos años he comenzado a analizar las transformaciones socio-económicas que se produjeron en las provincias de Catamarca y Tucumán a lo largo del siglo XIX pero a partir de dos problemas fundamentalmente: el del proceso de desamortización de tierras indivisas (que incluye no sólo las tierras comunales indígenas, sino también de los mayorazgos y de los campos comuneros) y el del desarrollo de la minería; temas ambos que -a mi entender- se hallan imbricados. Si la desvinculación de tierras tuvo como fin avanzar en la conformación de una propiedad unitaria, privada y transmisible y terminar con el viejo problema de los "títulos insuficientes" (que, dentro del paradigma liberal, era entendido como uno de los frenos para el desarrollo del ideal decimonónico de "progreso"), los proyectos mineros que comenzaron a desarrollarse en paralelo a este proceso se propusieron –por quienes los pusieron en marcha– como una de las posibles vías para frenar el atraso de estas regiones. En definitiva, este atraso (expresado, entre otras cosas, en la pervivencia de formas imperfectas de acceso a la tierra) sería compensado a través del desarrollo de diferentes proyectos económicos y la minería prometía ser una posible y ventajosa vía hacia la industrialización capitalista (lo que incluía no sólo una modernización de aspectos económicos sino también de aspectos sociales).

17. Una diferencia era la cantidad de población urbana. Mientras Tucumán, según en el Censo de 1778, registró un 20.3% de personas habitando en áreas urbanas; en Catamarca ascendía a 42.1% (Datos extraídos de Gil Montero, 2005).

Aunque efectivamente no realicé un trabajo de análisis sistemático de toda la documentación disponible para el espacio catamarqueño durante el siglo XIX, una serie de prospecciones efectuadas en 2007, 2010 y 2011 en el Archivo Histórico de Catamarca (en adelante AHC) me permitieron notar que, al igual que en el caso tucumano, había material importante para avanzar en el sentido ya apuntado. Por fortuna, contaba con los aportes realizados por Gabriela de la Orden y equipo fundamentalmente para el período colonial[18] que, poco a poco, y cada vez más, se fueron proyectando al siglo XIX. El paneo de estos trabajos junto a la documentación recabada me permitieron observar la pervivencia de ciertos colectivos indígenas durante el siglo XIX. Me refiero, por ejemplo, al caso de los "collagastas" que –al menos hasta mediados del siglo XIX y en diferentes litigios por tierras y agua– se reconocieron como indígenas descendientes de los antiguos comuneros del pueblo (de la Orden et al., 2008). También, y muy especialmente, al caso del pueblo de indios de Tinogasta (asentado en el oeste de la actual provincia de Catamarca) que había desplegado a lo largo de todo el período colonial diferentes estrategias de pervivencia, logrando mantener la ocupación de tierras comunales y una sostenida recuperación demográfica al punto de ser, a fines del siglo XVIII, uno de los pueblos más numerosos de la gobernación (de la Orden, 2008).

Dado que este caso me interesaba en particular por su ubicación lindera a un mayorazgo,[19] me propuse revisar algunos de los documentos disponibles y, nuevamente, fueron los expedientes judiciales los que me ofrecieron buenas pistas e interesantes líneas de indagación.[20] En base a ellos observé que, en la segunda mitad del siglo XIX, los "tinogastas" enfrentaron judicialmente –al menos– varios problemas, en muchos casos referidos a la distribución del agua (una temática constante debido a las características de la región, con cursos fluviales temporarios). Sin entrar en detalles sobre estos expedientes[21] lo inte-

---

18. Véanse por ejemplo, De la Orden (2006), De la Orden (Coord. 2008) y De la Orden y Moreno (Comps. 2012).
19. Se trata en este caso del vínculo o mayorazgo de Anillaco que fue instituido a principios del siglo XVIII por don Juan Gregorio Bazán de Pedraza y Tejeda (Brizuela del Moral, 1991) y se mantuvo, al menos hasta donde por ahora sabemos, hasta la época del conflicto con los indígenas de Tinogasta. Los mayorazgos eran una institución de origen castellano cuyo objetivo era, a través de la vinculación de una parte de los bienes, mantener el patrimonio familiar indiviso e inalienable a través de un régimen sucesorio especial; por lo general era el primogénito quien se establecía como sucesor y titular y quien sería el encargado de su administración (Clavero, 1989).
20. Una reflexión metodológica en torno a las posibilidades y limitaciones que ofrecen este tipo de documentos fue desarrollada en Rodríguez (2016c).
21. Algunos de ellos son los siguientes: AHC, Causas Civiles (CC), Villafañez Vicente Gaete con los indios de Tinogasta sobre propiedad de una acequia, Caja 32, Expte. 1453 y Justo Pastor Aguirre sobre distribución de agua en Tinogasta, Caja 32, Expte. 1458, Año 1855; AHC, CC, El Sr. Gil Navarro en representación de Justo Pastor Aguirre con los indios de Tinogasta por derechos de agua en la finca del Barrial, Caja 44, Expte. 2057, Año 1863; Los indios de Tinogasta piden arreglos en el agua con la finca del Barrial, Caja 63, Expte. 2919, Año 1871; Justo Pastor Aguirre en representación del pueblo de Ti-

resante de esas causas civiles es que en ellas en ningún momento se ponía en duda la existencia de la comunidad, o su calidad étnica, en tanto sus integrantes se presentaban y eran reconocidos como "indios propietarios comuneros" o simplemente como los "del pueblo de indios de Tinogasta". Es decir, que se los seguía reconociendo/marcando como indígenas. Claro que, igualmente y como veremos, algunos cambios se estaban produciendo.

En 1868, por ejemplo, uno de los terrenos que la comunidad había donado a un particular (un antiguo apoderado de la misma), entró en proceso de ejecución a raíz de una deuda impaga. Los argumentos que se esgrimieron durante el juicio son interesantes y prefiguran las transformaciones por venir. Mientras la defensa del deudor argumentó que al tratarse de un terreno donado por los propios indios tenía, por lo tanto, el carácter de inalienable "asimilándose a la calidad y naturaleza de bienes amayorazgables"; la parte contraria adujo que debía procederse a la ejecución pues –entre otras cosas– era absurdo el carácter de inalienable desde el momento en que la Asamblea del año 1813 había prohibido la existencia de mayorazgos o cualquier otro tipo de vinculación.[22] En el marco de la ola desamortizadora la inmovilidad de las tierras comunitarias ya no era una opción o empezaba a ser puesta en discusión. En especial porque, más allá de lo dictado en 1813, la finca en cuestión y todas las tierras de la zona se habían valorizado en las últimas décadas.[23] Aunque por el momento no sabemos cómo culminó ese conflicto puntual, es posible pensar que en dicho contexto el argumento puesto en juego acerca de la imposibilidad de mantener las tierras inmovilizadas o con carácter de inalienables tendría impacto sobre el devenir de la comunidad indígena de Tinogasta, aun cuando –como hemos señalado– nunca antes se había debatido ni el carácter étnico de sus integrantes ni su derecho a la propiedad de las tierras.

El caso de los "tinogastas" es interesante porque, una vez más, nos permite resaltar que a la vez que se imponían ciertos cambios –como el relativo a la imposibilidad de que la condición de "amayorazgable" de las tierras se mantuviera– se sostenían viejas estructuras y representaciones sobre la población. Otro expediente, esta vez una causa criminal, puede servir como un ejemplo más de

---

nogasta pide distribución del agua del río Abaucán, Caja 67, Expte. 3073, Año 1872. Para más detalles sobre el contenido de estos conflictos véase Rodríguez (2016c) y de la Orden y Moreno (2018).

22. AHC, CC, Rosario B. de Aguirre interpone tercería de dominio excluyente de terrenos en la finca del Barrial. A fs. 2 se registra una escritura de ratificación de la donación hecha por los vecinos de Tinogasta (naturales) a favor de Fermin Aguirre y Rosario Bulacio de unos terrenos en estancia denominada Barrial, Caja 52, Expte. 2432, Año 1868, f. 27.

23. Tal como uno de los involucrados había señalado en un pleito previo con la comunidad: "después que se juró la Constitución Nacional [en 1853] con la caída del déspota [Juan Manuel de Rosas], las propiedades acrecentaron sucesivamente su valor, llegando a importar ciento lo que antes se vendía a diez, lo que contribuyó poderosamente al desarrollo de la agricultura y otros ramos de industria de la provincia". AHC, CC, Caja 44, Expte. 2057, Año 1863, f. 42.

la vigencia de la categoría de indio en el siglo XIX. Se trata de una causa del año 1876, caratulada bajo el concepto de "Injurias" y cursada por José Facundo Segura (vicario foráneo de la provincia) contra Navor Tula. El conflicto que elevaba a la justicia el vicario Segura se había iniciado cuando el cura provisorio de Tinogasta (de apellido Ríos) reprendía a sus feligreses por no haberse preparado debidamente para la misa de resurrección y "haber estado de baile la noche del sábado santo". El referido Tula "algo mareado que aún recién salía del baile" –según denunciaba el propio el cura– al entrar a la iglesia y escuchar las amonestaciones había comenzado a gritarle insultos y amenazas. Se levantó entonces la sumaria correspondiente y así declararon varios testigos, quienes repitieron las palabras que había pronunciado el cura el día del incidente y que habían provocado la ira de Tula. Según ellos, el cura había dicho que "no les fuera extraño que no saque la procesión porque las señoritas y caballeros de Tinogasta, por estar en su orgía de baile el sábado santo en la noche, no habían compuesto sitiales y *que si esto hacían esta clase de gentes, qué se esperaría de estos pobres indios*".[24] Es decir, que en la cotidianidad de Tinogasta la diferenciación "en clases de gentes" seguía en pie a fines del siglo XIX y un conjunto de personas era visualizado y marcado bajo el rótulo de "indios" por la sociedad local.

Es que, en Catamarca –al igual que en otros espacios de antigua colonización– las marcas de la indianidad (autoasumidas o impuestas por terceros, más o menos evidentes según la coyuntura histórica o el tipo de fuente que consultemos) se mantuvieron vigentes mucho más allá del período de transición. Los trabajos que recientemente he encarado en torno a un proyecto minero desarrollado en Andalgalá (otra localidad catamarqueña) en la segunda mitad del siglo XIX, me permite ofrecer otros datos en tal sentido. El emprendimiento de la Casa Lafone, que explotaba cobre en la sierra de Capillitas (principalmente de la mina conocida como La Restauradora) y procesaba el mineral en el Ingenio de El Pilciao, reunió una importante cantidad de trabajadores que eran mayormente de la zona. El análisis realizado hasta el momento de distintas fuentes del período muestra que quienes conformaban la mano de obra local disponible para el trabajo minero eran considerados socialmente como "indígenas" (Rodríguez, 2018). El propio Samuel Lafone Quevedo, conocido antropólogo y dueño de la empresa, en varias oportunidades caracterizó a los trabajadores de ese modo. En su libro *Londres y Catamarca*, por ejemplo, menciona que "Pilciao es una aldea de 400 á 600 almas según la estación, y *llena de familias indígenas* de toda la comarca de la antigua jurisdicción de Londres" (1888:110, el destacado es nuestro). En sintonía con Lafone, otros actores sociales contemporáneos también representarán de ese modo a la mano de obra

---

24. AHC, Causas Criminales (CCr), Contra Navor Tula por injurias al sacerdote de Tinogasta, Paquete 47, Expte. 4440, Año 1876, f. 7v. El destacado es nuestro.

de la empresa. Eric Boman, que conoció personalmente Pilciao, refiriéndose al coro de niños que funcionaba en el mismo ingenio señala que: "Il [don Samuel] avait organisé et enseigné lui-même un chœur *d'une vingtaine de petits Indians*, qui chantaient fort bien (1922: 206, el destacado es nuestro).

Esta representación etnicizada no era ingenua y se asociaba generalmente a una serie de categorías estigmatizantes utilizadas para referirse a los trabajadores. Uno de los administradores de la empresa, Juan Heller, en las cartas que diariamente redactaba[25] a distintos agentes especificando el devenir de los trabajos, describía los problemas que iba sorteando; entre ellos el de los trabajadores, no sólo por la escasez que denunciaba sino, fundamentalmente, por las particularidades que él les atribuía a dichos obreros. A través de conceptos tales como: clases de gente semi-decente, inservibles, flojos, vagos, ladrones y también inclinados a la bebida, Heller definía a estos trabajadores y sentaba las bases para disciplinarlos en los más variados modos: desde pautar sus tiempos de trabajo y ocio a través de las rutinas del ingenio y la mina, la configuración espacial de todo el emprendimiento o el emplazamiento de edificios emblemáticos como la iglesia y la escuela, hasta la utilización de la "papeleta de conchabo" o el empleo de castigos corporales (como el cepo) para compeler a la población hacia el trabajo asalariado (Rodríguez, 2018).

Sin dudas y para cerrar este apartado, es posible afirmar que la caracterización de los trabajadores recién mencionada –que si avanzáramos en el tiempo sería posible también observar en períodos subsiguientes– se fundaba no sólo en la falta de adecuación de una masa de trabajadores poco acostumbrados al laboreo minero de ritmo industrial, sino también en el peso de las diferenciaciones étnicas heredadas de tiempos coloniales que, a pesar de haber sido abolidas formalmente, seguían vigentes y se renovaban en pleno siglo XIX, sustentando –paradójicamente– el impulso hacia el "progreso".

Conclusiones y un epílogo

A lo largo de este capítulo he recuperado una serie de artículos realizados en los últimos años en torno a la situación de los indígenas de Tucumán y Catamarca en la transición a la república y durante el siglo XIX. Como balance general de ellos (siempre en diálogo con la producción bibliográfica específica y los marcos teórico-metodológicos propuestos por otros colegas) es posible

---

25. Se trata de un corpus documental inédito y poco conocido: las cartas que enviaba Juan Heller –una suerte de administrador– al dueño de la Casa Lafone u otros agentes, que se encuentra depositado en el AHT y que se ha catalogado como "Juan Heller. Cartas del Libro Copiador". Para más detalles sobre este corpus ver Rodríguez (2018).

afirmar que los indígenas no desaparecieron ni total ni abruptamente luego del fin de la colonia. Hoy sabemos que muchos colectivos indígenas sobrevivieron como tales en el nuevo contexto ya que, entre otras cosas, los hemos visto pleitear en la justicia a lo largo de todo el siglo XIX e incluso más allá de él.[26]

De los casos aquí expuestos –como los de los antiguos pueblos de indios de Amaicha, Colalao y Tolombón, Tinogasta– es posible destacar que durante el siglo XIX lucharon jurídicamente por sostener diversos derechos (por tierras, aguas) que entendían habían adquirido y consolidado a lo largo del período colonial. Dichos casos, además, nos permiten visualizar otras estrategias que fueron desplegadas en el nuevo contexto por esos colectivos. Por ejemplo, la utilización de la figura del apoderado, aunque claramente impuesta por los designios decimonónicos, podría interpretarse en algunos casos como una forma más que encontraron para reconfigurar antiguas formas de autoridad y límites comunitarios. En realidad, vale resaltar que las corporaciones indígenas –conocidas como pueblos de indios en la colonia y como comunidades posteriormente– nunca fueron entes inmutables, impermeables y homogéneos. Muy por el contrario, supieron rearmarse al calor de las distintas coyunturas históricas y en el interjuego con diferentes agentes, políticas y representaciones; especialmente cuando veían afectados sus "inmemoriales" derechos.

Los ejemplos expuestos pueden entenderse como casos más visibles en el sentido de que fueron comunidades que sostuvieron una organización colectiva fundada en una identidad étnica determinada y, fundamentalmente, que resguardaron por mucho tiempo las tierras comunales a través de, entre otras cosas, su participación en la justicia. Pero ¿por qué fueron estos pueblos y no otros los que pudieron sortear los umbrales coloniales? Es difícil responder a la pregunta cuando aún no hemos realizado un estudio comparativo profundo entre todos los casos y jurisdicciones. Algunas de las claves podrían encontrarse en las trayectorias coloniales previas. Al respecto, un primer punto a notar es que se trató de pueblos que al llegar al fin de dicho período registraban una importante cantidad de indios tributarios y habitantes en general,[27] que habían sabido flexibilizar sus límites incorporando forasteros, agregados y personas de diferentes status socio étnicos aumentando así su masa demográfica[28] y que en

---

26. Además de los casos de Tucumán y Catamarca hoy tenemos información similar para espacios como en Jujuy, Córdoba, Mendoza. En este mismo libro pueden consultarse los capítulos de Tell, Teruel y Escolar al respecto.
27. En la última Revisita de Indios que se realizó en 1806, los pueblos de Colalao y Tolombón registraron una población total de 225 personas, Amaicha 202 personas y Tinogasta 396; cifras altas (en especial la de Tinogasta) en relación con la generalidad de la gobernación.
28. En principio, esta "apertura" pudo haber insuflado nuevas energías, aunque también pudo haber creado o acelerado ciertos conflictos hacia el interior. Sobre el fenómeno de la agregaduría en la gobernación de Tucumán, véase Farberman (2009).

ese mismo marco también habían comenzado a arrendar parte de sus tierras. Otro punto interesante a destacar es que en los tres casos, aún con matices y diferencias, habían logrado acceder a tierras comunales en dos espacios paralelos,[29] estrategia que puede haber funcionado como un reaseguro de supervivencia; y proceso en el cual habría que considerar como un factor importante el rol cumplido por ciertas autoridades étnicas (un tema que en perspectiva comparativa valdría la pena ser explorado).

Ahora bien, estas trayectorias coloniales "exitosas" pudieron desplegarse gracias a que, en parte, durante la colonia no sólo se reconocía la diferencia étnica sino que la sociedad se estructuraba en base a ella definiendo para cada estatus obligaciones y consecuencias político-jurídicas y fiscales determinadas pero también derechos específicos. En el paso al siglo XIX, bajo los ideales de la igualdad, las nacientes repúblicas redefinieron ese orden –al menos retóricamente– inhabilitando reclamos e identidades largamente consolidados. Principalmente, esa reconfiguración implicó un avance sobre las tierras comunales. Si en algunos casos, como vimos aquí, pudieron dar batalla, en muchos otros –pequeños pueblos o con estructuras debilitadas ya desde el fin de la colonia– perdieron definitivamente su principal recurso, se diluyeron como colectivo o bien optaron directamente por esconder sus viejas marcas de alteridad, prácticas y memorias.

Ciertamente estos procesos fueron paradójicos pues si oficialmente el orden estamental se dio por terminado, en la práctica las diferenciaciones heredadas de la colonia siguieron solapadamente en vigencia, como en el caso aquí expuesto de los trabajadores del emprendimiento minero de la Casa Lafone. De este modo, los indígenas de las antiguas zonas de colonización fueron sometidos a un contradictorio proceso de invisibilización (muchas veces autoasumido como estrategia de supervivencia) que fue acompañado, paralelamente, por un proceso de marcación social subterráneo que probablemente constituyeron la base de muchas de las paradojas que podemos rastrear hasta el día de hoy. En esa construcción, que se inició a principios del siglo XIX pero que se fue consolidando hacia fines del mismo, tuvieron mucho que ver las ciencias socia-

---

29. En los casos de Amaicha y Colalao y Tolombón, se asentaron –al menos hasta fin de la colonia– no sólo en sus pueblos de reducción en el llano tucumano sino también en su antiguo espacio en el valle Calchaquí; incluso pleiteando judicialmente en simultáneo por esas tierras en la primera mitad del siglo XIX (tal como vimos que hicieron los "amaichas"). En el caso de Tinogasta, si bien no fue explorado en profundidad en esa clave, es posible vislumbrar ciertas semejanzas. De la Orden (2008) y Vázquez (2011) muestran cómo parte de los indios de dicho pueblo fueron encomendados y trasladados temprana y sistemáticamente desde su lugar de asentamiento original hacia la zona de Belén a donde la familia encomendera poseía tierras. Este hecho habría permitido que posteriormente (hacia mediados del XVIII) estos indígenas reclamaran su derecho a fundar allí un nuevo pueblo (Famayfil) y disputaran judicialmente esas tierras. Si los vínculos entre los del pueblo de Tinogasta y los de Famayfil se sostuvieron hacia fines del período colonial (o incluso más allá de él) es algo que aún no sabemos. Los ejemplos tucumanos aquí señalados podrían resultar iluminadores para analizar este posible caso de etnogénesis y entender mejor el devenir de estos colectivos en su proyección al siglo XIX.

les –como la antropología y la historia– que contribuyeron a cimentar lo que Escolar (2007) ha denominado como "narrativas de extinción". Es justamente sobre el rol de los académicos y el peso de sus interpretaciones en la actualidad que quisiera enfocarme –a modo de Epílogo– en las palabras que siguen.

"*En busca de otra Cédula Real*"

Sin dudas, las ciencias sociales se han transformado. A diferencia de aquellos académicos de fines del siglo XIX-primera mitad del siglo XX, hoy los historiadores y los antropólogos han dejado de hacer historia o etnografía *de* pueblos indígenas para empezar a hacer historia o etnografía *con* y *para* los pueblos indígenas. El giro en estas disciplinas si bien comenzó a producirse a mediados del siglo XX, se fue profundizando en las décadas de 1980 y 1990, en consonancia con los procesos de reemergencia étnica que se sucedieron en diversos lugares del planeta. En la actualidad, cualquier investigador se ve interpelado –de diversos modos– por los propios pueblos indígenas, para entablar mutuamente diálogos, consultas, acuerdos y, por supuesto también, sostener disputas. Si nos atenemos a los espacios tucumano y catamarqueño, podremos observar cómo –aún en el caso de trabajos netamente históricos– el presente y las reivindicaciones indígenas comenzaron a "colarse" en el modo de analizar e interpretar los problemas bajo estudio (Ver López 2016, de la Orden 2012, Noli et al. 2015). En mi caso, ya desde el desarrollo de la investigación doctoral, me vi compelida a pensar en lo que acontecía en el presente y a vincularlo con los problemas históricos que abordaba en mis trabajos en dos aspectos, al menos.

Por un lado, porque entendí que eran historias conectadas. En tal sentido, al insertar mis análisis de coyunturas históricas puntuales en procesos de larga duración no he pretendido establecer relaciones directas o lineales entre períodos remotos y etapas más recientes sino problematizar algunas situaciones actuales a la luz de la mirada histórica con el objeto de contextualizar y comprender conflictos, reclamos y reivindicaciones. Por ejemplo, si como parte del sentido común se ha instalado la idea de que los indígenas de Tucumán y Catamarca desaparecieron abruptamente, el análisis de los procesos históricos decimonónicos me ha permitido matizar esa idea para mostrar no sólo que hubo colectivos que persistieron en esa etapa o que las marcas de las diferenciaciones étnicas siguieron cotidianamente en uso, sino también que el borramiento de los indígenas de antigua colonización de la escena pública y oficial fue parte de dispositivos específicos. A partir de ellos, no sólo se configuró en términos foucaultianos una "formación discursiva" particular tendiente, en este caso, a construir una determinada imagen de nación (lo que Quijada –2004– ha denominado el "mito de la Argentina blanca"), sino que a su vez esa formación estuvo asociada a intereses concretos: entre otras cosas, avanzar sobre las tierras comunales.

Por otro lado, porque entendí la importancia que mis (nuestras) palabras e interpretaciones podían tener. Para ejemplificar: entre muchas escenas posibles que me tocó vivir en cuanto a cómo nos interpela el presente y al peso de nuestras intervenciones, voy a elegir sólo una. Hace unos años, un docente de Santa María (ciudad catamarqueña, ubicada al sur del valle Calchaquí) me preguntó si en mis tantas visitas a los archivos locales no había encontrado una Cedula Real –similar a la de Amaicha–[30] que pudiera ser utilizada para fundamentar una identidad indígena largamente negada en la zona. En aquel momento, sonreí y contesté –sin prestar demasiada atención al asunto– que no la había encontrado aún. Hoy, aquella escena me parece significativa porque refleja varias cosas a la vez. En primer lugar, da cuenta de la importancia que aún siguen teniendo los papeles probatorios. No en vano, se han guardado, copiado y recreado documentos históricos que aunque no siempre legales, sí esconden reclamos e historias legítimas.[31] En segundo término, remite al lugar que –en tanto académicos– aún tenemos reservado como voces autorizadas para hablar sobre estos temas. Por supuesto que este espacio de poder se ha ido modificando, tal como señalé al principio de este Epílogo. Sin ir más lejos, hace poco un dirigente indígena me ubicó –con una frase contundente– un rato antes de que yo diera una charla: "Mire que acá no dejamos que cualquiera entre al territorio a hablarnos de nosotros mismos, ¿eh?". Sin terminar de entender si se trataba de un elogio o de una advertencia, caí en la cuenta de que igualmente era yo, con mis credenciales universitarias, la que hablaría (¿por ellos? ¿para ellos? ¿con ellos?) de su propia historia.

Sin dudas, aún nos quedan muchas cosas por transformar e investigaciones por desarrollar. Mientras eso ocurre, y aunque no encontremos otra Cédula Real, podremos continuar releyendo conocidos materiales y desempolvando otros tantos que nunca vieron la luz, con el objeto de complejizar un relato histórico homogéneo que tendió a desconocer el devenir de los "indios después de la colonia".

---

30. La "Cédula Real" es un documento de 1716 –probablemente, según Sosa (2015), una Merced de tierras– por el cual el Rey de España les otorgó a los "amaichas" sus tierras en el valle Calchaquí. En la actualidad sólo se conoce un testimonio de la Cédula (es decir una copia o traslado) fechado en 1753 en Buenos Aires y en base al cual se realizó posteriormente, en 1892, su protocolización en la provincia de Tucumán. Este documento constituye uno de los pilares de la identidad comunitaria y fundamento de la posesión territorial. En el año 1995, justamente en base a esa Cédula, los comuneros lograron la escrituración de 52.000 ha. y, luego de obtener la personería jurídica como comunidad indígena a nivel nacional, que las mismas se inscribieran finalmente como tierras comunitarias (indivisibles, no sujetas a gravados impositivos ni enajenables). Para más detalles sobre este tema véase Isla (2002), Sosa y Lenton (2009), Sosa (2015 a y b).

31. Véase sobre este tema en este mismo libro el capítulo de Diego Escolar referido a la "Merced Real" de los laguneros en Mendoza.

Bibliografía citada

Boixadós, R. (2008). Caciques y Mandones de Malligasta. Autoridad y Memoria en un pueblo de indios de La Rioja Colonial. *Andes, Antropología e Historia, 19*, 251-278.
Boman, E. (1922). Samuel Alejandro Lafone Quevedo. *Journal de la Société des Américanistes, 14-15*, 205-213.
Briones, C. (Comp.) 2005. *Cartografías argentinas. Políticas indigenistas y formaciones provinciales de alteridad*. Buenos Aires: Antropofagia.
Brizuela del Moral, F. (1991). *La merced de Fiambalá y Tinogasta y los mayorazgos de don Juan Gregorio Bazán de Pedraza y Tejeda*. Catamarca: Editorial de la Universidad Nacional de Catamarca.
Castro Olañeta, I. (2006). Pueblos de indios en el espacio del Tucumán colonial. En S. Mata de López y N. Areces (Comps.), *Historia regional. Estudios de casos y reflexiones teóricas* (pp. 37-49). Salta: Editorial de la Universidad Nacional de Salta.
Castro Olañeta, I. y Palomeque, S. (2016). Originarios y forasteros del sur andino en el período colonial. *Revista América Latina en la Historia Económica (ALHE), 23*(3), 37-79.
Clavero, B. (1989). *Mayorazgo. Propiedad feudal en Castilla 1369-1836*. Madrid: Siglo Veintiuno.
Cruz, R. (1990-1992). La "construcción" de identidades étnicas en el Tucumán Colonial: los Amaichas y los Tafíes en el debate sobre su "verdadera" estructuración étnica. *Relaciones de la Sociedad Argentina de Antropología, XVII*, 65-92.
Cruz, R. (1997). El fin de la ociosa libertad. Calchaquíes desnaturalizados a la jurisdicción de San Miguel de Tucumán en la segunda mitad del siglo XVII. En A. M. Lorandi (Comp.), *El Tucumán Colonial y Charcas*. Tomo II (pp. 215- 264). Buenos Aires: Facultad de Filosofía y Letras, Universidad de Buenos Aires.
Cruz, R. (s/a). *La evolución de la propiedad comunal de los calchaquíes desnaturalizados a la jurisdicción de San Felipe de Salta y San Miguel de Tucumán (1660-1800)*. Mimeo.
Cunill, C. (2011). El indio miserable: nacimiento de la teoría legal en la América colonial del siglo XVI. *Cuadernos Intercambio, 8/9*, 229-248.
Chassin, J. (2008). El rol de los alcaldes de indios en las insurrecciones andinas (Perú a inicios del siglo XIX). *Bulletin de l'Institut Français d'Études Andines, 37*(1), 227-242.
De la Cadena, M. (2006). ¿Son los mestizos híbridos? Las políticas conceptuales de las identidades andinas. *Universitas Humanística, 61*, 51-84.
De la Orden, G. (2006). *Pueblos indios de Pomán*, Buenos Aires: Dunken.
De la Orden, G. (2008). Acerca del pueblo de indios de Tinogasta en Catamarca. Siglos XVII y XVIII. En G. De la Orden (Coord.), *Los pueblos indios en Catamarca colonial* (pp. 135-160). Catamarca: Editorial de la Universidad Nacional de Catamarca.
De la Orden, G. (Coord.) (2008). *Los pueblos indios en Catamarca colonial*. Catamarca: Editorial de la Universidad Nacional de Catamarca.
De la Orden, G. (2012). Evocación de los orígenes. El caso de los Tinogastas. Catamarca. En G. De la Orden y A. Moreno (Comps.), *Pueblos de indios, tierra y familia. Catamarca (siglos XVII-XIX)* (pp. 287-301). Buenos Aires: Dunken.

De la Orden, G. y Moreno, A. (Comps.) (2012). *Pueblos de indios, tierra y familia. Catamarca (siglos XVII-XIX)*. Buenos Aires: Dunken.
De la Orden, G. y Moreno, A. (2018). Tierras de indios ¿comunitarias o privadas? Tinogasta, Catamarca (1830-1880). En G. De la Orden (Dir.), *Visita de Don Antonio Martínez Luján de Vargas. Catamarca, 1693* (pp.39-53). Rosario: Prohistoria.
De la Orden, G., Trettel de Varela, N., Moreno, A. y Gershani Oviedo, M. (2008). Un caso de supervivencia. El pueblo indio de Collagasta. Siglos XVI-XIX. En G. De la Orden (Coord.), *Los pueblos indios en Catamarca colonial* (pp. 201-227). Catamarca: Editorial de la Universidad Nacional de Catamarca.
Delrío, W. (2005). *Memorias de expropiación. Sometimiento e incorporación indígena en la Patagonia. 1872-1943*. Bernal: Universidad Nacional de Quilmes.
Doucet, G. (1993). La abolición del tributo indígena en las Provincias del Río de la Plata: Indagaciones en torno a un tema mal conocido. *Revista Historia del Derecho, 21*, 133-207.
Escolar, D. (2007). *Los dones étnicos de la Nación. Identidad huarpe y modos de producción de soberanía en Argentina*. Buenos Aires: Prometeo.
Fandos, C. (2007a). Estructura y transferencia de la propiedad comunal de Colalao y Tolombón (provincia de Tucumán) en la segunda mitad del siglo XIX. *Mundo Agrario, 7*(14). Recuperado de https://www.mundoagrario.unlp.edu.ar/article/view/v07n14a12
Fandos, C. (2007b). La Comunidad indígena de Colalao (Tucumán) en la segunda mitad del siglo XIX, vínculos y estrategias, el caso Guaisman. Ponencia presentada en *Primeras Jornadas Nacionales de Historia Social*. Córdoba: Centro de Estudios Históricos "Profesor Carlos S. A Segreti".
Farberman, J. (2004). Curacas, mandones, alcaldes y curas: legitimidad, autoridad y coerción en los pueblos de indios de Santiago del Estero, siglos XVII y XVIII. *Colonial Latin American Historical Review (CLAHR), 13*(4), 367-397.
Farberman, J. (2009). Las márgenes de los pueblos de indios. Agregados, arrendatarios y soldados en el Tucumán colonial. Siglos XVIII y XIX. *Nuevo Mundo, Mundos Nuevos*. Recuperado de http://journals.openedition.org/nuevomundo/57474
Gentile, M. (1986). *El "Control Vertical" en el Noroeste Argentino. Notas sobre los Atacamas en el Valle Calchaquí*. Buenos Aires: Casimiro Quirós Editor.
Gil Montero, R, (2005). La población colonial del Tucumán. *Cuadernos de Historia de la Población, 3-4*, 65-122.
Giudicelli, Ch. (2017). Disciplinar el espacio, territorializar la obediencia. Las políticas de reducción y desnaturalización de los diaguita-calchaquíes (siglo XVII). *Chungara, 50*(1), 133-144.
Isla, A. (2002). *Los usos políticos de la identidad. Indigenismo y Estado*. Buenos Aires: Editorial de las Ciencias.
Lafone Quevedo, S. (1888). *Londres y Catamarca*. Buenos Aires: Imprenta y Librería Mayo.
Larrouy, A. (1927). *Documentos del Archivo de Indias para la Historia del Tucumán, siglo XVIII*, tomo II. Tolosa: Librairie E. Privat.
Levaggi, A. (1990). Tratamiento legal y jurisprudencial del aborigen en la Argentina durante el siglo XIX. En A. Levaggi (Coord.), *El Aborigen y el Derecho en el pasado y el presente* (pp. 245-285). Buenos Aires: Universidad del Museo Social Argentino.

Levaggi, A. (1992). Muerte y resurrección del derecho indiano sobre el aborigen en la Argentina del siglo XIX. *Jahrbuch für Geschichte Lateinamerikas, 29*, 179-193.

López, C. (1996). "Naturales", "bárbaros", "miserables": el discurso liberal y el trato a los pueblos aborígenes tucumanos en las primeras décadas del siglo XIX. En *Actas del Iº Congreso de Investigación Social* (pp. 412-419). Tucumán: Universidad Nacional de Tucumán.

López, C. (2003). Tierras comunales, tierras fiscales: el tránsito del orden colonial a la revolución. En E. Cruz y R. Paoloni (Eds.), *La propiedad de la tierra: pasado y presente. Arqueología, historia y antropología sobre la problemática de la propiedad de la tierra en la Argentina* (pp. 39-67). San Salvador de Jujuy: Universidad Nacional de Jujuy.

López, C. (2006). Tierras comunales, tierras fiscales: el tránsito del orden colonial a la revolución. *Revista Andina, 43*, 215-238.

López, C. (2016). La "desgraciada raza indígena" y la independencia. *Revista Historia para Todos, 3*, 10-17.

López, C. y Bascary, A. M. (1998). Pueblos indios de Colalao y Tolombón: identidad colectiva y articulación étnica y social (siglos XVII-XIX). *Humanitas, 27*, 71-12.

Martínez, J. L., Gallardo, V. y Martínez, N. (2002). Construyendo identidades desde el poder: los indios en los discursos republicanos de inicios del siglo XIX. En G. Boccara (Ed.), *Colonización, resistencia y mestizaje en las Américas (siglos XVI-XX)* (pp. 27-46). Quito: Abya-Yala.

Medina, M .C. (2002). *Landless women, powerful men. Land, gender and identity in NW Argentina (Colalao – El Pichao, 1850-1910)*. Tesis doctoral. Gotemburgo: Göteborg University. Mimeo.

Mendieta Parada, P. (2006). Caminantes entre dos mundos: los apoderados indígenas en Bolivia (siglo XIX). *Revista de Indias, LXVI*(28), 761-782.

Millones, L. (2004). *Ser indio en el Perú: la fuerza del pasado*. Buenos Aires: Siglo XXI.

Noli, E. (2003). Pueblos de indios, indios sin pueblos: los calchaquíes en la Visita de Antonio Martínez Luján de Vargas. *Anales, Nueva Época, 6*, 329-363.

Noli, E., Briones, C., Codemo, C., Lund, J. y Spadoni, G. (2015). La usurpación de las tierras comunales del pueblo de indios de Chuscha (Tucumán, comienzos del siglo XIX). *Estudios Sociales del NOA, 15*, 59-81.

O'phelan Godoy, S. (1997). *Kurakas sin sucesiones: del cacique al alcalde de indios (Perú y Bolivia, 1750-1835)*. Cuzco: Centro de Estudios Regionales Bartolomé de Las Casas.

Platt, T. (1999). *La persistencia de los ayllus en el norte de Potosí. De la invasión europea a la República de Bolivia*. La Paz: Fundación Diálogo y Embajada del Reino de Dinamarca en Bolivia.

Quijada, M. (2004). De mitos nacionales, definiciones cívicas y clasificaciones grupales. Los indígenas en la construcción nacional argentina, siglos XIX a XXI. En W. Ansaldi (Coord.), *Caleidoscopio latinoamericano. Imágenes históricas para un debate vigente* (pp. 425-450). Buenos Aires: Ariel.

Rodríguez, L. (2008). *Después de las desnaturalizaciones. Transformaciones socio-económicas y étnicas al sur del valle Calchaquí. Santa María, fines siglo XVII-fines del XVIII*. Buenos Aires: Antropofagia.

Rodríguez, L. (2009). Los usos del sistema judicial, la retórica y la violencia en torno a un reclamo sobre tierras comunales. Amaicha del Valle, siglo XIX. *Runa, XXX*(2): 135-150.

Rodríguez, L. (2010). "Informar si el padrón que rige se conocen dos pueblos de indios de amaicha". Re-estructuraciones socio-étnicas y disputas por tierras entre la colonia y la república. *Memoria Americana, 18*(2), 267-292.

Rodríguez, L. (2011a). El viaje de don Lorenzo y otros "peregrinajes". Reclamos territoriales, identidad y memoria en la comunidad de Amaicha del Valle. En L. Rodríguez (Comp.), *Resistencias, conflictos y negociaciones. El valle Calchaquí desde el período prehispánico hasta la actualidad* (pp. 123-144). Rosario: Prohistoria.

Rodríguez, L. (2011b). La "comunidad" de Colalao y Tolombón hacia mediados del siglo XIX. Características de una institución en redefinición. *Bulletin de l'Institut Français d'Études Andines, 41*(1), 533-559.

Rodríguez, L. (2012). Un pueblo de indios a fines de la colonia. Transcripción, análisis y reflexiones metodológicas a partir de un expediente criminal inédito. *Corpus, Archivos virtuales de la alteridad americana, 2* (1). Recuperado de https://journals.openedition.org/corpusarchivos/1057

Rodríguez, L. (2016a). El sistema de representación de indígenas entre la colonia y la república. Los apoderados de la comunidad de Colalao y Tolombón en perspectiva comparativa. En I. De Jong y A. Escobar Ohmstede (Coords.), *Las poblaciones indígenas en la construcción y conformación de las naciones y los estados en la América Latina decimonónica* (pp. 249-290). México: Centro de Investigaciones y Estudios Superiores en Antropología Social.

Rodríguez, L. (2016b). Altérités indiennes dans la province de Tucumán lors du passage de la colonie à la République. Une approche de la configuration de la matrice identitaire provinciale. En P. López Caballero y Ch. Giudicelli (Comps.), *Régimes nationaux d'altérité. États-nation et altérité autochtone en Amérique latine, 1810-1950* (pp. 93-113). Rennes: Presses Universitaires de Rennes.

Rodríguez, L. (2016c). Los indígenas de Tucumán y Catamarca durante el período republicano. Buscando sus rastros en expedientes judiciales del siglo XIX. *Historia y Justicia, 7*, 67-94.

Rodríguez, L. (2017a). Efectos imprevistos de las desnaturalizaciones del valle Calchaquí. El "doble asentamiento" como estrategia de resistencia. *Chungara, 49*(4): 601-612.

Rodríguez, L. (2017b). "Cuyo nombramiento no lo obtuvo sino por su buena conducta pues nunca fue indio de aquel pueblo". Caciques y alcaldes en el pueblo de Colalao y Tolombón entre la colonia y la república. *Tzintzún. Revista de Estudios Históricos, 66*, 11-36.

Rodríguez, L. (2018). El "problema" de los trabajadores en un emprendimiento minero del oeste catamarqueño (segunda mitad del siglo XIX). Aportes desde un corpus documental poco conocido. *Revista Mundo de Antes, 12*(2), 101-131.

Sanjinés, J. (2002). Mestizaje Apside Down. Subaltern Knowledges and the Known. *Nepantla: Views from the South, 3*(1), 39-60.

Sanjinés, J. (2005). *El espejismo del mestizaje*. La Paz: Fundación para la investigación estratégica en Bolivia, Instituto Francés de Estudios Andinos, Embajada de Francia en Bolivia.

Serulnikov, S. (2004). Legitimidad política y organización social en las comunidades indígenas de la provincia de Chayanta (siglo XVIII). *Anuario de Estudios Americanos, 61*(1), 69-101.

Sosa, J. (2015a). *Amaycha la Identidad Persistente. Procesos de Territorialización, Desterritorialización y Territorialización en una Comunidad Tricentenaria.* Tesis de Doctorado. Buenos Aires: Universidad de Buenos Aires. Mimeo.

Sosa, J. (2015b). La "cédula real de los Amaycha". Contextualización, análisis y transcripción de un documento controversial. *Corpus, 5*(1). Recuperado de http://corpusarchivos.revues.org/1374

Sosa, J. y Lenton, D. (2009). Oralidad, territorialidad y etnogénesis de un pueblo originario: la Cédula Real de Amaycha. En B. Manasse y P. Arenas (Comps.), *Arqueología, tierras y territorios: conflictos e intereses* (pp. 53-74). Tucumán: Lucrecia.

Soux, M. L. (2005). Jueces pedáneos, jilaqatas apoderados y otros articuladores de la justicia local entre colonia y república. En *Actas del VI Congreso Internacional de Etnohistoria* (CDROM), Buenos Aires: Universidad de Buenos Aires.

Teruel, A. y Fandos, C. (2009). Procesos de privatización y desarticulación de tierras indígenas en el norte de Argentina en el siglo XIX. *Revista Complutense de Historia de América, 35*, 233-255.

Thurner, M. (1996). "Republicanos" y "la comunidad de peruanos": comunidades políticas inimaginadas en el Perú postcolonial. *Revista Histórica, XX*(1), 93-130.

Vázquez, F. (2011). Territorialidad y reproducción social: los tinogasta en Belén, Catamarca, durante el siglo XVIII. *Memoria Americana, 19*(1), 65-88.

La Merced Real del Cacique Sayanca. Aboriginalidad, propiedad y soberanía en Argentina

Diego Escolar

> Su mano estaba poco educada en el manejo del lapicero, el recorrido de la pluma es lento, las líneas, los vértices, la ligazón son forzadas, trazadas visiblemente sin ninguna desenvoltura, dejando rastros inequívocos de la inseguridad con que escribía, de las vacilaciones sugerentes con que trazaba su firma. No existe desenvoltura, no se nota espontaneidad, no hay rasgo nítido calamoconcurrente (...) Se trata, sin duda, de una letra y de unos grafismos que Bertillón las incluiría sin escrúpulos en su catálogo mundial en la primera denominación de su pauta, con el nombre de *escritura aborigen degenerada*.
> Hoyos, E., y H. M. Villars, 1912. En Cornejo Lencina, A. *La falsa Merced Real del Cacique Sayanca*, 1961.

"¡Ya van a ver cuando venga el cacique Sayanca!" exclamó María del Carmen, dirigente de la comunidad Corazón Huarpe de Cochagual, San Juan, mirando al horizonte. Su admonición me descolocó. Pero recordé que el nombre del cacique estaba escrito en un viejo y roto manuscrito que un campesino del norte de la cercana provincia de Mendoza me había mostrado, haciéndome notar algo que parecía imposible: que los pobladores del "desierto" o la antigua *travesía* de la región de Cuyo[1] tenían en su poder archivos indígenas.

Entonces pensé en los sagrados títulos coloniales de tierras que poseían comunidades andinas de Perú y Bolivia. El tono milenarista con que María del Carmen parecía evocar el regreso del cacique para la redención de las tierras

---

1. La región de Cuyo se ubica en el centro-oeste de la Argentina y está conformada por las provincias de Mendoza, San Juan y San Luis. Hasta la fundación del Virreinato del Río de la Plata en 1776 perteneció a la Capitanía de Chile.

usurpadas y el honor de sus ancestros parecía evocar una suerte de *Inkarri* cuyano (Flores Galindo, 1988). Sin embargo, la árida y espinosa llanura del centro y este no formaban parte del canon etnohistórico de "lo andino" donde se suponía la relativa pervivencia de antiguas y altas culturas indígenas; más bien, se trataba de la periferia polvorienta de los oasis vitivinícolas de la Argentina, arquetipo del criollismo, cuna del prócer civilizatorio Domingo Faustino Sarmiento, cuartel del ejército sanmartiniano y plataforma de lanzamiento del peronismo histórico.[2]

Desde la casa del plan de viviendas populares se observaba el salitral que contrastaba con el verde esplendor de las fincas y Diferimientos Impositivos, que ocupaban lo que habían sido sus tierras de pastoreo. Era 1998 y realizaba mi trabajo de campo en la región sobre la emergencia o reemergencia de identidades huarpes, incluyendo este barrio donde habían sido relocalizados los puesteros luego de ser expulsados de las tierras áridas que ocupaban, tal vez desde la conquista española. La organización, como otras denominadas *comunidades huarpes* que estaban formándose para la época, era parte de la concreción institucional de un proceso vertiginoso de re-etnización indígena que articulaba diversas demandas, recogía tradiciones aparentemente olvidadas y creaba otras supuestamente recordadas. Claro está, esto chocaba con un poderosísimo sentido común que asumía que los huarpes estaban extinguidos desde hace por lo menos tres siglos. Es en este contexto que comencé a escuchar con cierta frecuencia sobre el cacique y su Merced Real de tierras como fuente de arcana legitimidad para demostrar que el territorio de las antiguas lagunas de Guanacache había pertenecido por derecho a los huarpes desde el período colonial. El cacique era descripto como un antiguo líder huarpe defensor del territorio, o tal vez proveniente de un linaje incaico que en tiempos remotos había sido enviado a gobernar a los pueblos de la región.

Si bien los relatos sobre el cacique Sayanca están atravesados por una confusa mitología, su existencia empírica y la de sus descendientes en la región no es una creación libre. En diversos documentos desde el siglo XVII aparece el apellido en caciques o autoridades de encomiendas o pueblos de indios. Pascual Sayanca está enterrado en el cementerio de Lagunas del Rosario y su tumba es visible hasta hoy día. Según narran algunos ancianos, un Sayanca ataviado de gaucho con lujo y pañuelo rojo, asistía en la década de 1980 a la fiesta de la Virgen vociferando que las tierras eran suyas por ser descendiente del cacique. Según comentaba Sixto Jofré muchos aún profesaban por este personaje el temeroso respeto que los laguneros mantenían con los ricos de la ciudad, los

---

2. Luego del terremoto de San Juan de 1944 el entonces ministro de Bienestar Social Juan Domingo Perón lanzó desde la provincia una campaña solidaria que lo catapultaría políticamente como un líder popular. Allí conocería a quien sería su primera esposa Eva Duarte de Perón. Ver Healey (2011).

"dotores", que siempre amenazaban expulsar a la gente de sus tierras y a veces lo lograban. "Los viejos" –afirmaba– le decían "Inca" porque el primer antepasado habría venido del Perú. Sin embargo, los Sayanca habían sido "siempre usurpadores" y se habían dedicado a quitar tierras de viudas y viejos con turbias maniobras legales.

Salvador o usurpador, Sayanca y sus documentos forman parte de la historia lagunera. Un testamento del cacique Jacinto Sayanca fechado en 1752 donde lega a sus indios una Merced Real de las tierras de Guanacache era la pieza central de la venerada "memoria" que, copiada de familia en familia por manos casi iletradas, atesoraban Sixto Jofré y otros laguneros (Escolar, 2013, 2014a). Asimismo, como parte de la Defensa de los Naturales de las Lagunas efectuada por Juan Escalante, es el principal documento del deteriorado legajo de Juan Nievas.[3] En el Archivo Histórico y Administrativo de Mendoza, por su parte, el testamento se encuentra reproducido en los autos del proceso de denuncia de tierras en San Miguel de las Lagunas por parte de Víctor Alvino, Enrique y Maximino Segura entre 1865 y 1868[4] y en un petitorio presentado por los laguneros al gobierno de Mendoza en 1879.[5] El texto de la Merced Real no se encuentra sin embargo en ninguno de los expedientes antedichos. Lo vi por primera vez primorosamente enmarcado en la pared de la casa de Mauricio Quiroga, empleado municipal y miembro de la Comisión de la Capilla del pueblito de Lagunas del Rosario. Pero como dijo uno de sus muchos detractores, la Merced "apareció subrepticiamente en el Archivo Histórico y Administrativo" (Zuloaga, 1961: 26) de la provincia hacia mediados del siglo XX.[6]

Desde la segunda mitad del siglo XIX los laguneros o sus representantes exhibieron copias de documentos que invocaban el oscuro linaje del cacique como fuente de sus derechos territoriales; pero la práctica continuó hasta entrado el siglo XX. Según describe una pericia de 1892 sobre un conflicto limítrofe entre las provincias de San Juan y Mendoza,

> Los pobladores del territorio lagunero de Mendoza pretenden ser propietarios del terreno cuya jurisdicción disputa a San juan el Gobierno de la vecina pro-

---

3. Archivo de Juan Nievas (en adelante AJN) Copia del Esped[...] de D. Juan Escalante en [...] los naturales de las Lagunas [...] de un decreto del Gobierno [...]do gracia de terrenos en favor de[...] rales i del Testamento del Casique [...] Don Jacinto Sayanca en 1752.
4. Archivo Histórico y Administrativo de Mendoza (en adelante AHM), Carpeta 120, Doc. 19. *Domingo Villegas con Maximino Segura y Victor Albino denuncian un terreno en Villa del Rosario*, Mendoza, 1 de enero de 1865.
5. AHM, Carpeta 575 bis, Doc. 17. *Defensa realizada por el defensor de pobres y ausentes a los indios laguneros*, Mendoza, 10 de mayo de 1879.
6. Sin embargo, pese a su misterioso y posiblemente tardío origen, el documento fue clasificado en la Carpeta 001 del archivo, al menos metafóricamente como uno de sus documentos fundacionales. AHM, Carpeta 001, Doc. 16. Merced Real a favor del cacique Diego Sayanca. Mendoza, 1 de febrero de 1713.

vincia, fundando su pretensión en un título emanado del soberano español el cual en el siglo pasado hizo a los indios pobladores de aquel lugar una concesión de tierras en dicho territorio con el cargo de proveer lo necesario al culto de la capilla de la virgen del Rosario que allí existe.[7]

Este fragmento da cuenta de una convicción, que ha permanecido viva hasta nuestros días entre los laguneros, sobre la legitimidad de sus tierras en asociación con las "capillas del desierto" que se erigen en algunos parajes del norte de Mendoza e incluso con la Virgen. A principios de la década de 1970 Prieto observó también que los pobladores de San Miguel, otro paraje central de Guanacache, afirmaban que los caciques donaron tierras para la construcción de la capilla y por eso sus terrenos pertenecían "al santo" (Prieto, 1981: 29), lo cual implicaba que ellos tenían los legítimos derechos. Lo mismo puede escucharse en la actualidad de boca de algunos viejos y no tan viejos pobladores del área. En efecto, cuando Juan Nieva –quién entonces rozaba los 30 años– me mostró el expediente guardado en los altos de su ropero, advirtió que explicaba por qué "los viejos", se preocupaban siempre de mantener o reconstruir sus viejas capillas de adobe y no admitían bajo ningún concepto su traslado. Los trozos del testamento permitían leer que

> Itn declaro que queda en mi poder un titulo de Merced concedido alos Indios de las Lagunas por dicho Señor Corregidor D. Tomas dela Llana, de diez leguas a todos l vientos de la Capilla del Rosario, a pedimento de mi abuelo Don Diego Sayanca con el cargo a dichos Indios Mantengan la Capilla en pié con decencia, para que habite el Cura i para que vivan con sus familias i que no puedan vender ni enajenar i solo pueda arrendar i disfrutar de dichos terrenos.[8]

Cuando el arqueólogo Salvador Debenedetti y su ayudante José Pozzi llegaron a las inmediaciones de las Lagunas del Rosario durante la XXIa expedición del Museo Etnográfico de Buenos Aires en 1925, se toparon con Don Florencio Ferreyra "viejo poblador de la comarca, descendiente, según se dice, del cacique Sayanca". Este personaje, sobre quien volveremos más adelante, no dio sin embargo "dato alguno de importancia".[9] Pero sí Juan Esteban González, quien afirmó tener una copia de la escritura de Sayanca de 1713, en la cual

---

7. Archivo Histórico de San Juan (en adelante AHSJ), Fondo Histórico, Tomo 470. Fs. 300-305. *Informe de Enrique Quiroga de 10 de agosto de 1892. En cumplimiento del encargo del gobernador de la provincia de reconocer los terrenos al sur de las Lagunas de Huanacache sobre el cual el gobierno de Mendoza pretende tener dominio*, f. 302.
8. Archivo de Juan Nievas. Testamento Del Casique Don Jacinto Sayanca. Mendoza, 1752.
9. Museo Etnográfico Juan Bautista Ambrosetti. Archivo Fotográfico y Documental. Debenedetti, S. y Pozzi, J., Diario de la XXIa Expedición a las Lagunas de Huanacache en 1925, dirigida por Salvador Debenedetti.

donaba a los habitantes de la región "400 leguas cuadradas, cuyo centro sería la actual capilla del Rosario", y poseer un documento firmado por José de San Martín fechado en 1829.[10]

En 1926 el viajero Alberto Castellanos, de visita en la capilla de Lagunas del Rosario, también vio el testamento.

> Tuve oportunidad de leer el testamento del Cacique dueño de aquellos parajes y de los campos a 10 leguas "a todos los vientos" que data desde la época colonial. El pobre indio, con una humillación indigna de la especie humana que sólo cuadra con el cristianismo, se confesaba católico, apostólico, etc. (Castellanos, 1926: 17-18).

Es probable que los pobladores del área dosificaran selectivamente la exposición de los documentos a ocasionales viajeros. Resulta llamativo, sin embargo, que entre las décadas de 1910 y 1950 los antropólogos, arqueólogos o folkloristas Alfred Métraux, Carlos Rusconi, Milcíades Alejo Vignati y Juan Draghi Lucero, que recorrieron el área de Guanacache, no mencionaran la presencia en el campo de documento alguno. Por lo menos algunos de ellos conocían estos documentos y su controversia. Rusconi transcribió la Merced Real de 1713, pero no dijo dónde obtuvo el texto ni analizó sus implicancias, excepto la alusión a interminables litigios judiciales (Rusconi, 1960: 100-101).

Juan Draghi Lucero, respetado folclorista e historiador mendocino, dirigió en la década de 1950 una serie de peritajes de la Universidad Nacional de Cuyo que concluyeron que se trataba de "una burda falsificación, fraguada por 1818-19" (Cornejo Lencina, 1961: contratapa). En un libro que recoge parte del informe de Draghi Lucero, *La falsa Merced Real del Cacique Sayanca* (Cornejo Lencina, 1961), su autor anuncia el "Texto de la sentencia judicial que la declara falsa, apócrifa y sin ningún valor. Relación de los hechos y copia de los documentos y peritajes que demostraron su falsedad". Promete poner en evidencia "la sombría historia de un timo judicial que ha conmovido a Mendoza durante más de 100 años" y cómo este "pudo prolongarse tan extensamente a través del tiempo, al amparo de notarios inescrupulosos, funcionarios indolentes, magistrados venales y abogados voraces", para finalmente mostrar "la abrumadora historia de despojos, de perturbación social, de retardo del progreso de la provincia y de dolores que ha causado la ventilación de ese diabólico timo en el ambiente tribunalicio de Mendoza" (Cornejo Lencina, 1961: 4). Esta "colosal impostura que ha dado origen a la más grande y duradera especulación sobre ventas de tierras del más legítimo patrimonio provincial" (Cornejo Lencina, 1961: 36) habría tenido incluso "efectos paralizantes" que explicarían la

---

10. Debenedetti, S. y Pozzi, J., Diario de la XXI ª Expedición a las Lagunas de Huanacache en 1925.

falta de desarrollo de los departamentos del norte y este de la provincia, como Lavalle, La Paz, San Martín y Santa Rosa (Cornejo Lencina, 1961: 66).

El "*modus operandi*" de las especulaciones sobre la Merced durante los siglos XIX y XX habría consistido en la venta de derechos de tierras (a menudo el mismo terreno a distintos compradores) por parte de supuestos o reales herederos de la misma, o bien el reclamo de compensaciones a sus ocupantes que hubieran comprado a un tercero (Cornejo Lencina, 1961: 65). Estas ventas se hacían bajo la figura de "derechos y acciones", sin la escritura del terreno sino mediante un documento de cesión de herencia certificado por escribano público. Pero eventualmente, herederos de una época posterior podían desconocer ventas anteriores exigiendo dinero a los mismos compradores, a sus sucesores o a terceras personas que hubieran comprado a los mismos. Lo habitual era que el inicio de las litis se produjera cuando alguien iniciaba trabajos de cierta importancia en un lugar, valorizando las tierras, para obligarlos a negociar a riesgo de perder lo invertido (Cornejo Lencina, 1961: 69).

El asunto de la Merced Real tenía entonces una historia de casi doscientos años de litigios y reivindicaciones que arrancaba por lo menos en los inicios del proceso independentista. Pero también revelaba una compleja historia política y territorial, y era el eje de una mitología que conectaba elementos y niveles aparentemente disociados. Aboriginalidad, civilización, propiedad de la tierra y soberanía se articulan en la saga de la Merced, no sólo entre los laguneros de Guanacache, sino también entre las propias elites políticas e intelectuales de Mendoza.

Aunque fueron cuestionados airadamente los usos espurios de la Merced, sus detractores (al igual que el conjunto de los historiadores locales) no mencionaron nunca las prácticas de los laguneros que utilizaron ese instrumento, entre otros, para reclamar por sus tierras a lo largo del siglo XIX y principios del XX. Como he analizado en los trabajos anteriormente citados (Escolar 2013, 2014a), derechos y memorias colectivas indígenas se articularon en torno a los documentos de la Merced y el testamento de los caciques Sayanca durante el conflictivo escenario de las guerras civiles argentinas y la apropiación de la tierra y el agua de Guanacache hasta la década de 1930. Autoridades, burócratas, intelectuales y probablemente caudillos indígenas cuyanos, copiaron, interpretaron, escondieron y movilizaron los mismos en estrados judiciales, no sólo ateniéndose a las leyes vigentes sino forzando sus límites y creando usos sociales y políticos de las mismas, luchando por su aplicación y a menudo lográndolo. Los documentos, además de artefactos legales o paralegales, fueron fetiches aplicados a la producción social de la verdad a través de usos performativos, pragmáticos, de la ley. Del mismo modo que ocurre, pese la ficción formalista, en todo el sistema judicial.

La controversia legal e histórica sobre la Merced Real Sayanca nunca consideró esta dimensión que en realidad comenzó a ser analizada, y para otros contextos, a partir de la década de 1970. Desde comienzos del período colonial los pueblos indígenas americanos se adaptaron a la cultura jurídica española desarrollando estrategias legales y judiciales para defender sus demandas, especialmente la propiedad o posesión de la tierra. En algunos casos, como Mesoamérica y el macizo andino, comunidades o individuos produjeron nuevos artefactos textuales de inspiración jurídica española e indígena para validar derechos de tierras. Este es el caso por ejemplo de los denominados "títulos primordiales" realizados por comunidades indígenas en México con pinturas y textos alfabéticos que reconstruían la historia local apelando a figuras de autoridad española (virreyes, santos) como dadores míticos de derechos territoriales (Gibson, 1975; Lockhart, 1992; Menegus Bornemann, 1994; Florescano, 2002). Estos artefactos fueron a menudo cuestionados en su validez, pero también eventualmente considerados como documentos legales en tiempos coloniales y republicanos, y atesorados por las comunidades como objetos sagrados, en muchos casos hasta nuestros días. Algo comparable ocurrió a lo largo del macizo andino, en Perú y Bolivia, o Colombia, donde se mantuvieron archivos con títulos, reconocidos o no judicialmente, que se remontaban a comienzos del período colonial hispano (Rappaport, 1990; Arbercrombie, 1998; Thurner, 1997; Salomon, 2004a, 2004b; Gotkowitz, 2007; Platt, 2015).

En Argentina, una serie de investigaciones ha venido detectando no sólo la existencia de demandas indígenas durante el período republicano en áreas de temprana conquista española en que estos grupos se consideraban largamente extinguidos, sino inclusive el uso, invocación, recopilación y atesoramiento de documentos coloniales y republicanos como prueba de derechos y articuladores de memorias durante los siglos XIX y XX (Isla, 2002; Fandos, 2007, Escolar, 2007, 2013, 2014a; Teruel y Fandos, 2009, Rodríguez, 2010; Tell, 2010; Rodríguez y Boullosa, 2018). Aunque subsiste la discusión en torno al valor legal de los mismos, no hay dudas de su importancia en términos de las memorias colectivas y de su legitimidad en cuanto a las interpretaciones locales de derechos.

Este capítulo analiza una parte del derrotero histórico y usos sociales de la Merced y el testamento de los Sayancas, a principios de la década de 1960, cuando el conocido folclorista, escritor e historiador mendocino Juan Draghi Lucero dirigió una investigación de la Universidad Nacional de Cuyo para demostrar su falsedad. Mi objetivo no es centrarme en la discusión puramente jurídica, sino en la construcción historiográfica, discursiva y política del litigio y como ésta convocó, y/o articuló prejuicios étnicos. Pretendo, por un lado, mostrar la relación entre la invisibilización de la historia indígena moderna local y el silenciamiento histórico sobre el esencialmente corrupto proceso de construcción de la propiedad privada por parte de la elite política e intelectual provincial. Y por el otro, indagar la relación aparentemente constitutiva entre escritura, legalidad, propiedad y aboriginalidad que atraviesa las discusiones en torno a la autenticidad de la Merced.

Las tierras y linajes del Inca Sayanca

En 1956 el primer juzgado civil de Mendoza, que entendía en una causa vinculada con la Merced Real, encargó un estudio a la Universidad Nacional de Cuyo[11] que fue dirigido por Juan Draghi Lucero, encargado del Instituto de Historia y Disciplinas Auxiliares de la Facultad de Filosofía y Letras. El expediente original de 267 páginas se encuentra extraviado o fue destruido.[12] Pero fue reproducido parcialmente en un libro denominado *La Falsa Merced Real de 1713, a favor del Cacique Sayanca* (Cornejo Lencina, 1961).[13]

El libro fue publicado por A. Cornejo Lencina, un damnificado por los reclamos de los Sayanca, y reproduce la mayor parte de los peritajes del informe de Draghi Lucero. No incluyó sin embargo datos que el propio Cornejo Lencina refiere como presentes en el informe: la historia judicial completa de la Merced, las enajenaciones realizadas por la Sucesión Sayanca en varios departamentos de Mendoza, y la nómina de 70 juicios iniciados por el ciudadano francés Jules Watteau, uno de los principales impulsores de los litigios de reivindicación de la Merced (Cornejo Lencina, 1961: 36, 39). Tampoco incluye el libro, ni aparentemente el informe, la historia de las demandas, argumentos y documentos presentados por Watteau y sus acusaciones de fraude de propiedades a todo el aparato judicial y la elite política de Mendoza, el reclamo diplomático que Francia, Chile y Suiza habrían efectuado a la Argentina por falta de justicia a Watteau y otros elementos de validación de la Merced como un fallo favorable de la Corte Suprema de la Nación. Estos aspectos, que solo mencionamos para marcar las omisiones del informe, serán tratados en otra publicación en curso.

El primer dato sobre el apellido Sayanca, según refiere el texto, se encontraría en un expediente de visitas a los repartimentos de indios de Mendoza de

---

11. Expediente 59. 986 "Sayanca de Giunta, María E. C. Contra Perfoga S. A. Por interdicto de obra nueva". Cornejo Lencina (1961: 6).
12. Consta que se trató del expediente N° 17.017-P. de la Universidad Nacional de Cuyo y 22-P. de la Facultad de Filosofía y Letras (Cornejo Lencina, 1961: 6), pero según me informara la unidad administrativa de dicha Facultad, no se encuentra en sus archivos.
13. Era uno de los propietarios de tierras en litigio con los Sayanca. En 1955 adquirió 21.500 has. a los herederos de la Sucesión Sayanca y a otros anteriores compradores de derechos de ésta. Cornejo Lencina (1961: 7).

1696 en el cual se sindica a Pascual Sayanca como cacique en la encomienda de indios laguneros del Capitán Martín Pizarro de Córdoba (Cornejo Lencina, 1961: 56).[14] En 1718 la encomienda habría pasado a su hijo Felipe Pizarro y Pardo hasta su muerte en 1722, año en que quedó abolido el régimen de encomiendas en Cuyo por la Real cédula del 4 de Diciembre de 1720. Diego, el hijo de Pascual, sucedió a su padre en el cacicazgo y fue el beneficiario de la supuesta Merced Real. Tuvo dos hijos, Miguel y Leonor (Morales Guiñazú, 1961: 22). Jacinto Sayanca, el cacique del testamento de 1752, habría sido nieto de Diego, aunque Guiñazú al igual que algunos dictámenes fiscales señaló que no estaba probado el parentesco. No obstante ello, la historiadora Rosa Zuloaga, basándose en el testamento y los datos proporcionados por Narciso Leyes en 1819 en su solicitud de protocolización de la Merced Real, aceptó que Diego Sayanca "actuó sin duda alguna como Cacique Principal en la región de Guanacache" en la primera mitad del siglo XVII (Zuloaga, 1961: 28-29).

En el informe, el historiador y miembro de la Junta de Estudios Históricos de Mendoza Fernando Morales Guiñazú reprodujo las consideraciones que ya había expresado en un texto anterior (Morales Guiñazú, 1938): en 1713 el Teniente Capitán y Justicia Mayor Tomás de la Llana habría otorgado en Merced las vastas tierras de Guanacache al cacique de la laguna de Las Quijadas Don Diego Sayanca y en 1752, siguiendo el testamento de su hijo Francisco, el documento habría sido legado a la hija de este último.

La reconstrucción de la historia del linaje Sayanca por parte de los peritos, sin embargo, acaba en el preciso instante en que a instancias de la Junta de Poblaciones de Chile se fundan una serie de pueblos de indios en Cuyo, tres de los cuales se encontraban en el norte de la actual provincia de Mendoza. Estas fundaciones fueron la base principal para la legitimación de demandas territoriales indígenas en distintas instancias de los siglos XIX y XX (Escolar, 2007, 2013, 2014a). Nunca fueron mencionadas por historiadores, etnohistoriadores o arqueólogos de Mendoza hasta la actualidad.[15]

En 1753 Leonor, Petrona, Jacinto y Vicente Sayanca aparecen en la nómina de la fundación del pueblo de indios de San Miguel en el paraje Tres Cruces[16] junto con otros beneficiarios cuyos apellidos serán recurrentemente mencionados en el siguiente siglo como bandidos, funcionarios locales o líderes montoneros: Guallama, Joaquinchay, Azaguate, Talquenca, Pelectai, Nieba, Carmona.

Tampoco explica claramente el libro de Cornejo Lencina, aunque arroja comentarios denigratorios al pasar, que existió una familia Sayanca de cierta figu-

---

14. El documento no es citado por Zuloaga, pero si por el juez Francisco Decunto en una sentencia de 1961, como alojado en el Archivo Administrativo e Histórico de Mendoza, Carpeta 712, Doc. 32.
15. Aunque sí de la vecina provincia de San Juan. Ver Fanchin (2000), Michieli (2004).
16. Archivo Nacional de Chile, Real Audiencia, 2907, f 234-242 (ad) (Michieli, 2004: 197, 272-273).

ración política e intelectual en la Mendoza del siglo XIX. Manuel Emiliano Sayanca, nacido en 1834, fue un educador liberal que creó escuelas en San Juan y en Mendoza; exilado en Chile conoció a Sarmiento y en la década de 1850 fundó un colegio de excelencia en la capital de la provincia, donde estudió buena parte de la elite mendocina. Fueron sus alumnos Adolfo Calle, fundador del diario *Los Andes*, Julián Barraquero, periodista, ministro y constitucionalista, y los Gobernadores José Vicente Zapata y Emilio Civit entre otros personajes. Entre 1861 y 1862, durante la ocupación liberal y porteña de Cuyo y la insurrección del Chacho Peñaloza, Sayanca abrió un colegio en San Juan que recibió elogios de Sarmiento. Llamado por el gobernador Luis Molina en 1862, se trasladó a Mendoza donde continuó su carrera hasta ser nombrado Director General de Escuelas en 1880, luego de desempañarse como Juez de Paz y Diputado provincial. Fundó la primera librería de Mendoza en 1872.[17]

Manuel Emiliano Sayanca.
Fuente: Publicada en "Biografía. Manuel Emiliano Sayanca. Un maestro con sangre huarpe". Revista Digital Escuela 1-015 Manuel Emiliano Sayanca.

Miembros de su descendencia continuaron formando parte de la elite mendocina como abogados, propietarios y funcionarios públicos. Al menos desde mediados del siglo XIX, lucharon por validar sus títulos o utilizaron el antiguo litigio para obtener de sus denunciados arreglos convenientes para evitar interminables juicios.[18] Los reclamos de la familia Sayanca continuaron con desigual suerte hasta la actualidad[19] en que uno de sus descendientes sigue sosteniendo el título de Inca y mantiene el archivo de la rama familiar al tiempo que continúa activos, y al parecer con algún éxito, los litigios basados en la Merced.[20] Las pretensiones de este linaje fueron el principal blanco del estudio de Draghi Lucero, aunque de una manera oblicua, sin mencionar claramente su descendencia y argumentos, sino asumiendo la desconexión entre el mismo y los antiguos caciques. Morales Guiñazú mencionó la existencia de los modernos Sayanca litigantes de la Merced pero los desligó también, sin mucha claridad, de los antiguos.

Tal vez por la necesidad estratégica de no abundar sobre los Sayanca, los principales ataques fueron contra la mera posibilidad de la existencia de tierras

---

17. *Diario Uno*, 8 de octubre de 2012. "El maestro de sangre huarpe que fundó la primera librería local."
18. Está mecánica está bastante documentada en Cornejo Lencina (1961).
19. *Los Andes*, 27 de octubre de 2009. "Golpes e insultos por la posesión de un terreno".
20. Según Inca Joaquín Sayanca manifestó, las servidumbres de paso a compañías petroleras establecidas en tierras originadas en la Merced Real le proveen su principal sustento económico (Sayanca, I. J., comunicación personal).

reconocidas a éstos y a indígenas en general en la región, y contra el documento mismo de la Merced.

Morales Guiñazú sostuvo que no figuraba en las actas del cabildo ni en los documentos de Merced obrantes en los archivos provinciales, y que su confección era irregular. Su principal impugnación, sin embargo, fue que Tomás de la Llana no habría sido corregidor en 1713 sino en 1722, y en Cuyo, según afirmó, los corregidores no habían tenido facultades para otorgar mercedes de tierras, privilegio que sólo le habría cabido al Rey, los virreyes o los gobernadores de Chile (Cornejo Lencina, 1961: 31).

Estas afirmaciones, que serán invocadas por sucesivos detractores de la Merced,[21] son sin embargo incompletas o falsas. Pese a cuestionar como casi todos sus colegas la autenticidad de la Merced Real,[22] la historiadora Rosa Zuloaga comprobó la existencia de posesiones de tierras en el área de la Merced por parte de Jacinto Sayanca y sus sucesores en un expediente sobre mensuras de unas tierras denominadas "Tiestas" del año 1747, en el cual se alude como límite norte a "la Estancia del Cacique Jacinto Sayanca" (Cornejo Lencina, 1961: 28). Como señalamos en un comentario anterior, los Sayanca aparecen en listados de miembros de pueblos de Indios que se fundaron en el siglo XVIII en la región central de Cuyo, al menos en San Miguel, Mogna, Corocorto, Asunción y Lagunas del Rosario. Ninguno de los peritajes del informe de Draghi Lucero mencionan siquiera la existencia de estas fundaciones de pueblos de indios o reducciones ni los litigios desarrollados con posterioridad que tuvieron por protagonistas a los laguneros, a excepción de una tardía, descontextualizada, aunque crucial mención a un decreto provincial que reconoce en 1838 la posesión de los laguneros sobre el área de Guanacache (Cornejo Lencina, 1961: 38).[23]

Inca Joaquín Sayanca. Fuente: Fotografía publicada en "Golpes e insultos por la posesión de un terreno". Los Andes, 27 de octubre de 2009.

También es falso que no existieron casos de reconocimiento o adjudicación de tierras a indígenas en la región, siempre asignadas por corregidores u otros funcionarios intermedios. Hacia principios del siglo XVIII el corregidor de Cuyo, por mandato de la Real Audiencia de Chile, le otorgó tierras al cacique Icaño en Pismanta (Michieli, 2004: 61). Juan de Echegaray y otros dos funcionarios como superintendentes con poder otorga-

---

21. Ver por ejemplo García (2004).
22. Al igual que los calígrafos y la mayoría de sus colegas y abogados, la historiadora cuestiona la autenticidad del documento basándose principalmente en sus rasgos de escritura (Zuloaga, 1961: 28-29).
23. He analizado estos conflictos en Escolar (2007, 2013 y 2014a). Draghi Lucero cita la versión publicada del decreto en un conocido código de leyes provinciales del siglo XIX (De Ahumada, 1860: 136).

do por el gobernador, también asignaron mercedes de tierras a indígenas en Jáchal (Michieli, 2004: 73, 237-240 y 241-268). Más tarde, el corregidor otorgó tierras al cacique Alcani de Mogna (Michieli, 2004: 162). Además, más allá del ya citado caso de las Lagunas de Guanacache, propiedades de tierras indígenas basadas en fundaciones de pueblos de indios o mercedes de tierras coloniales perduraron hasta fines del siglo XIX. En 1753 a Martín Aballay se le entregó una estancia llamada "Ferreira" sobre el río Bermejo pero por "haberla desatendido" se la retiraron en 1755 y la entregaron a otros vecinos españoles, Juan y Joseph de Castro. Pero hacia fines del siglo XIX sus herederos detentaban la propiedad, como se aprecia en un protocolo de ventas de Jáchal donde Eusebio Aballay vendió en 1889 a Ignacio Sarmiento los campos de Bermejo o Ferreira, que hubo de su padre Juan Aballay y este de Martín, quien a su vez lo había comprado a Petrona Carrizo en 1761 (Michieli, 2004: 73).

La perspectiva adoptada por los historiadores y otros peritos del informe de Draghi Lucero no sólo tiende a impugnar la Merced Real Sayanca. Al colocarla, aunque falsa, como la única excepción en que un documento legitima o menciona tierras atribuidas a indígenas en la región, instala a la controversia sobre este supuestamente único y raro documento como aquella que saldaría la posibilidad de existencia o no de propiedad indígena en Cuyo. Por eso, el corolario final de la invalidación de la Merced es otorgar la definitiva acta de defunción de los indígenas cuyanos. Sin embargo, como evidencia la historia desconocida u ocultada por los historiadores locales, existieron demandas indígenas de tierras entre los siglos XIX y XX basadas en archivos propios y diversos documentos, entre otros el de la Merced y el testamento de los Sayanca. En tal sentido, luego de un paso más bien rápido por la historia, el movimiento crucial del informe fue la crítica a la validez textual y grafológica del documento. Sin embargo, esta misma crítica reveló o supuso involuntariamente aquello que debía negar: la probable existencia aborigen en Cuyo y su agencia política en períodos recientes.

La letra de los indios: textualidad, aboriginalidad y soberanía

Desde Mesoamérica hasta la Patagonia, y a lo largo de la cordillera de los Andes, las comunidades indígenas produjeron, atesoraron y archivaron textos que consideraban con valor legal para demostrar sus derechos territoriales o preservar e interpretar su historia. Esta producción textual, realizada en algunos casos desde el siglo XVI, es muy diversa y abarca desde títulos de propiedad hasta tratados, crónicas, memorias, cartas, mapas y poemas. Incluyen también formatos y soportes que trascienden concepciones rígidas de la escritura, como las pinturas y códices mesoamericanos, los tejidos y los *qhipus* del altiplano andino (Rappaport, 1990; Abercrombie, 1998; Thurner, 1997; Salomon, 2004b). Los *títulos primordiales* son una variada colección de textos que comunidades indígenas de México consideran documentos legales probatorios de la propiedad de sus tierras. Incluyen generalmente una demarcación del territorio de la comunidad y una historia de la misma, haciendo hincapié en actos fundacionales, acuerdos, visitas reales, virreinales o de santos y otros acontecimientos considerados legitimadores de los derechos. Pero en tanto documentos, al ser producidos por miembros de las propias comunidades o legos y no por el aparato judicial, fueron desestimados en su autenticidad. Algo similar ocurrió en el campo académico. Los primeros historiadores que tomaron en cuenta seriamente este corpus, como Charles Gibson y James Lockhart, consideraron que eran un mero recurso "para apelar en defensa del territorio" (Lockhart, en Inoue, 2007: 119) e impugnaron su validez legal e histórica por su inadecuación formal, el hecho de no haber sido producidos por miembros del sistema de justicia y en particular por contener numerosos errores en términos de fechas, personajes y acontecimientos narrados (Gibson, 1975; Lockhart, 1992; Menegus Bornemann, 1994; Florescano, 2002). Carecían de fundamentación jurídica y sanción legal y estaban escritos por indígenas. Fueron, por tanto, considerados "documentos curiosos, productos del ingenio de los indígenas, quienes, por su limitada naturaleza o ingenuidad natural, trataron con aquellos documentos de engañar a las autoridades hispanas presentándolos en los tribunales" (Menegus Bornemann, 1994: 214). Stephanie Wood propone que, si bien generalmente eran las autoridades locales –habitualmente ancianos– quienes dictaban su contenido, existieron redes de intercambio de conocimiento experto entre pueblos para sustentar la producción de los títulos, e inclusive talleres dedicados a su confección (Wood, 1987; Carrillo Cázares, 1991).

Varios autores que analizaron el recorrido de los títulos primordiales sugirieron que, aunque confeccionados por los indígenas a instancias de sus comunidades, no necesariamente deben ser declarados inválidos. Por un lado, fueron tomados en consideración por tribunales republicanos, y en muchos casos el objetivo de tales prácticas no habría sido falsificar derechos sino suplir la pérdida de documentos originales o incluso su ausencia, adoptando las formas escriturales que consideraban legítimas y legales, tanto desde el punto de vista español como indígena (Florescano, 2002). Además, en general resulta imposible determinar la autenticidad de tales documentos en términos legales, y la falta de concordancia de datos se debería a las condiciones sociales y culturales de su producción (Romero Frizzi, 2011). Podría agregarse que errores del mismo tipo pueden hallarse en documentos producidos por españoles o criollos que eventualmente fueron declarados válidos, como veremos.

En el caso de la Merced y el testamento de los Sayanca he podido comprobar que por lo menos hasta la década de 1920 esos mismos textos fueron copiados por los laguneros, de otros que tal vez tampoco eran los originales, sumando y reproduciendo pequeños errores a lo largo de los años. De hecho, encontré leves diferencias entre diversas copias sobre documentos de la década de 1830 que integran sus archivos familiares. Estas incluyen también las firmas de funcionarios y testigos. Una copia del juicio llevado a cabo por el Defensor de los Indios de las Lagunas entre 1835 y 1838 –que incluye el testamento de Jacinto Sayanca– con las firmas de los diversos actuantes, por ejemplo, aparece con sello de legalización del escribano de Mendoza Francisco Mayorga en 1861.[24]

La controversia en torno a los títulos primordiales resulta especialmente sugerente para el análisis de la Merced Real de Diego Sayanca y el testamento de Jacinto Sayanca (que ha recibido mucho menos atención) y los pleitos en torno a ellos. Dichos textos no constituyen un prototipo de título primordial, ya que son muy escuetos, carecen de una reconstrucción histórica de la comunidad y parecen apegarse bastante a las formalidades legales de su época, no obstante este punto también haya sido cuestionado. Pero la discusión en torno a ellos puede iluminar nuestro análisis, en particular en cuanto a lo que debe ser considerado auténtico en este objeto, en términos históricos y legales, y al valor que debemos darle a tal autenticidad.

Como ya hemos visto, el libro de Cornejo Lencina *La falsa Merced Real del Cacique Sayanca* y el informe de Draghi Lucero en que se sustenta estuvieron destinados a desacreditar la Merced Real de Sayanca. Entre 1921 y 1961 recrudecieron las acciones de los Sayanca (principalmente Ernesto Emiliano Sayanca, administrador de la sucesión en la década de 1920) o sus apoderados. Este impulso se vio favorecido por la disposición del Juez Dr. Manuel Lugones de inscribir en el Registro de la Propiedad en 1921, a favor de la sucesión Sayanca, las tierras de nueve departamentos de la provincia: Luján de Cuyo, Guaymallén, Maipú, Junin, San Martín, Rivadavia, Santa Rosa, La Paz, Lavalle (Cornejo Lencina 1961: 6, 8). El problema más acuciante entonces era que la Merced Real había sido validada en algunas instancias judiciales y existía una inscripción de títulos de derechos y acciones de la Merced en el Registro de Propiedad.[25]

Por estos motivos, el cuestionamiento a la autenticidad de la Merced Real –que el informe pretendió realizar– se transformó en un tema económico, ju-

---

24. Copia del Esped[…] de D. Juan Escalante en […] los naturales de las Lagunas […] de un decreto del Gobierno […]do gracia de terrenos en favor de[…] rales i del Testamento del Casique […] Don Jacinto Sayanca en 1752.
25. Draghi Lucero menciona casi al pasar en las conclusiones de su informe que "gran cantidad de títulos originados en cesiones de derechos y acciones por cualquiera de los Leyes, los Montesinos y luego los Sayanca" habrían sido validados ya que "se consiguió una forma de título al inscribirlos en el Registro, cuando éste se formó" (Cornejo Lencina, 1961: 36).

rídico y político de primer orden. Pero pese a que el informe incorporó análisis histórico-jurídicos, estos parecen no haber sido considerados suficientes, y de hecho no lo fueron como hemos visto, por lo que fue el propio texto de la Merced, o más bien el ejemplar encontrado tardíamente en un expediente del Archivo Histórico de Mendoza, el que fuera atacado como la prueba principal de la falsificación de los derechos alegados.

Ya desde la contratapa del libro de Cornejo Lencina se muestran las firmas "auténtica" y "falsificada" del corregidor Thomas de la Llana, otorgante de la supuesta Merced Real, anunciando el principal argumento de invalidez de la Merced: su escritura misma.

En esto coinciden los tres peritajes caligráficos que constituyen la principal pieza de impugnación al documento. Ernesto Guevara no deja lugar a dudas sobre la falsedad de la firma del corregidor en la supuesta Merced (Cornejo Lencina, 1961:13-19). Dice que se constituyó en el Archivo Histórico donde compulsó documentos firmados por Tomás de la Llana y el de la supuesta Merced Real, no habiendo encontrado ninguna firma de Tomás de la Llana entre 1710 a 1713. Observó que el tipo de papel y encabezado, la grafía de los nombres propios y fechas difería de los utilizados en el período al que supuestamente remitiría la Merced. Carecía además de sellos, aspecto central para la validez de los títulos. Concluyó que el documento había sido escrito en la segunda mitad del siglo XIX, mucho más cerca del presente que lo pensado por el propio Draghi Lucero.[26] Destacó también con un extenso fundamento que, mientras las firmas originales evidenciaban el pulso de alguien instruido en la escritura, la firma falsa denotaba falta de espontaneidad y haber sido realizada por alguien sólo "medianamente hábil en el manejo del lapicero" (Cornejo Lencina, 1961: 16). Los calígrafos compartieron esta opinión manifestando por ejemplo que el trazo vacilante evidencia a un sujeto inhábil en el manejo de la pluma y poco ducho en la escritura. En palabras de otro de los peritos, la firma era "apócrifa y no pasa de ser una tosca y pésima imitación" (Cornejo Lencina, 1961: 24).

Detengámonos en este punto: los peritos no demuestran sólo que se trata de una falsificación sino de una falsificación burda y mal hecha, efectuada por un escriba subalterno sin conocimientos de escritura ni de trámites legales. Demasiado evidente para haber sido realizada por los operadores típicos de este tipo de maniobras tan habituales en la región, que según expresaba gráficamente Watteau, uno de los apoderados de la Merced que reactivó los litigios hacia fines del siglo XIX, se repartieron la tierra a placer con la ayuda de "un escribano obediente y un agrimensor más complaciente aún".[27]

Además del cuestionamiento técnico al documento, en estos estudios se de-

---
26. Como se ha señalado, según este autor dataría de 1819 (Cornejo Lencina, 1961: 35).
27. *Los Andes*, 14 de diciembre de 1897. "A los ocupantes de tierras de la Merced Real de 1713".

sarrolla una impugnación moral, de clase y étnica, a la legitimidad misma de la propiedad de la tierra por parte de grupos subalternos que va más allá del intento de develar su autenticidad. Por ejemplo, el más antiguo de los peritajes caligráficos, efectuado por Enrique Hoyos y H. M. Villars en 1912, a solicitud de un juez, considera que el autor de la firma…

> Poseía a no dudarlo, un tipo de letra de lanzamiento castellano viejo, según la expresión de Muracle y Carbonell. Su mano estaba poco educada en el manejo del lapicero, el recorrido de la pluma es lento, las líneas, los vértices, la ligazón son forzadas, trazadas visiblemente sin ninguna desenvoltura, dejando rastros inequívocos de la inseguridad con que escribía de las vacilaciones sugerentes con que trazaba su firma. No existe desenvoltura, no se nota espontaneidad, no hay rasgo nítido calamoconcurrente (…) Se trata, sin duda, de una letra y de unos grafismos que Bertillón las incluiría sin escrúpulos en su catálogo mundial en la primera denominación de su pauta, con el nombre de *escritura aborigen degenerada* (Cornejo Lencina, 1961: 11).[28]

Abundan los peritos: "es menester encontrarse huérfanos de orientaciones, desposeídos de los conocimientos bacilares y de la experiencia necesaria". La firma auténtica de Tomás de la Llana trasuntaría en cambio

> Un asiento de pluma seguro, natural, libre de prejuicios, sinsabores e inquietudes mortificantes. La mano maneja con destreza en lapicero; la horizontalidad de la letra es uniforme; la unión de las mismas es concordante. Hay certeza en el trazado, corrección y estética incipiente (…) armonía del conjunto, homogeneidad en el todo… (Cornejo Lencina, 1961: 12).

Concluyeron que "nos encontramos con dos tipos de escritura, con dos grupos antagónicos". Esto último constituye una notable síntesis de los prejuicios que sobrevuelan todo el análisis. El escritor habría sido un plebeyo, moralmente inferior, que por su ignorancia no pudo disimular su trampa y que con su escritura indicaría un antagonismo de clase radical. Para los peritos, los rasgos gráficos de la escritura habilitan sobre todo, una lectura sobre la condición social y moral del escritor. Estos rasgos incluyen la estética, el carácter –inferido siempre a partir del trazo– y la seguridad emocional, psicológica y social ("libre de prejuicios, sinsabores e inquietudes mortificantes").

Pero con la clasificación final de "escritura aborigen degenerada" a la firma apócrifa del escriba de la Merced, el documento es literalmente aboriginalizado. Esta última condición funciona retóricamente como un cuestionamiento no tanto a la autenticidad del documento, como al carácter subalterno del fal-

---

[28]. Destacado en el original. Bertillón fue el "padre" de la policía científica, creador de diversos métodos de investigación criminal que incluyeron la grafología.

sificador y por lo tanto de los derechos esgrimidos. El texto es construido como una aberración jurídica y moral la cual es expresada en su estética.

Implícitamente se sugiere que, de haber sido escrito por alguien de la clase social apropiada, no hubiera sido tan fácil demostrar la falsedad del documento; o más bien, que no habría sido posible considerarlo falso. En última instancia, los peritos asumen que es la pertenencia étnica y de clase del escriba –inferida a partir de su forma–, más que la autenticidad legal misma del documento, la que lo invalida como prueba de un derecho de propiedad. Es entonces un argumento etno-político el que emerge en los estudios sobre la Merced Real. La condición social y étnica de los beneficiarios impugna los derechos a la tierra, en el caso de la plebe y los indígenas y, por implicación, legitima la propiedad de los miembros putativamente blancos y acomodados de la elite mendocina. Al igual que lo observado en la mayoría de los análisis de la historia y sociedad regional realizados por parte de miembros de (o aspirantes a) las elites intelectuales cuyanas desde Domingo Sarmiento, un andamiaje retórico está siempre dispuesto para el rescate de la legitimidad de los derechos de mando político y propiedad de las elites y luego de inmigrantes europeos, allí donde la legalidad y la historia no alcanzan a legitimarlos.

La asociación dicotómica entre capacidad lingüística, indigenidad y descalificación política y moral de los grupos subalternos por cierto no es nueva en la región. Sarmiento, el principal fundador intelectual de la Nación y creador de la dicotomía "civilización o barbarie", refiriéndose a las montoneras cuyanas de las rebeliones de la década de 1860 afirmaba por ejemplo que

> Las lagunas de Huanacache están escasamente pobladas por los descendientes de la antigua tribu indígena de los huarpes. Los apellidos Chiñinca, Juaquinchay, Chapanay, están acusando el origen y la lengua primitiva de los habitantes (Sarmiento, 1947 [1866]: 85).
>
> La Prensa, las discusiones de las cámaras, el tono y el carácter de las reuniones públicas, están mostrando en las sociedades civilizadas el grado de irritación de los partidos y los propósitos de sus prohombres. Pero imaginaos una conspiración de oscuros cabecillas, de masas ignorantes que se agitan sordamente en las campañas, o en las más bajas capas sociales de las ciudades, sin ideas, sin periódicos, sin órganos audibles, porque lo que pasa entre peones y paisanaje no llega a oídos de la sociedad culta que vive de otras ideas y de otros intereses (Sarmiento, 1947 [1866]: 122). [refiriéndose a una carta dirigida a Sarmiento por el líder montonero Angel Vicente Peñaloza]
>
> No hubo manifestaciones escritas ni más racionales ni más inteligibles que ésta, por no haber tomado parte ningún hombre de cierta educación. Es el movimiento más plebeyo, más bárbaro que haya tenido lugar en aquellos países (Sarmiento, 1947 [1866]: 131).

Como eco del discurso sarmientino, el desplazamiento retórico que es operado en el discurso de los peritos desde la invalidez legal a la social de la Merced, parece mostrar que más allá del litigio con los herederos del Cacique Sayanca, existe otra lucha, y más profunda, sobre la legitimidad misma de la propiedad indígena como tal. Esto está gráficamente indicado en la conclusión de los peritos Hoyos y Villars sobre el tándem documento original-documento apócrifo como manifestación, en el plano de la escritura, de "dos grupos antagónicos" (Cornejo Lencina, 1961: 12).

Ahora bien. ¿Por qué sería necesario insistir tanto en este argumento para descalificar a la Merced? Los peritajes grafológicos sobre la Merced, en lugar de los históricos, son el núcleo principal del informe de Draghi Lucero y de los dictámenes fiscales contrarios a la misma que allí se citan (Cornejo Lencina, 1961: 39-55).[29]

Habida cuenta de que la corrupción estaría en el origen de la constitución de gran parte de la propiedad privada en el norte de la provincia, no alcanzaba en el fondo con demostrar la falsedad del título, o la existencia de maniobras ilegales en su historia. Era menester impugnar la calidad social de sus autores, ya que una hipotética revisión generalizada de títulos no depararía tranquilidad a una elite colonial que manoseó con impunidad y escasa precaución los procedimientos legales para obtenerlos. Por eso es más contundente insinuar que lo que haría ilegítimo a un título no sería tanto su falsedad en términos legales "abstractos", sino el contexto de su producción y, sobre todo, la constitución de sus productores o beneficiarios. En definitiva, frente a un escenario de corrupción generalizada donde de escarbar un poco la legalidad de las propiedades de gran parte de la campaña cuyana sería cuestionable o al menos debatible históricamente, resultaba más estratégico apuntalar un concepto de legitimidad según el cual el derecho a la tierra dependería en última instancia de la condición moral y social.

En resumen, los peritajes caligráficos parecen demostrar que el documento es apócrifo, que fue escrito por alguien relativamente ignorante de la escritura y de las leyes, y que muy probablemente este escriba era un indio. Pero la misma línea de análisis caligráfico, tomándola en bloque, permitiría otra línea de interpretación de la Merced Real, que se vincularía con las prácticas archivísticas y escriturales de los laguneros. Las conclusiones de los peritos son consistentes con la posibilidad de que uno o más escribas subalternos fueran los realizadores del texto, remedando o copiando las formas y grafía de un título de Merced. Como hemos visto, los archivos laguneros estaban construidos sobre reproducciones de documentos significativos, realizadas por copistas, a veces locales, en distintas

---

29. Los peritajes grafológicos ocupan quince páginas y los históricos cinco.

épocas, lo que permitía atesorarlos en el seno de distintas familias. Atendiendo a las prácticas de copiado y archivo de los laguneros, esto nos llevaría a incluir este documento en la serie reproductiva de lo que analizo en otro lugar como "archivos huarpes" (Escolar, 2014b; Abduca, Escolar, Villagrán y Farberman, 2014), donde es posible que la Merced y el testamento, al igual que el expediente del juicio de Escalante, hayan sido copiados sucesivamente por los mismos laguneros a partir de un original, incorporando errores. El testamento del cacique Sayanca, por ejemplo, era parte de "la Memoria" de Sixto, del archivo de Juan Nievas, de los documentos del juicio de Escalante, y el de Villegas contra Alvino y los hermanos Segura que obran en el Archivo Histórico de Mendoza.

En este sentido, los errores de forma, de fechas, de estilo y otros rasgos de la "escritura aborigen degenerada" no indicarían necesariamente la falsedad en términos históricos del documento, sino que podrían ser característicos de las prácticas de reproducción archivística de los laguneros en su intento de preservarlo frente a la amenaza cierta de la destrucción o robo del original, como de hecho ellos mismos afirmaron en distintas oportunidades. Cecilia Fandos muestra esta práctica para el caso de la comunidad de Tolombón, en Tucumán, durante el siglo XIX (Fandos, 2007: 6). En 1832 un comunero se vio obligado a huir con los títulos de propiedad cuando el gobernador de la provincia amenazó con expropiarles las tierras. Durante otro juicio, el Defensor de Pobres se trasladó a la ciudad de Tarija en Bolivia para resguardar los "papeles o documentos de la comunidad".[30]

A fines del siglo XIX por ejemplo, Watteau fue acusado de estafar, retener expedientes judiciales y robar fojas y replicó que lo hacía "a fin de ponerme a cubierto de los frecuentes robos de fojas y adulteraciones de autos muy factibles en nuestros Tribunales".[31]

Existen numerosas evidencias de esta misma preocupación por parte de los indígenas. Juan Nievas daba esta explicación para el ocultamiento de los documentos en archivos familiares de los laguneros, diciendo que "por eso había muerto mucha gente". Domingo Villegas, quien comandó las acciones judiciales de los laguneros entre 1819 y 1865, afirmaba en un juicio: "otro si digo: que conviniendo a los intereses que represento la conservación en mi poder de los títulos de mi referencia, se ha de servir V.S. mandar se me devuelvan sin perjuicio de exhibirlos cuando el juzgado me lo ordene".[32] En el mismo juicio, el apoderado Jesús Santander manifestó que "existen en el archivo de Don Francisco

---

30. En ocasiones, también algún comunero podía apropiarse de los archivos. Hacia fines de 1940 la comunidad inició acciones legales para denunciar y exigirle a uno de sus integrantes la "entrega de los títulos de propiedad" (Fandos, 2007: 7).
31. *Los Andes*, 20 de noviembre de 1897. "Contra *El Diario*. Acusación criminal."
32. AHM, Carpeta 120, Doc. 19. Domingo Villegas contra Maximino Segura y Victor Albino denuncian un terreno en Villa del Rosario, Mendoza, 1 de enero de 1865. fs. 7-8.

Mayorga [escribano de gobierno] las escrituras de los caciques Don Diego Sayanca, don Jacinto y Don Pascual Sayanca y Montesinos en la que hace esta misma donación a los naturales de las Lagunas para el sostenimiento de las capillas e iglesias del referido punto". Pero luego Mayorga negó a la parte demandada poseerlos. Más adelante, Segura y Alvino piden que se declare en rebeldía a Santander por vencerse los términos para presentar los autos y piden que se les saquen por apremio. Finalmente, el testamento aparece en el expediente, certificado por Mayorga.[33] Más atrás en el tiempo, encontramos prácticas similares de secuestro y ocultamiento de títulos: el cacique Alcani de Mogna respondía en un juicio de 1804 que los documentos de sus tierras estaban en poder de Antonino Aberastain, prominente vecino de la ciudad de San Juan.[34] Y en 1755, Joseph Semeyan se quejaba de que su padre Don Diego Semeyan, cacique de Corocorto, le había dado a Don Francisco de Videla de la ciudad de Mendoza un papel o instrumento para sacar una copia y que no se la había devuelto.[35]

La propia firma del corregidor, tema sobre el cual se concentraron las principales críticas a la Merced, podría ser parte de un ejercicio de copiado, que tal vez no haya sido percibido como ilegítimo, sino como un intento de reproducir la totalidad de los rasgos de un objeto que, para un lagunero conocedor de la fuerza de los documentos y leyes era visto como un fetiche. De hecho, no sólo la firma del corregidor, sino las restantes de los testigos, estarían copiadas por la misma mano.[36] Por otro lado, errores como este, y de nombres, o de fechas, no eran ajenos a otros documentos antiguos considerados legítimos, confeccionados por oficiales de justicia o gobierno. El propio Fernando Morales Guiñazú, quien destacaba como insalvable este error, señalaba uno análogo en otros documentos: El cacique Diego Sayanca aparecía en un expediente de visitas a los repartimentos de indios de Mendoza en 1696 en la encomienda de Martin Pizarro de Córdoba y Figueroa. Pero en 1708 se lo registró en la de la madre de este, Leonor Córdoba y Figueroa, siendo que Martín fallecería recién en 1718 (Cornejo Lencina, 1961: 32).

La conclusión del informe de Draghi Lucero es que la Merced es falsa. Pero lo más interesante es su párrafo final, que reproduce el decreto de 1838 según el cual el gobierno de Mendoza reconoció la posesión de las tierras de Guanacache por parte de los laguneros y prohibió su enajenación por terceros.

---

33. AHM, Carpeta 120, Doc. 19. fs. 15-19, 21-22.
34. ATSJ, Caja 3, 1700-1810, Época colonial. "El fiscal contra Pascual Alcani, cacique de Mogna".
35. AHM Carpeta 29, doc. 22. El Protector de indios se queja ante el gobernador y capitán general sobre el despojo y abusos que cometen algunos españoles ocupándoles sus tierras, cortando sus maderas, etc.
36. Esta fue la conclusión de la historiadora Rosa Zuloaga quien consideró que el autor de las firmas intentó disimular su falsificación (Cornejo Lencina, 1961: 29). Sin embargo, de acuerdo a las comprobadas prácticas de copiado local de los documentos con fines de preservación cabría pensar que se trató de reproducir lo más fielmente un documento original, o aún otra copia.

El gobierno de Mendoza produce este decreto el 12 de marzo de 1838: "Queda a beneficio de los naturales del Departamento de las Lagunas (actual departamento de Lavalle) todo el campo que se ha conocido por correspondiente a dicho departamento, y que no ha sido enajenado hasta la fecha" (Cornejo Lencina, 1961: 38).[37]

Este documento es incluido como un fragmento aislado, sin conexión con todo lo anterior. Tampoco formó parte de la nómina de elementos de juicio para ninguno de los peritos ni para el propio Draghi, y su reproducción no es explicada en modo alguno. Pero se trata nada menos que del último párrafo del informe aquel que sugiere por única vez un antecedente de propiedad de los laguneros. ¿Por qué esta mención aislada? ¿Incluyó el texto del decreto como una mera curiosidad? ¿Pretendió con ello ilustrar la lista de supuestos desatinos legales que el informe había argumentado para destruir toda pretensión de legitimidad de la Merced? El informe no lo explica. ¿O, por el contrario, incorporó como un código cifrado la huella de la larga lucha de los laguneros, distinta y paralela a la demanda de los Sayanca, y la prueba del reconocimiento oficial de sus derechos, que socavaría como fútil toda la discusión precedente? ¿Se trató de una "cápsula de tiempo" textual para un contexto más favorable o, simplemente una especie de gesto de culpa por su silencio sobre las luchas legales de los laguneros?

Dudamos de que el propio Draghi o algunos de los peritos no hayan observado la presencia del decreto, los juicios del Protector Escalante o los petitorios y defensas de los propios laguneros, que se encuentran también, junto con el testamento del cacique Sayanca en los archivos de la provincia, en diversas causas judiciales. Pero ninguna de estas actuaciones, que desplazaría el análisis de la Merced y el testamento como reivindicación de sus herederos al de los derechos de los laguneros a las tierras, es mencionada en los análisis, excepto por esta escueta cita de Draghi, que además no hace referencia a otras fuentes (como los archivos laguneros, o el propio Archivo Histórico de Mendoza) más que a su publicación en un código de leyes oficial del siglo XIX.[38] Tampoco la existencia de antecedentes coloniales tardíos de tierras indígenas en la región e, inclusive, reclamos colectivos por la tierra y el agua entre las décadas de 1920 y 1930 (Escolar y Saldi, 2017) es decir contemporáneos de la época en que Draghi Lucero viajaba a las Lagunas de Guanacache en busca del folklore poético con el cual escribiría la que es considerada la obra cumbre de la literatura provincial (Draghi Lucero, 1940).

Esta marca textual evidencia la ambigüedad con que Draghi trató la cuestión de la identidad indígena de los laguneros. En su vasta obra, la indigenidad

---

37. Citado de De Ahumada (1860: 136).
38. De Ahumada, 1860.

de éstos es un tropo permanente, pero siempre aplazado en su concreción presente. Se la invoca como un eco fantasmal, rizomas que emergen a través del velo de la magia, el mestizaje o el folclore (entendido como supervivencia de tradiciones hispanas). Denuncia su historia como una tragedia y una injusticia, pero la da por concluida. Enaltece eventualmente las rebeliones montoneras, pero las define como "guerra criolla". Jamás menciona las luchas de los laguneros contemporáneos o su larga sucesión de demandas.[39]

Conclusión

El libro de Cornejo Lencina y los peritajes del informe dirigido por Draghi Lucero en que se basa demuestran la preocupación sobre los efectos legales de los reclamos en torno al testamento y Merced Real de Sayanca bien entrado el siglo XX. Ni los historiadores que se refirieron a la Merced Real, ni los estudios que la desacreditaron, pudieron explicar satisfactoriamente por qué numerosos juicios sobre tierras que apelaron a ella quedaron sin resolver por tantos años. El juicio por los denuncios efectuados por Alvino y Segura quedó sin resolver, al igual que muchos otros anteriores en los que se invocó el testamento y la Merced de Sayanca, como los reclamos de Watteau, o de los supuestos descendientes de los caciques. Tal vez porque otras fuentes legales eran aún más dudosas.

Es posible que nunca pueda determinarse si efectivamente la Merced Real y el testamento de los caciques Sayanca existieron primero como un documento producido por el estado colonial y un cacique moribundo, por laguneros desesperados o por abogados inescrupulosos. Lo cierto es que fueron una de las bases sobre las cuales los laguneros lograron resistir en parte la apropiación de sus tierras durante el siglo XIX y XX y también articular o rearticular una memoria colectiva indígena, basada en derechos ancestrales a sus tierras, independientemente de las figuras legales circunstanciales. En última instancia, lo que desnudan las disputas sobre la Merced y los afanes de los peritos, es la existencia de un vacío legal sobre el que se asentaron las propiedades del norte de Mendoza, que lleva la discusión desde la legalidad a la legitimidad de los derechos a la tierra. Ante la ausencia de un fondo legal coherente de la propiedad, la voluntad de los laguneros en no resignar sus derechos con todos los medios a su alcance, retrotrayendo la fuente de su legitimidad a un pacto colonial previo a la fundación del estado nacional moderno, es en sí misma una lucha de soberanía que intentó, y con cierto éxito, instaurar su propio encuadre legal.

Los documentos, por cierto, no se agotan en su valor legal. Por un lado, son

---

39. Notablemente, tampoco lo hace en su novela *La cabra de plata*, ambientada en las Lagunas de Guanacache y que intenta recuperar *in extenso* la voz y temas predilectos de los laguneros (Draghi Lucero, 1978).

una manera de reconstruir e incluso refundar la historia de la comunidad o su pueblo, articulando para ello las memorias colectivas locales. Esto es lo que se observa en la "memoria" de pleitos y conflictos de tierras que se remontan al siglo XVIII que muchos lagunerros han preservado, ocultado y reproducido a lo largo del tiempo. Tienen fuerza performativa, es decir, más allá de su significado o valor semántico, la capacidad de producir determinadas realidades y verdades, incluyendo el derecho eminente a un territorio. La identidad indígena o huarpe es en gran parte efecto de esta voluntad soberana y es por eso lo que está en el trasfondo es una lucha territorial y no meramente propietaria. En este sentido, como un contrapunto, el trabajo del informe pericial de Draghi Lucero intenta, independientemente de la razonabilidad legal o histórica de los argumentos, circunscribir a la Merced como único documento que alude a propiedad indígena o de origen indígena en la provincia.

La insistente postulación de la "desaparición" de los indígenas por parte de historiadores no es ajena a esta disputa secular de soberanía para denegar derechos a la tierra a los campesinos e indígenas y legitimar la apropiación privada por parte de las elites mendocinas. Pero, de hecho, no logra el objetivo de desautorizar la propiedad indígena. Por un lado, porque no alcanza a demostrar el fundamento legal de las propiedades privadas que considera válidas en las tierras reclamadas por la Merced. Segundo, porque la argumentación se centra en la impugnación de la autenticidad de la Merced, no en su fondo, por lo cual implícitamente queda abierta la posibilidad de propiedad indígena colonial si hubiera pruebas.

El fundamento legal de las propiedades privadas con posterioridad a la colonia basadas en actos de adjudicación del siglo XIX o principios del XX es por lo menos tan incoherente, fraudulento e ilegítimo como podría serlo la supuesta Merced Real e inclusive, la mayoría de ellas se remonta a ventas de herederos o apoderados reales o supuestos de la Merced Sayanca. Las prácticas de producción legal de los lagunerros, que utilizaron distintas referencias de derecho para legitimar sus demandas, es una pragmática tal vez no menos creativa que las de los actores privados y miembros de la elite política y judicial de la provincia. Y de ser desconsiderado este antecedente, cabría remontarse al orden jurídico colonial en el cual los lagunerros pueden argumentar, como de facto lo han hecho en el pasado, derechos en base a su estatus reduccional.

Archivos

Archivo de Juan Carlos Rusconi.
Archivo de Juan Nievas.
Archivo de los Tribunales de la Provincia de San Juan.
Archivo de Sixto Jofré.
Archivo del Ministerio de Relaciones Exteriores de Chile.
Archivo Histórico de Mendoza.
Archivo Histórico de San Juan.
Archivo Nacional de Chile.
Museo Etnográfico "Juan Bautista Ambrosetti", Archivo Fotográfico y Documental

Diarios

Diario de Cuyo
Los Andes
La Prensa

Bibliografía citada

Abduca, R., Escolar, D., Villagrán, A., y Farberman, J. (2014). Debate: "Historia, antropología y folclore". Reflexiones de los autores y consideraciones finales de la editora. En J. Farberman (Coord.), Debate Historia, antropología y folclore. *Corpus, archivos virtuales de la alteridad americana*, 4(1). Recuperado de https://journals.openedition.org/corpusarchivos/653

Abercrombie, Th. (1998). *Pathways of Memory and Power: Ethnography and History among an andean people*. Madison: University of Wisconsin Press.

Carrillo Cázares, A., (1991). Chischinaquis, un indio escribano, artífice de los títulos primordiales (La piedad siglo XVIII). *Relaciones. Estudios de Historia y sociedad*, 48, 187-210.

Castellanos, A. (1926). Un viaje por las lagunas de Huanacache y el Desaguadero, *Sociedad Luz Serie II*, t. 3, N° 47.

Cornejo Lencina, A. (1961). *La Falsa Merced Real de 1713*, a favor del Cacique Sayanca. Mendoza: Mundo Cuyano.

De Ahumada, M. (1860). *Código de las leyes, decretos y acuerdos que sobre administración de justicia se ha dictado en la provincia de Mendoza*. Mendoza: Imprenta de El Constitucional.

Draghi Lucero, J. (1978). *La Cabra de Plata*. Buenos Aires: Castaneda.

Draghi Lucero, J. (1940). *Las Mil y una Noches Argentinas*. Buenos Aires: Kraft.

Escolar, D. (2007). *Los dones étnicos de la nación: Identidades huarpe y modos de producción de soberanía en Argentina*. Buenos Aires: Prometeo.

Escolar, D. (2013). Huarpes Archives in the Argentine Desert: Indigenous Claims and State Construction in Nineteenth-Century Mendoza. *Hispanic American Historical Review*, 93, 451-486.

Escolar, D. (2014a). Jueces indígenas, caciques criollos. Autononía y estatalidad en Guanacache, Mendoza (siglo XIX). *Tiempo Histórico*, 9, 37-72.

Escolar, D. (2014b). La naturaleza impura de las cosas folklóricas. Interdisciplina y elaboración de un archivo huarpe. En J. Farberman (Coord.), Debate Historia, antropología y folclore. *Corpus, archivos virtuales de la alteridad americana*, 4(1). Recuperado de https://journals.openedition.org/corpusarchivos/638

Escolar, D. y Saldi, L. (2017). Making the indigenous Desert from the European Oasis: Ethnopolitics of Water in Mendoza, Argentina. *Journal of Latin American Studies*, 49, 269 - 297.

Fanchin, A. (2000). Integración de áreas periféricas en Cuyo al promediar el siglo XVIII. *Revista de Estudios Trasandinos*, 4, 285-295.

Fandos, C. (2007a). Estructura y transferencia de la propiedad comunal de Colalao y Tolombón (provincia de Tucumán) en la segunda mitad del siglo XIX. *Mundo Agrario*, 7(14). Recuperado de https://www.mundoagrario.unlp.edu.ar/article/view/v07n14a12

Flores Galindo, A. (1998). *Buscando un Inca: Identidad y utopía en los Andes*. Lima: Horizonte.

Florescano, E. (2002). El canon memorioso forjado por los Títulos Primordiales. *Colonial Latin American Review*, 11(2), 183-230.

García, A. (2004). *Tras Las Huellas de La Identidad Huarpe*. Vol. N° 7. Serie Libros. Mendoza: CEIDER, Facultad de Filosofía y Letras, Universidad Nacional de Cuyo.

Gibson, Ch. (1975). Prose Sources in the Native Historical Tradition. En H. E. Cline (Ed.), *Handbook of Middle American Indians*. Vol. 15, parte 4 (pp. 311-321). Austin: University of Texas Press.

Gotkowitz, L. (2007). *A Revolution for Our Rights. Indigenous Struggles for Land and Justice in Bolivia, 1880-1952*. Durham and London: Duke.

Healey, M. (2011). *The Ruins of the New Argentina. Peronism and the Remaking of San Juan after the 1944 Earthquake*. Durham and London: Duke University Press.

Inoue, Y. (2007). Fundación del pueblo, cristiandad y territorialidad en algunos títulos primordiales del centro de México. *Cuadernos Canela*, 18, 213-127.

Isla, A. (2002). *Los Usos Políticos de la Identidad. Indigenismo y Estado*. Buenos Aires: Editorial de las Ciencias.

Lockhart, J. (1992). *The Nahuas after the Conquest. A Social and Cultural History of Indians of Central Mexico 16th through 18th Centuries*. Stanford: Stanford University Press.

Menegus Bornemann, M. (1994). Los títulos primordiales de los pueblos de indios. *Estudios: Revista de historia moderna*, 20, 207-230.

Michieli, C. T. (2004). *La Fundación de Villas en San Juan (siglo XVIII)*. Buenos Aires: Sociedad Argentina de Antropología.

Morales Guiñazú, F. (1938). *Primitivos Habitantes de Mendoza (Huarpes, Puelches, Pehuenches, aucas, su lucha, su desaparición)*. Mendoza: Best Hermanos.

Platt, T. (2015). Entre la rutina y la ruptura: el archivo como acontecimiento de terreno. *Diálogo Andino, 46,* 39-54.
Prieto, M. del R. (1981). *Área del Desaguadero. Cap I Desaguadero Norte. Documenta Laboris.* Buenos Aires: Programa de Investigaciones sobre Epidemiología Psiquiátrica.
Rappaport, J. (1990). *The Politics of Memory: Native Historical Interpretation in the Colombian Andes.* Cambridge: Cambridge University Press.
Rodríguez, L. (2010). "Informar si el padrón que rige se conocen dos pueblos de Amaicha". Reestructuraciones socio-étnicas y disputas por tierras entre la colonia y la república. *Memoria Americana, 18*(2), 267-292.
Rodríguez, L. y Boullosa-Joly, M. (2018). Los viajes de los líderes indígenas como vector de los derechos territoriales y de poder (Amaicha del Valle-Noroeste argentino- siglos XIX-XXI). En Ch. Giudicelli (Coord.), *Las sociedades indígenas entre taxonomía, memoria y reapropiación* (pp. 183-208). Rosario: Prohistoria-IFEA.
Rusconi, C. (1960). Algo sobre toponimia antigua de Mendoza. *Revista Del Museo de Historia Natural de Mendoza, 8*(1-4), 3-106.
Romero Frizzi, M. A. (2011). Conflictos agrarios, historia y peritajes paleográficos. Reflexionando desde Oaxaca. *Estudios Agrarios, 17*(47), 65-81.
Salomon, F. (2004a). *The Cord Keepers.* Durham and London: Duke University Press.
Salomon, F. (2004b). "Literacidades vernáculas en la provincia altiplánica de Azángaro". En V. Zavala, M. Niño-Murcia y P. Ames (Eds), *Escritura y sociedad. Nuevas perspectivas teóricas y etnográficas* (pp. 317-345). Lima: Red para el desarrollo de las ciencias sociales (Instituto de Estudios Peruanos, Pontificia Universidad Católica del Perú y Universidad del Pacífico).
Sarmiento, D. F. (1947 [1866]). El Chacho. Último Caudillo de la Montonera de los Llanos. En *Vidas de Fray Félix Aldao y El Chacho* (pp. 69-236). Buenos Aires: Argos.
Tell, S. (2010). Expansión urbana sobre tierras indígenas. El pueblo de La Toma en la Real Audiencia de Buenos Aires. *Mundo Agrario, 10*(20), 1-31. Recuperado de https://www.mundoagrario.unlp.edu.ar/article/download/v10n20a09/457/
Teruel, A. y Fandos, C. (2009). Procesos de privatización y desarticulación de tierras indígenas en el norte de Argentina en el siglo XIX. *Revista Complutense de Historia de América, 35,* 233-255.
Thurner, M. (1997). *From two Republics to One Divided: Contradictions of Postcolonial Nationmaking in Andean Peru.* Durham: Duke.
Wood, S. (1987). Pedro Villafranca y Juana Gerturids Navarrete: Falsificador de Títulos y Su Viuda (Nueva España, Siglo XVIII). En D. G. Sweet y G. B. Nash (Comps.), *Lucha por la Supervivencia en la America Colonial* (pp. 472-485). México: Fondo de Cultura Económica.
Zuloaga, R. (1961). Crítica de autenticidad de una Merced Real de 1713. En A. Cornejo Lencina, *La Falsa Merced Real de 1713, a favor del Cacique Sayanca* (pp. 25-30). Mendoza: Mundo Cuyano.

Colla es signo. Discursos etnológicos en la Puna de Jujuy, Argentina

Guillermina Espósito

Introducción

En la edición argentina de una entrevista realizada a Viveiros de Castro en 2006 (Viveiros de Castro, 2013) el antropólogo brasilero repasaba los sucesivos contextos que desde la década de 1970 hasta la actualidad habían inscripto la pregunta –y las respuestas– formulada por el Estado acerca de quién era indio en Brasil. Viveiros de Castro planteaba lo ilegítima de la pregunta por tratarse de un interrogante de carácter jurídico y no antropológico, y concluía que, en todo caso, a los antropólogos nos correspondía crear las condiciones teóricas y políticas para permitir que las comunidades interesadas articulen su indianidad, y no constituirnos en jueces que dictaminasen quién es indio –y cómo debería serlo– y quién no lo es.

En Argentina existe una rica trayectoria de investigaciones antropológicas e historiográficas que analizaron los modos en que cronistas, funcionarios coloniales, viajeros, arqueólogos, etnólogos, folkloristas, historiadores, juristas, empresarios y antropólogos, se erigieron en "jueces nominadores de lo indígena" (Viveiros de Castro, 2013) ocupándose de debatir, definir y legislar sobre la ontología de la indianidad desde tiempos coloniales a la actualidad (Briones, 2005; Zanolli, 2005; Lanusse y Lázzari, 2005; Delrío, 2006; Escolar, 2007; Giudicelli, 2007; Rodríguez, 2008; Chamosa, 2008; Lenton, 2014; Espósito, 2014 y 2017; entre otros). Estas investigaciones mostraron, para distintos territorios y grupos de la actual Argentina, los modos en que a través de sofisticados mecanismos de nominación, taxonomización y clasificación etnológica (Amselle, 1998) se singularizaron, marcaron y/o invisibilizaron identificaciones indígenas, en diversos contextos históricos y discursivos a través de los cuales emergieron, se *extinguieron* y/o reaparecieron grupos, contribuyendo a comprender la construcción de comunidades imaginadas y fisonomías provinciales del *interior* del país.

En el caso de los collas, las operatorias de caracterización y clasificación etnológica han sido una constante desde el momento en que aparecieron las primeras referencias literarias de la categoría en la década de 1880, hasta la actualidad.[1] En trabajos anteriores analicé las transformaciones paisajísticas y etnológicas de la Quebrada de Humahuaca, mostrando la "criollización" de la población indígena a través de la descripción del trabajo cultural que implicó representar y naturalizar a la quebrada como un lugar civilizado desde fines del siglo XIX (Espósito, 2014 y 2017). En uno de estos trabajos (2017) elaboré una historización de la categoría colla, centrándome fundamentalmente en los usos políticos actuales de la categoría. Impulsada por un interés en indagar la historicidad hegemónica de las concepciones y representaciones estigmatizadas y racistas sobre los collas, así como en los sentidos construidos respecto de su aboriginalidad, en este trabajo abordo las percepciones y representaciones de quienes realizaron las primeras descripciones geográfico-naturalistas y etnológicas de la Puna y sus habitantes. El análisis abarca desde la década de 1880, hasta el momento previo a la reivindicación colla indianista en la década de 1970, cuando en debates oficiales se consagró su carácter mestizo, junto a la continuidad de las representaciones estigmatizadas y racistas con que la categoría fue investida en sus orígenes.

El infierno del Dante

Para comprender el origen de la categoría colla, es preciso inscribir su emergencia en el contexto de la *invención* de la Puna. La denominación "puna", había sido utilizada durante la colonia como categoría descriptiva, y designaba a las tierras de altura, extensas planicies con cuencas endorreicas, inhabitadas e inhabitables, páramo seco y estéril, carente de los recursos necesarios para la subsistencia humana (Bibar, 2001; Gay, 1973; Sayago, 1997; Junient, 1930; todos en Molina Otárola, 2010). En la segunda mitad del siglo XIX, la Puna comenzó a distinguir regiones geográficas específicas, en las descripciones de viajeros y exploradores vinculados directa o indirectamente a los procesos de delimitación de las líneas fronterizas internacionales, creándose una *variedad de punas* que emergieron, se visibilizaron e invisibilizaron a uno y otros lados de las fronteras de los nacientes Chile, Bolivia y Argentina. En su tesis doctoral sobre el Territorio Nacional de los Andes,[2] Alejandro Benedetti historizó las

---

1. Para el caso, en uno de los más ambiciosos proyectos de clasificación y compendio etnológico registrado en su historia como nación, el Ministerio de Educación y Deportes de Argentina editó en el año 2016 la colección "Pueblos indígenas en la Argentina. Historias, culturas, lenguas y educación", donde entre otros pueblos indígenas de la Argentina se incluye a los collas.
2. Los territorios que en las dos últimas décadas del siglo XIX se anexaron al Estado argentino, fueron

diversas nominaciones que entre mediados del siglo XIX y la década de 1940 se construyeron en torno a las tierras altas andinas (Benedetti, 2005). Puna de Atacama, Puna jujeña, Puna Argentina, Puna Salada, Puna Húmeda, Puna a secas, fueron imaginadas, nominadas y creadas como categorías en el marco de la configuración de las fronteras nacionales entre Argentina, Bolivia y Chile, en procesos de territorialización donde los estados nacionales expandían su soberanía sobre espacios indígenas y/o controlados por otros estados. Entendiendo que las regiones se forman en el proceso en el que se las recorta y nomina, "jerarquizando las diferencias y las semejanzas de índole ambiental, cultural, demográfica y socio-económica" (Benedetti, 2005:24), este autor historizó las diversas nominaciones de la Puna en Argentina, en torno a la creación del Territorio de los Andes en 1899. A diferencia del militarismo y violencia estatal que significó la anexión de los territorios indígenas de Chaco y Patagonia, así como lo ocurrido en los departamentos de Cochinoca y Casabindo,[3] Benedetti plantea que la incorporación del Territorio de los Andes a la Argentina fue el producto del éxito diplomático de las negociaciones limítrofes entre Argentina, Chile y Bolivia, sobre un territorio que se encontraba al margen del interés y del imaginario expansionista del Estado nacional.[4] Hasta entonces, la Puna de Atacama –antes de incorporarse a Argentina, denominada Desierto de Atacama– no se encontraba dentro del imaginario de expansión que alimentó las empresas soberanas de la generación del '80. Pero las tierras altas se volvieron objeto de negociaciones diplomáticas en cuyo marco se produjo la distinción de dos entidades territoriales de lo que de allí en más se convertiría en la Puna Argentina: la Puna de Jujuy –o Puna jujeña– y la Puna de Atacama; categorías geográficas que empezaron a estar presentes en los discursos científicos, relatos de viajeros, en las divisiones político-administrativas, la organización espacial y algunas prácticas socioeconómicas: "por lo menos desde 1880 y hasta 1940 la Puna jujeña (o Puna de Jujuy), y la Puna de Atacama (argentina después de 1899) designan dos unidades regionales diferenciadas que, en conjunto, formaron la Puna Argentina" (Benedetti, 2005:138).

---

organizados bajo la figura político-administrativa de los "Territorios Nacionales". Estos territorios formaron parte del mapa político nacional entre la década de 1880 y el año 1990, cuando el último que quedaba de aquella organización, Tierra del Fuego, se constituyó en provincia.

3. A comienzos de 1877 la Suprema Corte de Justicia sentenció que las tierras de los departamentos de Cochinoca y Casabindo pertenecían a la provincia de Jujuy, contra el reclamo de Fernando Campero que alegaba su propiedad a partir de la posesión de un título de encomienda colonial. Según el historiador Gustavo Paz, el hecho de que las tierras colindasen con Bolivia y Campero fuese un ciudadano boliviano fue determinante para la resolución del conflicto a favor de la provincia de Jujuy, cuya soberanía sobre esos territorios le dio potestad para recaudar impuestos y arriendo y posteriormente beneficiarse de las ventas de las tierras declaradas fiscales (Paz, 2006:164-165 en Espósito, 2017). En 1899 con la sanción de la Ley Provincial Nº 537 se crearon los departamentos de Rinconada y Santa Catalina.

4. Para una historización de este proceso ver Benedetti (2005).

En función de su objeto de investigación –el Territorio de los Andes entre 1899 y 1943– Benedetti se pregunta por qué no se gestó en ese período un gentilicio que diese cuenta de la población que allí habitaba: "existió una división política de primer orden, Los Andes, pero no existieron ni andinos, ni andinenses, ni andianos propios del lugar" (Benedetti, 2005:33). Efectivamente, durante la existencia del Territorio no emergió ningún etnónimo que hiciera referencia explícita a tal unidad política. Sin embargo, en la literatura analizada por Benedetti y que junto a otras es retomada en este trabajo, abundan las nominaciones y calificaciones de los indígenas que poblaban tanto la Puna de Atacama como la Puna jujeña. Alternando su uso con el de *indios, naturales, indígenas, aimaráes, mestizos, atacameños, quichuas, paisano, boliviano,* y hasta *animales,* los collas aparecen por primera vez nombrando a los habitantes de un paisaje que venía siendo descripto con los mismos atributos de marginalidad que se les atribuye a los indios que lo habitaban. El antropólogo Alejandro Isla fue el primero que interpretó la homologación culturalista que fue establecida en el imaginario antropológico en torno a los collas, donde cultura –colla– y territorio –puneño– devinieron de procesos de clasificación etnológica llevados a cabo desde fines del siglo XIX, advirtiendo además el clivaje nacionalista que operó en su configuración. En la única edición de un libro meritorio de una nueva publicación, Isla inauguraba en 1992 la idea de la Puna como invención, inscribiendo su emergencia como categoría a fines del siglo XIX:

> [La Puna] es una construcción simbólica, y posee un rol central en el imaginario "antropológico" argentino, más allá de que pueda tener una delimitación geográfica y climática precisa. Una variedad de diferentes tipos de antropólogos han pasado, disertado y escrito sobre la región para construir la "cultura puneña". Se encuentra en una frontera de la "civilización"; en una frontera que es sentida como divisoria entre "naturaleza" y "cultura". Donde ser del "otro lado" (boliviano) se niega, y se esconde con vergüenza, por los propios coyas, habitantes de la puna. Que a su vez son estigmatizados con el apelativos de "coyas" (un insulto) en boca de alguien del sur de su misma provincia. Región donde no hay historia, donde los procesos se asemejan a los movimientos geológicos, donde el paisaje y la apelación ontológica a algún concepto, permiten exotizar las diferencias. Donde se inventa el predominio de la homogeneidad (Isla, 1992:26).

Isla sintetizaba, con estas palabras, imágenes de la Puna en las que, desde al menos la década de 1880, se hiperbolizaban algunos rasgos climatológicos y altitudinales para describir las tierras altas como una entidad homogénea: sequedad y aridez extremas, irrespirabilidad del aire, exacerbada amplitud térmica diaria y excesiva radiación solar. Por ejemplo, en 1908 Eric Boman planteaba:

> La impresión que produce la puna en el viajero es tan extraña que no se la creería real (…) La desnudez de esta naturaleza es horrorosa: se transforma todo en sombrío, taciturno; no se ríe ya; se tiene el pecho atenazado por este aire respirable apenas (…) La armonía falta por completo. Y todo centellea en este aire rarificado (…) Un silencio absoluto reina en la puna: ni un canto de pájaro; los escasos seres vivientes no hacen ruido y, si uno se adelanta algunos pasos a la caravana, no se oye ni el cencerro del caballo que guía a las mulas, ni los gritos y las palabrotas de los muleteros: el aire es tan liviano, que las vibraciones del sonido se apagan casi inmediatamente (Boman, 1991 [1908]: 414-415, en Haber, 2000).

Apenas pasados unos años, Von Rosen se refería a la Puna con estas palabras: "El contraste entre el desierto que habíamos dejado y el hermoso paisaje que nos rodeaba, nos daba la ilusión, como a Dante, de haber viajado del país de las sombras hasta la entrada al paraíso" (Von Rosen, 1916:202, en Benedetti, 2005). Este paisaje era inhabitable para el hombre blanco: "La Puna se imponía (…) y esa geografía de extremos hacía impensable la vida del viajero en esas tierras, es decir del hombre blanco, llevando a muchos de ellos a concluir que sólo los indígenas de la región pueden adaptarse a semejantes condiciones de vida (Daniel Cerri, 1899:417 y 420, en Benedetti, 2005).

Pocos años después de la compilación de Isla, Alejandro Haber (2000) desarrolló la idea de la Puna como objeto, en una contribución donde historizó la construcción específica de la Puna de Atacama a través del análisis de relatos de viajeros de fines del siglo XIX y principios del XX, quienes crearon a la Puna como una entidad de este género literario en el marco de su instrumentación en la expansión estatal de ese período. Haber analizó el modo en que las imágenes sobre el paisaje y su gente se incorporaron naturalizadas a la interpretación arqueológica de su pasado prehispánico, mostrando cómo la descripción geográfica de la Puna de Atacama constituyó ante todo un estatuto de alteridad en los márgenes de la nación (Haber, 2000:24). El estatuto de alteridad también se estableció sobre los indígenas que la habitaban, aunque a diferencia de los procesos de expansión en Chaco y Patagonia, el Estado no llevó adelante políticas de pacificación, ni se estableció la figura de indios enemigos, ni se articuló territorialmente en torno a una hipótesis bélica. Tampoco hubo componentes de exhibicionismo y espectacularización en torno al Estado que ingresaba a esos territorios, como los analizados en Patagonia por Carlos Masotta (2009). En todo caso, durante 1860-1880 –período de *conquista interior* y militarización del control de territorio y sus poblaciones (Escolar, 2007)– el Estado comenzó a intervenir de modo periódico en la Puna en defensa de su propia soberanía y de los intereses territoriales de terratenientes –como en el caso de lo ocurrido en los departamentos de Cochinoca y Rinconada entre 1872 y 1876– mostrando la dependencia y subordinación de sus fuerzas represivas a los intereses de las elites económicas y políticas locales. Pero a fines del siglo XIX, la Puna, como lúcidamente demostró Benedetti, era "un territorio andino en un país pampeano", espacio cuyas potencialidades económicas ofrecían una gran alteridad y escasa competencia respecto a los patrones agro-ganaderos del centro del país. Los indígenas con los que se encontraban los viajeros, funcionarios y naturalistas que recorrían la región, eran, al igual que el territorio, descriptos en términos de una alteridad extrema, aunque esta alteridad se articulaba con atributos de mansedumbre y retraimiento, lo que les otorgaba, desde su perspectiva, un resguardo mínimo de potencial civilidad: "son indios mansos, cristianos, de raza Quichua, Aimará, Coya o mestizos" (Huber, 1905:389 en Benedetti, 2005).

Aunque la expansión sobre el territorio altoandino no fue precedida por poderosos imaginarios de incorporación, a lo largo de las dos primeras décadas del siglo XX, sus habitantes sí comenzaron a ser requeridos e incorporados como mano de obra en la pujante industria azucarera provincial, y como ciudadanos de una nación que hacia la segunda década del '20 los instaba a integrarse activamente a la vida política local y nacional. En este marco de incorporación laboral y política durante la primera mitad del siglo XIX, lo colla cristalizó como el etnónimo para designar a las poblaciones de la Puna argentina que se articularían en estos procesos.

Collización de los indígenas puneños

Hace más de veinticinco años, Jean y John Comaroff (1992) inauguraban un camino que configuraría un sentido común académico, según el cual la etnicidad se origina en fuerzas históricas específicas en las que diferentes grupos se incorporan de modo asimétrico en una economía política específica, y donde los grupos étnicos y su conciencia devienen en el marco de estos procesos y de relaciones estructurales de desigualdad en la que un grupo domina a otro. Para poder dar cuenta del proceso de etnización que dio origen a la categoría colla, es preciso entonces describir el contexto de su producción, dilucidando las configuraciones históricas donde la categoría fue construida.

Numerosos autores han alertado sobre los riesgos de naturalizar y prolongar en el campo académico categorías étnicas surgidas en el marco de procesos tipológicos y representacionales funcionales a empresas colonizadoras de dominación sobre grupos indígenas (Amselle, 1998; Boccara, 2006; Delrío, 2006; Giudicelli, 2007; Pratt, 2011).Tomando de Amselle la idea de que "la invención de las etnias es la obra conjunta de los administradores coloniales, de los etnólogos profesionales y de aquellos que combinan ambas calificaciones" (Amselle,1998), Christophe Giudicelli analizó la consagración de lo calchaquí como un antepasado "aceptable" de la nación argentina a fines del XIX, e instó a prestar especial atención al "momento fundamental de transmutación operado en el último cuarto del siglo XIX, cuando los sabios positivistas les otorgaron un estatuto inmutable de etnias a las naciones que encontraban en las crónicas que ellos mismos iban publicando en ese momento, o en los legajos que estaban organizando en fondos de archivo" (Giudicelli, 2015: 244).

A diferencia –entre otros– del caso calchaquí, en el caso de los collas no se realizó la osificación de una categoría colonial, sino que estos naturalistas orgánicos (cf. Giudicelli, 2015) son quienes efectuaron la creación del etnónimo colla. El caso de los collas es el de una construcción republicana de categoría étnica. Desde principios de la década de 1860 y hasta la década de 1920, decenas de especialistas recorrieron las tierras altas de Argentina, Chile y Bolivia efectuando un sistemático relevamiento de las condiciones ambientales, geológicas y potencialmente productivas de la región, describiendo a su paso, además, las condiciones existenciales de quienes allí habitaban, a quienes consideraban invariablemente como indígenas.[5] Como dijimos, las denominaciones aplicadas en estas publicaciones a las poblaciones de la Puna, alternaban entre *indios, naturales, atacameños, indígenas, coyas, aimaráes, mestizos, quichuas, boliviano*, y hasta *animales*. Molina Otárola encuentra que

> en la puna de Atacama desde fines del siglo XIX, Bertrand (1885) nombra como atacameños y coyas a las personas que encuentra en Antofagasta de la Sierra, y no hace ninguna distinción. Luego Huber (1905) denomina a la población puneña con el nombre de colla, aunque se constata que coexiste con las denominaciones atacameñas, tal como lo hace Holmerg (1900), quien señala que los habitantes de la puna conservan los rasgos atacameños o aymaras. Por su parte Kühn (1910) hace una descripción fenotípica del atacameño de la puna, y luego Boman (1991[1908]) y Bowman (1924[1942]) nombran a los habitantes de la puna como atacameños, los mismos que serán más tarde nombrados collas (Molina Otárola, 2010:108).

En una publicación del año 1877, Joaquín Carrillo se refería a los indios puneños como *cochinhucas*:

> Eran i son, por conservarse aun casi intacta la raza, de regular estatura, de color cobrizo oscuro, de facciones bastante proporcionadas i pronunciándose mas bien la grosura e los labios i la estrechez de la frente, cubierta esta por un cabello renegrido i grueso que recortan por delante dejándolo crecer sobre el cuello.

---

5. Un cuadro sobre los viajeros que recorrieron la Puna de Atacama entre 1853-1927 indicando nombre del viajero, año de realización del viaje, título de la obra publicada, año primera edición y de reediciones, institución perteneciente en el momento de realización del viaje, institución que publicó la obra, formación profesional y nacionalidad del viajero, puede consultarse en Benedetti (2005).

> Su musculatura es fuerte, su naturaleza de fierro para la fatiga i las privaciones; tienen un temperamento sobrio (…) Aun hoi no está del todo vulgarizado entre ellos el idioma nacional, que solo pueden hablar adulterándolo completamente (Carrillo, 1958 [1877]:30).

En estas primeras publicaciones, estas categorías operaban como calificativos territoriales más que como gentilicios. Aludiendo a los habitantes del Qullasuyu, una de las cuatro jurisdicciones geopolíticas en que se dividía el territorio del Tawantinsuyu, la primera referencia que encontramos sobre los collas es en la pluma de Ludwig Brackebusch, el célebre geólogo alemán que recorrió Jujuy en la década de 1880: "Nos hallamos entre los descendientes de los antiguos Quichuas conocidos en las partes bajas del país por la denominación de Coyas" (Brackebusch, 1883:209). Lo colla aquí aparece como una categoría atribuida por no indios a los indios de las tierras altiplánicas, instituyéndose uno de los sentidos que tendría de allí en más, vinculado a lo "no blanco" (Karasik, 2005), diferente a la sociedad no indígena. Existiendo en los primeros escritos analizados una variedad de descriptores etnológicos para nombrar a los indígenas de las tierras altoandinas, el término colla comenzó a utilizarse para designar de modo genérico a la población indígena que se encontraba en la región puneña que el Estado argentino iba incorporando a su soberanía. Según Molina Otárola, la generalización del etnónimo colla es una "operación nacionalista que busca diferenciar a la población indígena puneña-vallista de los habitantes del desierto, los que hasta hace unas décadas eran nombrados, en general, bajo una misma denominación étnica. La identidad colla se generaliza para toda la puna de Atacama y se argentiniza" (Molina Otárola, 2010:107).

La denominación colla se fue generalizando conforme transcurrían las primeras décadas del siglo XX, y se convirtió en el etnónimo de los puneños. En la década de 1920 el viajero español Ciro Bayo se refería a los collas como los indígenas que habitaban la Puna de Jujuy, en una descripción donde les son atribuidas características que en términos evolutivos apenas los sitúan alcanzando los peldaños de la humanidad. En su obra *Por la América desconocida*, Bayo indica que los collas son los

> descendientes de los primeros habitantes de esta región americana, que debieron venir de Perú, pues tienen en común, con los aborígenes de este país, tipo, idioma, alimentación y costumbre. Colla, entre los argentinos, es sinónimo de avaro, de miserable. La sinonimia es exacta (…) Diríase que la ola de la civilización, en llegando a la puna, la dio un rodeo y pasó de largo (…) Estos indios viven poco menos que en estado primitivo: aun conservan el tipo autóctono, hasta el punto de que es difícil, sino se recurre a un intérprete, tener contacto con ellos (…) Trátase, en suma, de una verdadera isla etnográfica (Bayo, 1927:60-61).

En la misma década, el viajero Alberto Castellanos decía:

> El indio, el autóctono o "coya" como le dicen, en general es de talla mediana o baja, delgado, de tez bronceada, cabellos negros y rígidos, que más bien son cerdas, poquísima barba, reducida a veces a unos cuantos pelos arrollados en el mentón y el bigote, a otros pocos en las comisuras labiales; recuerdan a las vibrisas de las aves o a las cerdas del lomo de los chelcos viejos. Sus ojillos rajados traen a la memoria el ojo mogólico. Boca grande, dientes pequeños y negros casi siempre, labios delgados y más obscuros que el rostro, al abrirse dejan exhalar un hálito fétido, tal vez resultado de su continuo mascar coca con yista, cuyos residuos les quedan como muestra en los contornos (...) De las piezas interiores de los vestidos, prefiero no detenerme porque es arriesgado indagarlo en un "coya". Seguramente que alguno de los múltiples parásitos se llevará el que así lo intente hacer, a pesar que, si bien es cierto felizmente no saltan y son lerdos para caminar, no por eso llegan a ser difíciles de contagiarse (Castellanos, 1928:54-55-58).

En otro pasaje, el viajero describe: "Conversaba una vez con un pastor que sólo por ironía los antropólogos podrían clasificarlo como *Homo Sapiens L.*, ya que era la negación de la inteligencia. Su cabeza de alienado podría tal vez interesar a un laboratorio de psiquiatría, y a un museo de historia natural" (Castellanos, 1928: 65). Estas caracterizaciones subhumanas elaboradas sobre los collas, evocan a su vez otra descripción de los collas hecha por Brackebusch y citada en una obra de la década de 1970, donde el geólogo distingue a los collas de la comunidad humana: "'[En la Puna de Atacama] el hombre fue y es lo de menos, el paisaje frío e imponente es lo de más ¡Pero qué habitantes! Collas, collas no más, con excepción de tres o cuatro hombres', fue la textual definición demográfica que Brackebusch aplicó a la puna jujeña en 1883" (Aceñolaza, 1971:58 en Benedetti, 2005).

Junto a estas descripciones deshumanizantes y degradantes de los collas, su condición de propietarios o arrenderos en departamentos altiplánicos como Casabindo o Cochinoca, tanto como su ingreso al mundo asalariado en los ingenios azucareros, habilitó discursos donde se los empezó a distinguir en términos de su evidente mestización, muestra de su inexorable incorporación a la vida nacional. Ya en 1904, Eduardo A. Holmberg (hijo), técnico comisionado de la Dirección de Agricultura y Ganadería de la Nación, establecía la siguiente clasificación etnológica sobre los indios de Jujuy:

> Dentro de la denominación *indio*, hay que hacer dos grandes distinciones: el *indio* de la Puna, propietario o arrendero, y el *indio* chaqueño, *toba*, *mataco* o *chiriguano*, que trabaja en los departamentos de Ledesma, San Pedro y Santa Bárbara. Aunque el habitante de la Puna se le da el nombre de *indio*, creo que

por sus condiciones actuales no es al que más propiamente le corresponde, pues más justo sería llamarle simplemente *criollo*. Es muy difícil determinar las diferencias étnicas y aún antropológicas entre ese indio de las punas y el actualmente llamado criollo (Holmberg, 1904: 96).

El siguiente año, el zoólogo Huber establecería la citada sinonimia de los *mansos* indios puneños como siendo de "raza Quichua, Aimará, Coya o mestizos" (Huber, 1905:389, en Benedetti, 2005).[6]

En el marco de uno de los mayores movimientos de trabajadores de la historia argentina (Karasik, 2005) desde al menos la década de 1910, los collas se incorporaron a la producción primaria de la caña de azúcar, la minería y la industria regional. El citado Holmberg, se refería al "indio de las punas" como "astuto é inteligente [y que] sobre todas sus grandes cualidades priman dos, que son las que más lo elevan en el concepto general: su voluntad y su carácter (…) El indio del Este no tiene ninguno de los atractivos del quíchua. Le falta el pensamiento de aquél, su talento, su carácter, su nobleza, y para *convertirlo en un elemento de trabajo* ha sido necesaria toda la habilidad, toda la actividad de los señores Leach y sus colaboradores" (Holmberg 1904:96, itálicas de mi autoría). Los movimientos y trayectorias laborales de los collas dieron lugar a narrativas historiográficas que afirmaron que "los indios dejaron de ser indios", tema que analizamos en trabajos anteriores (Espósito, 2014 y 2017). Lo que nos interesa retomar del análisis realizado, es la ideade los usos políticos implicados en la noción de mestizaje, orientado de diversas maneras a argumentar que en Argentina no había más indios. Esta idea es muy clara en los debates oficiales que a mitad de la de 1940 se daban en relación a si los collas eran o no indios. En pleno auge azucarero, en el año 1945, el Consejo Agrario Nacional planteó las discrepancias en los criterios para determinar oficialmente la calidad de indígena de los collas: "En el norte se ha discutido la situación de ciertos *indígenas civilizados, como los collas*, pretendiendo negarles su carácter de aborígenes" (Consejo Agrario Nacional, 1945: 55, citado en Karasik, 2005; itálicas de nuestra autoría). En la presentación, se exhibieron informes de la Comisión Honoraria de Reducciones de Indios del año 1935, donde se mencionaba la negativa de los ingenios azucareros y de agentes parlamentarios del

---

6. Promediando los '20, el político Miguel Tanco describía a los collas como amantes de los códigos y leyes. "Conocen de memoria la constitución nacional, que para ellos es algo así como un catecismo; la preocupación por el estudio de la legislación, sin duda emana, de la idea fija de reivindicar sus tierras, que está encarada en todos ellos desde que tienen uso de razón" (Tanco, 1924: 32 en Espósito, 2017). Apenas dos años después, en 1926, el político e historiador Bernardo González Arrilli escribía: "Sabido es que entre los "coyas" existe madera excelente para tallar leguleyos. Ninguno, sin saber leer, aunque sea deletreando, ha dejado de comprar una recopilación de códigos y aprendérselos de memoria. Tiene gran predilección por la ley, y sorprenden a más de uno con preguntas o citas que sólo pueden responderse con el Código en la mano" (González Arrilli, 1926:194 en Espósito, 2017).

Estado provincial, a reconocer la aboriginalidad de los collas: la discusión sobre si los collas eran o no indígenas, se centró específicamente en los pobladores oriundos de la Quebrada de Humahuaca (Pardal, 1945 [1936] en Karasik, 2005). De la misma manera, luego del Malón de la Paz del año 1946, en la Cámara de Diputados de la Nación se generó un importante debate sobre la condición india de los maloneros, llegando a afirmarse que en Jujuy no existían ni indios ni collas. Durante las sesiones de los días 12 y 13 de septiembre de 1946, y ante la solicitud de informes del diputado Alberto M. Candioti al Poder Ejecutivo sobre "la caravana de indígenas collas" que había arribado hacia poco a Capital Federal, el diputado Sarmiento interrumpió la alocución de Candioti y se generó el siguiente diálogo:

> Señor Sarmiento: ¿Me permite una interrupción, señor diputado? Quiero pedirle al señor diputado que trate de no usar la palabra "indios". Los del norte no son indios: son aborígenes.
>
> Señor Dellepiane: Nosotros también somos aborígenes. (*Risas.*)
>
> Señor Sarmiento: Indio es otra cosa.
>
> Señor Candioti: Yo empleo la palabra "indio" en su sentido clásico. Indígena es el francés nacido en Francia, el yugoslavo nacido en Yugoslavia, y el argentino nacido en la República Argentina.
>
> Señor Sarmiento: Indio es el que no está ampliamente incorporado a la civilización: el del norte en realidad ya está incorporado legalmente, aunque en realidad muchas veces no sea así.
>
> Señor Rubino: Los que echaron de Buenos Aires, ¿eran indios o no eran indios?
>
> Señor Sarmiento: En realidad no son indios.
>
> (…)
>
> Señor Saravia: Pido la palabra. Entro a este debate un tanto desprevenido: pero cuando se habla de ciudadanos argentinos que viven en mi provincia, Jujuy, no puedo quedar callado y protesto enérgicamente por el uso de los términos "collas" o "indios".
>
> ¡Muy bien!
>
> ¡En Jujuy no existen indios ni collas!
>
> ¡Todos son argentinos!
>
> Se los puede llamar, sí, autóctonos o aborígenes, pero jamás collas o indios.
>
> ¡Muy bien! ¡Muy bien! (*Aplausos.*)
>
> (Documento I Sesiones de la Cámara de Diputados de la Nación, septiembre de 1946. En Sala, 2005:179-180; 184-185).

De indios incivilizados, como Ciro Bayo describía a los collas apenas dos décadas antes ("diríase que la ola de la civilización en llegando a la puna, le dio un rodeo y pasó de largo"), pasaron a oficializarse como "indios civilizados" según los discursos de diputados nacionales y del Consejo Agrario que, si bien como institución estatal no estaba dirigida específicamente a solucionar la problemática indígena, preveía en uno de sus artículos la organización de colonias que se iban a dar "en propiedad a los indígenas del país" (Lázzari, 2004). En pleno auge de la industria azucarera en el oriente de la provincia, en 1939 el diputado Carlos Montagna hacía el siguiente planteo en el marco de la creación de la Comisión Nacional de Protección al Indígena:

> Y no sólo debemos considerar el problema del indio por razones de humanidad y de orden moral superior, sino porque son seres fácilmente adaptables a nuestra civilización, útiles en el trabajo y de gran rendimiento cuando se les orienta, se los guía, se los encauza en sus primeros pasos de adaptación [como ha acontecido] (…) allí en Napalpí, en Bartolomé de las casas (…) y otras reducciones del Chaco y Formosa (Consejo Agrario Nacional, 1945: 221).[7]

Mientras los chaqueños –sobre cuya condición de indios no cabía ninguna duda– se constituyeron en la principal mano de obra indígena de los ingenios azucareros de Jujuy y Salta (Gordillo, 2010), el despojo de atributos de aboriginalidad a la categoría colla fue propiciada y utilizada por los dueños y capataces de los ingenios con fines de rentabilidad económica y seguridad social, siendo discutida además en el marco de la posibilidad de que una eventual identificación indígena hiciera emerger reclamos por tierras en la región. En su trabajo sobre el Primer Censo Indígena Nacional, Diana Lenton presenta testimonios de dos censistas que en el año 1966 fueron a realizar sus registros al Ingenio Ledesma. Según la antropóloga, todos sus entrevistados coincidieron en señalar que allí es donde tuvieron el mayor problema en todo el trabajo de campo:

> El problema mayor (…) fue el que atravesaron dos censistas enviadas al Ingenio Ledesma en 1966 (…) cuando el ingeniero Arrieta, propietario del ingenio, presionó (…) para que a la población colla que vivía en el ingenio Ledesma se la discriminara de los matacos y guaraníes para no censarla. Los problemas comenzaron cuando los administradores del ingenio las denunciaron por "hacer preguntas comunistas". En realidad, la "pregunta comunista" era aquella que inquiriría: "En el caso de tener un día mucha plata, ¿qué haría usted con ella?". Esta pregunta tenía su razón de ser en el marco del interés que los diseñadores del CIN mantenían por los procesos de "aculturación". La respuesta unánime de los censados, que irritaba tanto a los Arrieta, era que de contar con los

---

7. La injerencia en los ingenios azucareros de la clase política, muchas veces asociada a sus intereses empresariales, jugó como una certera metáfora del mito de la Argentina blanca. Oscar Chamosa (2008:99-100) mostró el modo en que la "criollización" de los valles Calchaquíes operó en el marco de lo que el autor llama "la Industria blanca".

recursos necesarios, comprarían un terreno para dejar el ingenio y obtener su independencia económica y personal (Lenton, 2003:201).

Como he señalado en un trabajo previo:

> A medio camino entre el ideal civilizatorio provincial –condensado en el hombre blanco, ilustrado y propietario– y el escollo principal para la consecución de ese ideal –los salvajes aborígenes del oriente provincial– los collas quedaron despojados de sus atribuciones indígenas en contextos de uso oficial y empresarial, cimentando representaciones desaboriginalizadas de los pobladores de las tierras altas del noroeste Argentino (Espósito, 2017: 97).

Colla es signo

En la recorrida preliminar que dio lugar a la formalización del Plan Desarrollista Andino en 1962,[8] se llamaba "coyas" a los "indios mestizos" que habitaban la Puna, ubicados como una rama atacuma y cochinoca del grupo quechua (Informe Organización Internacional del Trabajo- OIT, 1962:13).El Informe continuaba:

> A base de una alimentación insuficiente, pobre y desequilibrada, el coya vive en casas de adobe, que presentan un mínimo de comodidad, y las técnicas que emplea todavía son muy primitivas. Este aborigen, disciplinado y muy pacífico, buen trabajador y apegado a su tierra ingrata, vive en condiciones climáticas contra las cuales sólo dispone de protecciones irrisorias. (Son) grupos sociales ya muy integrados en las formas generalizadas de la cultura argentina. Quizás sea esto lo que explica el hecho de que no se observe entre estos grupos ese espíritu comunitario tan extendido y arraigado en los otros países andinos (Informe OIT, 1962: 13-14).

> (…)

> la población se encuentra, en términos generales, en una etapa avanzada de mestizaje. Podrá no estar seguro el observador qué es lo que constituye lo indígena y sin embargo, al ver a la gente de la Puna y conversar con ella –lo que siempre puede hacer en español– desarrollará la convicción de que se encuentra frente a un grupo social que se halla en un adelantado grado de asimilación a las formas más generalizadas de cultura norteña argentina (Informe OIT, 1962: 134).

---

8. Para una contextualización de la misión que dio lugar a la aplicación del Plan Andino en Argentina, ver Espósito (2014).

En el Informe, se compara a los puneños con los bolivianos del altiplano, y se caracteriza a los puneños como más educados, más limpios, más despiertos, más razonables, con mayor nivel de vida y con instituciones gubernamentales occidentales o argentinizadas, todos signos manifiestos de mestizaje.

Elaborado casi un siglo después de las primeras descripciones sobre los indígenas que habitaban las tierras altiplánicas del norte de Argentina, dicho Informe reproduce gran parte de los supuestos decimonónicos que abonaron en su historicidad hegemónica las representaciones elaboradas sobre los collas. Primero sometidos al poder colonial, y luego integrados de modo subalterno al poder de la nación y a los mercados e industrias del capitalismo regional, a los collas se les negó su condición de indios aunque se les imprimió en su piel la huella no-blanca de una historia otrificadora, signo de su subordinación en el marco del proceso de formación nacional de alteridad (Segato, 2007). El discurso de mestizaje cultural se pudo construir articulado a la referencia idealizada del colla manso, sumiso y dispuesto al trabajo. Casi desde sus inicios como categoría, el colla fue descripto como un indígena mestizo, integrado a la vida nacional y civilizada a través del trabajo y las instituciones educativas. Lo mestizo fungía como muestra del ingreso de los collas a las instituciones políticas y culturales argentinas. La vocación integradora de la nación a través de diversas políticas indigenistas, volvió a los collas como el sujeto ideal de prácticas de incorporación, aunque esto no fue suficiente para borrar de su piel los rastros de su subordinación alterna, que se convirtió en un código de lectura de sus cuerpos (cf. Segato, 2007).

A principios de la década de 1970, Eulogio Frites denunciaba el fuerte racismo que operaba entonces contra los collas –a quienes no duda en calificar como indios– por parte de blancos y mestizos. El autor plantea que las burlas socarronas que recibe el colla tienen por efecto que éste reniegue de su "personalidad" y, en un proceso de "trasculturación", "se atomice y se pierda como hombre" (Frites, 1971: 378). En un interesante análisis sobre los subterfugios a los que se somete para hacerse pasar por gaucho o "lugareño" en situaciones de discriminación, Frites concluye que "su rostro no lo deja mentir", exponiendo la incorporación subalterna de aquello que Escolar denominó fenomitos, racializaciones feno-míticas, representaciones biológicas de alteridad que naturalizan prácticas sociales, experiencias y procesos históricos, "cuya historicidad y carácter social se borra para los actores precisamente en el proceso que las inscribe como rasgos fenotípicos de 'raza', es decir, como rasgos biológicos considerados esenciales que se traducen en marcas somáticas observables" (Escolar, 2007: 79-80).

En la estructura racializada y fuertemente racista que impera en Jujuy, "colla" es usado cotidianamente por la población blanca criolla como un insulto, intercambiable con la de indio y boliviano, con un sentido degradante para quien se dirige la nominación. El apelativo está generalmente acompañado en sus usos por adjetivos descalificadores: colla de mierda, colla sucio, colla vago. El agravio acude a una marcación cargada de connotaciones racistas, que actualiza las primeras descripciones elaboradas por los indígenas de tierras altas, en operatorias discursivas donde la raza actúa efectivamente inscribiendo desigualdades, generando exclusiones y ontologizando diferencias históricas y sociológicas.

Documentos citados

Consejo Agrario Nacional (1945). *El problema indígena en la Argentina*. Secretaría de Trabajo y previsión, Buenos Aires.
Organización Internacional del Trabajo (1962). *Informe al Gobierno de Argentina sobre el problema indígena en la Puna de Jujuy*, Ginebra.

Bibliografía citada

Amselle, J-L. (1998). *Mestizo Logics: Anthropology of Identity in Africa and Elsewhere*. Stanford, CA: Stanford University Press.
Bayo, C. (1927). *Por la América Desconocida*. Madrid: Caro Raggio.
Benedetti, A. (2005). *Un territorio andino para un país pampeano Geografía histórica del Territorio de los Andes (1900.1943)*. Tesis Doctoral inédita. Buenos Aires: Instituto y Departamento de Geografía, Facultad de Filosofía y Letras, Universidad de Buenos Aires.
Boccara, G. (2006). Hegemonías y contra-hegemonías en las Americas (siglos XVI-XXI): comentarios a partir los trabajos presentados en esta sección. *Anuario IEHS, 21*, 181-189.
Brackebusch, L. (1883). Viaje a la Provincia de Jujuy (Discursos pronunciados el Instituto Geográfico Argentino, Sección Córdoba). *Boletín de la Academia Nacional de Ciencias*, tomo V: 185-252.
Briones, C. (2005). Formaciones de alteridad: contextos globales, procesos nacionales y provinciales. En C. Briones (Comp), *Cartografías Argentinas. Políticas indigenistas y formaciones provinciales de alteridad* (pp. 11-44). Buenos Aires: Antropofagia.
Carrillo, J. (1958 [1877]). *Historia civil de Jujui (con documentos). Apuntes para su historia civil*. Buenos Aires: Universidad Nacional de Jujuy.
Castellanos, A. (1928). *Por un rincón de la Puna de Atacama*. Buenos Aires: Publicaciones de Instituto Cultural Joaquín V. González.
Chamosa, O. (2008). Indigenous or Criollo. The Myth of White Argentina in Tucumán's Calchaqui Valley. *Hispanic American Historical Review, 88*(1), 71-106.
Comaroff, J. y Comaroff, J. (1992). *Ethnography and the historical imagination*. Boulder: Westview Press.

Delrío, W. (2006). Argentinos colonos o chilenos intrusos: territorializaciones y clasificación de los pobladores indígenas en Patagonia. *Anuario IEHS, 21*, 95-112.
Escolar, D. (2007). *Los dones étnicos de la Nación. Identidades huarpe y modos de producción de soberanía en la Argentina.* Buenos Aires: Prometeo.
Espósito, G. (2014). Discursos civilizadores en los Andes de Argentina: políticos y académicos en la mestización de la Quebrada de Humahuaca, Jujuy. *Intersecciones en Antropología, 15*(1), 219-233.
Espósito, G. (2017). *La polis colla. Tierras, comunidades y política en la Quebrada de Humahuaca, Jujuy, Argentina.* Buenos Aires: Prometeo.
Frites, E. (1971). Los collas. *América indígena, XXXI*(2), 375-388.
Giudicelli, Ch. (2007). Encasillar la frontera. Clasificaciones coloniales y disciplinamiento del espacio en el área diaguito-calchaquí, siglos XVI-XVII. *Anuario IEHS, 22*, 161-211.
Giudicelli, Ch. (2015). "Altas culturas", antepasados legítimos y naturalistas orgánicos: la patrimonialización del pasado indígena y sus dueños (Argentina 1877-1910). D. Gleizer y P. López Caballero (Coords.), *Nación y alteridad. Mestizos, indígenas y extranjeros en el proceso de formación nacional* (pp. 243-284). México: Universidad Autónoma Metropolitana-Cuajimalpa, Educación y Cultura.
Gordillo, G. (2010). *Lugares de diablos. Tensiones del espacio y la memoria.* Buenos Aires: Prometeo.
Haber, A. (2000). La mula y la imaginación en la arqueología de la puna de atacama: una mirada indiscreta al paisaje. En C. Gianotti García (Coord.), *Paisajes Culturales Sudamericanos: de las Prácticas Sociales a las Representaciones,* Tapa 19 (pp. 7-34). Santiago de Compostela: Laboratorio de Arqueoloxía e Formas Culturais, IIT, Universidad de Santiago de Compostela.
Holmberg, E. A. (1904). *Investigación agrícola de la provincia de Jujuy. Análes del Ministerio de Agricultura.* Sección Agricultura, Botánicas y Agronomía, Tomo II, N° 6. Buenos Aires: Compañía Sud-Americana de Billetes de Banco.
Isla, A. (1992). Jujuy en el siglo. Estrategias de investigación. Introducción y Dos regiones, un origen. Entre el "silencio" y la furia. En A. Isla (Comp.), *Sociedad y articulación en las tierras altas jujeñas. Crisis terminal de un modelo de desarrollo* (pp. 11-41 y 166-217). Buenos Aires: Proyecto ECIRA/Associazione Studi America Latina / Movimento Laici per l'America Latina.
Karasik, G. (2005). *Etnicidad, cultura y clases sociales. Procesos de formación histórica de la conciencia colectiva en Jujuy, 1985.2003.* Tesis de doctorado inédita, Universidad Nacional de Tucumán.
Lanusse, P. y Lázzari, A. (2005). Salteñidad y pueblos indígenas: continuidad y cambio en identidades y moralidades. En C. Briones (Comp.), *Cartografías Argentinas. Políticas indigenistas y formaciones provinciales de alteridad* (pp. 207-236). Buenos Aires: Antropofagia.
Lázzari, A. (2004). Antropología en el Estado: el Instituto Étnico Nacional (1946-1955). En F. Neiburg y M. Plotkin (Comps.), *Intelectuales y expertos. La constitución del conocimiento social en la Argentina* (pp. 203-229). Buenos Aires: Paidós.
Lenton, D. (2003). "Todos éramos desarrollistas". La experiencia del primer censo indígena nacional. *Revista Etnía, 46-47*, 187-206.

Lenton, D. (2014). De centauros a protegidos. La construcción del sujeto de la política indigenista argentina desde los debates parlamentarios (1880-1970). *Corpus. Archivos virtuales de la alteridad americana, 4* (2). Recuperado de http://corpusarchivos.revues.org/1290

Massota, C. (2009). Telón de fondo. Paisajes de desierto y alteridad en la fotografía de la Patagonia (1880-1900). *Aisthesis, 46*, 111-127.

Molina Otárola, R. (2010). Collas y atacameños en el Desierto y la Puna de Atacama y el Valle de Fiambalá: sus relaciones transfronterizas. Tesis doctoral inédita. Universidad de Tarapacá/Universidad Católica del Norte.

Pratt, M. L. (2011). Introducción y Ciencia, conciencia planetaria, interiores. En *Ojos imperiales. Literatura de viajes y transculturación* (pp. 19-40 y 43-82). Buenos Aires: Fondo de Cultura Económica.

Rodríguez, L. (2008). *Después de las naturalizaciones. Transformaciones socio-económicas y étnicas al sur del valle Calchaquí. Santa María, fines del siglo XVII-fines del XVIII*. Buenos Aires: Antropofagia.

Sala, A. E. (2005). *La resistencia seminal: de las rebeliones nativas y el Malón de la Paz a los movimientos piqueteros*. Buenos Aires: Biblos.

Segato, R. (2007). *La Nación y sus Otros. Raza, etnicidad y diversidad religiosa en tiempos de Políticas de la Identidad*. Buenos Aires: Prometeo.

Viveiros de Castro, E. (2013). En Brasil todo el mundo es indio, excepto quien no es. En *La mirada del jaguar. Introducción al perspectivismo amerindio. Entrevistas*. Buenos Aires: Tinta Limón.

Zanolli, C. (2005). *Tierra, encomienda e identidad: Omaguaca (1540.1638)*. Buenos Aires: Sociedad Argentina de Antropología.

La(s) llamada(s) tierra(s) comunal(es) indígena(s) en el México del siglo XIX[1]

Antonio Escobar Ohmstede

Introducción

El objetivo del presente capítulo es lograr mostrar una visión general de lo que ha implicado el significado en los estudios de lo que se podría considerar como el bien que contenían las propiedades indígenas en el siglo XIX mexicano, principalmente a partir de lo que se ha denominado generalmente, como la primera ley nacional de desamortización y que fue promulgada el 25 de junio de 1856. Sin embargo, no será un análisis de lo que ha implicado en sí la ley y sus posibles efectos, sino de pensar en cómo se pueden percibir dichos bienes y de qué manera se concibió el tipo de tierras de los denominados pueblos indígenas decimonónicos. Es así, que lo que se presenta es una reflexión en torno a cómo (re)pensar en los tipos de tierras existentes en los denominados pueblos indígenas del México republicano.

Desde hace varias décadas se ha escrito en torno a las "problemáticas" indígenas y agrarias del pasado y del presente del México colonial y republicano, lo cual se ha visto a través de lentes diversos, tanto teórica como metodológicamente. Hemos pasado desde análisis de lo que implica el feudalismo, pasando por el capitalismo, las rebeliones, la expansión de las haciendas y ranchos sobre las tierras de los llamados pueblos indígenas (Van Young, 2012) hasta lo que implicó la recuperación de las tierras, aguas y bosques por parte de aquellos que fueron "desposeídos" en el último tercio decimonónico. Temas centrales han sido los posibles impactos de las ideas liberales en el campo desde que México obtuvo su independencia política, así como la manera en que los actores

---

1. Este texto se elaboró en su versión final durante mi estancia sabática en el Instituto de Investigaciones Históricas de la UNAM, agosto 2018-marzo 2019.

sociales fueron actuando, negociando y enfrentando la transición de la segunda mitad del siglo XIX a la primera mitad del siglo siguiente en el cambio de las instituciones, de los actores, y de lo que finalmente fue el liberalismo agrario revolucionario, por lo menos hasta la reforma constitucional impulsada por el entonces presidente Carlos Salinas de Gortari en 1992 (Pérez Castañeda, 2002). En torno a la cuestión de la(s) propiedad(es) indígena(s), sobre todo, se han estudiado en variados espacios sociales (Ciudad de México, Chiapas, Estado de México, Guerrero, Michoacán, Morelos, Oaxaca, Puebla, San Luis Potosí, Veracruz) diversos intentos de división, repartición, y adjudicación de los llamados terrenos comunales y su posterior restitución o dotación en una "larga primera mitad" del siglo XX. Período en el cual podemos observar una nueva expansión de los pueblos sobre las tierras de aquellas propiedades privadas que fueron incautadas por los revolucionarios.

México no fue el único espacio que estuvo imbuido de las ideas liberales. En el siglo XIX europeo se pretendían eliminar los derechos colectivos y los comunes. La supresión de los derechos colectivos y de las propiedades colectivas se ejercen a través de la coerción que permiten muchas de las leyes y acciones de los gobiernos. En 1827 Francia lanzó un código forestal en contra de los comunes, lo que realiza España en 1833 e Italia en 1875. La acometida contra la propiedad colectiva en la Europa decimonónica solo permite su existencia en el noreste de Francia, el suroeste de Alemania y en Italia. España presenta su proceso de desamortización en 1855, lo que no implica que se haya dado una resistencia a las medidas (Demélas y Vivier (dir.), 2003; Birrichaga, 2010: 137-156; Iriarte Goñi, 2001: 45-70 y 2002: 627-632).

La trayectoria del liberalismo mexicano, así como lo que se manifestó en otras partes de la actual Latinoamérica, nos permite considerar que la aplicación de una propiedad perfecta fue lo que marcó el accionar de los hombres públicos en contra de aquellas instancias que mantenían la propiedad de manera imperfecta, como las instituciones eclesiásticas y civiles, y en la que se podían manifestar diversos derechos: uso, usufructo, posesión, etc. En teoría, eso fue lo que pretendían los gobernantes en varias de las entidades que conformaban el naciente México republicano. La búsqueda de la homogenización de los tipos y derechos de propiedad que prevalecieron en la mayor parte del siglo XIX vieron una perspectiva nacional en la desamortización civil impulsada desde 1856, incluso como una manera de cobrar impuestos sobre la propiedad rural privatizada. No obstante, debemos de considerar que el proceso no inició precisamente unos días después de la publicación de la ley de desamortización de bienes de corporaciones civiles, sino que, debido a las guerras internas y a la invasión francesa, la legislación comenzó a aterrizar, no sin variantes, a principios de los 1870. Sin embargo, intuimos los efectos en las poblaciones que contaban recursos comunes, pero quizá no tenemos certeza acerca de qué tipo de tierras se estaban considerando, ya que la generalización de comunes nos ha llevado a ciertas complicaciones, en dónde nos queda poco claro quiénes administraban y de qué manera los comunes, así como las formas de representatividad de aquellos considerados "comuneros" (¿vecinos?) con derechos sobre los bienes.

Con el fin de que el lector tenga una idea de la manera en que se abordarán varios aspectos, que en algunos casos son dudas y reflexiones, el capítulo está estructurado con un estado del arte, aunque limitado por la extensión, lo suficientemente representado, con el fin de percibir las obras que, desde mi perspectiva, muestran tendencias historiográficas. Este primer apartado permite comprender por qué se han hablado de ciertos tipos de tierras en los pueblos indios. Ambos apartados llevan a su vez a lo que implica la búsqueda de significados de los tipos de tierras y cómo se ha realizado su comprensión en los análisis historiográficos, viendo este aspecto de manera más puntual en el cuarto apartado del ensayo, en que lo "común" se puede ver como un bien, como personas o como una definición generalizante, en que no se considera la jerarquización política, económica y social de los actores sociales. Finalmente presentamos cómo se ha concebido la misma palabra en el presente, considerando las implicaciones a las críticas que emergieron contra el neoliberalismo.

Un breve estado del arte sobre el tema

En términos historiográficos se han planteado una serie de perspectivas desde mediados del siglo XX con el fin de seguir o no a aquellos que describieron la situación del campo mexicano en la transición del siglo XIX al siglo XX. Estos estudios buscaron las implicaciones de las reformas liberales, quizá como una manera de encontrar respuestas en la historia en torno a la actual problemática agraria de México, la que no solamente ha encontrado crisis, sino también momentos definidos como "milagros" o "revoluciones verdes", principalmente en el siglo XX (Olsson, 2017). Los diversos estados del arte nos van mostrando las variantes teóricas y metodológicas que se han ido desarrollando. Las principales preocupaciones fueron cómo los habitantes de los llamados pueblos indígenas enfrentaron la "individualización" de los bienes comunales, así como sus respuestas violentas (masivamente en 1910, según la historiografía "clásica"), "pasivas," o de manejo de los resquicios legales para detener la posible "pérdida" de dichos bienes. Durante años, los trabajos en relación a los pueblos indígenas y lo agrario también hicieron eco de ciertas generalizaciones planteadas por los intelectuales revolucionarios, atribuyendo una super-causalidad histórica a los despojos ocasionados por la Ley Lerdo del 25 de junio de 1856 y supuestamente restituidos en la reforma agraria revolucionaria a partir de 1915. Paulatinamente se han ido dejando los blancos y negros en la historiografía, buscando matices, dejando mitos, pero sobre todo dialogando sobre aspectos que nos permitieran superar solamente la idea de conflicto. Básicamente se ha ido avanzando con una especie de "nuevo" revisionismo y una búsqueda de contraponer a lo general lo local por medio de una exhaustiva exploración de la documentación que se encuentra en los archivos locales (Escobar Ohmstede y Butler, 2013: 33-76; Escobar Ohmstede, Falcón y Sánchez, 2017: 11-65; Escobar Ohmstede, Rangel y Trejo, 2017: 15-58; Pérez Montesinos, 2017: 2073-2081; Trejo, et al., 2017: 13-47). Sin embargo, como bien han apuntado varios autores, entre ellos Pérez Montesinos (2017), hemos ido de lo general a lo excesivamente particular, tratando de encontrar en una multiplicidad de casos la posibilidad de armar lo general y que esto nos lleve a mostrarnos las posibles variantes en una realidad histórica que casi habíamos homogeneizado. Asimismo, se han ido abandonando las antiguas periodizaciones e incluso los procesos históricos para representar cronologías que solamente se retoman en términos muy locales, aunque pareciesen responder a acontecimientos "nacionales".

Si bien los científicos sociales y las instancias del gobierno han (hemos) mostrado preocupaciones en torno a la llamada "problemática agraria e indígena", sin duda son los cambios teóricos y metodológicos de las últimas décadas los que nos han llevado desde propuestas generales y casi lapidarias en torno a los años previos a la revolución mexicana de 1910 hasta una búsqueda de encontrar casos que pudieran contraponerse a estas generalidades. Cada vez más se enfatiza, por ejemplo, la capacidad contestataria de los indígenas y se problematizan y desagregan términos como "los comunes" y "la comunidad," que antes parecían tener un significado natural y unitario que ahora resulta anacrónico o erróneo.[2] Al mismo tiempo, han surgido muchas historias locales que demuestran en qué medida la realidad pueblerina puede contradecir los cánones establecidos sobre la división de tierras y su posterior adjudicación en "ejidos" en el periodo posrevolucionario (Birrichaga, 2010; Camacho Pichardo, 2015; Mendoza, 2004 y 2011; Marino, 2016). Como bien lo observa Emilio Kourí (2017) el llamado despojo liberal y la restauración revolucionaria en los pueblos más bien parecería ser, en términos de Unamuno, una infrahistoria retorcida que involucraba tanto a indígenas desamortizados como a comuneros acaparadores y caciquiles que pudieran ser vistos como "notables"; en donde se veía, por un lado, la rancherización de las tierras a manos de arrendatarios

---

2. Hay aquí una pregunta conceptual clave: ¿a *qué* llamamos comunes y comunales?

foráneos y sus aliados en las comunidades y, por otro, las privatizaciones frustradas, simuladas o preventivas que se efectuaban para asegurar o echar abajo el control de la tierra ejercida históricamente por los "notables" indígenas; en que surgían faccionalismos políticos más que étnicos y continuidades sorprendentes entre el reparto liberal y el ejidal de la década de los 1930.

Matizando un poco la idea del traslado de la propiedad comunal a un régimen privado, para darnos solo un ejemplo, los historiadores mexicanistas vamos entendiendo cómo la existencia de diversos derechos de uso, usufructo, posesión y de dominio útil en torno a los recursos naturales (propiedad comunal y recursos comunes); así como estructuras tan diversas como la propiedad comunal, los recursos comunes, las tierras de los pueblos indígenas, los terrenos comunes, los ejidos, las tierras baldías, la enfiteusis, las tierras de los santos, las tierras de cofradías, etc., le dieron una complejidad enorme al proceso privatizador, mismo que se tradujo en una recepción social y política muy diversa frente a las medidas desamortizadoras. A la par, fue a través de leyes —no pocas veces contradictorias— que el "Estado" deseaba asumir los derechos y las libertades de los individuos y en particular el derecho a la propiedad, como se observa en la tensión entre la legislación federal (p.e. la Ley Lerdo) y la que difundían en su momento los gobiernos estatales (en Michoacán, Jalisco, Oaxaca, San Luis Potosí, Estado de México y Veracruz, entre otros). Procesos que, además, encontraron desacuerdos, negociaciones y conflictos con diversos actores sociales, y se concretaron en paisajes también muy diversos. Tan es así que muchas preguntas deben de hacerse de nuevo con referencia a un largo proceso histórico que no nos lleve en sí a la linealidad del mismo, sino a observar los momentos y las coyunturas en qué éste se presenta, se modifica y transforma. ¿Podríamos comenzar con preguntas del presente y retomar el pasado? ¿Evitaríamos con esto la linealidad histórica?

Para entender integralmente las adjudicaciones y repartos de los "comunes", creemos necesario el saber no solamente qué derechos y leyes se argumentaban en un contexto u otro, sino a quienes (y desde cuándo) pertenecían o no las tierras (¿es necesario saber o no si contaban con títulos?),[3] además de ubicar esos bienes en un espacio territorial, ambiental y económico cambiante pero que rara vez correspondía a la "unidad" pueblerina de origen. Asimismo, deberíamos de tener claridad sobre los "archipiélagos" que se encontraban en las jurisdicciones heredadas del período colonial —con cambios en sus espacios sociales y territoriales—; es decir, localidades o bienes comunes que se ubicaban fuera de círculos o cuadrados que implicaban los "límites" de los pueblos.

---

3. Por ejemplo, José Luis Plata (2013: 26) menciona cómo los contratos, en un "mercado de tierras" en la actualidad, son realizados entre los miembros de un ejido "a la palabra" y reconocidos por todos los miembros del núcleo agrario; es decir, no hay necesidad de un título formal y rubricado por un notario.

Dicho esto, los historiadores no hemos abundado lo suficiente en los diversos derechos que esgrimieron, plasmaron, comentaron y contradecían los habitantes de los pueblos, los ayuntamientos, las autoridades nacionales, estatales, y locales e incluso los propietarios privados, como para analizar *más allá de la perspectiva binaria propiedad comunal versus propiedad privada* o de pérdida de tierra igual a rebelión (Reina, 1996: 259-279). Tampoco hemos incorporado suficientemente en el análisis las cuestiones geográficas y territoriales (Sánchez Rodríguez, 2017: 317-350), menos las comparativas (Barcos, 2013: 98-125; Murgueitio, 2015: 73-95; Celestino, 2016: 99-134; Losada, 2016: 135-164). Surgen en la actualidad, más bien, los interrogantes sobre ¿Qué tipo de conflictos se generaron en el campo? ¿Cómo esgrimen los actores sociales los derechos en torno a los recursos naturales? ¿Cómo surgen y construyen los discursos y acciones de defensa y conservación de los bienes comunales? ¿Se presentan concepciones diferenciadas de territorio entre los actores sociales? ¿Qué alternativas presentaron para paliar o no los efectos de las leyes desamortizadoras del siglo XIX y las revolucionarias del siglo XX? ¿Cuál fue y cómo se percibió la legislación nacional y estatal que fue modificando a las estructuras agrarias en los siglos XIX y XX? ¿Qué tipos de identidades manifiestan los actores en cada uno de los momentos?

En términos de respuestas, como comenté anteriormente, nos hemos "subido" a una ola historiográfica nueva, pero que aún no rompe de manera contundente con lo ya mencionado, y cuyo rasgo básico, dice Pérez Montesinos (2017), sigue siendo la excepcionalidad local del estudio de caso y (de acuerdo con la nueva historia cultural estadounidense tal vez) la cosecha de un repertorio de estrategias indígenas casuísticas para asimilar los repartos, tales como "disfrazar" la existencia de sus tierras comunales legalmente bajo el manto de los condueñazgos o las llamadas Sociedades Agrarias (Neri, 2011 y 2013; Escobar Ohmstede, 2015: 57-87). Esta historiografía reciente nos ha mostrado que lo local contradice lo general y ha revalorizado el papel que jugaron los indígenas,[4] pero sin trascender aún el problema de escala o ensayar una perspectiva nacional o regional, sin pensar que buena parte de lo que aconteció en México sucedió en otros países de Latinoamérica. Más allá de comparaciones, creemos con Pérez Montesinos (2017) que queda como pendiente historiográfico el ensayar una historia realmente "integral" de la desamortización civil y del reparto agrario, incluso de las identidades pueblerinas y regionales, del papel de los apoderados mestizos e indígenas y sobre todo de lo que Andrés Guerrero (2002) llamó la transescritura en el sentido de que quien elabora los escritos sabía de qué manera y a quien iban dirigidos, lo que facilitaría la percepción

---

4. Para una evaluación crítica de las "innegables virtudes" de este tipo de historiografía, véase Pérez Montesinos (2017: 2073-2081).

del receptor sobre la problemática que se le presentaba.[5] Asimismo, es importante que seamos capaces de incorporar una serie de factores tanto estructurales como coyunturales y tan importantes como la geografía, los paisajes, la hidrología, lo agrícola, las distintas leyes que por períodos regulaban la tenencia de la propiedad, la recaudación y evasión de impuestos sobre la tierra, la composición sociológica de los pueblos, la demografía, y la tecnología (por ejemplo, el ferrocarril), entre otros. Fueron estos factores los que dieron un significado plenamente social al proceso jurídico-político del reparto de las tierras.

¿Cuatro tipos de tierras?

Qué tipo de terrenos contenían los pueblos en el período liberal reformista –algunos como herencia del período colonial, pero quizá con un significado diferente– con el fin de dialogar sobre las posibles excepciones y efectos "negativos" de las leyes nacionales y estatales, y considerar que se dio una reconfiguración territorial de los pueblos en la segunda mitad del siglo XIX.

En otro texto (Escobar Ohmstede, Falcón y Sánchez, 2017: 16-18) se ha mencionado que básicamente –reiterado por la historiografía– existían cuatro tipos de tierras, casi heredados del período colonial: fundo legal (concepto decimonónico), tierras de común repartimiento, ejidos, montes y bosques.[6] Las tierras, con base en la documentación y en la interpretación, supuestamente se encontraban englobadas en círculos que iban expandiéndose desde el centro del poblado, y de esta manera, para los siglos XIX y XX, se construyó la idea de que así es como se encontraba estructurada territorialmente la comunidad indígena. La historiografía actual y los análisis cartográficos han mostrado paulatinamente que la estructuración de las tierras no fue del todo correcta, que existían y se mantenían espacios agrícolas y poblaciones a diversas distancias y de manera irregular en su distribución y acceso, estructuras heredadas, en muchos casos, de lo que implicó el período colonial (Boehm, 2001: 145-176; Craib, 2004: 163-217; Fagoaga, 2010: 247-266). Asimismo, no hemos analizado del todo la propiedad privada en manos indígenas (por ejemplo, ranchos, haciendas e inclusive los bienes de los caciques sobrevivientes, en Oaxaca y Yucatán por ejemplo, en el siglo XIX) y hemos reiterado incesantemente que los pueblos indígenas cobijaban en su totalidad terrenos denominados como

---

5. Sobre un caso en torno al papel de los apoderados en el Noroeste argentino, véase Rodríguez (2016). Para un caso en México, en relación a los alcaldes de pueblos que funcionaban como apoderados, Mendoza (2009).
6. Roseberry (2004: 48-49) considera que las tierras de comunidad se pueden dividir en cinco amplias categorías: sitios de los pueblos ("fundo legal"), tierras agrícolas y pastizales-boscosas, tierras de comunidad, parcelas controladas por cofradías.

comunales –casi colectivas–, sea como parte del mismo pueblo, de instituciones eclesiásticas o de las que administraban o poseían los ayuntamientos; y que, por lo tanto, la privatización de dichas tierras llevó casi a la "pobreza" del indio, pensando, incluso, que todos los habitantes rurales buscaban afanosamente tener o adquirir tierra. Esta tendencia ha imperado en la historiografía, aun cuando cada vez más matizada, sin que neguemos que para algunas partes del México republicano fue acertada.

Un aspecto importante para entender qué sucedió con algunos de los terrenos, bienes o posesiones comunales en la segunda mitad del siglo XIX, los cuales en diversas regiones fueron considerados por los ayuntamientos como parte de su territorio y jurisdicción gracias a la herencia de la Constitución de 1812, es que muchos de los "nuevos" propietarios (en este caso, los indígenas) no finalizaron la adquisición o perdieron sus parcelas al no poder erogar los gastos de deslinde, titulación y compra de los derechos o acciones que tenían en usufructo desde hacía tiempo; esto es, no accedieron a la propiedad perfecta. Otros las conservaron en sus manos y las fueron dejando en herencia, mientras algunos más las adquirieron con capital de los "ricos" de los poblados, y casi de inmediato las traspasaron a aquellos que habían facilitado el dinero. En otros casos, los *pueblos* las adjudicaron y titularon a nombre de sus pobladores, pero manteniendo los primeros el control sobre los recursos, aun cuando no tenemos claro de qué manera se distribuía la tierra para la siembra año a año entre los habitantes, y en la mayor parte de las situaciones, de qué manera las autoridades municipales y los vecinos hacían caso omiso a las indicaciones de los gobernantes o realizaban ventas simuladas, como sucedió en algunas partes de México (Oaxaca, Estado de México, San Luis Potosí, Michoacán) (Escobar Ohmstede y Butler (Coords), 2013; Escobar Ohmstede, Falcón y Sánchez (Coords.), 2017).

Ahora bien, se ha escrito mucho en la historiografía mexicanista en torno a los cuatro o cinco tipos de tierras que contenían los pueblos como "herencia colonial". Lo que ocasionó esta concepción fue pensar que la misma legislación reformista del siglo XIX fue unificando los conceptos hasta presentarnos la idea de tierras de común, ejidos, fundo legal y montes, donde posiblemente casi todos eran "comunes". De esta manera, una de las interrogantes es cómo los definió la legislación y a partir de ahí convertirse en un argumento de defensa de los habitantes de los pueblos en torno a los denominados comunes, palabra que englobaba a las tierras que se "disfrutaban" por los vecinos de los pueblos. Por ejemplo, el 25 de marzo de 1862 el gobernador de Oaxaca, Ramón Cajiga, publicó un decreto en que ordenaba que los jefes políticos realizarían el reparto de los terrenos de comunidades; sin embargo, fue hasta el artículo 35 de 40, que se definió que los terrenos de repartimiento para los efectos del decreto serían aquellos que "año con año reparten los municipios respectivos entre los vecinos de los pueblos" y "los que poseían en común los pueblos del estado el 13 de febrero de 1861" (Hernández 1902, III: 361-370).

Las interpretaciones de cada actor social en la segunda mitad del siglo XIX se deben en gran medida a lo que se encuentra plasmado desde la introducción a la *Memoria* de 1857, cuando Miguel Lerdo de Tejada puntualizaba que la Ley de 1856 conseguiría eliminar la "ignorancia de los que todavía creen que sus bienes temporales no están sujetos a la potestad civil" (1857: 9), con lo que se precisaba que la propiedad se dividía entre quien tenía el dominio y quien la usufructuaba. Por otra parte, también se resaltaban dos puntos, por un lado, la "adjudicación en propiedad" a los que arrendaban, por el valor correspondiente a la renta que en ese momento pagaban, calculando un 6% de rédito anual. En seguida se agregaba, que el mismo tipo de adjudicación se haría a los que contaban con censos enfitéuticos. De esta manera, el adjudicatario se quedaría con una deuda pagando el 6% anual del valor de la propiedad y que en el momento que se liquidara la propiedad pasaba plenamente al titular. Así, se sufragaba un censo reservativo. Hasta aquí parece que es lo que conocemos, pero la ley solamente reconocía a los adjudicatarios y a los arrendatarios, no a los usufructuarios, aunque dentro de esta categoría podrían quedar los que pagaban los censos enfitéuticos y que corresponderían a las tierras de los pueblos consideradas como de "común repartimiento" o sencillamente como las de "común". Es así, que entonces lo que se pretendía con la ley de 1856 era pagar, por parte del usufructuario el censo que posiblemente se dejó de contribuir desde fines del período colonial.

Es así que podemos observar cómo la misma legislación marcó parte de los elementos que se utilizarían en los testimonios, justificaciones y reclamos escritos de los habitantes y las autoridades de los pueblos, y por qué no, se reacomodarían algunos de los elementos en que sustentaban sus posibles derechos sobre los bienes. En varios casos se argumentaban derechos que les correspondía a los órganos político-administrativo, en otros como individuos, y en los más con base en los "usos y costumbres" y en muchos sobreponiendo diversos tipos de derechos sobre un mismo terreno.

¿En búsqueda de los significados?

Felipe Castro (2016) ha llamado la atención sobre lo que ha implicado en términos de legislación y de realidades diversas el llamado "fundo legal"; es decir, las tierras por "razón de pueblo" en el período colonial y sus alcances en la época revolucionaria de la primera mitad del siglo XX, a lo que agregaría las diversas fases del siglo XIX y de los primeros años posrevolucionarios. La idea de Castro es ubicar el origen colonial del "fundo legal" y encontrar una explicación de cómo se fue concibiendo para las poblaciones indígenas y españolas. Su análisis retoma algunas de las propuestas de Bernardo García y Stephanie Wood sobre las posibles interpretaciones que se han realizado en torno a las 500 y 600 varas otorgadas a los indígenas en los dos primeros siglos coloniales. Castro considera que cuando los indígenas conocieron las Reales Cédulas de fundación de pueblos se dio un reordenamiento de la propiedad, lo que no implicaba forzosamente el "fundo legal" y los ejidos, ya que en varias situaciones pudieron acceder a tierras de propiedades privadas. A decir de dicho autor en sus conclusiones:

> En la versión establecida a fines del XVII, aún con todas sus restricciones, se convirtió en un recurso de mayor importancia para los pueblos de indios, al que acudieron para obtener o preservar un espacio primordial de tierras. No siempre lograron su objetivo, pero puede verse que en conjunto derivó en una considerable transferencia de tierras desde la propiedad privada española hacia la comunal indígena; fue, pues, una reestructuración de la propiedad. Asimismo, en cuanto los asentamientos campesinos no requirieron presentar títulos formales y ni siquiera demostrar posesión, constituyó un antecedente del otorgamiento postrevolucionario de tierras por vía de "dotación" (diferente a la de restitución) de los ejidos modernos. Tal como lo establecieron el presidente Abelardo Rodríguez en 1933 y mandatarios posteriores,[7] bastaba con demostrar la existencia de un núcleo habitado por al menos veinte sujetos con derechos agrarios (aunque fuesen peones de hacienda), siendo en este caso improcedente el juicio de amparo de los afectados (Castro, 2016: 100-101).

El mismo Felipe Castro (2016: 69) indica que Francisco de Solano (1984: 499-502) en su *Cedulario de tierras* localizó un documento de 1791 en que se habla de *fundo*,[8] aunque no encontró que la palabra fuera usada anteriormente. Sabemos que la palabra se usó de manera posterior con otras variantes, más resaltadas por la historiografía, parte por las interpretaciones de los funcionarios

---

7. En marzo de 1934, Abelardo Rodríguez, puso en vigor el "Código Agrario", que fijó la extensión de la parcela ejidal o unidad de dotación en cuatro hectáreas de riego u ocho de temporal, otorgando las superficies necesarias de tierras de agostadero o de monte. Los límites de la propiedad privada inafectable se ampliaron considerablemente, al fijarse en 150 hectáreas de riego o 300 de temporal, condicionadas a que, cuando en un radio de siete kilómetros a la redonda del núcleo solicitante no hubiera tierra necesaria para dotar al poblado, la extensión señalada podría reducirse a 100 y 200 hectáreas, respectivamente. Asimismo, con las nuevas modificaciones se les otorgó el carácter de sujetos con derechos agrarios a los peones acasillados, pues hasta la fecha habían estado marginados de los procesos de dotación y restitución de tierras (Sánchez, 1982: 233-255).
8. El 11 de febrero de 1791 Jacobo Ugarte y Loyola solicitaba una serie de informes a los subdelegados en torno a los bienes de los pueblos, entre ellos, una nota sobre si el pueblo "tiene solamente las tierras correspondientes al *fundo* del pueblo" (Fabila, 1981: 46). Cursivas mías.

decimonónicos, parte por la jurisprudencia y finalmente por la misma legislación, como lo veremos más adelante en relación al siglo XIX.

¿Cómo entender los llamados fundos legales y ejidos en el marco o parte de los comunes? Esta pregunta me parece importante por dos razones. La primera porque las tierras por "razón de pueblo" formaron parte junto con el ejido, los terrenos de repartimiento, las aguas, los montes y bosques, de los llamados bienes comunales otorgados a los pueblos de indios coloniales y defendidos de diversa manera por los habitantes de los pueblos decimonónicos, argumentando una variedad de derechos (¿pluralidad jurídica?) sobre los mismos. Aun cuando en los pueblos en sí mismos se consideró la "propiedad" de los que adquirieron dichas tierras para construir sus casas, los demás bienes, incluso los de las cofradías, quedaron como parte de estos bienes definidos de manera genérica como comunes e, incluso, las tierras por razón de pueblo no significaban en sí el llamado fundo legal.

La legislación decimonónica de la segunda mitad del siglo pensó en las excedencias de los "fundos legales" para ser repartidas entre los vecinos, igual que los demás bienes, quizá considerando que iban más allá de lo que era el "asentamiento urbano". Asimismo, hubo un constante interés por parte de los funcionarios liberales de separar lo que implicaba en sí el llamado fundo legal y los ejidos, al considerarlos dos "formas territoriales" diferentes con base en la legislación colonial. La insistencia iba en que se veían a los ejidos como terrenos de "uso común" y que se encontraban "afuera de los poblados", aunque fueron descartados por la Ley del 25 de junio de 1856 para su partición, pero sí considerados por el artículo 27 de la Constitución de 1857 para que fueran repartidos.[9]

La segunda razón, y que fue la razón de tomar el comentario de Felipe Castro, es que su reflexión forma parte de las inquietudes que he ido manifestando hasta este momento no sólo por lo que implican los conceptos sino en sí cómo se utilizan, considerando que en muchos casos se pierden las implicaciones del mismo, el contexto y su aparición al seguir, quizá demasiado al pie de la letra, a los que nos antecedieron en la historia y en la historiografía. El ubicar el concepto o la idea de lo que era el concepto en su realidad y quizá buscar las con-

---

9. Hay toda una discusión en torno al otorgamiento del dominio útil y el dominio directo, este último reservado por la Corona y después asumido por los gobiernos republicanos. Incluso en la "Ley de ocupación y enajenación de terrenos baldíos" expedida por Benito Juárez el 20 de julio de 1863, en su artículo onceavo, se consideraba que los baldíos que estuvieran en usufructo, *enfiteusis* u otro tipo de contrato que les haya otorgado el dominio útil sin el directo del terreno gozarían de una rebaja de la tarifa (Informe, 1885: 23). Cecilia Fandos (2014: 56) comenta que en el caso de la Quebrada de Humahuaca (Argentina) se presentaba un rango más equilibrado en el reparto de tierra como consecuencia de la práctica de la enfiteusis, pero que a la vez un mejor control sobre la propiedad acusaba fuertes jerarquizaciones internas.

notaciones del mismo pueden ayudarnos a no partir de nuestra propia realidad; es decir, de cómo entendemos actualmente el concepto o la palabra. Sin duda, también es importante considerar que los debates historiográficos y en boga influencian en nuestra perspectiva, la cual no puede ser del todo neutral. En sí desde hace décadas se ha dicho que el papel del historiador no es del todo imparcial. Este hecho nos lleva a enfrentarnos a un problema de ¿vocabulario? ¿De conceptos? ¿Realidades sociales que se ajustaron? ¿A qué llamamos comunes y comunales? ¿Cómo entender y explicar el pasado desde nuestros actuales retos?

El hecho de que la palabra "común" haya aparecido en la legislación indiana colonial como parte de la herencia de los principios castellanos trajo algunas complicaciones. Por ejemplo, las normas que declaraban, con base en un criterio general, que los montes, los pastos y las aguas de América eran comunes entre todos los "vecinos" y que podrían ser utilizados libremente tanto por españoles como por indígenas provocaron conflictos que fueron heredados a través de los siglos. Aspecto que posteriormente en el siglo XIX mexicano llevó a confusiones de "terminologías" entre los juristas del período reformista (1856-1861). Es así que la idea castellana de "comunidad general", sobre todo en lo que refería a los montes y pastos ocasionó una serie de problemáticas para los pueblos indígenas. La Corona española, "garantizaba" las 500 y 600 varas y el ejido a los asentamientos indígenas, y que era desde el punto de vista castellano, un "régimen comunal municipal de carácter inalienable" (Pérez Collados, 2002: 351; Solano, 1984), lo que sería asimilado por los indígenas como una fórmula de pervivencia de vínculos territoriales que podría estar entre lo privado y lo comunal. Sin embargo, los montes y pastos quedaban bajo la jurisdicción de los pueblos y no eran considerados como de libre acceso para todos y menos para aquellos que eran ajenos al pueblo, por lo tanto, los definidos como vecinos serían los "únicos" que accederían a las tierras de "común" y quizá, con base en la legislación liberal, serían los que podrían acceder a las tierras que se dividirían y repartirían. Muchas negociaciones, acuerdos y conflictos entre los propietarios privados de haciendas y estancias, al interior de los pueblos y entre éstos mismos, pintaron la historia agraria, hídrica y forestal desde el Río Bravo hasta la Patagonia.

Con base en lo anterior, uno de los abogados más prominentes del período revolucionario mexicano, Wistano Luis Orozco, llamó la atención en su libro *Los ejidos de los pueblos* ([1914] 1975) sobre el "fundo legal". Orozco mencionó que la confusión surgió cuando Mariano Galván consideró en su libro *Ordenanzas de tierras y aguas,* que fue publicado varias veces desde su primera edición en 1842, que las Reales Cédulas del 4 de junio 1687 y la del 12 de julio de 1695, al referirse a las 600 varas, definieron este número de varas como fundo legal. El mismo Orozco afirmó que fue hasta la Ley del 26 de marzo de

1894 en su artículo 67 cuando apareció la palabra, quizá dentro de una ley o decreto, aunque no es del todo correcto,[10] ya que se mencionaba en algunos de los discursos escritos de muchos hombres públicos del siglo XIX. El artículo 67 reiteraba el "fraccionamiento en lotes y adjudicación entre los vecinos de los pueblos, de los terrenos que formen los ejidos, y de los excedentes del *fundo legal*, cuando no se hubieren hecho esas operaciones". El mismo artículo puntualizaba que se deberían de ajustar a los límites fijados por las concesiones otorgadas a los pueblos, ya por el gobierno español y los gobiernos posteriores (Secretaría de Fomento, 1900: 22-23).[11] Asimismo, en esta ley se reiteraba que los ayuntamientos no tenían capacidad jurídica para poseer bienes raíces (art. 67); sin embargo, sí se les otorgaba personalidad jurídica para defender los "denuncios ilegales" de los ejidos, terrenos y montes de los pueblos y para gestionar su repartición o fraccionamiento (art. 69), así como solicitar las composiciones de las excedencias y demasías que hubiesen en su jurisdicción (art. 68). Con base en esta ley la injerencia federal en torno a los bienes tuvo un sustento jurídico y legal sobre las sociedades urbanas y rurales, ya que fue la manera en que se posesionó del dominio directo y del derecho de disponer del dominio útil de todos los recursos naturales. Es así que al parecer que lo que Orozco criticó con tanta vehemencia, fue un aspecto generalizado y difundido en los fines de los 1880 y principios del siglo XX.[12] De esta manera, se nos va diluyendo lo que habíamos marcado tan tajantemente entre los tipos de tierras y observamos que incluso los mismos juristas sobreponen conceptos con base en lo que va implicando el derecho administrativo tan en boga en el último tercio del siglo XIX.

---

10. En el caso de Jalisco, en relación a la repartición de tierras de pueblos indígenas, desde mediados de 1820 se hablaba de fundo legal. Durante el Imperio de Maximiliano se expidió un decreto en que se le otorgaba a los pueblos que lo necesitasen, tanto el fundo legal como los ejidos. Los 20 artículos en castellano y en náhuatl solo mencionaban en qué condiciones se otorgarían, como se indemnizaría a aquellos que se vieran afectados, mas no qué se entendería por ellos. Por ejemplo, el artículo tercero decía: "Los pueblos cuyo censo exceda de dos mil habitantes, tendrán derecho a que se les conceda, además del fundo legal, un espacio de terreno bastante y productivo para ejido y tierras de labor, que Nos señalaremos en cada caso particular, en vista de las necesidades de los solicitantes". Véase "Decreto sobre el fundo legal". 16 de septiembre de 1866. Recuperado de: http://digital.utsa.edu/cdm/ref/collection/p15125coll6/id/1398. También en Fabila (1981: 153-155).
11. Orozco ([1914] 1975: 143) mencionaba que las Leyes de Indias formaban parte del derecho público de la Nación y que mientras no se abrogasen o estuvieran en desuso podrían considerarse vigentes, lo cual sucedía con muchas.
12. La reproducción de las leyes en diversas entidades del país retomaron textualmente lo que difundió el Ministerio de Fomento. Algunas agregaron su propia perspectiva, sus leyes y argumentaron leves críticas a lo propuesto por el gobierno federal. Sin embargo, parecería que había "coincidencia" en que las leyes coloniales crearon el fundo legal. Por ejemplo, en el caso de Tamaulipas se consideró que ninguna ley podría ser retroactiva ni tampoco modificar el censo enfitéutico adquirido con anterioridad, quizá pensando en los bienes adquiridos por los pobladores en los pueblos, en los ejidos o en los llamados baldíos. Véase *Los ejidos* (1890).

¿Así podemos considerar que...?

En el caso de los países que compartieron la tradición hispánica, la palabra "común" nos remite inmediatamente a los pueblos indígenas o en torno a los ayuntamientos y municipios, los que nos permite mencionar o puntualizar los recursos naturales, conflictos de tierras, migración o crecimiento de las localidades, la individualización política o en torno a la desamortización civil, el impacto de la modernización, la pauperización de los indígenas e incluso rebeliones, entre algunos aspectos.[13]

En el siglo XVIII en Europa y en Hispanoamérica se consideró que los llamados "comunes" tenían las mismas características, es decir, que hablar de ellos era pensar en tierras colectivas "medio productivas", sin considerar en demasía de qué manera accedían los individuos a esas tierras o recursos. Con base en lo que se discutió en ese siglo, pensando que la riqueza fundamental de una "nación" era lo agrícola, se ha analizado durante décadas que las "políticas con relación a la propiedad de la tierra" en Inglaterra llevaron a la abolición de los derechos comunales dando paso a las etapas preindustriales, y en la Francia posrevolucionaria a la abolición de los derechos feudales (Neeson, 2003; Vivier, 2003), siendo éstos, junto con el caso español (Iriarte, 2001: 45-70 y 2002: 627-632; Salustiano, Robledo y Torijano, 2002), quizá de los más conocidos por la historiografía. Es así que la "superioridad" de la propiedad privada absoluta fue la que permeó en los ideólogos y gobiernos europeos del siglo XVIII, bajo la consideración que toda la sociedad podría incrementar la riqueza a través de la "mano invisible" de la redistribución.[14] Aspecto que, como se sabe, asumieron muchos de los ideólogos, grupos de poder y gobiernos latinoamericanos para el siglo XIX, y que nos ha llevado a observar y a vivir procesos históricos de expropiación de recursos y de inequidad social.

Durante un poco más de tres siglos se consideró, incluso en el siglo XXI, que la agricultura sería la que llevaría a la transformación de las sociedades,

---

13. Solo quisiera comentar que no en todos los países se presentó de igual manera, en términos de la tradición hispánica. Por ejemplo, en Argentina con el advenimiento de la República la desarticulación de tierras de propiedad indígena se hizo bajo la figura de la propiedad fiscal. Pero ello operó bajo diferentes modalidades. Así, mientras que en las regiones altas de Jujuy se debatió y se recurrió a la teoría del dominio directo por parte de la Corona y la consiguiente reversión de derechos a la provincia, en la frontera salteña con el Chaco se consideró, sin mucho más trámite, que toda la tierra ocupada por indígenas era baldía y perteneciente al fisco (Teruel y Fandos, 2009: 233-255). Sin embargo, en el caso de Tucumán, con base en la Ley del 7 de diciembre de 1856 se regularía la denuncia y venta de terrenos baldíos, en donde se incluyeron las tierras usufructuadas por las comunidades indígenas desde el período colonial (Rodríguez, 2015: 51).
14. Se ha escrito de manera abundante sobre las ideas "fisiócratas" que se difundieron en la América española. Para el caso del Virreinato de la Nueva España, entre muchos véase a Arrioja y Sánchez (2010: 94-102); en relación al Virreinato del Río de La Plata a Reguera (2009: 24-28). Para un análisis en torno a Francia, Bélgica, Portugal, Alemania e Italia, véanse los trabajos que se encuentran en Demélas y Vivier (2003).

debido a que sus productos nutrirían la industria. Para muchos de los seguidores y aun críticos de Adam Smith y los llamados fisiócratas dieciochescos la existencia de derechos colectivos ocasionaba una producción escasa y un financiamiento insuficiente, por lo que el papel y la existencia del individuo era esencial para la modernización. Aspecto que contrastaba con Francia, donde a fines del siglo XVIII se pensaba en la existencia de "comunes" como una política social capaz de estabilizar la pobreza.

En el caso de México, conforme avanzamos en el tiempo histórico, el "común" se refirió a aquellas personas o familias que formaban parte de un pueblo, básicamente indígena, aunque sabemos que los llamados pueblos indígenas contaban con una población cada vez más diferenciada en términos sociales, étnicos, culturales y económicos en el devenir de su historia y que paulatinamente escasearon los pueblos uniétnicos, pero seguimos mencionándolos como "pueblos indígenas" siempre y cuando cumplan como requisito contar con una "herencia colonial". Sin embargo, el común también puede identificarse a través de los llamados "hijos del pueblo" o en torno a los "vecinos" que tenían derechos diferentes a los "avecindados".

La historiografía regularmente nos presenta una imagen de colectivismo ("pueblo") sustentada en la estructura política, casi la homogeneidad racial, el territorio y la territorialidad cuando nos referimos a las llamadas tierras de común (pastos, montes, tierras, aguas), tierras de común repartimiento o sencillamente al "común". Si bien esta imagen ha sido matizada en los últimos años aún permea los estudios que analizan a los pueblos indígenas.[15] Asimismo, el común también fue una forma en que en la documentación se diferenció entre aquellos que estaban fuera de los estratos de decisión o de poder de las sociedades pueblerinas, como lo podemos observar para Oaxaca, Estado de México, San Luis Potosí, Michoacán o Veracruz. En síntesis, lo que estamos percibiendo son pueblos híbridos. ¿Podríamos considerar culturas/sociedades híbridas republicanas?, que en muchos casos utilizaron la memoria oral y escrita, además de la legislación colonial, republicana y contemporánea para refrendar territorios considerados, denominados o definidos como comunales (ahora se hablaría de territorios originarios).

Debemos de evitar una visión homogeneizadora en torno a los bienes definidos como comunes en los pueblos y en los ayuntamientos; considerando que desde los tiempos coloniales se han manifestado diversos tipos y formas de derechos en torno a la propiedad colectiva e incluso la individual dentro de los pueblos. Por los énfasis sobre la transformación de las relaciones sociales de los derechos, la propiedad y del papel de individuo como garante de las insti-

---

15. En el caso de Córdoba (Argentina), que a decir de Sonia Tell (2014: 93) cuando se hablaba de "comunidad de indígenas" en las leyes decimonónicas se hacía en el sentido de comunidad de tierras.

tuciones, el proyecto o los proyectos republicanos no expresaron una lógica de revolución social, sino en ver al vecino como en quien se depositaban los diversos derechos, vistos éstos como una definición de los derechos de propiedad en tanto relaciones sociales (Congost, Gelman, Santos, 2012). En este sentido podemos observar la existencia de sistemas de derechos combinados con principios diferentes y a veces opuestos, idea que permite analizar la negociación indígena con las autoridades y reformular los conceptos de cultura jurídica y agraria, que no han sido revisitados adecuadamente a través de este tipo de propuestas que dejan de lado la idea de "propiedad", así como el de la cultura política. Aspecto que podríamos utilizar para analizar las concepciones que se dieron en el México republicano.

Es así que no solo enfrentamos una visión en torno a la multiplicidad de derechos que llegaron a esgrimir los actores sociales, sino incluso lo que implica su aterrizaje en diversas y varias formas en que se asumen los comunes. Aspecto que en el caso de México se nota con mayor fuerza en la segunda mitad del siglo XIX, percibiéndose y saliendo a flote una diversidad de derechos individuales y colectivos que llevaban a ciertos arreglos dentro de los espacios sociales. La persistencia de tierras de santos, cofradías, tierras de común repartimiento, terrenos comunes, ejidos y diversos derechos ejercidos con base en el uso de la costumbre nos presenta tanto derechos colectivos como individuales sobre aquellos que eran considerados bienes del común. No hay duda que ni en el Altiplano mexicano, ni en el sur y quizá mucho menos en las antiguas misiones jesuitas del norte mexicano el que se esgrimieran derechos colectivos o que se analicen como tales nos lleva al ocultamiento de las manifestaciones diversas. Estos hechos nos permiten matizar y quizá ver con otros ojos las negociaciones y acuerdos entre los habitantes de los pueblos de manera interna, así como las que desarrollan hacia afuera, con las autoridades locales, regionales y estatales. Romana Falcón (2015) ha puntualizado sobre las raíces históricas y las formas en las cuales, a partir de la profesionalización del derecho y la consolidación de una cultura jurídica abstracta y positiva, acompañó la disposición de la desamortización y la homogenización de tipos de propiedad y de derechos. Aspectos que modificaron las vías de negociación que los habitantes de los pueblos entablaron con la sociedad mayor en lo referente a los conflictos por tierras, bosques y aguas, hacia la segunda mitad del siglo XIX. En un contexto en el que la personalidad jurídica de los actores colectivos se reducía, los poderes informales y las redes personales, fueron determinantes en el carácter de los litigios –los pueblos acudían a éstos sobre todo para ganar tiempo– que, sobre todo, terminaron por afectar las relaciones familiares, sociales y vecinales en el Estado de México (Marino, 2016).

El análisis de lo que implica una propiedad imperfecta es referirnos a una propiedad desmembrada en una pluralidad de derechos (nuda propiedad, usufructo, servidumbres, renta, fideicomisos, censos, etc.), aspecto que para fines del siglo XVIII y gran parte del siglo XIX se contraponía al ideal de la unidad, la plenitud y la perfección en torno al derecho. A una propiedad comprendida por varios titulares, cada uno con algún derecho, pero ninguno con la titularidad y, por ende, ninguno era verdadero propietario en el sentido moderno, lo que se contraponía era el ideal del derecho exclusivo de un solo dueño y, por lo tanto, excluyente de titulares de derechos derivados. Lo que hemos analizado sobre las propiedades determinadas como "imperfectas" o comunes y aquellas definidas como perfectas ha impactado en los diversos estudios historiográficos, como se puede ver a través de lo que ha sido la desamortización en Argentina, Bolivia, Colombia, Brasil, México y Venezuela.

El "tiempo inmemorial", observándolo como una manifestación de derechos, no fue exclusivo de los indígenas, sino también fue esgrimido por otros actores sociales para fortalecer la posesión y propiedad sobre los bienes en disputa.[16] No solo hubo problemáticas de los pueblos contra las haciendas por los recursos naturales; sin duda, muchos pueblos se enfrentaron entre sí, así como los propietarios. La utilización de los diversos medios legales y extralegales fue manejada por los distintos actores en conflicto. Rosa Congost (2007) ha insistido en el carácter "mutante" de los derechos de propiedad, además de que debe de mantenerse una visión no "estatista", en el sentido de considerar que la definición de la propiedad no solo proviene de leyes y códigos. En este sentido, Congost (2007: 17) apunta que "no en vano [Douglas] North concibe su teoría de los derechos de propiedad como una teoría de cambio institucional, o una teoría del estado, pero también como una teoría explicativa del crecimiento económico".[17] Por su lado, Peter Warde (2013), siguiendo las propuestas de Elinor Ostrom ha mencionado, para el caso de la Alemania de los siglos XVI, XVII y XVIII, cómo la formación de reglas de manejo de los bienes comunes puede ser resultado de un complejo proceso de conflicto en que podemos encontrar la imposición por parte de poderes externos, la rivalidad de comunidades vecinas y la respuesta a las crisis que inciden en el llamado diseño institucional. De esta manera Warde contrapone a Congost un posicionamiento sobre lo que implica la legislación, los derechos en torno a los recursos naturales, así como la manera en que se acceden, distribuyen y conflictúan por ellos los diversos actores sociales. Así, podemos considerar que los elementos de análisis de los derechos no solo implicarían observar usos y costumbres, sino también aspectos de "mercado"; es decir, lo económico como la piedra angular

---

16. Un discurso semejante aparece en la España de fines del siglo XVI y principios del siglo XVII, cuando diferentes actores sociales negocian privilegios y recursos naturales con las autoridades. Véase Nader (1990, caps. II y V).

17. Para observar una amplia crítica al neoinstitucionalismo de North, véase Congost, Gelman, Santos (2012).

de la manifestación de los derechos ¿Será así forzosamente? Si es así, entonces la idea de lo común y los comunes solo y casi únicamente tendrían un trasfondo económico, pero ¿cómo se llegó a una visión más económica? Quizá de manera muy breve hacer un recuento del por qué lo "común" y los comunes han mantenido una palpitante actualidad, no solo en la historia sino incluso en las políticas que han llevado a los discursos modernizantes y modernizadores del siglo XXI.

Del presente al pasado en forma de epílogo

El concepto de lo "común" ha sido puesto como un aspecto central de contraposición a los procesos y efectos que enfrentan las diversas sociedades desde mediados del siglo XX. Su posible origen proviene de lo que se llamó la "acumulación primitiva", como una forma de apropiación de los "comunes". Este era un concepto central del análisis de Karl Marx y el papel del Estado en los orígenes del capitalismo moderno. Actualmente está presente en los debates teóricos y en los movimientos sociales, que se han teñido con imágenes y discursos ambientalistas (Valladares y Escobar Ohmstede, 2014: 63-104). Pensemos en la resistencia de los campesinos contra adquisiciones y acaparamiento de tierras en África y Latinoamérica; conflictos y movilizaciones sociales contra la privatización del agua y del gas en Bolivia; luchas indígenas contra la biopiratería en la Amazonía; las problemáticas de contaminación de acuíferos subterráneos que ha ocasionado el fracking (fractura hidráulica), las papeleras y la minería a cielo abierto en diversas partes de Latinoamérica e incluso en Estados Unidos (Texas y New York, por ejemplo) y Canadá. Igualmente, las disputas en las urbes para establecer y mantener espacios sociales, culturales y de organización política; o la lucha contra la privatización de la información y conocimiento en redes. Los variados esfuerzos de las tendencias neoliberales para impulsar el desmantelamiento de los sistemas gubernamentales de bienestar, así como los esfuerzos de resistencia de los sectores a los que van dirigidos son también ejemplos de luchas para defender los bienes comunes o, para ser más precisos, para proteger bienes comunes, que se establecen en el marco del derecho público y positivo.

El concepto de lo común no es un paraguas que cubre en sí mismo a diversos términos actuales, sino que se presenta como una noción que nos lleva a una perspectiva de análisis sobre cuestiones sociales, jurídicas y políticas relativas a los comunes, bienes comunes, lo público y lo privado. La discusión teórica entre el singular y el plural que marca la diferencia conceptual entre lo común es importante. Otras ideas pueden tener diversos tipos de constitución jurídica y política.

La evolución de diferentes tradiciones históricas con relación a la regulación jurídica, como la ley común y la ley civil, es sólo una parte de este.

En muchas partes de la actual Latinoamérica la superposición del derecho colonial en las formas indígenas de compartir y de establecer modos normativos de organización de los "arreglos institucionales" ha complicado la historia y el presente de los movimientos socioétnicos y debates alrededor de la idea de lo que se ha denominado como usos y costumbres. La división inestable entre lo natural y lo artificial está a menudo en juego en estas luchas, que en su negociación con las diferentes formas de organización, distribución y gestión necesariamente deben de ir más allá de la preservación o conservación de bienes (incluso más allá del discurso ecologista de conservación y defensa de la naturaleza). Por ejemplo, sería de poca utilidad que el acceso al agua, tan necesario y definido como "un derecho humano" y que se reconoce como un bien común, no contara con los medios necesarios para una distribución equitativa. Aquí nos enfrentamos a problemas técnicos de infraestructura, logística, e incluso que el bien sea pagado en su consumo, lo que lo lleva a convertirse en un factor integral en cualquier lucha contra la privatización del agua, como se demostró en Bolivia a principios del siglo XX. Si en la actualidad nos centramos en el Estado, las soluciones en torno a la lógica del derecho y los bienes públicos se pueden considerar desde este punto de vista como comunes. En cuanto a los que podríamos observar como comunes "artificiales", estarían los sistemas de bienestar relacionados con el Estado social, lo cual es particularmente dificultoso en la actualidad frente a las políticas neoliberales que han plasmado los diversos países en sus sociedades (Escobar Ohmstede *et* al. Coords., 2010). Las luchas por la preservación de tales sistemas públicos no son necesariamente disputas por el común. Para que puedan serlo, debe de existir un cuestionamiento fundamental de los procesos de inclusión diferencial y exclusión que son constitutivos de lo público y la figura subjetiva personificada en la ciudadanía.

Históricamente, el concepto de lo que implicaba la personalidad jurídica del Estado fue fundamental para la construcción de bienes públicos de manera que replicaran en la estructura de la propiedad privada y reflejaran su carácter exclusivo. Esto significa que las fronteras que fue definiendo el mismo Estado fueron inscritas en el concepto mismo de la propiedad pública, lo que llevó a tratar de distinguir de una manera significativa la semántica de lo común e incluso a pensar en la construcción discursiva del Estado y la nación, proceso que se va acentuando a principios del siglo XX.[18] Como han demostrado los procesos de la "privatización" de bienes públicos y corporativos desde la segun-

---

18. Véase en relación a la idea de Nación y Estado varios de los trabajos sobre Perú, Guatemala, Argentina, los Andes y México en Escobar Ohmstede, Falcón y Buve (Coords., 2010). También Falcón y Buve (Coords., 2017) y De Jong y Escobar Ohmstede (Coords. y Eds., 2017).

da mitad del siglo XIX y principios del siglo XXI en Europa y Latinoamérica, hay un desequilibrio estructural caracterizado por la construcción legal y protección de la propiedad pública y privada, como un elemento esencial en la conformación de las sociedades bajo el paraguas de un Estado. Mientras que la primera está rodeada por una serie de protecciones y garantías, la alienación de la segunda suele ser un aspecto común para los gobiernos y no requiere procedimientos particularmente complejos. Este momento de desequilibrio se ha pronunciado con la acumulación creciente de bienes y derechos de propiedad de las transnacionales, como las empresas mineras canadienses y las petroleras norteamericanas, holandesas e inglesas, que ha dado lugar a la aparición de nuevos actores, cuyo poder y riqueza excede las fronteras, jurisdicción y poder de los Estados. Aparte de conducir a un debilitamiento del derecho público y sus poderes, estos procesos han promovido un desdibujamiento de los límites entre lo público y lo privado (principalmente de las normativas que rigen desde la definición del propio Estado), así como la aparición de los regímenes jurídicos híbridos y nuevos ensamblajes de territorio, autoridad y derechos, lo que dificulta enormemente encontrar al Estado en sí mismo o como se había ido conformando desde el siglo XIX. Teorías de la gobernabilidad y pluralismo legal intentan comprender estas nuevas zonas de poder y órdenes normativos heterogéneos. Si el límite entre lo privado y lo público se desdibuja debido a estos acontecimientos, es difícil no negar que la propiedad privada siga presente en el mundo contemporáneo y como tal la sigamos proyectando al pasado.

Con base en lo anterior, podemos considerar que desde mediados del siglo pasado se han elaborado una serie de conceptos y herramientas teóricas para justificar la destrucción de los bienes comunes y su subordinación a la lógica de la propiedad privada. Un primer análisis es el argumento "neo malthusiano" de la "tragedia de los comunes" en relación a la saturación de un bien, presentado por Garrett Hardin ([1968] 2005) para el llamado enfoque de derecho y economía, que se originó en los Estados Unidos y desempeñó un papel crucial en el trasplante global de un estado de derecho que fue reducido a la "regla de propiedad". Influencia que ha llegado hasta nuestros días y que ha marcado las pautas de análisis historiográficos de manera dominante en la historia rural española sobre todo en lo relacionado a los montes y ejidos (Bocanegra Sierra, 2008). La siguiente etapa teórica sería la de Elinor Ostrom (1997, 2010 y 2011), quien demostró la falacia de lo que ha sido considerado como una especie de creencia y digamos ya casi mito, que es la idea de que los bienes comunes son estructuralmente condenados a la autodestrucción medioambiental y económica, y deben, por lo tanto, ser reguladas por el Estado o privatizadas. El libro de Ostrom publicado en inglés en 1990 (la versión en castellano fue en 2011), contiene y presenta la existencia y posible desarrollo de múltiples formas cooperativas, comunitarias y colectivas de gestión de los llamados bienes comunes, que no son públicos ni privados. Sin embargo, la perspectiva de mercado y su relación en torno a las relaciones sociales, lleva a una visión centrada básicamente en una economía que no está totalmente supeditada a la oferta y a la demanda, pero en la que las negociaciones sociales, políticas y culturales entre actores individuales y colectivos solo y únicamente aparecen en el marco de las normas institucionales, casi trasladándolas al pasado. Si esto lo percibimos en el presente, ¿cómo podemos considerar lo común o los comunes en el pasado? ¿Existirán diferencias conceptuales o hemos interpretado de manera poco adecuada los términos del pasado? ¿Cómo ahora distinguir el concepto en el pasado?, lo que quizá nos lleve a un diálogo en lo que implica el proceso de privatización de lo "común".

Consideraciones finales

México no se encuentra aislado de los acontecimientos que sucedieron en España y en algunos países de Latinoamérica; sin simplificar demasiado los procesos y momentos históricos, podríamos considerar que casi se desarrollaron con las mismas características. Aun cuando no se puede llegar a una o varias conclusiones de lo que implican los comunes y de cómo lo concibieron las desamortizaciones civiles, podemos considerar que se tenía dos intenciones: por un lado, eliminar lo que se consideraba el estancamiento de la tierra, que, en muchos casos, al menos respecto de los ayuntamientos, los mismos hombres públicos del siglo XIX impulsaron y después castigaron; mientras que la segunda era la fiscalización. Sin duda, a mediados del siglo XIX existía una idea de que los ayuntamientos eran entes, no sólo político-administrativos sino también terratenientes y quizá hasta poco productivos.

No hay duda de que aún perdura una confusión entre las tierras que los pueblos o los pobladores consideraban como suyas, quizá heredadas del periodo colonial o adquiridas en la primera mitad del siglo XIX y que los ayuntamientos usufructuaban, y los que eran realmente los ejidos y los propios terrenos de los ayuntamientos. No sabemos a ciencia cierta dónde se encontraban los bienes comunes. Sin embargo, existían, así como los ejidos, aun cuando muchos de éstos emergieron en la segunda mitad del siglo XIX, como en el caso de Oaxaca, de aquellas que se consideraban tierras comunales, o como en el caso de Argentina (Buenos Aires) y México la desamortización permitió a los vecinos beneficiarse con la división de ejidos, pero también llevo a tensiones con las autoridades locales y los ayuntamientos.

Por otra parte, no hay que olvidar algo: con respecto a las transmisiones de la propiedad, la desamortización no se agotaba en sí misma, sino que, por el contrario, abría un abanico de posibilidades para un proceso más dinámico en torno a una supuesta titularidad de la tierra. Pero los efectos de la desamortización, y quizá a esta altura sería mejor hablar de las diversas y variadas formas y maneras en que se dieron las desamortizaciones a lo largo y ancho del continente (igual que en los muchos liberalismos decimonónicos), debieron estar en función de las formas de organización locales de los pueblos y sus entornos, así como de las características sociales y económicas de cada municipio, región o entidad federativa.

Finalmente, la segunda intención que se perseguía por las leyes de privatización era la fiscal junto con la homogenización de derechos. Poco sabemos de las repercusiones de las ventas en los ingresos de la Hacienda Pública federal y de cuáles fueron las consecuencias para las haciendas municipales implicadas en el proceso desamortizador. No sabemos a ciencia cierta si los ayuntamientos entraron en un periodo de ruina; sería necesario realizar comparaciones concretas entre los municipios que vendieron sus propios y ejidos, así como entre los que hayan otorgado los títulos de los terrenos de común repartimiento y comunidades.

Por otra parte, lo que decidimos presentar en este capítulo, es una muestra de la manera en que se puede concebir un mismo concepto o palabra, así como las interpretaciones que del periodo colonial realizaron los pensadores decimonónicos, reproducidos por los ideólogos y juristas revolucionarios, y que de alguna manera continuamos sin mucha reflexión de lo que implica. La autocrítica es válida, así como también poner en el tamiz del diálogo las dudas y cada vez menos certezas sobre lo que implicaban los conceptos desde realidades contemporáneas que marcan los análisis hacia el pasado. Es así, que lo que hemos ido poniendo sobre el papel son cada vez más dudas que certezas.

Bibliografía citada y consultada

Arrioja, L. y Sánchez C. (2010). La Ley de Desamortización de 25 de junio de 1856 y las corporaciones civiles: orígenes, alcances y limitaciones. En J. Olveda (Coord.), *Desamortización y Laicismo. La encrucijada de la Reforma* (pp. 91-118). México: El Colegio de Jalisco.

Barcos, M. F. (2013). Los derechos de propiedad ejidal en el contexto desamortizador Iberoamericano. La campaña de Buenos Aires, siglo XIX. *América Latina en la Historia Económica*, *20*(1), 98-125.

Birrichaga, D. (2010). Una mirada comparativa de la desvinculación y desamortización de bienes municipales en México y España, 1812-1856. En A. Escobar Ohmstede, R. Falcón y R. Buve (Coords.), *La arquitectura histórica del poder. Naciones, nacionalismos y estados en América Latina. Siglos XVIII, XIX y XX* (pp. 137-156). México: El Colegio de México-CEDLA.

Bocanegra Sierra, R. (2008). *Bienes comunales y vecinales*. Madrid: Iustel.

Boehm, B. (2001). Las comunidades de indígenas de Ixtlán y Pajacuarán ante la reforma liberal en el siglo XIX. En A. Escobar Ohmstede y T. Rojas (Coords.), *Estructuras y formas agrarias en México, del pasado y del presente* (pp. 145-176). México: Centro de Investigaciones y Estudios Superiores en Antropología Social-Registro Agrario Nacional-Universidad de Quintana Roo.

Boixadós, R. y Farberman, J. (2011). Propietarios, agregados y "pobres de Jesucristo". Tierra y sociedad en Los Llanos riojanos en el siglo XVIII. *Historia Agraria, 54*, 41-70.

Camacho Pichardo, G. (2015). *De la desamortización a la reforma agraria, 1856-1930. Los pueblos y sus tierras en el sur del valle de Toluca*. México: Universidad Autónoma del Estado de México.

Castro, F. (2016). Los ires y devenires del fundo legal de los pueblos de indios. En M. P. Martínez López-Cani (Coord.), *De la historia económica a la historia social y cultural. Homenaje a Gisela von Wobeser* (pp. 69-104). Ciudad de México: Universidad Nacional Autónoma de México/ Instituto de Investigaciones Históricas. Recuperado de http://www.historicas.unam.mx/publicaciones/publicadigital/libros/homenaje/von_wobeser.html

Celestino de Almeida, M. R. (2016). La cultura política indígena feente a las propuestas de asimilación: Un estudio comparativo entre Río de Janeiro y México (siglos XVIII-XIX). En I. de Jong y A. Escobar Ohmstede (Coords. y Eds.), *Las poblaciones indígenas en la conformación de las naciones y los Estados en la América Latina decimonónica* (pp. 99-134). México: El Colegio de México-El Colegio de Michoacán-Centro de Investigaciones y Estudios Superiores en Antropología Social.

Congost, R. (2007). *Tierras, leyes, historia. Estudios sobre la "gran obra de la propiedad"*. Barcelona: Crítica.

Congost, R., Gelman, J. y Santos, R. (2012). *Property rights in land: institutional innovations, social appropriations, and path dependence*. España: Sociedad Española de Historia Agraria. Documento de Trabajo 12.

Craib, R. (2004). *Cartographic Mexico. A History of State Fixations and Fugitive Landscapes*, Durham and London: Duke University Press.

De Jong, I. y Escobar Ohmstede A. (Coords. y Eds.) (2016). *Las poblaciones indígenas en la conformación de las naciones y los Estados en la América Latina decimonónica*. México: El Colegio de México-El Colegio de Michoacán-Centro de Investigaciones y Estudios Superiores en Antropología Social.

Demélas Bohy, M. D. (1999). La desvinculación de las tierras comunales en Bolivia, siglos XIX-XX. En H. J. Prien y R. M. Martínez de Codes (Coords), *El proceso desvinculador de bienes eclesiásticos y comunales en la América española, siglos XVIII y XIX* (pp. 129-155). Holanda: Asociación de Historiadores Latinoamericanistas Europeos.

Demélas, M. D. y Vivier, N. (Dir.) (2003). *Les propriétés collectives face aux attaques libérales (1750-1914): Europe occidentale et Amérique Latine*. Nouvelle édition [en ligne]. Rennes: Presses universitaires de Rennes. Recuperado de http://books.openedition.org/pur/23641

Escobar Ohmstede, A. (2015). La desamortización civil en las Huastecas a través de los condueñazgos en la segunda mitad del siglo XIX. En J. L. Luis Plata, F. Medina y

A. Ávila (Coords.), *Territorios, seguridad y soberanía alimentaria. Retos para el futuro* (pp. 57-87). México: El Colegio de San Luis.

Escobar Ohmstede, A. y Butler, M. (Coords.) 2013. *Mexico in Transition: New Perspectives on Mexican Agrarian History, Nineteenth and Twentieth Centuries/México y sus transiciones: reconsideraciones sobre la historia agraria mexicana, siglos XIX y XX*. México: Centro de Investigaciones y Estudios Superiores en Antropología Social/ LLILAS-University of Texas at Austin.

Escobar Ohmstede, A. y Butler, M. (2013). Transitions and Closures in Nineteenth-and Twentieth-Century Mexican Agrarian History. En A. Escobar Ohmstede y M. Butler (Coords.), *Mexico in Transition: New Perspectives on Mexican Agrarian History, Nineteenth and Twentieth Centuries/México y sus transiciones: reconsideraciones sobre la historia agraria mexicana, siglos XIX y XX*, (33-76). México: Centro de Investigaciones y Estudios Superiores en Antropología Social /LLILAS-University of Texas at Austin.

Escobar Ohmstede, A., Falcón, R. y Buve, R. (Coords.) (2010). *La arquitectura histórica del poder. Naciones, nacionalismos y estados en América Latina. Siglos XVIII, XIX y XX*. México: El Colegio de México-CEDLA.

Escobar Ohmstede, A., Falcón, R. y Sánchez Rodríguez, M. (Coords.) (2017). *La Desamortización civil desde perspectivas plurales*. México: El Colegio de México-El Colegio de Michoacán-Centro de Investigaciones y Estudios Superiores en Antropología Social.

Escobar Ohmstede, A., Falcón, R. y Sánchez Rodríguez, M. (2017). Introducción. En pos de las tierras civiles corporativas en México: la desamortización civil de la segunda mitad del siglo XIX. En A. Escobar Ohmstede, Falcón, R. y Sánchez Rodríguez, M. (Coords.), *La Desamortización civil desde perspectivas plurales* (pp. 11-66). México: El Colegio de México-El Colegio de Michoacán-Centro de Investigaciones y Estudios Superiores en Antropología Social.

Escobar Ohmstede, A., Rangel, J. A. y Trejo, Z. (2017). Introducción: ¿Conflictos agrarios, ambientales o arreglos institucionales? En A. Escobar Ohmstede, Z. Trejo y J. A. Rangel (Coords.), *El mundo rural mexicano en la transición del siglo XIX al siglo XX* (pp. 15-58). México: Centro de Investigaciones y Estudios Superiores en Antropología Social /LMI MESO/IRD/El Colegio de San Luis.

Escobar Ohmstede, A., Salmerón, F., Valladares, L. y Escamilla, G. (Coords.) (2010). *Reformas del estado. Movimientos sociales y mundo rural en el siglo XX en América Latina*. México: Universidad Nacional Autónoma de México-Centro de Investigaciones y Estudios Superiores en Antropología Social-El Colegio de México- Instituto Nacional de Antropología e Historia-Colegio de Etnólogos y Antropólogos Sociales-Universidad Autónoma Metropolitana-El Colegio de Michoacán-Universidad Iberoamericana.

Fabila, M. (1981). *Cinco siglos de legislación agraria, 1493-1940*. México: Secretaría de la Reforma Agraria-Centro de Estudios Históricos del Agrarismo en México.

Fagoaga, R. (2010). Noticias locales para representaciones nacionales: mapas y planos de las "Noticias Estadísticas" de principios del siglo XIX (1836). El caso de la Huasteca potosina. En F. Roque de Oliveira y H. Mendoza (Coords.), *Mapas de la mitad del mundo. La cartografía y la construcción territorial de los espacios americanos, siglos XVI al XIX* (pp. 247-266). Porto: Universidades de Lisboa- Universidad Nacional Autónoma de México.

Falcón, R. (2015). *El jefe político. Un dominio negociado en el mundo rural del Estado de México, 1856-1911*. México: El Colegio de México- Centro de Investigaciones y Estudios Superiores en Antropología Social-El Colegio de Michoacán.

Falcón, R. y R. Buve (Coords.) (2017). *Pueblos en tiempos de guerra. La formación de la nación en México, Argentina y Brasil (1800-1920)*. México: El Colegio de México.

Fandos, C. (2014). Enfiteutas, propietarios y arrendatarios en el departamento de Humahuaca Estructura social y distribución de la riqueza en la década de 1860. *Estudios Sociales del NOA, 14*, 41-61.

Fandos, C. y Teruel, A. (2013). La compra venta de tierra fiscal y los procesos de "perfeccionamiento de la propiedad" en la Quebrada de Huamahuaca, provincia de Jujuy (1860-1922). En G. Banzato (Dir.), *Tierras Rurales. Políticas, transacciones y mercados en Argentina, 1780-1914* (pp. 149-176). Rosario: Prohistoria.

Farberman, J. y Boixadós, R. (2015). Mayorazgos, pueblos de indios y campos comuneros: la propiedad indivisa en La Rioja (siglos XVII-XIX). *Revista de Ciencias Sociales, 27*, 19-45. Recuperado de http://www.unq.edu.ar/catalogo/357revista-de-ciencias-sociales-n-27.php

Guerrero, A. (2002). El proceso de identificación: sentido común ciudadano, ventriloquia transescritura. En A. Escobar Ohmstede, R. Falcón y R. Buve (Comps.). *Pueblos, comunidades y municipios a los proyectos modernizadores en América Latina, siglo XIX* (pp. 29-64). México: CEDLA-Colegio de San Luis.

Hardin, G. ([1968] 2005). La tragedia de los comunes. *POLIS, Revista Latinoamericana, 4* (10) [en línea]. Recuperado de http://www.redalyc.org/articulo.oa?id=30541023

Hernández, R. (1902). *Colección de leyes y decretos del estado de Oaxaca*. Oaxaca: Imp. del estado.

Informe (1885). *Informe que rinde el Secretario de Fomento a la Honorable Cámara de Diputados sobre Colonización y Terrenos Baldíos*. México: Oficina Tip. de la Secretaría de Fomento.

Iriarte Goñi, I. (2001). La desamortización civil en España. Problemas y retos desde la historia económica. En M. Menegus y M. Cerruti (Eds.), *La desamortización civil en México y España (1750-1920)* (pp. 45-70). México: Universidad Autónoma de Nuevo León-Senado de la República.

Iriarte Goñi, I. (2002). Las tierras comunales en España (1800-1995): pervivencia, cambio y adaptación. En J. Infante Salustiano de Dios, R. Robledo y E. Torijano (coords.), *Historia de la propiedad en España. Bienes comunales, pasado y presente*, pp. 705-740. Madrid, Centro de Estudios Regionales.

Kourí, E. (2017). Sobre la propiedad comunal de los pueblos. De la Reforma a la Revolución. *Historia Mexicana, LXVI*, 4 (264), 1923-1960.

Los ejidos (1890). *Los ejidos y los terrenos de común repartimiento de la República Mexicana. Folleto que contiene las disposiciones del presidente de la República C. Gral. Porfirio Díaz en favor de todos los pueblos que lo componen, y los expedidas por el H. Congreso de Tamaulipas y opinión de la prensa sobre tan importante asunto, coleccionados el 20 de septiembre de 1890*. Matamoros: Tip. de Germán Osuna.

Losada Moreira, V. M. (2016). Deslegitimación de las diferencias étnicas, 'ciudadanización' y desamortización de las tierras de indios: apuntes acerca del liberalismo, el indigenismo y las leyes agrarias en México y Brasil en la década de los 1850. En I. de Jong y A. Escobar Ohmstede (coords. y eds.), *Las poblaciones indígenas en la conformación de las naciones y los Estados en la América Latina decimonónica* (pp. 135-164). México: El Colegio de México-El Colegio de Michoacán- Centro de Investigaciones y Estudios Superiores en Antropología Social.

Marino, D. (2016). *Huixquilucan. Ley y justicia en la modernización del espacio rural mexiquense, 1856-1910*. Madrid: Consejo Superior de Investigación Científicas, Colección Estudios Americanos Tierra Nueva.

Memoria (1857). *Memoria presentada al Excmo. Sr. Presidente de la República por el C. Miguel Lerdo de Tejada, dando cuenta de la marcha que han seguido los negocios de la Hacienda Pública, en el tiempo que tuvo a su cargo la Secretaría de este Ramo*. México: Tipografía de Vicente García Torres.

Mendoza García, E. (2004). *Los bienes de comunidad y la defensa de las tierras en la Mixteca oaxaqueña. Cohesión y autonomía del municipio de Santo Domingo Tepenene, 1856-1912*. México: Senado de la República.

Mendoza García, E. (2011). *Municipios, cofradías y tierras comunales. Los pueblos chocholtecos de Oaxaca en el siglo XIX*. México: Universidad Autónoma Benito Juárez de Oaxaca- Centro de Investigaciones y Estudios Superiores en Antropología Social -Universidad Autónoma Metropolitana.

Mendoza García, M. N. (2009). *Los alcaldes como administradores de justicia en San Miguel Tequixtepec, durante la segunda mitad del siglo XIX*. Tesis de Maestría en Antropología Social, México: Centro de Investigaciones y Estudios Superiores en Antropología Social.

Murgueitio Manrique, C. A. (2015). El proceso de desamortización de las tierras indígenas durante las repúblicas liberales de México y Colombia, 1853-1876. *Anuario de Historia Regional y de las Fronteras, 20*(1), 73-95.

Nader, H. (1990). *Liberty in Absolutist Spain: The Habsburg Sale of Towns, 1516-1700*. Baltimore: John Hopkins University Press.

Neeson, J. (2003). Les terres en jouissance collective en Anglaterre. En M. D. Demélas y N. Vivier (Dirs.), *Les propriétés collectives face aux attaques libérales (1750-1914): Europe occidentale et Amérique Latine* (pp. 39-60). Nouvelle édition [en ligne]. Rennes: Presses universitaires de Rennes. Recuperado de http://books.openedition.org/pur/23641

Neri Guarneros, P. (2011). *Las sociedades agrícolas en el Estado de México durante el Porfiriato: transformación de la propiedad de los pueblos indígenas*. Tesis de Maestría, México: Facultad de Humanidades. Universidad Autónoma del Estado de México.

Neri Guarneros, P. (2013). Sociedades agrícolas en resistencia. Los pueblos de San Miguel, Santa Cruz y San Pedro, 1878-1883. *Historia Crítica, 51*, 21-44.

Olsson, T. C (2017). *Agrarian Crossing. Reformers and Remaking of the US and Mexican Countryside*. EUA: Princeton University Press.

Orozco, W. L. ([1914]1975). *Los ejidos de los pueblos*. México: El Caballito.

Ostrom, E. (1997). Esquemas institucionales para el manejo exitoso de recursos comunes. *Gaceta Ecológica. Nueva Época, 45*, 32-48.

Ostrom, E. (2010). Beyond Markets and States: Polycentric Governance of Complex Economic Systems. *American Economic Review*, *100*, 1-33. Recuperado de http://www.aeaweb.org/articles.php?doi=10.1257/aer.100.3.1

Ostrom, E. (2011). *El gobierno de los bienes comunes. La evolución de las instituciones de acción colectiva*. México: Fondo de Cultura Económica.

Pérez Castañeda, J.C. (2002). *El nuevo sistema de propiedad agraria en México*. México: Palabra en vuelo S.A. de C.V.

Pérez Collados, J. (2002). Las tierras comunales en los pueblos de indios y su trayectoria en el México independiente. En J. Infante Salustiano de Dios, R. Robledo y E. Torijano (Coords.), *Historia de la propiedad en España. Bienes comunales, pasado y presente* (pp. 329-390). Madrid: Centro de Estudios Regionales.

Pérez Montesinos, F. (2017). Geografía, política y economía del reparto liberal en la meseta purépecha, 1851-1914. *Historia Mexicana, LXVI*, 4 (264), 2073-2081.

Plata, J. L. (2013). Mercado de tierras y propiedad social: una discusión actual. *Anales de Antropología*, *47* (II), 9-38.

Reguera, A. (2009). La controversia de la propiedad de la tierra. Pensamiento, interpretación y realidad. En G. Blanco y G. Banzato (Comps.), *La cuestión de la tierra pública en Argentina. A 90 años de la obra de Miguel Ángel Cárcano* (pp. 21-34). Rosario: Prohistoria.

Reina, L. (1996). La respuesta rural en México frente al proyecto liberal modernizador del siglo XIX. En H. Bonilla y A. Guerrero (Eds.), *Los pueblos campesinos de las Américas. Etnicidad, cultura e historia en el siglo XIX* (pp. 259-279). Colombia: Universidad Industrial de Santander.

Rodríguez, L. (2015). Tierras comunales indígenas en Tucumán. Apuntes sobre un viejo problema en tiempos de reivindicaciones étnicas. *Revista de Ciencias Sociales*, *27*, 46-66. Recuperado de http://www.unq.edu.ar/advf/documentos/59384eae77dd7.pdf

Rodríguez, L. (2016). El sistema de representación de indígenas en la transición a la república. Los apoderados de la comunidad de Colalao y Tolombón en perspectiva comparativa. En I. de Jong y A. Escobar Ohmstede (Coords. y Eds.), *Las poblaciones indígenas en la conformación de las naciones y los Estados en la América Latina decimonónica* (pp. 249-290). México: El Colegio de México-El Colegio de Michoacán-Centro de Investigaciones y Estudios Superiores en Antropología Social.

Roseberry, W. (2004). El estricto apego a la ley. La ley liberal y los derechos comunales en el Pázcuaro del Porfiriato. En A. Roth (Ed.), *Recursos contenciosos. Ruralidad y reformas liberales en México* (pp. 43-84). México: El Colegio de Michoacán.

Salustiano de Dios, J. I., Robledo, R. y Torijano, E. (Coords.) (2002). *Historia de la propiedad en España. Bienes comunales, pasado y presente*. España: Colegio de Registradores de la Propiedad y Mercantiles de España.

Sánchez, J. (1982). El marco jurídico de la Reforma Agraria en el periodo de 1940 a 1981. En *Después de los latifundios (La desintegración de la gran propiedad agraria en México)* (pp. 233-255). México: El Colegio de Michoacán- Fondo para Actividades Sociales y Culturales de Michoacán.

Sánchez Rodríguez, M. (2017). Desamortización y blanqueamiento del paisaje en la Ciénega de Chapala, Jalisco-Michoacán. En A. Escobar Ohmstede, Falcón, R. y

M. Sánchez Rodríguez (Coords.), *La Desamortización civil desde perspectivas plurales* (pp. 317-350). México: El Colegio de México-El Colegio de Michoacán-Centro de Investigaciones y Estudios Superiores en Antropología Social.

Secretaría de Fomento, Colonización e Industria (1900). *Ley de tierras de 26 de marzo de 1894 y sus reglamentos*. México: Of. Tip. de la Secretaría de Fomento.

Tell, S. (2014). ¿Quiénes son los comuneros? Formación de padrones y división de tierras de las "comunidades indígenas" de Córdoba, Argentina (1880-1900). *Estudios Sociales del NOA, 14*, 87-108.

Teruel, A. (2014). En torno al conocimiento histórico de los derechos de propiedad de la tierra en la frontera argentino-boliviana. *Estudios Sociales del NOA, 14*, 63-86.

Teruel, A y Fandos, C. (2009). Procesos de privatización y desarticulación de tierras indígenas en el norte de Argentina en el siglo XIX. *Revista Complutense de Historia de América, 35*, 233-255.

Trejo, Z., Padilla,R., Enríquez, D. E. y Donjuan, E. (2017). *La institución significada: los pueblos indígenas en la Sonora colonial y republicana*. México: El Colegio de Sonora.

Valladares, L. y Escobar Ohmstede, A. (2014). La etnicidad frente a las nuevas violencias en América Latina. En Valladares de la Cruz, L. R. (Coord.), *Nuevas violencias en América Latina. Los derechos indígenas ante las políticas neoextractivistas y las políticas de seguridad* (pp. 63-104). México: Universidad Autónoma Metropolitana-Juan Pablos Editor.

Van Young, E. (2012). *Writing Mexican history*. Stanford: Stanford University Press.

Vivier, N. (2003). Les biens communaux en France. En Demélas, M. D. y N. Vivier (Dirs.), *Les propriétés collectives face aux attaques libérales (1750-1914): Europe occidentale et Amérique Latine* (pp. 139-156). Nouvelle édition [en ligne]. Rennes: Presses universitaires de Rennes. Recuperado de http://books.openedition.org/pur/23641

Warde, P. (2013). Imposition, emulation y adaptation: regulatory regimes in the commons of early modern Germany. *Environment and History, 19*, 313-337.

El mundo indígena boliviano, ancho y diverso.[1] Nomenclaturas, mano de obra y tierras en el largo siglo XIX (1825-1930)

Rossana Barragán y Ana María Lema

Introducción

Adrian Pearce planteó recientemente (2017), la indianización en Perú y Bolivia durante gran parte del siglo XIX. Retoma así la propuesta de Paul Gootenberg (1991), quien sostuvo que una fragilidad del mercado y del poder estatal explicaría una mejor situación de las comunidades y cierta liberación de las opresiones del régimen colonial. Las presiones hacia las comunidades empezarían más bien a fines del siglo XIX, cuando el capitalismo pudo transformar a los indios en mestizos y en proletarios rurales (Gootenberg, 1991: 142-152). Refiriéndose a un artículo de Carlos Contreras que data del 2011, titulado "Menos plata, más papas", Pearce sostiene que la crisis de la economía criolla pudo haber representado una oportunidad para el crecimiento de la población indígena (Pearce, 2017: 261; ver también, 242 y 244). Herbert Klein postuló también, en los 90s', la "hipótesis" (en palabras del autor) de una menor explotación cuando el mercado retrocedía de tal manera que las comunidades prosperaban en relación inversa al crecimiento del mercado. El crecimiento o no de la población indígena (en base al análisis de los padrones tributarios) fue explicado, en aquel entonces, en función de estas variables (Klein, 1995: 156-157).

El análisis de la situación de los indígenas en Bolivia en el siglo XIX y si empeoró o no en relación al pasado colonial es bienvenida, así como lo es el volver a replantear estos temas en su vinculación con el mercado. Sin embargo, la tesis de la reindizanización, tal como está planteada, presenta varios problemas.[2] Es

---

1. El título alude a la obra del peruano Ciro Alegría, *El mundo es ancho y ajeno* (1941). Agradecemos los comentarios de Sinclair Thomson y José Ragas.
2. En 1992, la revista boliviana *Autodeterminación* dedicó un número especial al tema de "Lo Mestizo y lo

difícil mantener una ecuación entre florecimiento de las economías indígenas (que se expresaría en mayor población indígena) como consecuencia de cierta debilidad estatal y estancamiento económico. La "hipótesis" de Klein no se ha demostrado y la premisa que implica es que las comunidades solo podrían prosperar "sin el mercado" o en momentos en que "retrocedía", cuando, desde el período colonial, algunas de las comunidades que mejor sobrevivieron fueron las que participaron ampliamente en "los trajines". Menor presión estatal y cierto repliegue de la economía de exportación pueden significar, también, mayor coacción y explotación por parte de los grupos y poderes locales empobrecidos. Es posible imaginar, además, que ambas situaciones fueron posibles y que incluso pudieron coexistir en un solo período en diferentes regiones. Además, aunque Pearce cita valiosos trabajos de nuestros colegas norteamericanos sobre Bolivia como el artículo de Erwin Grieshaber (1980) sobre sobrevivencia o expansión del latifundio, el libro de Brooke Larson (2017) sobre Cochabamba y el artículo de Erick Langer (1999), la amplia producción historiográfica boliviana de las últimas décadas permite complejizar el panorama planteado. Se han producido también reflexiones y debates en torno a la historia y/o en torno a los censos contemporáneos que permiten replantear estos temas constituyendo el punto de partida de nuestra reflexión.

La historiografía sobre los censos (ver por ejemplo Burke, 2009), las reflexiones de las antropólogas y feministas ("las mujeres son más indias" en la expresión de De la Cadena en 1991 o alguno de los numerosos trabajos de Cristina Borderías, por ejemplo el de 2012), así como la situación política boliviana de las últimas décadas revelan que las numeraciones no son simples fotografías de la realidad. Tienen un "prisma interpretativo" (Otero, 2006: 33-34); fueron parte de la construcción de los Estados (Ragas, 2016; Loveman, 2014); son representaciones de la época y muchas de ellas buscan más bien "construir" un imaginario societal. El recuento de la población indígena y los debates bolivianos contemporáneos muestran que no hay cuestión más política y social que la de enfrentarnos a la descripción y numeración de los "indígenas". Dos momentos particularmente importantes se han dado en 1992 y 2001: en el año 1992 se debatió la "conmemoración, encuentro o invasión" española planteándose "el retorno del indio" como expresión política. En el año 2001, se introdujeron en el censo, por primera vez, preguntas de auto-identificación decidiéndose, además, no incluir el término "mestizo". El resultado de ambas decisiones fue que más de 62% de la población mayor de 15 años se identificó

Nacional". En este número se encuentra el artículo "Identidades indias y mestizas: una intervención al debate" (Barragán, 1992), en el que se comenta el trabajo de Gootenberg. Asimismo, se llevó a cabo un seminario en la ciudad de La Paz (Spedding, 1996) y la revista *T'inkazos* dedicó también varios artículos a esta temática.

como "indígena", situación que permitió que la representación política existente empezara a cuestionarse, planteándose se basara en esos pueblos indígenas tanto para el Parlamento como para la Asamblea Constituyente que se fue demandando a partir de 2002.³ La situación era así radicalmente distinta a la que se había dado años antes cuando gran parte de la población se declaró mestiza. Un censo posterior, realizado el año 2012, en pleno gobierno de Evo Morales (2006 al presente), mostró que la población identificada como indígena disminuyó a 41% del total mientras que 58% decía no pertenecer a ninguno de los 36 pueblos indígenas reconocidos por la nueva Constitución Política del Estado, lo cual suscitó también numerosos artículos y debates.⁴

Bolivia es hoy un país de numerosos pueblos indígenas (término con el que se los reconoce y se reconocen a sí mismos) que se encontraban en las tierras altas del altiplano y valles interandinos, principalmente en los departamentos de La Paz, Oruro, Potosí, Cochabamba, Chuquisaca y Tarija. Las poblaciones de las tierras bajas, en cambio, en las eco-regiones del Chaco, Amazonía y regiones intermedias, estaban distribuidas en las partes orientales de los departamentos de La Paz, Cochabamba, Chuquisaca, Tarija, la totalidad de Beni y de Santa Cruz y el extremo norte que se convertiría en departamento de Pando en 1938. Más allá de la oposición entre tierras altas y tierras bajas se encuentra una diversidad de grupos en estos extensos territorios. En la región del Chaco estaban los chiriguanos, de origen guaraní; al norte de Santa Cruz estaban los chiquitos/chiquitanos; en los llanos de Mojos, se encontraban los mojeños, movimas, cayubabas, canichanas y otros, mientras que más al norte, en la región amazónica, vivía un sinfín de "tribus" poco conocidas.

El argumento en este artículo es que el crecimiento o disminución de esta diversa y vasta población indígena no expresa necesariamente una mejor o peor situación económica y social y no se relaciona a la mayor o menor presencia del mercado sino a las nomenclaturas utilizadas que pueden ser resultado de transformaciones en la representación de la sociedad, capacidad de la población de enfrentar y vivir determinadas presiones económicas y políticas y/o producto de luchas políticas. De ahí que sea importante considerar diferentes planos de análisis interrelacionados: el nivel de cómo se imaginaba y describía la sociedad, un nivel ideológico y discursivo que puede –o no–, en función de su fuerza, poder y legitimidad, nombrar y constituir sujetos; por otro lado, el análisis del contexto económico y la situación de las diferentes poblaciones in-

---

3. Moira Zuazo planteó que afirmar que 62% de la población boliviana era indígena fue un poderoso argumento así como un instrumento legitimador de "redistribución política (...) del poder" (2006: 63 y 64). Ha sido y es fundamental, además, para plantear y argumentar la legitimidad de las autonomías indígenas y provinciales.
4. Ver Tabra (2014) y CEJIS (2013). Los resultados del censo de 2012 pueden encontrarse en Instituto Nacional de Estadísticas (2015).

dígenas en relación a los mercados; finalmente, el nivel de identificación de los actores y sujetos "desde abajo" y la manera en que se representan en distintos contextos y escenarios pero sobre todo su accionar. Aquí no podemos analizar toda esa complejidad. Vamos a focalizarnos, entonces, en el análisis de esas nomenclaturas desde los niveles más agregados a los más detallados, así como la respuesta de algunos actores a determinadas políticas.

Nuestro punto de partida en el análisis de la gramática estadística, considera a los censos como parte de los procesos de contabilización y categorización realizada por funcionarios del Estado. Esas categorías fueron y son parte de un sistema de clasificación y representación de la población para fines fiscales, administrativos y de gobierno.[5] En este sentido, se trata de la expresión del poder de nominación (Bourdieu, 1984: 294). Con esta perspectiva analizamos los datos que proporcionan los censos sobre la población indígena (primera parte), para explorar luego algunas de las categorías englobadoras (segunda parte), terminando con el tema de la tierra, la propiedad y búsqueda de control de la mano de obra (tercera parte).

Tres argumentos están presentes en cada una de estas partes. En primer lugar, que la homogeneidad del término indígena encubre profundas diferenciaciones que se vislumbran en las diversas nominaciones existentes. En segundo lugar, que las categorías que engloban a los indígenas remiten a agrupaciones sociales, "raciales" y étnicas, mostrándonos también diferenciaciones en relación a las categorías fiscales ligadas a la tierra, o distinciones jerárquicas entre indígenas versus indígenas neófitos, "bárbaros" o "salvajes". Esta perspectiva es posible si se analiza a Bolivia no solo como un país andino sino también de tierras bajas. En tercer lugar, que para analizar la situación de la población indígena es fundamental tomar en cuenta la organización y el tema de la propiedad y la demanda de mano de obra. En síntesis, el mayor crecimiento o disminución de la población indígena es resultado de una trama de factores entretejidos.

I. Enumerar, contar, cuantificar: la presencia indígena en los censos de población de los siglos XIX y XX

El *Informe sobre Bolivia* de Joseph Barclay Pentland, a pocos meses de la fundación de esta república en agosto de 1825,[6] presenta un país con 1.100.000 habitantes (Pentland, 2017: 90) siendo los departamentos más poblados los andinos (La Paz, Potosí, Cochabamba, Chuquisaca y Oruro; Tarija no se in-

---

5. Aunque en períodos más contemporáneos uno puede elegir su propia inserción, existen categorías pre-establecidas de las que difícilmente uno se pueda escapar.
6. Ver estudio introductorio sobre Pentland (Lema, 2017).

cluye aún)⁷ en contraste con el departamento de Santa Cruz, de enorme extensión pues abarcaba también el territorio de Moxos (futuro Beni). Las capitales de los departamentos concentraban poco menos del 10% de la población total (Pentland, 2017: 94-110). El autor calculó la existencia de unos 800.000 aborígenes, con razas, idiomas y costumbres diferentes. También existían "tribus"⁸ reacias a la civilización, entre ellas, los chiriguanos en la región del Chaco (Pentland, 2017: 91).

Posteriormente se llevaron a cabo varios recuentos poblacionales desde 1848 hasta 1950. Una mirada a lo largo de esos cien años permite constatar el recurso a diversas categorías bajo las cuales se ordenó y numeró a la población (Tabla 1, pág. 217): blancos, indígenas, mestizos, neófitos y otros. La categoría que surgió en el siglo XIX, al igual que en otros países de la región, fue la de "blancos" que se mantuvo hasta 1900. En cambio, la categoría indígena (en 1848 y 1854) frecuentemente denominada india, se mantuvo hasta 1950. Desde muy temprano se describieron también a "tribus" y "neófitos". Bajo el apelativo de tribus, los funcionarios se referían a la población indígena que no tenía una relación sostenida con la "sociedad"; en cambio, los "neófitos" (recién convertidos a la fé en su acepción inicial), eran los que vivían en las misiones religiosas, bajo tutela misional. En 1900 se menciona una categoría de población "no sometida" la que reaparece bajo el término de "selvícolas" en 1950. La categoría "mestizo", en cambio, es mucho más reciente. No figura en el primer *Bosquejo estadístico de Bolivia,* elaborado en 1848 bajo la dirección de José María Dalence (2013 [1851]) y aunque el autor clasificó a la población de acuerdo a sus razas y se refirió a la población "mezclada", ella aparece como categoría independiente a fines del siglo XIX, razón por la que podemos considerar que se dio una reinvención de lo mestizo.

Entre 1848 y 1950, la población indígena se duplicó en 100 años (de 710.666 personas en 1848 a 1.703.401 en 1950, ver Tabla 2, pág. 217) y de representar más del 50% del total en 1848 y 53% en 1900, pasó a constituir 63% en 1950. Pero en 1848 y 1900, la población indígena era predominante en Beni, Oruro, La Paz y Potosí; mientras que constituía apenas la tercera parte en Cochabamba y Chuquisaca. En 1950, en cambio, la población indígena de Cochabamba representaba más del 75%, la de Chuquisaca 71% y la de Tarija más de 50%. Esta situación no se explica por migraciones, mayor natalidad o una mejor situación de los indígenas, sino por una nueva conceptualización del indígena al ser consi-

---

7. Tarija todavía era una provincia (Pentland, 2017: 110) y su pertenencia a Bolivia no se había confirmado aún.
8. Es interesante notar los matices introducidos en el mapa de Bolivia publicado en 1859 por Mariano Mujía y Juan Ondarza en torno al concepto de "tribus" pues revelan un abanico de percepciones con adjetivos como "aliados", "enemigos", etc. (Ondarza, Mujía y Camacho, 1859).

derados como campesinos y como personas que hablaban idiomas nativos como lo ha señalado Grieshaber (1980). Resulta entonces que en pleno período del Movimiento Nacionalista Revolucionario (MNR), asociado con la ideología del mestizaje, la conceptualización condujo más bien al crecimiento numérico del indígena desde el propio Estado y desde el propio MNR.

Veamos con mayor detalle ese panorama. En 1848, Dalence mostró que los "aborígenes", también denominados indios, representaban 51% de la población total con variaciones importantes según las regiones (Tabla 2, pág. 217). El porcentaje era relativamente bajo en los departamentos de Cochabamba, Chuquisaca y Tarija, considerados como parte de la eco-región de los valles. En Santa Cruz, solo un tercio de la población total era aborigen debido a que probablemente solo se tomó en cuenta a la población indígena "contactada" durante el periodo colonial. Finalmente, los departamentos "más indígenas" eran Oruro, en el occidente del país, y el flamante departamento del Beni, creado en 1842 sobre la base de tres provincias de tierras bajas: Moxos de Santa Cruz, Yuracarés de Cochabamba y Caupolicán de La Paz, lo que explica que su población haya sido mayormente indígena (Guiteras Mombiola, 2012).

En 1854, un "Censo jeneral" distinguió la "raza blanca y mestiza" (en conjunto) y la "raza indígena", desglosando los datos por provincias. Aquí nos interesa destacar la contabilización aproximada que se hizo de las poblaciones ubicadas en las regiones de "frontera" en varios departamentos (Tabla 3, pág. 218). En primer lugar, vale la pena subrayar que la población indígena de tierras bajas (1.005.408 personas) representaba, entonces, más de la mitad de la población de esos departamentos (1.974.062 personas) aunque con importantes variaciones. En segundo lugar, que seis de los ocho departamentos tenían "fronteras internas": hasta ellas llegaba la plena soberanía de la república, y en este sentido eran fronteras geográficas pero también del Estado. Las fronteras establecían así el mundo de los asentamientos sobre los que se tenía conocimiento y poder, versus aquellos a los que se buscaba llegar y expandir. La separación no implicaba, sin embargo, una diferenciación entre espacios indígenas y no indígenas ya que esta población vivía en ambos, pero los que se encontraban más allá de las fronteras recibieron nombres específicos. Podían estar asociadas a un referente geográfico en el caso de Tarija y Chuquisaca (el río Pilcomayo y el Chaco) y a un referente étnico en el caso de La Paz (los indígenas mosetenes, por ejemplo). En Beni y Santa Cruz, la mayoría –sino la totalidad– de la población era indígena registrándose en esta última los nombres de dos pueblos indígenas: guarayos y sirionós.

Pocos años después, los datos que acompañan la producción de un mapa de Bolivia publicado en Nueva York en 1859 (Ondarza, 1859: 281) muestran una población total más numerosa que en 1854. También presentan una cuantificación

Tabla 1. Las categorías contempladas en los censos de población, 1848-1950

Población	1848	1854	1900	1950
Blanca [y mestiza en 1854]	629.195	635.167		
[Aborígen] Indígena	710.666*	930.988	776.120	1.703.371
Blanca			231.088	
Mestiza			484.611	
"Tribus, neófitos y no civilizados"	760.000			
"No sometidos"			91.000	
"Selvícolas"				87.000
"Indígenas y tribus"**		1.690.988	867.120	
Total con neófitos	1.378.896	2.326.155	1.582.819	
Total sin neófitos	1.381.856	1.566.155	1.491.819	
Total	1.381.856	2.326.155	1.816.271	2.704.165

Fuente: Elaboración propia en base a los censos. *Esta cifra es resultado de la sumatoria de los aborígenes o indígenas por departamento sin incluir, para fines comparativos con años subsiguientes, el departamento Litoral/Atacama que se perdió a fines del siglo XIX. **Esta categoría no se encuentra en los documentos; la hemos insertado para tener una aproximación de la población indígena total.

Tabla 2. Población indígena y población total por departamentos occidentales en Bolivia, 1848, 1900 y 1950

Departamento	1848			1900			1950		
	Total	Indios	% indios por dpto.	Total	Indios	% indios por dpto.	Total	Indios	% indios por dpto.
La Paz	412.867	295.442	71,56	442.196	333.421	75,40	854.079	573.374	67,13
Cochabamba	279.048	43.747	**15,68**	328.163	75.514	**23,01**	452.145	340.127	**75,23**
Oruro	95.324	86.943	91,21	86.081	58.607	68,08	192.356	117.427	61,05
Chuquisaca*	156.041	34.287	21,97	204.434	80.217	**39,24**	260.479	186.422	71,57
Potosí	243.269	164.609	67,67	325.615	186.947	57,41	509.087	392.605	77,12
Litoral/Atacama	4.520	[3.298]	72,96						
Total	1.186.549	625.028	52,68	1.386.489	734.706	52,99	2.268.146	1.609.955	70,98
Santa Cruz	78.581	26.373	33,56	**209.655**	94.526	45,09	244.658	42.255 / 20.750 selv.	17,26 / 8,48
Tarija	63.800	9.108	14,27	102.887	51.670	50,22	103.441	41.720 / 14.500 selv.	**40,33** / **14,01**
Beni	48.406	46.859	**96,80**	33.074	20.124	60,85	71.636	9.205 / 14.500 selv.	12,85 / 20,24
TNC (Pando)				27.151	19.838	73,07	16.284	266 / 1.780 selv.	1,63 / 10,93
TOTAL	1.377.336	710.666**	**51,35**	1.759.256	920.864	**52,34**	2.704.165	1.703.401***	**62,99**

Fuente: Elaboración propia basada para 1848 en Dalence 2013: 222-223, Censo General de la República de Bolivia de 1900, T. II: 32 y Censo General de 1950. En negrita las cifras que muestran una gran variación y sobre las que hablamos en el texto. *Si bien el departamento de Chuquisaca también es parte de las tierras bajas en la parte chaqueña, sus pobladores no eran considerados como "indios" sino "bárbaros". **No incluye a los del Litoral/Atacama para fines comparativos. ***Este total no contabilizaba a los selvícolas ni a los no sometidos. En Tabla 1 la cifra del censo es de 1.703.371 pero el desglose que se utiliza aquí proporciona un total ligeramente mayor.

Tabla 3. Poblaciones indígenas en regiones "de frontera" y provincias de tierras bajas según el censo de 1854

Departamento	Frontera o provincia	Población indígena	Indígenas de fronteras	Población total del departamento
Chuquisaca	Población total del departamento	150.000	180.000	349.119
	Provincia Azero	30.000	51.55%	
La Paz	Prov. Caupolicán	13.248	163.248	593.779
	Frontera de mosetenes	150.000	27.49%	
Cochabamba	Chapare	9.400	79.400	382.919
	Yuracarés	70.000	20.73%	
Santa Cruz	Cordillera	16.981	242.343 94%	255.599
	Chiquitos	25.362		
	Guarayos y sirionos, etc.	100.000		
Tarija	Salinas	26.687	226.687	277.724
	Fronteras del Pilcomayo	200.000	81.62%	
Beni	Mojos	23.730	113.730	114.922
	Mamoré y Madera	90.000	98.96%	
Total			1.005.408 50.93%	1.974.062

Fuente: Elaboración propia en base a Censo jeneral, 1854.

aproximativa de la población llamada "salvaje" estimada en 245.000 personas distribuidas de la manera siguiente: 5.000 en los departamentos de La Paz y Cochabamba, 100.000 entre Chuquisaca y Tarija, 40.000 en Santa Cruz, otros 100.000 en el Beni, cifras inferiores a los que proponía el censo de 1854 y quizás más realistas.

Finalmente, y aunque hubo censos locales y departamentales en las últimas décadas del siglo XIX, con la llegada de los liberales al poder se impulsaron estudios y descripciones que permitían un mayor conocimiento de la población y del territorio. En ese contexto se realizó el censo de 1900 que dio una población total de más de un millón y medio de personas, cifra que incluye a la población no censada y "no sometida" y que fue calculada fundamentalmente para los departamentos de Santa Cruz y Tarija.[9]

La cédula de inscripción del censo de 1900 incluía, en la columna 8, el registro de "las razas o castas" señalando que solo se aceptarían cuatro, aun-

---

9. Los datos del censo fueron publicados en dos tomos: en el primero, de 1902 estaban los resultados generales a nivel nacional y en el segundo, de 1904, los resultados "definitivos" a nivel de departamentos. Los datos referidos al tomo I serán citados de la edición de 1902 mientras que los del tomo II, de la reedición (en VVAA, 2012).

que no existe ninguna explicación sobre cuáles debían ser las características para tal registro.[10] Sorprende también que, en los resúmenes entregados, solo se encuentran los datos sobre hombres, mujeres, población urbana, población rural y población deforme. No figuran las razas que sí aparecen en el volumen dos, lo que podría indicar que la calificación y atribución racial hubiera sido revisada y/o completada por los integrantes de las comisiones de las capitales de provincias o de departamentos. En la ciudad de Tarija, por ejemplo, la comisión señaló que más de una tercera parte había sido anotada "como perteneciente a las razas india y negra, siendo así que no existen más que la blanca y mestiza, defecto que fue necesario rectificar". Señalaron también que en las provincias Méndez, Avilés y Arze se registró a la población como indígena, lo que era un error porque solo existían "distintas tribus" en la provincia Salinas y Gran Chaco (Censo, 1902, T. 1: 75).

Los datos del censo de 1900 muestran una distribución poblacional muy heterógeena: territorios de extensas superficies estaban poco poblados como el caso del Beni o el Territorio Nacional de Colonias que se formó en el extremo norte y que sería el futuro departamento de Pando (Tabla 4).

Tabla 4. Superficie y población de Bolivia en 1900

División política	Superficie en km²	Población censada, incluyendo el 5% de aumento	No censada	"No sometida"	Total	Hab./ km²
T.N.C.	497.931,05	7.288	9.655	15.000	31.883	0,06
La Paz	139.277,74	426.930	3.686	15.000	445.616	3,19
Beni	264.455,53	25.680	500	6.000	32.180	0,12
Oruro	49.537,53	86.081	-	-	86.081	1,71
Cochabamba	60.417,36	326.163	-	2.000	328.163	5,43
Santa Cruz	366.128,03	171.592	18.000	20.000	209.592	0,57
Potosí	126.390,49	325.615	-	-	325.615	2,57
Chuquisaca	68.420,28	196.434	-	8.000	204.434	2,98
Tarija	183.606,16	67.887	10.000	25.000	102.887	0,56
Litoral	66.170,58	-	49.820	-	49.820	0,75
Total	1.822.334,75	1.633.610	91.661	91.000	1.816.271	0,99

Fuente: Censo, 1902, T. 1: 13. Nota: T.N.C. significa Territorio Nacional de Colonias, un territorio creado en 1900 al norte del departamento de La Paz, en la región amazónica.

---

10. Censo, 1902, T. 1: XXVII.

Tabla 5. Población urbana y rural y composición de la población en 1900

Departamentos	Urbana	Rural	Total	Indígenas	%	Mestizos	%	Blancos	%	Negra	No especificada	Total
La Paz	103.343	323.587	426.930	333.421	75,40	39.680	8,97	36.255	8,20	2.056	30.784	442.289
Cochabamba	78.315	247.848	326.163	75.514	23,01	169.161	51,55	60.605	18,47	161	22.722	328.256
Potosí	88.639	236.976	325.615	186.947	57,41	89.159	27,38	21.713	6,67	101	27.695	325.706
Santa Cruz	55.413	116.179	171.592	94.526	45,09	44.248	21,11	59.470	28,37	930	10.481	209.750
Chuquisaca	53.532	142.902	196.434	80.217	39,24	80.916	39,58	31.767	15,54	205	11.329	204.528
Tarija	17.134	50.753	67.887	51.670	50,22	39.377	38,27	8.184	7,95	206	3.450	102.983
Oruro	27.398	58.683	86.081	58.607	68,08	14.309	16,62	7.774	9,03	35	5.356	86.175
El Beni	14.886	10.794	25.680	20.124	60,85	5.113	15,46	5.113	15,46	245	2.479	33.166
T.N.Colonias	345	6.883	7.228	19.838	73,07	207	0,76	207	0,76	6	6.893	27.226
Total	439.005	1.194.605	1.633.610	920.864	52,34	482.170	27,41	231.088	13,14	3.945	121.189	1.759.349

Fuente: Elaboración propia en base a Censo 1900.

Tabla 6. Tributarios en cinco departamentos en 1838

Departamento	Originarios	%	Forasteros	%	Agregados	%	Yanaconas	%	Vagos	Urus	TOTAL
La Paz	11716	35.17	17994	41.66	13791	58.28	18407	82.81	2117	1050	65075
Cochabamba	1238	3.72	9586	22.19							10824
Oruro	9976	29.95	4148	9.60						93	14217
Chuquisaca	886	2.66	4197	9.72							5083
Potosí	9492	28.50	7267	16.82	9947	42.03	3820	17.19			30526
TOTAL	33308	100.00	43192	100.00	23665	100	22227	100	2117	1443	125952
%	26.44		34.29		18.79		17.65		1.68	1.15	

Fuente: Grieshaber, 1977 citado en Bonilla, 1980: 146-47.

Se dibuja también un país indígena (52%; ver Tabla 5, pág. 220) y abrumadoramente rural con una concentración poblacional en algunos departamentos como La Paz, Cochabamba y Potosí, señalándose que la población indígena constituía el "elemento rural de la mayoría de las poblaciones" (VVAA, 2012: 126). Solo en Cochabamba y Chuquisaca era mucho menor y la población rural no era aquí sinónimo de población indígena como se ve en el caso de Oruro, La Paz y en menor medida el Territorio Nacional de Colonias.

El censo de 1900 se jactó también de haber registrado, por primera vez, a algunas poblaciones como en Tarija, en las provincias de Salinas y Gran Chaco que incluían a las misiones franciscanas, "primeras avanzadas de la civilización sobre la barbarie" (Censo 1902, Tarija, T. 1: 44). Pero no se pudo numerar a todos, calculándose en 6.000 los que no habían sido inscritos porque estaban diseminados en la provincia Gran Chaco y porque iban a trabajar a los ingenios de Argentina "donde son llevados como un rebaño para negocios particulares". Adicionalmente, se mencionaron 5.000 "salvajes" en los límites con Argentina entre chiriguanos, tapietes, tobas y matacos (Censo 1902, Tarija, T. 1: 46). El censo se refirió también a "tribus de indígenas no civilizados" considerados como "no sometidos" (Censo 1902, Tarija, T. 1: 13).

La población no "civilizada" ascendía a 91.000 personas,[11] número que bajó a 87.000 en 1950 bajo el apelativo de "selvícolas". Las estimaciones más altas en 1950 se encuentran en los departamentos de Beni y Santa Cruz, sumando entre ambos 63.800 personas; luego, en las regiones chaqueñas de Tarija y Chuquisaca y finalmente, en la región amazónica de Cochabamba, La Paz y Pando.[12] El término selvícola que se encuentra en los artículos 129, 130 y 131 del decreto de Reforma Agraria de 1953 especifica que se trataba de la población bajo la tuición directa o indirecta del Estado; es decir que se las consideraba aún, en plena Revolución Nacional, como "menores de edad", un atributo asociado a los indígenas desde el período colonial.

En síntesis, los indígenas no disminuyeron entre 1825 y 1950 y el mayor incremento entre 1900 y 1950 se debió, también, a que dejaron de ser considerados tributarios convirtiéndose en "campesinos" y en portadores de una lengua distinta al castellano. Aunque los de tierras altas fueron nombrados "indios" o "indígenas" y los de tierras bajas, "neófitos, tribus, salvajes o selvícolas", existía, más allá de nombres unificadores, una gran diversidad.

---

11. "Las tribus de indígenas no civilizados aún, y de los que algo se dirá más adelante, cuentan con una población de 91.000 almas, según cálculos bastante autorizados" (VVAA, 2012: 109).
12. Este departamento fue creado en 1938 sobre la base territorial del Territorio Nacional de Colonias erigido en 1900. La capital de Pando es Cobija, ciudad ubicada sobre el río Acre.

II. Uniformidad y heterogeneidad del mundo indígena: tierra, tributos, fronteras y misiones

"Indio" fue desde el inicio de la colonización española una categoría racializada, es decir la construcción de una unidad que homogeneizaba y a la que se asignaban atributos de inferioridad. Tenían también una condición jurídica porque eran "miserables", lo que suponía ciertas particularidades a nivel de los juicios. Es precisamente alrededor de esta situación en la que se sitúan los principales cambios del período republicano. Lo "indio" dejó de asociarse a un fuero especial y a tratos judiciales específicos. Ya no fueron "miserables" pero engrosaron en gran parte la categoría denominada "pobres de solemnidad", una figura legal definida en términos económicos. Independientemente de su condición "étnica", podían ser considerados como tales aquellos que no tuvieran un ingreso mínimo anual, lo que disminuía las erogaciones de cualquier trámite legal.[13] Sin embargo, es posible que hubiera una estrecha asociación entre indígenas y pobres de solemnidad dado que en 1826 se ordenó por ley que los "bolivianos antes llamados indios" usaran el papel del sello 6to., al igual que los pobres de solemnidad (Barragán, 1999; 2003).

Por consiguiente, la novedad radicó en la inexistencia de un estatus especial otorgado a los indígenas aunque su situación era ambigua: por un lado, engrosaban la categoría de bolivianos y, por tanto, gozaban de los derechos civiles; por otro, sólo ellos, los de las tierras altas y los valles, pagaban una contribución y estaban sujetos a servicios para el Estado que fueron desapareciendo paulatinamente, desde fines del siglo XIX, mientras que las poblaciones de las tierras bajas estaban bajo otro régimen.

A lo largo del siglo XIX, fue común también considerar que la población boliviana estaba dividida en tres grupos o "razas": indígenas (generalmente labradores), mestizos (conformados por artesanos y obreros urbanos) y blancos (generalmente propietarios): una división tripartita social, ocupacional y "étnica" de manera que no se podía pensar en un indígena propietario o en un blanco subordinado. Varios censos locales realizados a fines del siglo en algunos departamentos del país permiten percibir esta asociación entre "razas" y ocupaciones.

Más allá de la categoría englobadora de "indio" de los censos, había una heterogeneidad muy grande. En las tierras altas y valles interandinos, la principal diferenciación al interior del mundo indígena tributario se daba entre comunidades y haciendas. La población que vivía en comunidades era mayoritaria en 1838 y de acuerdo a la información de los padrones (censos indígenas con fines fiscales) representaba 70% de la población indígena tributaria mientras que

---

13. Se trataba de personas que no podían tener una renta o producto mínimo de 200 pesos anuales.

solo 29% de ella vivía en las haciendas. Esta distribución no cambió sustancialmente a lo largo del siglo XIX (Grieshaber, 1980: 225).

Mientras que los originarios respresentaban la tercera parte de la población tributaria, forasteros y agregados, en gran parte al interior de las comunidades, constituían 53% de la población en 1838 (Tabla 6, pág. 220), mientras que la población yanacona, sujeta a las haciendas, era de solo 17% y existía solo en La Paz y Potosí, por lo que consideramos que en los otros departamentos como Cochabamba y Chuquisaca la mano de obra era fundamentalmente arrendera y locataria.

Para mediados del siglo XIX, Dalence registró al interior de las comunidades a por lo menos 48% de los jefes de familia (48.295 y 57.837) mientras que en las haciendas se encontraba el 36% (colonos o arrenderos). La población comunitaria continuaba por tanto siendo mayoritaria con casi 50% de la población indígena (Tabla 7).

Tabla 7. Distribución de la población agricultora según categorías en 1848

	Haciendas	En comunidades		Impreciso	En Haciendas	Total
	Hacendados	Comuneros con tierras	Forasteros o Agregados con tierras	Forasteros sin tierras*	Colonos o arrenderos	
Jefes de familia	5.135	48.295	57.837	31.972	80.000	223.239
%	2	22	26	14	36	
Total Población**	23.107	478.084	260.266	143874	143874	1.049.205
Total	28.242	526.379	318.103	175.846	223.874	1.272.444
%	2	41	25	14	18	

Fuente: Elaboración propia en base a Dalence, 2013: 234-236. * No se explicita si los forasteros sin tierras son arrenderos en tierras de comunidad. ** La cifra del total de la población de hacendados, agregados con tierras, forasteros sin tierras y colonos o arrenderos ha sido calculada en base al promedio de 4,5 personas por familia.

La situación aparece sin embargo más compleja porque Dalence dividió a la población agrícola en cuatro grupos (Tabla 7): comuneros, hacendados, arrendadores y arrenderos (Barragán, 2013a; Dalence, 2013: 261). Para él, los hacendados hacían cultivar sus tierras "con los labradores", por lo que asumimos que pueden ser los que aparecen como yanaconas en los padrones de indígenas, pero que aquí son definidos como colonos arrenderos:

> poseen campos que los propietarios les dan por la pensión estipulada que satisfacen parte en dinero y parte en el servicio que deben prestar al dueño en las siembras, cosechas, etc. Este contrato es muy útil, si de él no se abusa: el propietario posee los brazos que necesita y el colono asegura para sí y su jeneración tierras en que sembrar (Dalence, 2013: 262).

Arrenderos y colonos podían ser por tanto sinónimos: esta situación se encontraba también en el País Vasco, donde el sistema de colonato aludía al sistema de arrendamiento que empezó a predominar durante los siglos XVIII y XIX. Las rentas podían pagarse en productos pero también cumpliendo una serie de "prestaciones personales" como trabajar un cierto número de días a cambio de comida o jornal (Ainz Ibarrondo, 2001: 77).

En otras palabras, labradores, colonos, aparceros y arrenderos podían ser términos relativamente similares, aunque se necesitan investigaciones con mayor detalle y en diferentes regiones. Además, el término colonato parece haberse desarrollado en los siglos XIX-XX como una forma de trabajo y relación con los propietarios de las tierras aunque no sabemos con precisión cuáles fueron las continuidades y rupturas entre los yanaconas del período colonial y los arrenderos y colonos de la república.

En cuanto a los comunarios o comunidades territoriales, Dalence mencionó 106.132 terrenos de comunidad que parecen haber constituido pequeñas parcelas de pegujares, mantas y *sayañas*[14] (Dalence, 2013: 262-263), y 3.102 comunidades de "aborígenes". Las comunidades son *ayllus* con una estructura segmentaria y con acceso a un territorio determinado cuyas fronteras estaban delimitadas en los títulos de composición coloniales, con tierras familiares, tierras de acceso colectivo y tierras de pastizales.[15] Sin embargo, la situación no era igual al interior de las comunidades: se diferenciaban (y así fue hasta prácticamente mediados del siglo XX) a los comuneros con tierras, conocidos en general como originarios, y los forasteros o agregados con tierras que generalmente gozaban de menores extensiones. En el siglo XIX, la categoría de los originarios tenía más que ver con el acceso a parcelas más grandes, sujetas al pago de un mayor tributo. Descendientes de originarios podían convertirse en forasteros o agregados que pagaban una menor cantidad de tributo.

Los forasteros podían ser una especie de arrenderos en tierras de comunidad.[16] También había forasteros sin tierras que representaban 14% de los jefes de familia y es muy posible que estuvieran en las comunidades porque se dice que recibían algunas "mielgas" por su trabajo (Dalence, 2013: 260) y porque la categoría de forasteros con tierras en las haciendas no figura en los padrones de registro de la población indígena tributaria. Si se reúne a los forasteros sin tierras y a los que vivían en haciendas, los que no tenían tierras ascendían a 50% de los jefes de familia registrados.

En síntesis, un mundo rural diverso pero en el que predominaban aún las

---

14. Los pegujares designaban pequeños pedazos de terreno mientras que el término *sayaña* aludía a tierras familiares y personales dentro de las comunidades o incluso fuera ellas.
15. Para conocer una visión sobre las comunidades altiplánicas, ver Barragán (2007).
16. A fines del siglo XVIII existía una serie de "arrenderos" que parecen encubrir situaciones muy diversas: yanaconas y propietarios yanaconas en tierras categorizadas como "españolas" mientras que en tierras de comunidad se encontraban "arrenderos" que eran antiguos *mitimaes*, caciques, agregados, forasteros y *mingas*; y, finalmente, mestizos, mulatos y españoles (Barragán y Thomson, 1993).

comunidades. Los indígenas pagaban tributo al Estado y su monto estaba relacionado a las tierras que poseían: era mayor en el caso de los originarios y comunarios con tierras, como ya señalamos. Los yanaconas/arrenderos/colonos de las haciendas no estaban exentos del pago de su tributo a pesar de que no eran titulares de sus tierras.

En las tierras bajas, la situación era diferente pero muy variada. La provincia Caupolicán, ubicada en el norte amazónico del departamento de La Paz, tenía tres cantones que correspondían a tres misiones franciscanas secularizadas a principios del siglo XIX. Allí, los indígenas pagaban tributo al Estado y eran los propietarios exclusivos de sus tierras dado que no se menciona las categorías de yanaconas ni de forasteros.[17] No existían por tanto haciendas ni migraciones de otros indígenas a la provincia. La situación cambiaría drásticamente a partir de los años 1880 cuando aparecieron algunas haciendas y cuando el auge de la goma, las exploraciones y las políticas de colonización dieron lugar a la otorgación de concesiones gomeras y ganaderas.

Durante el periodo colonial, en gran parte de las tierras orientales, desde el norte hasta el sur, la presencia de españoles o funcionarios de la Corona fue escasa y la población local estuvo sujeta a misiones jesuitas o franciscanas por lo que su situación fue bastante distinta al resto de los indígenas del Alto Perú.[18] Los franciscanos volvieron en la década de 1830 después de una breve ausencia, con una misión específica: evangelizar a los indígenas de las tierras bajas con el propósito de integrarlos a la nación. Puesto que la presencia estatal estaba todavía poco consolidada en regiones periféricas, el rol de los religiosos era fundamental para lograr una transición exitosa de "bárbaros" a neófitos y luego, a ciudadanos (García Jordán, 2001). En otras palabras, se conceptualizaba el universo indígena como una escalera evolutiva.

Los franciscanos, desde sus colegios de *propaganda fide*, o centros de evangelización y formación de los religiosos, distribuyeron su actividad misionera en el territorio (Tabla 8, pág. 226). Los colegios más activos en el siglo XIX fueron los de Tarija y Potosí para cubrir la región del Chaco y atender a los chiriguanos y otros grupos, presionados por el avance de los ganaderos; el de Tarata (Cochabamba) para llegar a los indígenas guarayos en el departamento de

---

17. Estos hallazgos son parte de una investigación en curso coordinada por Ana María Lema en el Instituto de Investigaciones Históricas de la Carrera de Historia de la Universidad Mayor de San Andrés (La Paz).
18. Obviamente es preciso establecer matices y reconocer que sí, todavía había encomiendas de indios en Santa Cruz en el siglo XVIII (Radding, 1997) o bien que, recién a partir de 1786, los indígenas del Partido de Caupolicán (La Paz), que vivían en las misiones franciscanas de Apolobamba, empezaron a pagar tributo a la Corona y diezmo a la Iglesia, pero no en dinero sino en cacao, lo que se explica tanto por la falta de circulante en la región, un elemento indicador de la falta de integración de la misma a la Intendencia de La Paz, como por el valor asignado a este producto, cuya calidad era muy valorada. Esta situación persistió hasta la segunda mitad del siglo XIX. Ver: Informe de los padres franciscanos sobre el estado de las misiones de Apolobamba, La Paz, 16.VIII.1796. Archivo de La Paz, Fondo JVC 1796 C6 D10.

Santa Cruz y el de La Paz. Allí, pese a la secularización de las misiones en 1808, desarrollaron una labor importante con los indígenas tacanas bajo el control del obispado de La Paz e intentaron abrir nuevos frentes misioneros.

Tabla 8. Misiones franciscanas a inicios del siglo XX

Departamento: provincia	Colegio de *propaganda fide*	Misión	Población
Chuquisaca: Azero	Potosí	Macharetí	2794
		Santa Rosa de Cuevo	2196
		San Buenaventura de Ivo	948
		San Pascual de Boicovo	496
		Tiguipa	767
		Igüembe	
		Ingre	
		Huacaya	
Tarija: Gran Chaco	Tarija	Aguairenda	218
		Itaú	57
		San Antonio	649
		San Francisco	623
		Tarairí	1063
		Yacuiba	
		Chimeo	
Santa Cruz: Cordillera		Aimiri	s.d.
		Burapucutí	
		Itapiquí	
		Masavi	
		Pirití	
		Tacuaremboti	
Santa Cruz: Velasco	Tarata	Ascensión	4784
		San Pablo	s.d.
		Urubichá	1128
		Yaguarú	1389
		Yotaú	644
La Paz: Larecaja, Yungas, Caupolicá	La Paz	Muchanes	145
		Covendo	226
		Santa Ana	124
		Ixiamas	649
		Tumupasa	629
		San José de Uchupiamonas	60
		Cavinas	s.d. (en 1893)

Fuente: Coordinadora de Historia, 2015: 285. Nota: En cursiva las parroquias que fueron previamente misiones.

Todos los indígenas de las misiones eran considerados "neófitos"; desarrollaban actividades productivas como la agricultura, la ganadería, la producción de objetos manufacturados (textiles) y recolectaban productos como miel, cera, cacao, inciensos, etc., de acuerdo a la biodiversidad de las regiones donde se encontraban; algunos de sus productos llegaban a los mercados. Los franciscanos buscaban "proteger" a los indígenas del avance criollo y de las demandas de mano de obra; por ello, desde la segunda mitad del siglo XIX, las misiones fueron consideradas como un obstáculo al progreso y a la civilización acusándose a los religiosos de la explotación de los indígenas (Córdoba, 2012). Se consideraba que la protección que les otorgaban no solo expresaba su sentimiento humanitario sino su preocupación por la escasez de mano de obra (Combès y Villar, 2012: 18). Los religiosos cumplieron en todo caso la función de mediadores entre los indígenas que se encontraban bajo su protección, el Estado y la sociedad boliviana en su conjunto (Lema, 2016).

Los grupos denominados "tribus", "bárbaros" y "salvajes", en cambio, escaparon en gran parte a todo control aunque frente al avance de las "fronteras" fueron paulatinamente empujados y acorralados constituyendo también una mano de obra apetecida –aunque de difícil trato– por las misiones o por los emprendimientos privados.

III. En busca de tierras, en busca de mano de obra

En las regiones del altiplano y valles interandinos, las comunidades indígenas tenían acceso a territorios que les habían sido reconocidos desde el período colonial. El afán modernizador de las elites conllevó, en el siglo XIX, a una política de titularización privada individual y a un mayor control de las tierras. Uno de sus resultados, principalmente en el altiplano, fue la expansión de las haciendas y/o la conversión de las tierras de las comunidades indígenas en latifundios lo que suponía el acceso simultáneo a su mano de obra. En las tierras bajas, en cambio, la situación fue diferente. Como vimos, se trataba de regiones extensas, muy alejadas y con poca densidad poblacional, con poblaciones indígenas muy diversas, en misiones o distribuidas en diferentes espacios y territorios. En este caso, el Estado buscó fomentar la "colonización" de esas tierras y su aprovechamiento agrícola, ganadero o extractivista enfrentándose constantemente al problema de escasez de mano de obra.

Las políticas estatales diferenciaron en general la región occidental y la región oriental. Conocemos con cierto detalle lo que sucedió en la primera, por lo que se puede afirmar, de manera muy sintética, que la expansión del latifundio se dio particularmente en el altiplano de La Paz. De igual importancia habría sido la constitución de un campesinado individual, especialmente importante en Cochabamba, Yungas (La Paz) y otras regiones. Detengámonos un poco en este proceso.

Desde fines de los años 1960, Ramiro Condarco Morales (1983 [1965]) enfatizó la importancia que tuvieron las leyes del Presidente Mariano Melgarejo[19] (1866, 1868) y la Ley de Ex Vinculación (o de Desvinculación) de 1874 para las tierras de las comunidades indígenas. Todas ellas buscaron, en principio, establecer propiedades individuales, lo que suponía la desaparición y abolición de las comunidades indígenas con sus territorios delimitados y reconocidos por las composiciones desde el período colonial.

Rivera (1978) demostró la expansión del latifundio en base a ese conjunto de leyes y Platt (1982) afirmó que la Ley de Ex-Vinculación fue una primera reforma agraria por la envergadura que tuvo, fomentando la creación de un mercado de tierras.

Se planteó también, implícitamente, un debate: expansión del latifundio (Rivera, 1978) o supervivencia de las comunidades (Grieshaber, 1980). Rodríguez Ostria (1982) recordó, sin embargo, que la fuente utilizada por Grieshaber sólo toma en cuenta a la población indígena y no así mestiza, importante en muchas regiones como mano de obra sujeta a las haciendas y como propietaria de pedazos de terrenos. Se debe agregar, también, que no sabemos si toda la población que vivía como "arrendataria" fue incluida. Finalmente, si se considera que la formación de haciendas y latifundios se dio fundamentalmente después de 1881, no existen realmente dos posiciones distintas por lo que sería un falso debate.

Es importante también considerar, a partir del trabajo de Platt, el tipo de tierras que fueron vendidas: tierras sobrantes, parcelas, o comunidades enteras, cada una con distintas consecuencias. La venta de tierras sobrantes, por ejemplo, no implicó en Potosí la desaparición de las comunidades ni la conversión de los comunarios en mano de obra de las haciendas, mientras que la venta de parcelas consolidó a pequeños propietarios individuales (Platt, 1982).

Sobre las medidas de Melgarejo y la "expoliación" que implicó, el estudio de Peñaloza (1990) muestra que en el período 1867-1870, un poco más de la tercera parte de las tierras vendidas tenía un valor inferior a 1.000 pesos lo que revela que se trataba de *sayañas* (propiedades individuales en las comunidades) y pequeñas propiedades y no así comunidades enteras (Gráfico 5 y 6 de Peñaloza, 1990: 127-128). Esta situación revelaría también la desestructuración de algunos ayllus y la emergencia de un mercado de tierras que estaba latente. En cuanto a la composición social de los compradores, junto a los sectores terratenientes tradicionales hubo, en el caso de Pacajes, un nuevo grupo de medianos propietarios, comerciantes e incluso caciques (Rivera, 1978: 103).

---

19. Presidente de Bolivia entre 1864 y 1871.

Posteriormente, la Ley de Ex-Vinculación afectó a regiones donde la presencia del latifundio era ya importante y sólo después a zonas consideradas más comunarias (Rivera, 1978: 107). Los períodos de mayor actividad en ventas habrían sido entre 1881 y 1886 y entre 1905 y 1915 (Grieshaber citado en Klein, 1995: 191). Fue ahí que emergieron haciendas en base a comunidades enteras. En los Yungas,[20] en cambio, la situación fue distinta ya que las ventas afectaron a fracciones de comunidad introduciéndose en ellas propietarios mestizos y blancos. Pero lo más importante en este caso es que las comunidades aceptaron títulos individuales constituyéndose una economía parcelaria, que implicaría un debilitamiento previo de la estructura comunitaria (Rodríguez Ostria, 1982).

Finalmente, entre los compradores de tierras, hubo, por una parte, grandes terratenientes que no sólo eran hacendados sino que tenían una amplia gama de actividades, entre ellas el ejercicio del poder político; y, por otra parte, sectores medios asociados con actividades comerciales de los pueblos (Rivera, 1978: 108-113).

Resulta oportuno ahora, referirnos a las conquistas logradas por el accionar de las comunidades frente a esas medidas y que abarcaron desde demandas judiciales hasta rebeliones. De ahí que sea preciso recordar que no estamos solamente frente a una o dos leyes, las de Melgarejo y la de Ex-Vinculación, que se aplicaron inmediatamente y tuvieron resultados muy concretos y visibles: se trata más bien de un largo *proceso*; no hubo tampoco una política sostenida, coherente y persistente (Barragán, 20013b) precisamente por la agencia desplegada. Desde esta perspectiva, es importante recordar que las medidas de Melgarejo (1866, 1868) fueron anuladas en 1871 después de la derrota del caudillo gracias, en gran parte, a la alianza del opositor Casimiro Corral y las elites con los indígenas del altiplano (Irurozqui, 2011). Aunque después, la ley de Ex-Vinculación del 5 de Octubre de 1874 reconoció el derecho de propiedad de los indígenas, ordenó conferirse títulos individuales para que desde entonces no se reconociera la existencia de comunidades.[21] Esta ley no se aplicó inmediatamente sino a partir de 1880. Pero además, un año después, se ordenó que si hubiera resistencia a los títulos individuales, se matricule a los indígenas "en conjunto dándose la posesión pro-indiviso" y en 1882 se dispuso que el título colonial de las composiciones o títulos otorgados por la Corona de España se reconocerían. Esto implicaba que esas tierras no serían visitadas y medidas para proceder a su distribución individual. Pero además, una resolución de 1883 dispuso que la decisión de recibir títulos para la comunidad en su

---

20. Se trata de una provincia paceña especializada en la producción de hoja de coca.
21. Desvincular significaba terminar con las antiguas limitaciones jurídicas que se oponían a la circulación de las tierras como en los mayorazgos mientras que en la desamortización los poseedores perdían las tierras que pasaban al Estado convirtiéndose en bienes nacionales que podían ser vendidas a particulares.

conjunto u optar por la división de las tierras podía ser de libre elección de los indígenas (Barragán, 2013b). Las comunidades volvían entonces a reaparecer, lo que significa el retroceso del Estado frente a ellas. Lo que resultaba fundamental fueron los "títulos de la Corona de España" recibidos por las comunidades desde fines del siglo XVI. De ahí que esos títulos fueran defendidos con persistencia y ahínco. Las comunidades se rebelaron masivamente a lo largo del territorio paceño a fines del siglo XIX y uno de los más importante líderes fue Zárate, el "temible Willka". Luego, una amplia red de caciques apoderados surgió desde fines del siglo XIX y tuvo un rol fundamental en las primeras décadas del siglo XX, siendo una de sus mayores preocupaciones encontrar esos títulos y protocolizarlos. El reconocimiento de las tierras de origen significaba por lo tanto "desvirtuar" la medida sin abolirla ya que se había buscado precisamente la desaparición de las comunidades.

A diferencia del occidente, la propiedad y los títulos en las tierras bajas no fueron una preocupación muy presente antes del período republicano. De ahí que se dio, desde varios puntos del territorio, un avance sobre la frontera interna de los departamentos de Santa Cruz y del Beni, principalmente, con la participación de cruceños, pero también con pobladores de otros departamentos que se interesaron por las tierras bajas en La Paz, Cochabamba o bien en el Chaco. Las tierras más codiciadas eran las de las antiguas misiones jesuíticas, en Mojos[22] y en Chiquitos y, desde la segunda mitad del siglo XIX, las tierras del Beni.

En Beni el gobierno optó inicialmente por un trato preferencial a sus habitantes indígenas al otorgarles la condición de ciudadanía[23] considerándolos también propietarios quizás por su experiencia jesuítica previa (Guiteras Mombiola, 2012: 55). Se esperaba que pudieran contribuir a la nación con su tributo y trabajo, tanto en la producción textil algodonera como en las estancias ganaderas y en el comercio como remeros en los ríos, por ejemplo. Por otro lado, la perspectiva de acceder a tierras, recursos y mano de obra impulsó una intensa migración de población no indígena, principalmente desde Santa Cruz (Guiteras Mombiola, 2012: 163) apropiándose de tierras y bienes ajenos. El desarrollo de la propiedad privada ligado a la llegada de criollos a la región dio lugar a la venta de las tierras comunales a los *karayanas* (término que designa a los blanco-mestizos), al desarrollo de actividades comerciales y, por supuesto, al uso de la mano de obra indígena en estas actividades. En todo caso la situación cambió en la región a partir de la explotación de la goma desde fines del siglo

---

22. En el caso del Beni, el gobierno de Ballivián previó la protección legal de la propiedad indígena sobre bienes y ganado y otorgó títulos de propiedad a los indígenas (Guiteras Mombiola, 2012: 166, 171). Las solicitudes de estos títulos fueron numerosas primero en la década de 1840 y luego en los años 1860-70.
23. Los ciudadanos bolivianos, a diferencia del conjunto de los bolivianos, solo podían ser hombres mayores de edad, que supieran leer y escribir y que no fueran dependientes.

XIX. Migraciones, asentamientos humanos, navegación, concesiones gomeras, fundación de ciudades, creación de aduanas cambiaron en pocos años el paisaje del Noroeste del país.

En el sur del país, en la región del Chaco, el gobierno había otorgado tierras a modo de premio a los excombatientes de las guerras de la Independencia para que se convirtieran en los primeros ocupantes civiles de la región y la mayoría se dedicó a la ganadería. Esta decisión fue adoptada sin tomar en cuenta a los pobladores originarios de la zona, los indígenas chiriguanos y otros que se sentían los legítimos dueños y por ello exigieron una suerte de tributo para autorizar la presencia de los actores no indígenas (Langer, 2009). Pero la presión ejercida desde tres frentes –desde los departamentos de Chuquisaca, Tarija y Santa Cruz– sobre las tierras indígenas fue creciendo generando numerosos conflictos entre indígenas, ganaderos y, a fines de siglo, con representantes del Estado, civiles y militares.

El Estado buscó también, a partir del Reglamento de Misiones de 1871, su transformación paulatina dejando su situación particular de protección y refugio debiéndose proceder entonces a la distribución de las tierras entre los jefes de familias neófitos (citado en García Jordán, 2001: 293). Paralelamente, se buscó normar la distribución y concesiones en "los Orientes" sobre todo a partir de 1886. Además, se establecieron las llamadas delegaciones nacionales, tanto en el extremo norte como en el extremo sur del país, para fortalecer la presencia estatal en las regiones fronterizas. Finalmente, en 1900 se creó el Territorio Nacional de Colonias, al norte del río Madre de Dios, creando así una franja vecina de Brasil con una administración desconcentrada.

Las dos medidas con mayores consecuencias para la propiedad indígena fueron la Ley de Concesiones gomeras de 1878 y la Ley de Tierras Baldías (26.10.1905). La primera se aplicó sobre todo al extremo norte del país y sirvió para consolidar la presencia de barracas gomeras a orillas de los ríos (Coordinadora de Historia, 2015, tomo IV: 162). La segunda permitía que las tierras del Estado declaradas fiscales fueran adquiridas mediante compra para ser colonizadas, permitiéndose que una sola persona pudiera adquirir hasta 20.000 hectáreas. Su aplicación dio lugar al enajenamiento de tierras supuestamente vacías, fortaleciendo la propiedad privada (Coordinadora de Historia, 2015, tomo IV: 288). A partir de 1905 se reglamentaron las posesiones gomeras y desde entonces hasta 1920, el Estado adjudicó 17 millones de hectáreas a los peticionarios, a razón de Bs. 0,20 la hectárea. Las regiones donde se concentraron fueron las orillas de los ríos Madre de Dios y Beni (Gamarra, 2007: 102-103). En 1901, los colonizadores habían obtenido en los ríos Madre de Dios, Beni, Orton y Tahuamanu cerca de 9.000 estradas gomeras (Gamarra, 2007: 106). A través del enganche y habilito se conseguía la mano de obra requerida y los enganchadores recorrían las regiones ofreciendo adelantos monetarios y productos (habilitaciones) (Gamarra, 2007: 123-125). Gran parte de la mano de obra provenía de las ex reducciones jesuíticas mojeñas y chiquitanas. El contrato era normalmente de 8 meses pero generalmente, permanecían varios años hasta saldar su deuda.

En cuanto a los territorios periféricos, habitados por "bárbaros, salvajes o tribus", al no haber sido ocupados ni poseídos por actores que no fueran ellos, se consideró que estaban vacíos, desiertos y libres de ser apropiados lo que constituyó el sostén de la colonización (García Jordán, 2001: 268-277), poco exitosa hasta 1880 pero que gozó del respaldo incondicional estatal.

En el departamento de Santa Cruz, en la provincia de Chiquitos, desde mediados del siglo llegaron numerosos vecinos cruceños a los pueblos misionales y sus alrededores, lo que impactó en la propiedad comunal indígena de la tierra y del ganado (Radding, 2005) transformando a los indígenas en trabajadores en las propiedades de los "cruceños". A fines del siglo XIX, varios discursos surgieron en torno a las poblaciones indígenas, principalmente desde Santa Cruz, y entre ellos, el que ganó terreno fue el del "buen trabajador" mientras que los bárbaros eran consideraros como obstáculos al progreso (Lema, 2009: 164-169).

Conclusiones

Iniciamos este trabajo refiriéndonos a la relación establecida entre estancamiento económico nacional boliviano y florecimiento económico de las economías indígenas e indianización basada en las cifras de la población indígena. Reflexionamos sobre las cifras de población problematizando la numeración de la población en general y de la población indígena en particular. A lo largo del artículo, sostuvimos que el crecimiento, estancamiento o disminución de la población indígena es un proceso más complejo. Las categorías de los censos fueron en gran parte "raciales" y aún cuando no se mencionara la "raza", los nombres utilizados fueron parte de un sistema racializado y evolutivo: blancos pero también indígenas en las tierras altas, indígenas neófitos y tribus en las tierras bajas. Vimos también que la "unidad" de las categorías, construida en este período desde el exterior y fundamentalmente mediante los funcionarios, encubría situaciones muy diversas. Finalmente, es preciso mencionar que ser numerado y nombrado indígena o dejar de serlo no fue un proceso unilineal: ha sido y es resultado de dinámicas económicas, sociales y políticas mucho más entramadas y en este trabajo nos ha interesado mostrar algunas de esas tramas.

Nos referimos también al planteamiento de que el proceso de indianización se modificaba cuando el capitalismo transformaba a los indios en mestizos y en proletarios rurales, una situación que se asocia en general con el siglo XX. Vale la pena mencionar, sin embargo, que alrededor de 1940, la población indígena en Perú era de 46% mientras que la de Bolivia era de 55%; en el 2010, los porcentajes fueron de 24% y de 62%, respectivamente. Ambos países son y han estado plenamente inmersos en economías capitalistas. Esta situación nos lleva a pensar en dos aspectos con los que vamos a concluir. Por un lado, que las tierras bajas tuvieron poblaciones menores, estructuras sociales heterogéneas y, en muchos casos, la demanda de mano de obra y tierras terminó destruyendo las organizaciones sociales indígenas. Por otro lado, que los ejes económicos se han situado en territorios densamente poblados, dependientes de organizaciones sociales y políticas complejas como han sido y son las comunidades indígenas en las tierras altas y valles interandinos y esa puede ser la diferencia con Perú. Los territorios de las comunidades (y no parcelas) en el altiplano, y sus tierras en los valles interandinos, a pesar de haberse contraído o haber dejado de ser el grueso de la subsistencia de su población, se han mantenido hasta hoy, en gran parte por su defensa acérrima pero también porque esas estructuras permitieron, desde el período colonial, la vida del Estado y sobre todo la participación de sus miembros en los mercados de productos y de trabajo. Esas economías no fueron, por tanto, antagónicas a los mercados. La importancia y vigencia de esas estructuras e historias han permitido que la sociedad y el país pudiera pensarse también como indígena, lo que no fue el caso en muchos países vecinos como Perú o Argentina, privilegiándose en algunos casos el imaginario migrante y, en otros, el mestizaje.

Fuentes citadas

Bolivia. Dirección General de Estadísticas y Censos (1955). Censo demográfico. 1950. La Paz: Argote.
Censo Jeneral de la población de la República, formado en el año de 1854 en arreglo al Supremo Decreto de 1854 y a la suprema orden circular de 17 de mayo del mismo año 1854. Archivo y Biblioteca Nacionales de Bolivia.
Dalence, J. M. (2013 [1851]). *Bosquejo estadístico de Bolivia* (Edición facsimilar). Sucre: Archivo y Biblioteca Nacionales de Bolivia. Fundación Cultural del Banco Central de Bolivia.
Instituto Nacional de Estadísticas (2015). *Censo de Población y Vivienda*. La Paz: INE.
Oficina Nacional de Inmigración, Estadística y Propaganda Geográfica (1902). *Censo de la República de Bolivia (Septiembre 1º de 1900). Tomo 1: Resultados generales*. La Paz: Taller tipo-litográfico de José María Gamarra.
Oficina Nacional de Inmigración, Estadística y Propaganda Geográfica (1904). *Censo de la República de Bolivia. Tomo 2: Resultados definitivos*. La Paz: Taller tipo-litográfico de José María Gamarra.
Ondarza, J. (1859). Population of Bolivia, 1858: According to Col. Juan Ondarza's New Map". *Journal of the American Geographical and Statistical Society, 1*(9): 281.

Ondarza, J., Mujía, J.M., Camacho, L. (1859). *Mapa de la República de Bolivia mandado a publicar por el Gobierno de la Nación en la Administración del Presidente Doctor José María Linares*. New York: J.H. Colton.
Pentland, J. B. (2017 [1975]). *Informe sobre Bolivia (1827)* La Paz: Biblioteca del Bicentenario de Bolivia.
VVAA (2012). *Bolivia en 1900. Edición facsimilar y estudios del Censo general de población de la República de Bolivia*. Sucre: Archivo y Biblioteca Nacionales de Bolivia / Fundación Cultural del Banco Central de Bolivia / Fondo de Población de las Naciones Unidas.

Bibliografía citada

Ainz Ibarondo, M. J. (2001). *El caserío vasco en el país de las industrias*. Madrid: Ministerio de Agricultura.
Barragán, R. (1992). Identidades indias y mestizas: una intervención al debate. *Autodeterminación, 10*, 14-77.
Barragán, R. (1999). *Indios, mujeres y ciudadanos. Legislación y ejercicio de la ciudadanía en Bolivia (siglo XIX)*. La Paz: Fundación Diálogo / Embajada del Reino de Dinamarca en Bolivia.
Barragán, R. (2003). *El Estado Pactante. Gobierno y Pueblos: la construcción del estado en Bolivia y sus fronteras (L'Etat qui pacte. Gouvernement et peuples: la configuration de l'Etat et ses frontières (1825-1880)*. París: École des Hautes Etudes en Sciences Sociales (Tesis para optar al grado de doctorado).
Barragán, R. (2007). La dinámica de las comunidades y la transmisión de la tierra. En Fundación Tierra (Ed.), *Los nietos de la Reforma Agraria* (pp. 27-79). La Paz: Fundación Tierra.
Barragán, R. (2013a). La ciencia y guía del gobierno: Estadísticas, clasificación social y riqueza/pobreza en Dalence. En *Bosquejo Estadístico de Bolivia* (pp. 421-449). Sucre: Archivo y Biblioteca Nacionales de Bolivia.
Barragán, R. (2013b). Los títulos de la Corona de España de los indígenas: para una historia de las representaciones políticas, presiones y negociaciones entre Cádiz y la república liberal. *Boletin Americanista, LXII*(65), 15-38.
Barragán, R. y Thomson, S. (1993). Los lobos hambrientos y el tributo de Dios: Conflictos sociales en torno a los diezmos en Charcas colonial. *Revista Andina, 2*, 305-348.
Bonilla, H. (1980). *Un siglo a la deriva. Ensayos sobre el Perú, Bolivia y la guerra*. Lima: Instituto de Estudios Peruanos.
Borderías, C. (2012). La Reconstrucción de la actividad femenina en Cataluña circa 1920. *Historia Contemporánea, 44*, 17-47.
Bourdieu, P. (1984). Espacio social y génesis de las clases. En *Sociología y Cultura* (pp. 27-55). México: Grijalbo.
Burke, P. (2009). Representing Women's Work in Early Modern Italy. En J. Ehmer Joseph y C. Lis (Eds.), *The idea of Work in Europe from Antiquity to Modern Times*. Aldershot: Ashgate.

Centro de Estudios Jurídicos en Investigación Social (CEJIS) (2013). Bolivia Censo 2012: Algunas claves para entender la variable indígena. 3 de Octubre 2013. Recuperado de http://cejis.org/bolivia-censo-2012-algunas-claves-para-entender-la-variable-indigena/ (consultado el 2.10.2017).

Combès, I. y Villar, D. (2012). Introducción: una aproximación comparativa a las tierras bajas bolivianas. En I. Combès y D. Villar (Eds.), *Las tierras bajas de Bolivia: miradas históricas y antropológicas* (pp. 7-31). Santa Cruz: El País; Museo de Historia de la Universidad Autónoma Gabriel René Moreno.

Condarco Morales, R. (1983 [1965]). *Zárate el "temible" Willka. Historia de la rebelión indígena de 1899 en la República de Bolivia*. La Paz: Imprenta y Librería "Renovación".

Coordinadora de Historia (2015). *Bolivia, su historia. Tomo IV: Los cien primeros años de la República, 1825-1925*. La Paz: Coordinadora de Historia.

Córdoba, L. (2012). El boom cauchero en la Amazonía boliviana: encuentros y desencuentros con una sociedad indígena. 1869-1912. En: I. Combès y D. Villar (Eds.), *Las tierras bajas de Bolivia: miradas históricas y antropológicas* (pp. 125-156). Santa Cruz de la Sierra: El País; Museo de Historia de la Universidad Autónoma Gabriel René Moreno.

De La Cadena, M. (1991). "Las mujeres son más indias": etnicidad y género en una comunidad del Cusco. *Revista Andina, 9*, 7-29.

Gamarra, P. (2007). *Amazonía norte de Bolivia. Economía gomera (1870-1940): Bases económicas de un poder regional*. La Paz: CIMA; Colegio Nacional de Historiadores.

García Jordán, P. (2001). *Cruz y arado, fusiles y discursos. La construcción de los Orientes en Perú y Bolivia. 1820-1940*. Lima: Instituto Francés de Estudios Andinos / Instituto de Estudios Peruanos.

Gootenberg, P. (1991). Population and Ethnicity in Early Republican Peru: some revisions. *LARR, 20* (3): 109-157.

Grieshaber, E. (1980). Survival of Indian Communities in Nineteenth-Century Bolivia: A Regional Comparison. *Journal of Latin American Studies, 12*(2), 223-269.

Grieshaber, E. (1985). La definición cambiante de un indio. Comparación de los censos de 1900 y 1950. *Historia Boliviana, V*(1-2): 45-65.

Guiteras Mombiola, A. (2012). *De los llanos de Mojos a las cachuelas del Beni. 1842-1938. Conflictos locales, recursos naturales y participación indígena en la Amazonía boliviana*. Sucre – Cochabamba: Archivo y Biblioteca Nacionales de Bolivia / Itinerarios.

Irurozqui, M. (2001). "La guerra de civilización" la participación indígena en la revolución de 1870 en Bolivia. *Revista de Indias, 61*(222): 407-432.

Klein, H. (1995). *Haciendas y ayllus en Bolivia: la región de La Paz, siglos XVIII y XIX*. Lima: Instituto de Estudios Peruanos.

Langer, E. (1999). Liberalismo y abolición de las comunidades indígenas en Bolivia (siglo XIX). *Historia y Cultura, 14*, 59-95.

Langer, E. (2009). *Expecting pears from an elm tree. The Franciscan Missions on the Chiriguano Frontier in the Hearth of South America. 1830-1949*. Durham: Duke University Press.

Larson, B. (2017). *Colonialismo y transformación agraria en Bolivia. Cochabamba. 1550-1900*. La Paz: Biblioteca del Bicentenario de Bolivia

Lema, A. M. (2009). *El sentido del silencio. La mano de obra chiquitana en el Oriente boliviano a fines del siglo XIX y principios del siglo XX.* Santa Cruz de la Sierra: Editorial El País / Universidad de Postgrado para la Investigación Estratégica en Bolivia.

Lema, A. M. (2016). Misioneros: mediadores culturales entre indígenas amazónicos y el Estado (siglos XVI-XX). En: A. E., Román-López Dollinger, M. B. Castro Mojica (Eds.), *Amazonía boliviana. Visibilizando la diversidad de los pueblos de Tierras Bajas* (pp. 13-56). La Paz: Instituto Superior Ecuménico Andino de Teología.

Lema, A. M. (2017). Dos miradas sobre una "república niña". En J. B. Pentland, *Informe sobre Bolivia (1827)* y Anónimo, *Bosquejo del estado en que se halla la riqueza nacional de Bolivia (1830)* (15-44). La Paz: Biblioteca del Bicentenario de Bolivia.

Loveman, M. (2014). *National Colors: Racial Classification and the State in Latin America.* New York: Oxford University Press.

Otero, H. (2006). *Estadística y Nación. Una historia conceptual del pensamiento censal de la Argentina moderna. 1869-1914.* Buenos Aires: Prometeo Libros.

Pearce, A. (2017). Reindigenización y economía en los Andes. c. 1820-1870, desde la mirada europea. *Revista Mexicana, 67/1*(265), 233-293.

Peñaloza, M. A. (1990). La expoliación de tierras comunales en el departamento de La Paz durante el gobierno de Melgarejo, 1864-1871. *Historia, 20,* 111-138.

Platt, T. (1982). *Estado boliviano y ayllu andino. Tierra y tributo en el norte de Potosí.* Lima: Instituto de Estudios Peruanos.

Radding, C. (1997). Voces Chiquitanas: Entre la encomienda y la misión en el Oriente de Bolivia (siglo XVIII). *Anuario de Estudios Bolivianos Archivísticos y Bibliográficos, 3,* 123-137.

Radding, C. (2005). *Paisajes de poder e identidad: Fronteras imperiales en el desierto de Sonora y bosques de la Amazonía.* Sucre: Archivo y Biblioteca Nacionales de Bolivia / Fundación Cultural del Banco Central de Bolivia.

Ragas, J. (2016). Ideólogos del Leviatán. Estadística y sociedad en el Perú (1791-1876). *Estudios Sociales del Estado, 2*(4), 14-34.

Rivera, S. (1978). La expansión del latifundio en el altiplano boliviano: elementos para la caracterización de una oligarquía regional. *Avances. Revista boliviana de estudios históricos y sociales, 2,* 95-118.

Rodríguez Ostria, G. (1982). Expansión del latifundio o Supervivencia de las Comunidades Indígenas. Notas sobre la estructura agraria boliviana de la segunda mitad del siglo XIX. En G. Rodríguez. *et al., Cambios en el Agro y el Campesinado Boliviano.* La Paz: Museo Nacional de Etnografía y Folklore.

Spedding, A. (Comp.). (1996). *Mestizaje: Ilusiones y Realidades.* La Paz: Museo Nacional de Etnografía y Folklore.

Tabra, S. (2013). Bolivia: Resultados del Censo 2012 causa polémica por reducción de población indígena. Recuperado de https://www.servindi.org/actualidad/91607 (consultado el 2.10.2017).

Zuazo, M. (2006). Qu'este los mestizos. Diálogo con tres estudios sobre mestizaje y condición indígena en Bolivia. *T'inkazos, 21,* 63-72.

Chile en el siglo XIX: ¿una república sin indios?

Hugo Contreras Cruces y Milton Godoy Orellana

Introducción

El 3 de junio de 1818 el general Bernardo O'Higgins, director supremo de la novel república chilena, decretó que a partir de ese momento ya no habría españoles e indígenas en el territorio recientemente liberado del poder virreinal, ahora todos serían chilenos.[1] Con ello borraba, literalmente, de una plumada la presencia indígena en los parajes que se extendían desde Chañaral, el límite norte de la época, hasta las tierras de Concepción y Los Ángeles, que constituían su frontera sur. Los mapuches no entraban en esta disposición, pues tanto eran autónomos como habitaban más allá de estos provisorios términos nacionales; y más aún, muchos de ellos apoyaban militarmente la resistencia que, desde Valdivia, Chiloé y la Araucanía, hacían las últimas tropas leales a la monarquía. Quienes se veían afectados por esta disposición eran todos aquellos indígenas que desde la entrada de los españoles poblaban las comunidades del Norte Chico y Chile Central, cuyo número, aunque difícil de determinar llegaba al menos a las tres decenas de miles de personas, sobre una población de un millón de habitantes. Ellos descendían de diaguitas, changos, aconcaguas, mapochoes y promaucaes, y también de los numerosos migrantes llegados desde el Perú, Tucumán, Cuyo y la Araucanía que, tanto de manera voluntaria como forzosa, arribaron a Chile durante todo el periodo colonial.

---

1. "Después de la gloriosa proclamación de nuestra Independencia sostenida, por la sangre de sus defensores, seria vergonzoso permitir el uso de fórmulas inventadas por el sistema colonial. Una de ellas es denominar españoles a los que por su calidad no están mezclados con otras razas, que antiguamente se llamaban malas. Supuesto que ya no dependemos de España, no debemos de llamarnos españoles sino chilenos. En consecuencia, mando que en todas clases de informaciones judiciales, sean por vía de pruebas en causas criminales, de limpieza de sangre, en proclamas de casamientos, en las partidas de bautismo, confirmaciones, matrimonios i entierro, en lugar de la cláusula: Español natural de tal parte, que hasta hoi se ha usado, sustituya la de: Chileno natural de tal parte; observándose en lo demás la fórmula que distingue las clases, entendiéndose que respecto de los indios, no debe hacerse diferencia alguna, sino denominarlos chilenos" (Gazeta ministerial de Chile, N° 45: 3).

Si bien es cierto, mediante la antes discutida "integración por negación", los indígenas fueron jurídicamente eliminados e invisibilizados, las elites gobernantes usaron mecanismos de apropiación simbólica para incorporar elementos que le dieran peso en el pasado al naciente Estado nacional. En efecto, las clases dirigentes, en tanto descendientes criollos de los españoles, necesitaban otorgarle una continuidad temporal al proceso de independencia, ruptura con el pasado hispano y nacimiento de la nueva república que lideraban. Para el efecto, se apeló discursivamente a la resistencia indígena, usando estos elementos como constitutivos de los símbolos nacionales, tales como la inserción de dos indígenas en el primer escudo nacional o las estrofas de la canción nacional, recordando que "con su sangre el altivo araucano / nos legó, por herencia, el valor".[2]

Los indios que se ubicaron en los espacios intramuros del Estado nacional, se repartieron en villas, ciudades y en las numerosas comunidades que se distribuían por campos y quebradas, liderados por sus caciques y, principalmente dedicados a la agricultura y la ganadería, aunque también, y sobre todo en el Norte Chico, era posible encontrar mineros de oro, plata y cobre, dichas comunidades (si bien discriminadas por el sistema estamental colonial) habían vivido una suerte de "renacimiento" durante el siglo XVIII. Si la centuria anterior fue la de su despoblamiento, el siglo borbón las vio volver a asentarse como núcleos rurales de población independiente. De la mano de nuevos caciques y del retorno a sus antiguas tierras, o a otras cedidas por sus encomenderos en los lindes de sus propiedades, dichas comunidades resurgieron como puntos identificables en el mapa chileno. A ello también contribuyó la debacle de la encomienda, que solo en el Norte Chico siguió manteniendo ciertos niveles de control sobre la población indígena, y esto no en todas las comunidades; la que cesó luego de que en 1791 el gobernador y futuro virrey del Perú Ambrosio O´Higgins decretara su fin. En definitiva, el siglo XVIII se auguraba como aquel en que éstas, poco a poco, se iban consolidando demográfica y territorialmente. Es cierto que estaban cruzadas por el mestizaje biológico y cultural; la llegada de nuevos pobladores como mulatos y españoles pobres, que en calidad de arrendatarios se asentaban en ellas; y la presión de sus vecinos terratenientes, quienes buscaban su mano de obra o sus tierras, pero, incluyendo estos factores y los problemas o distorsiones que les generaban, nada parecía presagiar su desaparición.

No obstante, casi veinte años más tarde, una vez ganada al menos políticamente la independencia, todo ello iba a cambiar. La supresión del estatus de indígena en pro de la igualdad jurídica afectó directamente a estas comunidades y a sus integrantes, pero no solo a ellas. También lo hizo a la historiografía que se había preocupado de reconstruir su historia. Por decreto, un sujeto históri-

---

2. Para un análisis del tema ver Canales (1960).

co omnipresente en la historia de Chile, y que por mucho tiempo constituyó la mayoría demográfica del país, era borrado en la legislación y en el registro. Ello abre preguntas por su asentamiento, sus liderazgos locales, su economía y su identidad, o cómo ella mutó hasta desaparecer en gran parte de las mismas, pero también por cómo seguir haciendo su historia, cuando los registros que daban cuenta de ella ya no consignan informaciones que los puedan identificar, al menos de manera evidente.

Esta contribución se hace esas preguntas, no obstante que no esté todavía en posición de contestarlas totalmente. Por ahora, el esfuerzo se dirigirá a establecer un estado de la cuestión en la investigación de estos problemas de una república como Chile que, hasta entrado el siglo XX, se planteó como "sin indios", "mestiza" aunque en una versión "blanqueada" del fenómeno del mestizaje; y que obligadamente hubo de reconocer que éstos estaban más presentes de lo que a muchos les gustaría admitir, para más tarde reconocer oficialmente la existencia de "pueblos originarios", ninguno de los cuales (a excepción de los diaguitas de la región de La Serena, que fueron los últimos en recibir dicho reconocimiento) fueron los sujetos de quienes trataremos aquí. Al mismo tiempo, se pretende (a partir del conocimiento de la bibliografía y las fuentes, principalmente, inéditas) proyectar hacia dónde y qué posibilidades hay para seguir adentrándose en las vidas de estos hombres y mujeres que, de un momento a otro, se convirtieron de indígenas a chilenos y de comuneros a particulares; y que, si hoy tienen descendientes, difícilmente estos lo saben.

Las comunidades indígenas de Chile Central en los siglos XVIII y XIX. Del reasentamiento rural a la desaparición jurídica

Las comunidades indígenas de Chile Central habían logrado una notable recuperación en el siglo XVIII. A contrapelo de lo sucedido en la centuria anterior, en la cual parte importante de la población originaria había sido trasladada al interior de las estancias de sus encomenderos, y aún de otros españoles (Góngora, 1960: 27-33; Contreras, 2016), en el setecientos los llamados "pueblos de indios" habían renacido. En un proceso generalizado, que todavía espera por sus estudiosos, los indígenas de los valles centrales chilenos, encabezados por sus caciques y levantando sendos autos judiciales, habían logrado recuperar parte de sus antiguas tierras, o instalarse en otras nuevas, para vivir de manera independiente de sus feudatarios. De ello son testigos los numerosos expedientes que se encuentran depositados en el fondo Real Audiencia del Archivo Histórico Nacional de Chile, así como en otros repositorios documentales de la misma institución, que dan cuenta de la reaparición de las comunidades por valles emblemáticos como los de Quillota, Melipilla, Colchagua y Maule, por nombrar algunos; lugares de ocupación indígena desde, incluso, antes de la llegada de los conquistadores en el siglo XVI.

En tal sentido, la ocupación de estas tierras había frenado la diáspora originaria, tanto voluntaria como forzada, a las villas del reino y a las propiedades rurales de los españoles, al mismo tiempo que había atraído a nuevas poblaciones a las tierras indígenas. Bien por la vía del matrimonio, o por el arriendo de pequeñas chacras, llegaban mulatos y mestizos, pero también indios de la frontera o del distrito colonial de Concepción. Algunos de ellos, incluso, llegaron a alcanzar la dignidad cacical, o fueron progenitores de algún jefe local. De tal manera, durante la segunda mitad del siglo XVIII la presencia de estas comunidades, así como de sus integrantes, adquirió mucha más fuerza y visibilidad que durante la centuria anterior. Lo señalado se reflejó, durante la década de 1990, en una suerte de renacimiento de la historiografía sobre los indígenas de Chile Central, cuya huella había sido explorada por historiadores como Mario Góngora (1970), Álvaro Jara (1958; 1971; 1987) y Fernando Silva Vargas (1962) durante los años 60 y hasta principios de los 70. No obstante, aquellos trabajos, con la excepción del libro *Tierras y pueblos de indios en Chile central*, habían mostrado su preocupación por ellos solo hasta los primeros años del siglo XVII, tratando temáticas como la encomienda de servicio personal y algunas de sus modalidades, la constitución colonial y la pérdida territorial indígena a manos de los propietarios hispanos vecinos, el traslado forzoso de los huarpes cuyanos hacia los valles cercanos a Santiago, o la micro economía de las comunidades luego de dictada la Tasa del licenciado Hernando de Santillán, en 1557. Más tarde, el foco de la historiografía cambió hacia la dilucidación de la expansión inkaica a los valles de Aconcagua, Mapocho y Maipo, y su relación (pacífica o violenta) con los grupos étnicos locales en la época de pre-contacto con los españoles (Silva Galdames, 1976-1977; León, 1983, 1985, 1986). De modo tal, esta nueva historiografía, que había visto algunos esfuerzos aislados florecer durante la década de los 80 (Aldunate, 1984; Stehberg y Cabezas, 1984; Urbina, 1986-1992), lejos de revisitar el siglo XVI y los procesos de conquista (como se ha indicado) centró su foco en el siglo XVIII.

Disputas por el control de los cacicazgos, por tierras o por frenar la entrada de foráneos a los "pueblos de indios" llenaron estas páginas. En principio, muchas de estas investigaciones se generaron a partir de los trabajos de grado de sus autores, generalmente a nivel de licenciatura, y se caracterizaron por su carácter monográfico y de estudio de caso. Es decir, no solo se estudiaba un problema particular, por ejemplo, la disputa por el cargo o la dignidad de cacique, sino que se hacía generalmente en una comunidad o "pueblo" en particular. En tal sentido, aquellos asentamientos situados en los valles de Aconcagua, Maipo-Mapocho, Colchagua y Maule fueron los mayormente investigados (Pávez, 1995; Silva, 1997; Cornejo, 1999; Sandoval, 1999; Arenas, 2000; Varios autores, 2004).

Lo anterior tiene muchas razones, pero una de ellas es la dinámica de organización de los seminarios universitarios que acogieron estas investigaciones, en los que se definía un espacio geográfico acotado (generalmente un valle) y una temporalidad amplia, de uno o dos siglos, para que los estudiantes realizaran sus investigaciones. Ello dio por resultados, al entrar al trabajo de fuentes y, en particular, considerando ciertas dificultades técnicas, como el manejo de niveles avanzados de paleografía, que la mayoría de estos trabajos comiencen estudiando el siglo XVIII alcanzando, algunos, las primeras décadas del siglo XIX. Esto último, sin embargo, como colofón de los procesos que se reconstituyeron. Una de las razones para que su término se fije en esa temporalidad es, precisamente, el cambio de contexto legal que conllevó la llegada de la independencia y el sistema republicano.

Al terminarse el estatus de "indígena", pero sobre todo al suprimirse el cargo de cacique y el concepto de comunidad territorial, es que elementos fundamentales para seguir los procesos e identificar los indios como sujeto histórico, pero también para ubicar las fuentes que se referían a ellos, se vieron fuertemente afectados. La documentación pocas veces, como lo hacía antes, incorporó el epíteto de "indio" o de "cacique", cuando algunos de ellos se presentaban ante los tribunales o ante un escribano; asimismo, al convertirse sus tierras en propiedad privada, o volver al Estado como heredero legal de la Corona española (hay que recordar que las comunidades indígenas tenían derecho de uso de las tierras donde estaban asentadas, pero que estas legalmente pertenecían al patrimonio real), este último inició la repartición de muchas de ellas, bien para crear nuevas villas, o para dotar de terrenos de medianas proporciones a agricultores sin tierra, entre los que se contaban los propios ex indígenas.

Estas investigaciones, así inéditas como publicadas, vinieron a llenar un vacío historiográfico. No solo en términos de atreverse a explorar caminos pocos andados por los historiadores chilenos y desempolvar documentación de archivo pocas veces consultada; reconstruyendo y analizando la historia de las comunidades de Chile Central, o al menos de una parte de ellas; sino, principalmente al aportar antecedentes concretos de que la presencia indígena en los territorios nucleares del reino se había extendido mucho más allá de aquella centuria "perdida" que pareciera ser el siglo XVII. Anteriormente, lo que la historiografía chilena transmitía con mucha fuerza, es que la gran mayoría de los "indios" se había consumido en el mestizaje biológico y cultural, mezclándose hasta desaparecer dentro del abigarrado conjunto de las masas populares. En tanto, lo que sobrevivía de ellos, eran tristes relictos de un pasado que se había ido para nunca volver, y quizás para ser olvidado.

Al contrario, estas investigaciones demostraron que, sin negar que se estaba frente a "indios coloniales", y no de sujetos originarios "prístinos" (suponiendo que existan o hayan existido sujetos históricos o sociedades de estas características), las comunidades o pueblos de indios tenían una población que se renovaba vía matrimonial con locales o foráneos; tierras propias y su disposición a defenderlas (Contreras, 1998); una legislación en la que se apoyaban para lograr sus demandas (Fernández, 2014); una religiosidad que se expresaba en cofradías locales, dedicadas a distintas advocaciones católicas (Cordero, 2016); y líderes que, mejores o peores, encabezaban a sus comunidades, aunque a veces lo hicieran en busca de su bien personal y no del colectivo. Entre esos líderes destacaron algunas mujeres, que fueron reconocidas como cacicas por sus comunidades y, a veces, incluso por las autoridades coloniales. En estos casos no se trataba simplemente de las esposas de los caciques que por extensión recibían dicho denominativo en su versión femenina, sino auténticas líderes que por vía de interinato mientras sus hijos (los futuros caciques) eran menores de edad, habían llegado al ejercicio de dicho cargo, como lo era en el pueblo colchagüino de Malloa María Eulalia Pichicobque, tempranamente descubierta por Cabezas y Stehberg; o las cacicas María Ilaria Erazo y Marcela Chacón en Talagante (Stehberg y Cabezas, 1984; Contreras, 1998). Lo anterior, sin contar la numerosa presencia originaria, esta vez de manera individual, en villas y ciudades, así como sus procesos de mezcla con los migrantes, que también podían ser indígenas llegados de la Araucanía, Valdivia o Chiloé (Contreras, 2006).

De otra parte, la gran mayoría de estas investigaciones tiene al siglo XVIII como su espacio temporal de preferencia, y a los valles desde Aconcagua hasta el Maule, como el contexto geográfico de donde proceden sus protagonistas, o donde suceden los hechos que se reconstruyen. La costa, en cambio, ha recibido nula o muy escasa atención historiográfica, quizás por su cuasi carencia de ocupación humana, a excepción de algunas caletas o ciertas estancias fronterizas con el mar. Ello ha redundado en que sabemos muy poco de los pescadores indígenas que muestran algunas fuentes, o de otros sujetos de la misma condición étnica que habitan en sus cercanías; su economía, sus formas de organización social, sus liderazgos y la relación con los españoles, y con el resto de los grupos coloniales es casi un misterio. Este, sin duda, es un desafío que tomar, y no solo en la época colonial pues, al parecer, las cosas cambiaron muy poco en dichos sectores (a excepción de los puertos como Valparaíso) hasta entrado el siglo XX.

Los habitantes indígenas de las ciudades y villas de Chile Central, asimismo, han recibido poca atención historiográfica. A pesar de que muchos residían en ellas desde el principio de la ocupación española, durante todo el periodo colonial y más allá, la investigación respecto de los "indios urbanos" no ha avanzado suficientemente (Valenzuela, 2014). Es cierto que las fuentes que hacen posible la reconstrucción de sus hechos deben buscarse dentro del conjunto de las que informan sobre los sectores subalternos urbanos; pero, asimismo, es posible discriminar dentro de las mismas a los habitantes indígenas. Sea porque en los expedientes judiciales tanto querellantes como querellados; acusados, testigos y víctimas deben identificarse, como porque en la documentación notarial ya han sido relevados un centenar de testamentos (Retamal, 2000), quedando otras decenas por publicar y analizar. Sin embargo, difícilmente se puede realizar esta operación histórica sino se tiene en cuenta que dichos indios urbanos no constituían un compartimento estanco dentro de las urbes, y aunque había barrios donde vivían con mayor preferencia, como el de la Chimba en Santiago, situado inmediatamente al norte del río Mapocho y paralelo a la traza histórica de la urbe, tampoco había una parte de la ciudad destinada especialmente para ellos, como lo fue el Cercado de Lima.

Por último, son poquísimas las investigaciones respecto de las comunidades indígenas de Chile Central, que se han planteado reconstruir su historia en el siglo XIX. Algunos hechos sucedidos durante el periodo de la independencia han recibido algo de atención de los historiadores, particularmente de Leonardo León (2013; 2011), quien dedica dos trabajos monográficos a estos sujetos. Las preguntas de este historiador se orientan a determinar por qué los indígenas de la zona nuclear del país desaparecen abruptamente del relato histórico; su respuesta, en términos generales, es que tal desaparición corresponde más bien a una operación política más que a una realidad histórica. En la medida que estos indígenas, como los de Pomaire,[3] se plantearon como monárquicos y apoyaron el combate contra los patriotas y la restauración de la Corona en Chile, es que no solo fueron borrados de los relatos oficiales u oficiosos de la historia nacional, sino que sufrieron en carne propia las consecuencias de sus acciones, precisamente al perder su calidad de indígenas, a pretexto de la igualdad jurídica, pero en realidad siendo atacados en los privilegios que dicho estatus conllevaba: tierras comunitarias, acceso gratuito y preferente a la justicia y autoridades propias, los caciques.

Las comunidades indígenas del Norte Chico en el periodo tardo-colonial y el siglo XIX

Este fue un territorio comprendido desde la Cuesta de El Melón, al norte del río Aconcagua hasta el inicio del *despoblado* de Atacama, puntualmente

---

3. León analiza la resistencia de esta comunidad a partir de un expediente judicial por la oposición de entregar unos hermanos huérfanos al corregidor de Melipilla en 1811. Los niños iban a ser llevados a dicha villa para ser puestos a servir en alguna casa de pequeña elite local, cuestión a la que la comunidad se niega violentamente. El expediente que sustenta dicho artículo se encuentra en: Archivo Nacional Histórico de Chile, Fondo Real Audiencia. Vol. 2477, pza. 5ª, fs. 62-74 vta.

en Copiapó, caracterizándose porque fue una zona de rápida incorporación al dominio hispano, vehiculizada por la presencia del incanato desde el último tercio del siglo XV.

El período está caracterizado por la persistencia de la negación en torno a los indígenas, repitiéndose hasta avanzado el siglo XX y se mantiene actualmente en sitios de uso permanente por los estudiantes de enseñanza básica y media para proveerse de información académica como es *Memoria Chilena*, una importante página Web de difusión de la Biblioteca Nacional de Chile, donde se establece que "a fines del siglo XVIII los pueblos de indios que quedaban en el Norte Chico se habían reducido a su más mínima expresión, desapareciendo durante las primeras décadas del siglo XIX".[4] Por cierto, solo el ejemplo del pueblo de indios de Valle Hermoso en La Ligua permite contradecir con solidez tamaño desconocimiento, pues en 1867 José Frutos Manque, demandaba al gobernador de La Ligua en representación de "los que se titulan indios de Valle Hermoso";[5] un siglo después, en 1954, la comunidad nuevamente actuaba en defensa de sus tierras y era reconocido como tal por la Corte de Apelaciones de Valparaíso quien reafirmó la propiedad en aquel litigio a los "indios de Valle hermoso".[6]

No obstante, el número y orígenes de los indígenas fue confuso. Y lo fue, debido a los múltiples traslados de poblaciones durante el período colonial, entre una y otra hacienda de un mismo propietario. Solo se logró elucidar, parcialmente, mediante las tabulaciones realizadas debido a la aplicación de decreto que finalizaba con la encomienda. Estos grupos de indígenas fueron distribuidos a los hacendados de la región bajo el régimen de la Encomienda, institución que fue finalizada mediante un decreto del gobernador Ambrosio O´Higgins del 7 de febrero de 1789 y ratificada –como antes indicamos– por la Corona hispana en 1791.

El término de la encomienda provocó el traslado de los indígenas del interior de las haciendas para restituirlos a sus pueblos o a tierras cedidas para el efecto. Muchos de ellos terminaron asentados en terrenos fragosos y pobres, aunque ordenados bajo el principio espacial del damero, usado en la distribución de los poblados hispanos coloniales. La restitución de los indígenas a pueblo, conllevó la creación de un poblado estructurado sobre la base hipodámica o de damero, que se forma por líneas rectas y producen manzanas en rectángulo con calles rectilíneas y esquinas en ángulos rectos, definiendo la morfología urbana ortogonal que caracteriza estos diseños en la región. Para el efecto, baste considerar los planos de los pueblos de indios de Valle Hermoso, Guamala-

---

4. Ver http://www.memoriachilena.cl/602/w3-article-95359.html
5. Archivo Nacional Histórico de Chile, Fondo Ministerio del Interior, Vol. 491, fs. 286v.
6. Sentencia de la Corte de Apelaciones de Valparaíso a la comunidad de Varas en Valle Hermoso. La Ligua, 14 de octubre de 1963. Archivo Notarial de La Ligua, N° 314, fs. 253.

ta, Sotaquí (ver Figuras 1 y 2), diseños muy diferentes a los levantamientos de Pueblos de indios del Valle Central, como los casos de los Pueblos de Rapel y Copequen (ver Figuras 3 y 4).

Figura 1

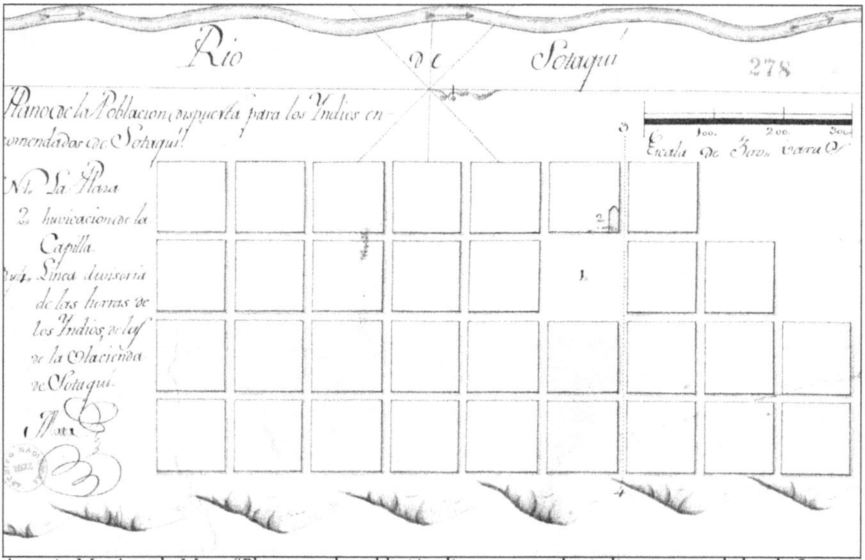

Antonio Martínez de Mata, "Plano para la población dispuesta para los indios encomendados de Sotaqui, 1790". Mapoteca Archivo Nacional Histórico de Chile.

La política fundacional del período tardo-colonial, fue replicada en las primeras décadas del Chile republicano, creándose una serie de nuevos poblados ligados a los antiguos pueblos de indios o, definitivamente en sus tierras. En el Valle Central dichos asentamientos no fueron dotados de gobiernos municipales propios, dependiendo de las villas cabeceras de provincia, debiendo esperar a la dictación de la ley de comuna autónoma en 1891 para contar con esta institución. Un buen ejemplo de esto es la villa de Santa María de Talagante, fundada en 1836 sobre las tierras del pueblo de indios del mismo nombre, cuyos representantes fueron distribuidos en la denominada calle de "los pescadores", que pasó a llamarse Domingo Eyzaguirre, recordando al agrimensor de la villa, que tuvo autonomía municipal solo después de promulgada la Ley de Comuna Autónoma en 1891.

Figura 2

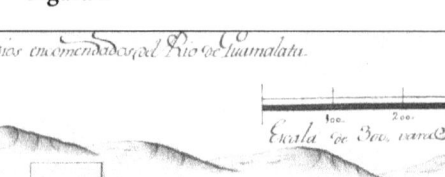

Antonio Martínez de Mata, "Plano para la población dispuesta para los indios encomendados del río de Guamalata, 1790". Mapoteca Archivo Nacional Histórico de Chile.

Esta política poblacional republicana se replicó en Freirina con la creación de la villa en 1824, sobre la base del Asiento de Santa Rosa del Huasco, situado sobre tierras de indios de la localidad cuya posesión se les había entregado en 1841.[7] Una situación similar se produjo con la fundación de Vallenar realizada sobre un terreno de reconocida propiedad indígena, mientras que los indios de El Tambo fueron trasladados al pueblo de indios de Chalinga, en cuyas inmediaciones fue fundada la villa de Salamanca en 1843.

El censo tardo-colonial realizado en el Obispado de Santiago entre 1778 y 1779, que consideró desde los límites del desierto de Atacama, hasta las proximidades de Linares, (incluyendo Cuyo con 60.00 habitantes), arrojó un total de 259.646 habitantes de los cuales el 73,5% era gente catalogada como "blanca"; el 8% mestizo, entre quienes se comprendían aquellos "individuos que tenían ostensiblemente sangre de color"; mientras, el 9,8% era taxonomixado como "negro"; y, paradójicamente, solo un 8,7% de la población era catalogada como "indio".[8]

Un poco más de tres décadas después, en 1813, la naciente república de Chile realizó el primer Censo Nacional, con una cobertura que consideró el territorio comprendido entre las provincias de Copiapó y Talca, no considerándose Santiago y Concepción. En la zona de nuestro interés se registraron

---

7. Ver Matricula y Mensura de Huasco Bajo, 1741. Archivo Nacional Histórico de Chile, Fondo Capitanía General. Vol. 613, fs. 170.
8. Servicio Nacional de Estadística y Censos. *XII Censo general de población y I de vivienda. Levantado el 24 de Abril de 1952.* Imp. Gutenberg, Santiago, 1952, p. 16.

7841 indígenas, en una población total de 59.214 habitantes, constituyendo un 13,2%. Este censo es un importante instrumento para el análisis de la población del periodo republicano temprano, aun considerando los problemas que presenta debido a que parte de sus papeletas se perdieron durante la guerra de independencia, publicándose la copia parcial de Claudio Gay.[9]

Figura 3

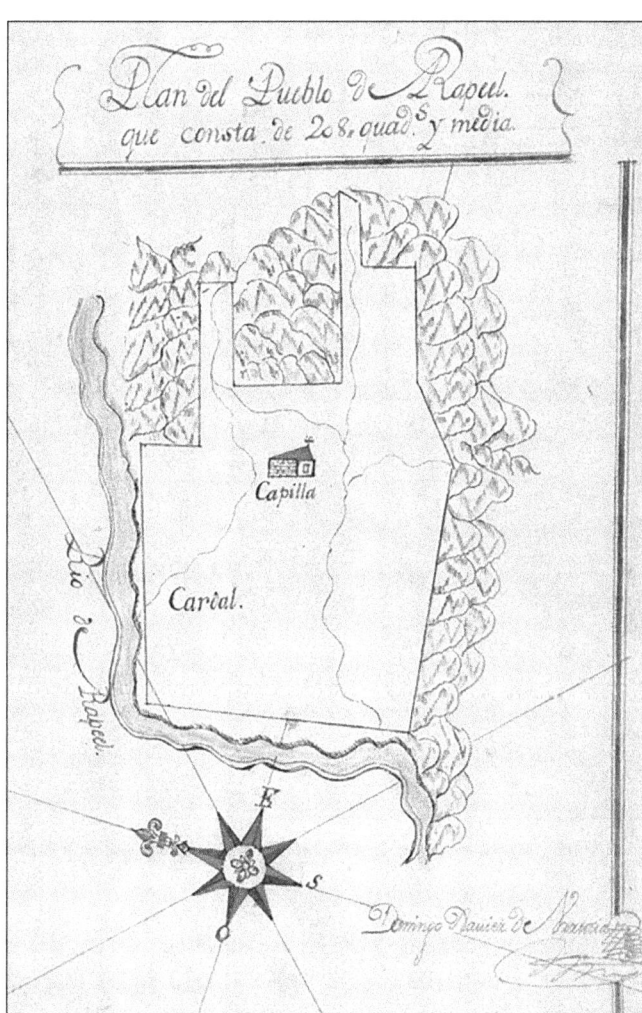

Domingo Javier de Urrutia, "Mensura del pueblo de indios de Rapel, 1792". Mapoteca Archivo Nacional Histórico de Chile

---

9. Archivo Nacional, *Censo de 1813. Levantado por Juan Egaña*. Imp. Chile, Santiago, 1953.

Figura 4

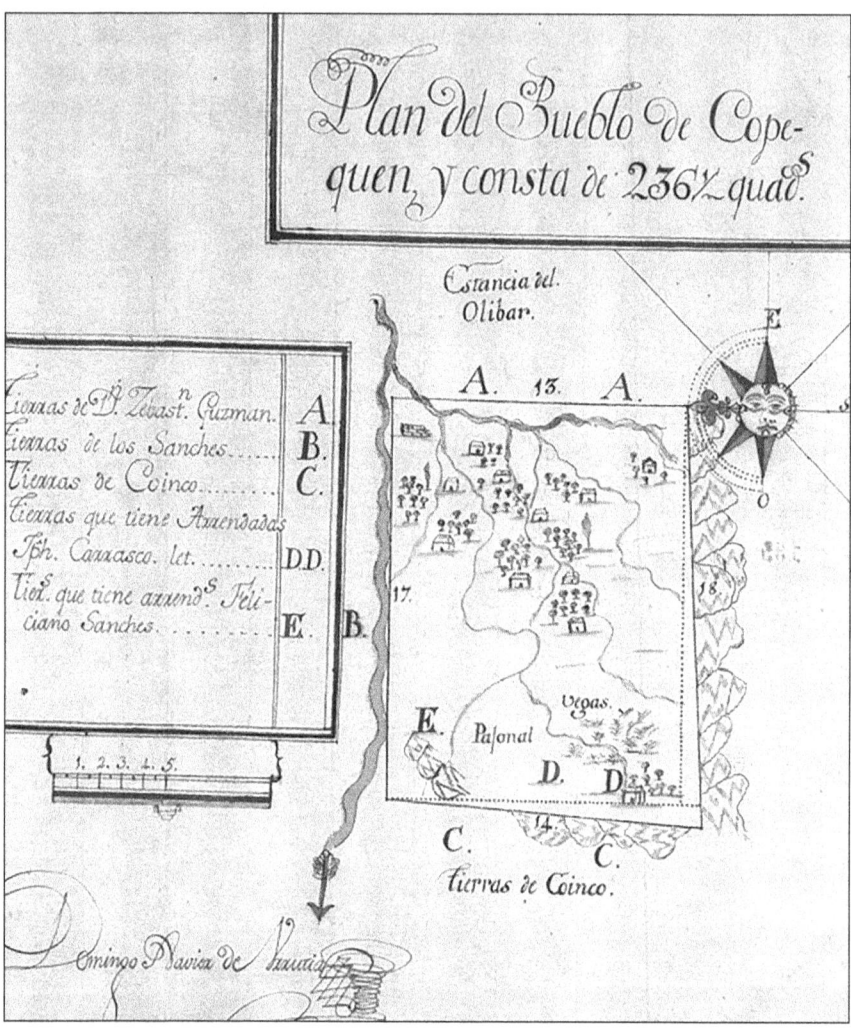

Domingo Javier de Urrutia, "Mensura del pueblo de indios de Rapel, 1792". Mapoteca Archivo Nacional Histórico de Chile.

La realidad analizada tiende a desdibujarse en el transcurso del siglo XIX debido a que los censos posteriores –salvo para el caso de los mapuches en la Araucanía– no se consideró esta taxonomía, u otra, como variable. Las vicisitudes de los pueblos de indios y sus componentes durante el período decimonónico puede rastrearse en la documentación oficial del Estado chileno y en la prensa de la época, fuentes que entregan algunas pistas para su reconfiguración analítica.

Las investigaciones realizadas en las últimas décadas en el Norte Chico han tenido un escaso avance en torno a dilucidar el problema indígena en el contexto del Chile republicano del período estudiado, especialmente con relación al análisis cuantitativo y cualitativo de las poblaciones que existían en la región, las que analizamos, en otro lugar, hasta el año 2007.[10] Desde aquel momento se han realizado algunos importantes aportes para avanzar en el tema, donde se considera el problema indígena con relación al mundo festivo y expresiones culturales de base indígena presentes en estas tradiciones (Godoy, 2007) y un congreso binacional denominado "Raíces de Etnicidad. Región de Coquimbo - provincia de San Juan", realizado en marzo de 2009 en las ciudades de La Serena, Vicuña y Paihuano, que reunió a un conjunto de especialistas e interesados en el tema. Este reunión de especialistas dio origen a una publicación que contó con colaboraciones de historiadores, arqueólogos y antropólogos que analizaron un conjunto de casos con relación al tema indígena en la región, centrados principalmente en estudios acerca de los diaguitas, el proceso de mestizaje, identidad indígena, emergencia social y derechos e interculturalidad huarpe en la región de Cuyo.[11]

¿Es posible seguir? Una agenda de investigación

A partir de lo planteado en las páginas anteriores es fácil comprobar que, a excepción de casos muy particulares, donde se combinan la propia agencia histórica indígena con un trabajo historiográfico renovado en su metodología y en sus hipótesis, como es la investigación respecto de la comunidad de Valle Hermoso que publicamos hace algunos años (Godoy Orellana y Contreras Cruces, 2008) la gran mayoría de los textos historiográficos (cuando llegan al siglo XIX) terminan en la década de 1820, coincidiendo tanto con el decreto de O'Higgins como con la merma evidente de las fuentes. Por lo tanto, debemos preguntarnos si es posible seguir la investigación en una república supuestamente "sin indios", y cuáles serían los caminos para ello. Un atisbo de respuesta, al menos para entrar en el tema, podría estar en un libro casi desconocido que hace más de medio siglo publicó Álvaro Jara (1956). Se trata de *Legislación indigenista de Chile*, una colección de fuentes, en la cual dicho historiador recoge lo legislado desde el siglo XIX y hasta su época respecto de los indígenas. En tal texto llaman la atención las disposiciones de la década de 1830 respecto de las tierras indígenas y su repartición. Ellas, no obstante, no se refieren a los mapuches de Araucanía, sino a las antiguas comunidades

---
10. Ver Godoy Orellana y Contreras (2008).
11. Ver Volantines (Ed.) (2011).

ubicadas dentro de las fronteras de la república. Dichas disposiciones, aunque mandaban repartir dichas tierras a particulares, daban a entender que en ellas todavía vivían sus antiguos y discriminados habitantes, quienes no se quedaron impávidos frente al despojo.

Por el contrario, los archivos judiciales chilenos muestran cómo quienes habían sido caciques, o nuevos líderes, acompañados por los jefes de familias de lo que fue una comunidad originaria, se presentaban ante los tribunales reclamando frente a lo legislado; pero no solo ello, también hacían *lobby* ante los órganos legislativos para evitar la dictación de tales disposiciones. Lamentablemente, las fuentes que informan de esto último aguardan que la legislatura chilena ordene y ponga a disposición de los investigadores su archivo, tarea donde no ha habido avances desde el retorno a la democracia en el país. Tales actuaciones, en ocasiones son recogidas por la prensa, órgano inexistente en Chile durante el período colonial, pero que en el siglo XIX (a pesar de todos los sesgos posibles de encontrar en ella) ofrece sus páginas para informar, por ejemplo, de la fundación de un nuevo núcleo urbano y del destino de sus habitantes originales, pero también de las peticiones de los mismos, que no solo dicen relación con la tierra. Con algo de conocimiento es posible ver que muchas de estas peticiones, como podría ser la erección de una escuela de primeras letras, son encabezadas por los últimos caciques de una comunidad o por alguno de sus descendientes, signo de su posicionamiento dentro de las pequeñas elites locales que se constituyen en estos nuevos asentamientos urbanos. En tal sentido, el seguimiento prosopográfico a través de técnicas derivadas de la genealogía, pero con una mirada mucho más amplia y alejada de aquella tendencia *elitizante* de esta disciplina parece aconsejable, y para ello la conservación de los archivos parroquiales parece central.

En particular para el Norte Chico, la transformación de muchas de estas comunidades originarias rurales en comunidades agrícolas, es otro de los caminos para rescatar el sustrato indígena de las mismas, y reconstituir no solo su historia política o económica, sino también sus dinámicas sociales, su relación con otras comunidades y con las villas cabeceras o ciudades cercanas, así como con el Estado. En ese sentido, algunas de ellas (como Valle Hermoso) existen en el presente, rebasando con mucho lo que se puede hacer desde la historia y los historiadores, involucrando en este esfuerzo a otros cientistas sociales, como antropólogos, musicólogos, sociólogos y economistas.

En suma, a pesar de las dificultades más que evidentes, una agenda de investigación que se plantee extender la historia indígena del Norte Chico y Chile Central hasta fines del siglo XIX y más allá, solo es posible a partir de una importante apertura metodológica y teórica, con una intensa y abierta exploración de fuentes administrativas, judiciales, parroquiales y legales; y con una mirada que vaya más allá de la igualdad jurídica y de los motes identitarios puestos desde arriba, para preguntarse desde otros lugares teóricos, como se identifican y relacionan los descendientes de aquellos que de ser una abundante mayoría demográfica, desaparecieron como si solo hubieran existido en tiempos remotos.

Bibliografía citada

Aldunate, C. (1984). El cacicazgo en el reino de Chile: siglo XVIII. *Boletín de la Academia Chilena de la Historia*, *95*, 171-201.

Arenas, J. (2000). *Tributo, status y propiedad: Legislación republicana y comunidades indígenas en Chile Central 1810-1832*. Tesis de licenciatura en Historia, Valparaíso: Universidad de Valparaíso.

Canales, C. (1960). *Canción Nacional de Chile. edición crítica de la letra*. Santiago: Ed. Andrés Bello.

Contreras, H. (1998). Los Caciques de Talagante durante el siglo XVIII. Legitimidad, prestigio y poder, 1718-1817. *Cuadernos de Historia*, *18*, 139-167.

Contreras, H. (2006). "Siendo mozeton o güeñi salio de su tierra a vivir entre los españoles." Migración y asentamiento mapuche en Chile central durante el siglo XVIII, 1700-1750. *Historia Indígena*, *9*, 7-32.

Contreras, H. (2016). Migraciones locales y asentamiento indígena en las estancias españolas de Chile central, 1580-1650. *Historia*, *49*(I), 87-110.

Cordero, M. M. (2016). La cofradía de Nuestra Señora de Guadalupe. Querellas y defensa indígenas ante la justicia eclesiástica. Colina, Chile, siglo XVII-XVIII. Un estudio de caso. *Revista de Humanidades*, *33*, 79-104.

Cornejo, D. (1999). *El Cacicazgo de Rapel y los arrendamientos de tierras comunitarias 1756-1822*. Tesis de licenciatura en Historia, Valparaíso: Universidad de Valparaíso.

Fernández, P. (2014). Articulación social y estrategias de resistencia indígena: el pueblo de indios de Huenchullamí (1750-1830). *Tiempo y Espacio*, *32*, 100-121.

Godoy Orellana, M. y Contreras, H. (2008). *Tradición y modernidad en una comunidad indígena, siglos XVII al XX*. Santiago: Ed. Universidad Academia de Humanismo Cristiano.

Godoy Orellana, M. (2007). *Chinos. Mineros danzantes del Norte chico, siglos XVII al XX*. Santiago: Ed. Universidad Academia de Humanismo Cristiano.

Góngora, M. (1960). *Origen de los inquilinos de Chile central*. Santiago: Editorial Universitaria.

Góngora, M. (1970). *Encomenderos y Estancieros. Estudios acerca de la Constitución social aristocrática de Chile después de la conquista, 1580-1660*. Santiago: Universidad de Chile, sede Valparaíso.

Jara, A. (1956). *Legislación indigenista de Chile*. México: Instituto Indigenista Interamericano.

Jara, A. (1958). Importación de trabajadores indígenas en el siglo XVII. *Revista Chilena de Historia y Geografía*, *124*, 177-212.

Jara, A. (1971). *Guerra y Sociedad en Chile*. Santiago: Editorial Universitaria.
Jara, A. (1987). *Trabajo y salario indígena, siglo XVI*. Santiago: Editorial Universitaria.
León, L. (1983). Expansión Inca y Resistencia Indígena en Chile, 1470-1536. *Chungara, 10*, 95-115.
León, L. (1985). La Guerra de los Lonkos en Chile central, 1536-1545. *Chungara, 14*, 91-114.
León, L. (1986). La Resistencia antiespañola y el rol de las fortalezas indígenas en Chile central, 1536-1545. *Cultura, Hombre y Sociedad, 3*, 53-116.
León, L. (2011). *"los indios en el día aumentan su desvergüenza..."* Rebeldía, disputas y conflictos en el 'pueblo de indios' de Pomaire (Chile central), 1790-1811. *Cuadernos de Historia, 35*, 93-134.
León, L. (2013). Monarquistas hasta el ocaso: Los "indios" de Chile Central en los preámbulos de 1810. En: J. Rosenblitt (Ed.), *Las Revoluciones americanas y la formación de los estados nacionales* (pp. 275-331). Santiago: Dibam-Centro de investigaciones Diego Barros Arana.
Pávez, A. (1995). *Despojo de tierras comunitarias y desarraigo territorial en Chile central: el cacicazgo de Pomaire, 1600-1800*. Tesis de licenciatura en Historia, Valparaíso: Universidad de Valparaíso.
Retamal, J. (2000). *Testamentos de "indios" en Chile colonial, 1564-1801*. Santiago: Ril.
Sandoval, M. (1999). *Huenchullamí: Quiebres y rupturas políticas en un cacicazgo promaucae, Chile central 1658-1813*. Tesis de licenciatura en Historia, Valparaíso: Universidad de Valparaíso.
Silva, C. (1997). *El cacicazgo de Rapel, disputas por el poder local (1774-1822)* Tesis de licenciado en humanidades con mención en historia. Santiago: Universidad de Chile.
Silva Galdames, O. (1976-1977). Consideraciones sobre la presencia inca en la cuenca de Santiago: Chile central. *Boletín del Museo Arqueológico de La Serena, 16-17*, 211-243.
Silva Vargas, F. (1962). *Tierras y Pueblos de Indios en el Reino de Chile. Esquema Histórico-Jurídico*. Santiago: Universidad Católica de Chile.
Stehberg, R. y Cabeza, A. (1984). El cacicazgo de Malloa. *Nueva Historia, 10*, 13-156.
Urbina, R. (1986-1992). Notas sobre las tierras de indios en Chile en la segunda mitad del siglo XVIII. *Notas históricas y geográficas, 3*, 83-114.
Valenzuela, J. (2014). Indios urbanos: inmigraciones, alteridad y ladinización en Santiago de Chile (siglos XVI-XVII). *Historia Crítica, 53*, 13-34.
Varios autores. (2004). *Estudios promaucaes*. Santiago: Seminario de licenciatura en historia, Universidad de Chile.
Volantines, A. (Ed.) (2011). *Culturas surandinas. Huarpes y diaguitas*. La Serena: Sociedad de Creación y Acción Literaria de Coquimbo.

De "Pueblos de Indios" a "Pueblos indígenas". Visibilizar e invisibilizar en Paraguay

Ignacio Telesca

La nueva Constitución Nacional de Paraguay de 1992 dedica el Capítulo V a los Pueblos Indígenas, reconociendo su preexistencia antes de la conformación del Estado nacional. Se reconoce también su identidad étnica, el derecho a la propiedad comunitaria, a la participación, a la salud y a la educación.

Sin embargo, en 1848 se habían suprimido los Pueblos de Indios vigentes desde tiempos coloniales y se había concedido la categoría de ciudadanos a sus habitantes. Tras dicho decreto dejaban de existir indígenas en Paraguay.

La guerra contra la Triple Alianza (1864-1870) trastocó toda la realidad social del Paraguay y nuevamente se conformaron reducciones bajo el control de la Iglesia Católica y de la Anglicana.

En el texto abordaremos dos momentos que creemos claves: por un lado el decreto de supresión de los Pueblos de Indios de 1848 y por otro la recuperación de una memoria indígena enlhet llevada a cabo desde hace una década centrada en la llegada de los menonitas en 1927 y en la guerra del Chaco entre 1932-1935.

Son dos hitos (uno estatal, otro comunitario) que señalan dos momentos de ocultamiento y visibilización de los Pueblos Indígenas. Paraguay se dirime con su propio problema de conformación (al igual que el resto de los Estados de la región) y las comunidades indígenas tienen que lidiar con ese problema.

Estos dos hitos se unirán con una línea quebrada, de continuidades y rupturas, mostrando también como fue abordado por la historiografía y la antropología.

I.-

Tras la fundación de Asunción en 1537, los conquistadores europeos pensaron a la actual capital del Paraguay como una base para sus incursiones al oeste en búsqueda del Dorado. Grande fue su asombro cuando al llegar al Potosí se enteraron de que los conquistadores provenientes del Perú ya se habían hecho dueños del lugar años antes.

Si bien la llegada de los europeos a la zona de Asunción fue beneficiosa para ambas partes en un primer momento, pronto los carios (grupo guaraní que vivía en la región de Asunción) se percataron que lo que ellos habían pensado como alianza, en sus términos, para los europeos significaba sujeción y servicios (Susnik, 1993; Garavaglia, 1983; Telesca, 2014).

Hubo levantamientos, pero fueron pronto sofocados y la explotación de la población indígena aumentó. En un primer momento fue la mujer el objeto de explotación de los conquistadores. Ella era la encargada de la chacra, del tejido, de hacer mover los molinos de caña de azúcar y también objeto del deseo sexual del conquistador (Potthast, 1996).

La mujer en las primeras décadas funcionaba incluso como mercancía. Conocido es el caso narrado por el clérigo Martín González en una carta dirigida a Carlos V en 1556:

> No ostante esto, lo que más pavor, SM, me a puesto, es ver como he visto, lo libre vendello por cabtivo; y es ansí, que a sucedido vender indias libres naturales de esta tierra por caballos, perros y otras cosas, y ansy se usa dellas, como en esos reynos la moneda; y no tan solamente eso, se ha visto jugar una yndia, digo una aunque muchas son, pero esta, en pena de su maleficio, tuvo el candil y lumbre mientras la jugaban, é después de jugada, la desnudaron, é sin vestido, la enviaron con el que la ganó, porque dezia no aver jugado el vestido que traya (Cartas de Indias, 1877: 609-610).

La situación trocó en 1556 cuando el gobernador Domingo Martínez de Irala instituyó la encomienda: la mano de obra masculina pasó a ser la explotada fundamentalmente. Había dos tipos de encomienda, la yanacona u originaria[1] y la mitaria. En la primera el encomendado vivía con su familia en la propiedad del encomendero y toda ella aportaba con su fuerza de trabajo. Era muy similar a una situación de esclavitud con la diferencia que no podían ser vendidos y que la encomienda duraba, en teoría, por dos vidas.

En la mitaria, los varones entre 18 y 50 vivían con su familia en los Pueblos de Indios y servían a su encomendero por dos meses, según estipulaba la legis-

---

1. En Paraguay el originario era el yanacona, a la inversa de lo que ocurría en la zona andina donde el originario era el indígena que vivía en comunidad (Salinas, 2012).

lación, aunque dependiendo el trabajo que realizara podía demorarse más de medio año (si cosechaba la yerba mate, por ejemplo) (Telesca, 2009).

No era la única forma de explotación de la mano de obra indígena por parte de la Corona, sino también estaba en práctica el sistema de los mandamientos, por el cual el gobernador ordenaba que un grupo de indígenas fuera a trabajar a obras públicas, o sirviesen en los barcos, o mismo trabajase a las órdenes de algún miembro de la elite local.

Los Pueblos de Indios surgieron tras la instalación del sistema de encomiendas y perduraron hasta 1848, casi tres siglos de existencia. Demás está decir que a lo largo de este tiempo fueron variando en su funcionamiento e incluso existían diferentes Pueblos de Indios de acuerdo con quienes los regenteaban, sean estos jesuitas, sean franciscanos, sean del clero secular o administradores laicos. Los pueblos sujetos a la Compañía de Jesús, por ejemplo, consiguieron el privilegio de tributar directamente a la Corona y no a encomenderos particulares; como contraparte, se convirtieron en las milicias del Rey en la región del Río de la Plata y Paraguay.

En los dos primeros siglos de conquista, la población indígena en el Paraguay era mayoritaria. En 1682, de acuerdo con el censo realizado por el obispo Fray Faustino de Casas vivían en el Paraguay 38.666 personas de las cuales 27.806 vivían en Pueblos de Indios y 2.517 eran indígenas encomendados originarios. En total sumaban 30.323 indígenas (7.432 familias), lo que representaba el 78,5% de la población total (Velázquez, 1972).

Para 1761, este porcentaje se redujo, pero igual constituían la mayoría de la población: 51.921 indígenas de 85.138, un 61% del total (y este número sería mayor puesto que no se discriminó la población que vivía en los pueblos de españoles como encomendados originarios) (Telesca, 2009).

El cambio radical a nivel demográfico se produjo con la expulsión de los jesuitas en 1767/8. El censo realizado por el gobernador Melo de Portugal en 1782 lo deja de manifiesto. Si en 1761 el 54,7% de la población vivía en las trece misiones jesuíticas que pertenecían al Paraguay, veinte años más tarde este porcentaje se redujo al 19,8%. Sin embargo, esta población no se perdió en la selva o en las provincias del sur sino que se mezcló con la población campesina que vivía en derredor o se instaló en las nuevas tierras que la elite asunceña conseguía en los territorios previamente controlados por los jesuitas.

La población indígena total del Paraguay para 1782 se redujo al 30,9%, porcentaje que se mantuvo para el siguiente censo realizado por el gobernador Lázaro de Rivera en 1799. A fines del siglo XVIII, el 29,6% de la población era ubicado por los censistas en la columna de 'indios' (Telesca, 2017a).

Tabla 1. Población indígena y no indígena: Paraguay 1761-1799

	1761		1782		1799	
		%		%		%
Población no indígena	33.217	39,0	66.766	69,1	76.052	70,4
Población indígena en pueblos de indios	5.358	6,3	10.692	11,1	14.750	13.6
Población indígena en las misiones jesuíticas	46.563	54,7	19.106	19,8	17.268	16,0
Total	85.138	100	96.564	100	108.070	100

Fuente: Telesca, 2017.

Si bien es cierto que en los treinta pueblos jesuíticos se produjo una reducción demográfica, es importante señalar que entre 1768 y 1783 la población de las trece misiones que dependían del Paraguay se redujo en un 53,7% mientras que la de los otros diecisiete que dependían de Buenos Aires lo hizo en un 22,4% (Maeder, 2014).

Tabla 2. Reducción demográfica en las misiones jesuíticas: 1768-1783

	1768	1783	Diferencia
Misiones dependientes de Asunción (13)	41.050	19.012	53,7%
Misiones dependientes de Buenos Aires (17)	47.778	37.070	22,4%
Total		88.828	56.092	36,9%

Fuente: Maeder, 2014.

La huida de los indígenas de sus pueblos no era ciertamente una novedad, e incluso de las misiones jesuíticas. Dobrishoffer narraba en el siglo XVIII cómo tras las revueltas comuneras en el Paraguay (1721-1735) un grupo numeroso de indígenas dejaron sus pueblos para concentrarse alrededor de los esteros del Iberá (en la actual provincia argentina de Corrientes). Allí volvieron a formar comunidad replicando todas las estructuras jesuíticas, menos la monogamia (Maeder, 1974).

Lo que llama la atención en este caso es la salida masiva en tan poco tiempo, y como se ve en la Tabla I, de representar más de la mitad de la población paraguaya pasó a representar una quinta parte; estamos hablando que una cuarta parte de la población del Paraguay cambió su lugar de residencia y su estatus jurídico.

Atendiendo a las categorías censales, en el Paraguay se produjo una españolización de la población, la bibliografía habla de un segundo mestizamiento (tomando como primero el producido durante la conquista, en el siglo XVI). Sin embargo, podríamos hablar de una guaranización de la sociedad paraguaya.[2]

Esto último tampoco daría cuenta cabal de lo sucedido puesto que damos por sentado, más no sea en el imaginario, la existencia de una "sociedad paraguaya" cercana a lo "español" como descendiente de europeos.

Sabemos que la provincia del Paraguay recibió contingentes de peninsulares hasta 1575. Una provincia pobre y sin recursos minerales no era un lugar apetecido para "hacerse la América". Un dato nos pinta el cuadro: el obispado del Paraguay estuvo durante los tiempos coloniales más tiempo como sede vacante que con un obispo ocupando su puesto. Los eclesiásticos tampoco preferían estos lugares en donde los diezmos eran escasos.

Esto recién ha de cambiar con el Reglamento de Libre de Comercio a partir de 1780, mientras tanto será el mestizaje biológico el que marque el ritmo demográfico. Mestizaje que no se reflejó a nivel jurídico, puesto que esta categoría no era utilizada en el Paraguay ni aparecía en los registros censales.[3]

Cuando los indígenas misioneros dejaron las reducciones jesuíticas se encontraron con un campesinado monolingüe guaraní, como ellos, que labraban la tierra para su subsistencia, como ellos, y que en su mayoría no eran poseedores de la tierra, también como ellos.

Al mismo tiempo, los nuevos dueños de la tierra, de las que antes administraban los jesuitas, necesitaban mano de obra para sus campos que aseguren esas nuevas propiedades. Si el terrateniente reconocía al indígena como tal debía enviarlo a su pueblo de origen. Si lo asumía como "español" entonces podía usar de su fuerza de trabajo.

Ambos lados, indígenas y latifundistas, se vieron beneficiados lo que permitió que ese cuarto de la población paraguaya –que cambió de lugar de residencia y de estatus jurídico– no generase un caos para la administración colonial.

De más está decirlo, la estrategia implicaba la invisibilización de lo indígena, de la población indígena. Al igual que en el siglo XVI, a fines del XVIII la única posibilidad de sobrevivencia era dejar de ser indígena para asumir otra identidad (Telesca, 2009).

---

2. Somos conscientes que el término guaranización es vago y puede generar confusión. De lo que se trata es del indígena misionero, englobado dentro del etnómino "guaraní".
3. Sólo en el censo de 1799 aparece la categoría de "mestizo" porque el modelo ya vino confeccionado desde Buenos Aires. Sin embargo, la población reconocida como mestiza por los censistas apenas llegó al 1% del total (Maeder, 1975; Telesca, 2009).

II.-

El proceso independentista en Paraguay trajo pocos cambios para los Pueblos Indígenas. En el congreso de 1811 que resolvió la forma de gobierno que iría a adoptar el Paraguay y las relaciones que se tendrían con Buenos Aires, apenas mencionó a los Pueblos de Indios para resolver quién se quedaría a cargo de uno de los departamentos que agrupaba dichos pueblos. En enero de 1812, la Junta Gubernativa eximió a los indígenas de los Pueblos de Indios del pago del tributo anual y ratificó la abolición de la encomienda, que había sido resuelto por Real Cédula de 1803, pero que en la provincia aún no se había terminado de implementar.[4]

En diciembre de 1811 Ramón Penayos le escribió a la Junta Gubernativa para que resolviera qué hacer con su encomienda de originarios, puesto que él estaba enfermo y era "incapaz de manejar y conservarlos en ningún trabajo y debida sujeción" (ANA, SH, 215.7), además que, según Penayos, los indígenas ya no le guardaban ningún respeto. No era una encomienda menor, poseía 61 indígenas, 28 adultos y 33 párvulos. Y en enero, la Junta Superior respondió que

> condolida de la triste situación de los indios los ha reintegrado en su nativa libertad declarándolos indemnes de tributo y tasa, debiendo cuidar que los originarios vivan en policía agregados a las poblaciones con utilidad de sí mismos y ventaja de la Patria. Se tomará igualmente providencia de agregarlos y situarlos donde más convenga al interés general de la Provincia y personal de ellos (ANA, SH, 215.7).

Para fines de dicho año se los trasladó al Pueblo de Indios de Itapé. Esta decisión ya es una muestra de cómo seguiría en adelante la relación de los nuevos gobiernos independientes respecto a los indígenas.

No faltaban alternativas; Manuel Belgrano, vocal de la junta porteña, previo a la invasión del Paraguay redactó sendos documentos (Proclama a los "nobles, fieles y leales paraguayos" y un Reglamento constitutivo para el gobierno de los treinta pueblos, donde se establecía una nueva organización política para los pueblos guaraníes) en los cuales se recogían y aplicaban las últimas políticas coloniales de absorción/integración de los indígenas (Telesca y Wilde, 2011).

Los "indios", señala el reglamento, debían ser "en todo iguales a los españoles que hemos tenido la gloria de nacer en el suelo de América". Por un lado, conservaba los pueblos, pero allí se agruparían las familias dispersas, sean éstas de españoles o de naturales; preservaba las instituciones como el cabildo, pero

---

[4]. "que se proscriba enteramente el insoportable y tiránico yugo del servicio personal (...) declarando exentos de tributos a los indios". Bando del 6 de enero de 1812 firmado por Fulgencio Yegros, Pedro Juan Caballero y Fernando de la Mora, miembros de la Junta Gubernativa del Paraguay, ANA. SH. 217.1.

en ella tendrían que estar quienes manejaran el castellano. Finalmente, y un dato no menor en el contexto, no formarían una milicia de indígenas aparte del resto, sino que se mezclarían entre los regimientos de patricios y arribeños (Telesca y Wilde, 2011).

Respecto a los pueblos indígenas que vivían en el Chaco, región no controlada por los gobiernos coloniales ni independientes, la política fue la de sometimiento o exterminio. José Miguel Ibáñez, Comandante en Jefe de la norteña villa de Concepción durante los primeros años republicanos contaba en su haber el asesinato de 75 indígenas mbayás, que se encontraban desarmados, encadenados y sujetos por los extremos con caballos cincheros (Areces, 2014).

El gobierno del Dr. Rodríguez de Francia (1814-1840) tampoco introdujo cambios en su relación con los indígenas; por el contrario, mantuvo las mismas políticas coloniales. Por ejemplo, ante la necesidad de reparar los caminos el Dr. Francia decretó el 10 de julio de 1815 que "los pueblos de naturales deben concurrir por su parte a estas faenas" por lo cual se le avisa a los administradores, corregidores y cabildos respectivos que envíen "competente número de trabajadores" (ANA, CRB, 204-1). Este tipo de mandamientos tenían una vigencia de más de tres siglos.[5]

De igual manera comenzó el nuevo gobierno consular tras la muerte del Dr. Francia (1841-1844): decretando, como se había hecho a fines del siglo XVIII, la jubilación de indígenas cuyos servicios y buen comportamiento así lo justifiquen (ANA, SH, 256.6). Encargados de la decisión serían los administradores, corregidores y cabildos, aunque el documento no detalla ni criterios específicos para tener en cuenta ni cantidad de beneficiados por cada pueblo. Tampoco se especifica el porqué de esta medida para con los "indios capaces y de servicios", aunque en el mismo año se declaraba también la Ley de Libertad de Vientres especificando que lo que había movido al gobierno había sido "un sentimiento de humanidad" (ANA, SH, 252.9).

En el Paraguay existían veintiún Pueblos de Indios y se tienen registros de la jubilación de 211 indígenas, en ese 1843, pertenecientes a 17 pueblos.[6] En algunos pueblos se jubilaron 41 indígenas, como en Tobatí, mientras que en otros como Itapé solo uno. No se sabe el porqué de tal diferencia. Como parte de la jubilación se les entregaba, además, un lote de tierra (2 por 6 cuerdas por lo general, 6 hectáreas aproximadamente), herramientas y cabezas de ganado (no más de una docena).

Los indígenas jubilados permanecían en el Pueblo y quedaban exentos de las cargas comunitarias. Lo que se les otorgaba estaba pensado para que pudieran subsistir por sí solos.

---

5. Para un análisis del período Cfr. Williams (1979) y Rivarola (1994).
6. En los años siguientes se siguieron dando jubilaciones, tres en 1845 y dos en 1847.

Por sí solos y sin su familia. Victorio Sĭyă, natural del pueblo de Caazapá, le escribe al gobierno solicitando la exención del trabajo comunitario de toda su familia (hermanos, hermanas y sobrinos) para acompañar a su padre quien había sido recientemente jubilado. La respuesta fue un lacónico "no ha lugar" (ANA, SH, 271.5).

Tras el censo de 1799 el siguiente se realizó casi medio siglo después, en 1846. Desgraciadamente, no se conservan los registros de la población indígena de los veintiún pueblos, sino sólo la población considerada "foránea". Es por eso que en el contexto de los resultados generales del censo, la población indígena sólo alcanza al 0,5% de la población; un porcentaje muy reducido. Podríamos creer, haciendo una progresión y tomando en cuenta otros datos, que la población indígena estaría cercana al 10%; igualmente, nos estaría mostrando una población minoritaria, cercana a la población censada como afrodescendiente (Williams, 1976; Kegler, 1976).

En el único pueblo donde quedaron registros de la población indígena, Caazapá, la "población blanca y de color" superaba a los "naturales" en una relación de 5 a 1: 4.447 frente a 865 (ANA, NE 3297).

Si hasta estos años los gobiernos independentistas continuaban aplicando las políticas heredadas de la colonia con ese plan de integrar y subsumir a la población indígena, ya en 1848 el presidente Carlos Antonio López dará un golpe de gracia a las comunidades indígenas: el 7 de octubre de 1848 decretó la supresión de los veintiún Pueblos de Indios al mismo tiempo que declaró "ciudadanos" a sus habitantes (ANA, SH, 282.24).

Entre los considerandos del decreto se afirmaba, por un lado "que los indios naturales de los pueblos del territorio de la República (...) han sido humillados y abatidos con todo género de abusos, privaciones y arbitrariedades" y, por el otro, que "no es compatible con presente estado de la República (...) el funesto y ruinoso régimen de comunidad".

Además de la ciudadanización de los indígenas y de la supresión de los cabildos, justicias, corregidores y administradores, el artículo 11 del decreto declaraba "propiedades del Estado los bienes, derechos y acciones" de los veintiún pueblos para lo cual mandó realizar un pormenorizado inventario (art. 12) y un padrón del número de naturales (art. 13).

A los corregidores y empleados de los cabildos se les otorgaría por única vez una pensión y a las familias se les repartiría algún animal y/o herramienta y se les concedía la gracia de no pagar ni diezmo, ni derechos parroquiales ni arriendo por tres años.

Tabla 3. Pertenencias de los "Pueblos de Indios" de acuerdo con los inventarios

Pueblo	Vacuno	Caballos	Mulas	Ovejas	Pesos
Altos	6.785	179	600	2.187	498
Atyra	10.381	200	361	514	257
Belén	694	92	270	678	130
Caazapá	15.336	1.687	2.868	4.685	526
Carmen	1.510	420	740	520	136
Guarambaré	500	40	107	125	40
Itá	4.715	346	891		1.329
Jesús	946	51	267	238	128
San Cosme	1.935	208	344	1.180	133
San Estanislao	3.528	111	185	2.192	394
San Ignacio	23.575	895	4.973	3.921	694
San Joaquín	653	499		1.434	1.218
Santa María	3.900	457	1.523	9.103	330
Santa Rosa	18.118	638	1.555	398	427
Santiago	1.022	882	3.501	2.614	321
Tobatí	3.808	160	348	641	
Trinidad	259	43	75	40	37
Yaguarón	1.721	3.222		1.000	1.206
Ypané	588	43	80	43	73
Yuty	16.507	1.137	4.782	448	290
Total	116.481	11.310	23.470	31.961	8.167

Fuente: Whigham, 1995: 181. Se corrigieron las sumas totales.

En el mismo mes de octubre se publicó el decreto en cada uno de los pueblos realizándose inmediatamente el inventario. La manera de proclamarse el decreto fue muy similar en cada pueblo y podemos tomar el caso de Carmen del Paraná (ANA, CRB, 522).

Se reunieron el corregidor, el cabildo y los naturales en la plazoleta del pueblo. Se condujo el pabellón nacional ("con la pompa que corresponde") hasta el pie del asta, y a la voz de "¡Viva la República del Paraguay!" los indígenas respondieron "¡Independencia o muerte!". Luego se izó el pabellón con salvas de tiros. Terminado este primer acto, se trasladaron al son de la música a las casas de administración donde se leyó el decreto que "les fue explicado en idioma nativo" para que "sepan responder a tanta liberalidad conduciéndose de un modo que acrediten su gratitud y patriotismo". Los indígenas juraron defender y sostener la independencia e integridad de la República, concluyendo con vivas a la patria y al presidente. Inmediatamente se trasladaron al templo para la misa y allí también el sacerdote insistió en el "deber sagrado de cada individuo de defender y sostener los derechos de su madre patria a costa del sacrificio de sus vidas, obedeciendo y respetando para ello la autoridad suprema que la representa". Al concluir la misa una vez más, con músicas, a la plazoleta donde se entonó el himno patrio. El decreto era impuesto utilizando cuanto poder simbólico hubiese a mano.

Al recibir cada uno de los inventarios el presidente López resolvía qué hacer con cada uno de los ítems inventariados. En lo que respecta al ganado, parte se repartía entre las familias y el resto se incorporaba a las estancias del Estado. Lo mismo ocurría cuando en la comunidad existían varas de lienzo o incluso ponchos, que se destinaban para el vestuario de la tropa.

El 18 de noviembre de 1848, por ejemplo, el administrador de Santiago enviaba a Paso de la Patria 600 caballos y 600 bueyes. El 11 de diciembre, de San Cosme, Santa María, Santa Rosa, San Ignacio y Santiago, otros 500 caballos "dejando a las estancias de cada partido lo muy preciso para los servicios ordinarios" (ANA, SH 407.9 ff. 223.230).

Un ejemplo de esta reducción del ganado se puede observar en el caso del pueblo de San Ignacio, trabajado por Capucine Boidin. En dos años se redujo a una sexta parte. El resto quedó para el Estado.

Tabla 4. Inventario de ganado en San Ignacio, 1848-1850

	1848	1850
Ganado vacuno	23.005	1.166
Yeguas	4.973	2.225
Ovejas	3.921	1.835
caballos	895	261
bueyes útiles	570	327
Mulas	16	7
TOTAL	33.380	5.821

Fuente: Boidin, 2011: 223.

Que el ganado era importante en los pueblos lo deja de manifiesto también los diezmos que pagaban. En el partido de Santiago en 1848, un mes antes del decreto, se colectaron 652 terneras en dicho concepto, de las cuales 325 fueron dadas por el Pueblo de Indios de Santiago y las 327 restantes por los 58 estancieros de la región (ANA, SH, 407.9).

No queda claro cuál fue la razón central de este decreto. En esos mismos años, Martin de Moussy, autor de la *Memoria histórica sobre la decadencia y ruina de las misiones jesuíticas en el seno del Plata*, ya en 1857 no dudaba en calificar este decreto como una verdadera "expoliación". Comparaba al Paraguay con una "gran misión, cuyos mayordomos son el Sr. López y sus hijos, con la diferencia que los socios no están ni mantenidos ni vestidos, ni tienen sobre todo parte alguna en el beneficio personal" (Moussy, 1857: 47-48).

Los historiadores tampoco se ponen de acuerdo. Carlos Pastore, en su *Lucha por la tierra en el Paraguay*, de 1949, sostenía que por este decreto de 1848

> se completa la posesión por el Estado de todas las fuentes principales de riqueza del país, se lo habilita para una decidida y amplia política mercantil y se marca una fecha que cierra una época y que da comienzo a una nueva en la historia de la lucha por la tenencia de la tierra en el Paraguay entre los conquistadores europeos y sus sucesores por un lado y los guaraníes y sus descendientes por el otro (Pastore, 2008: 127).

Pastore plantea como clave del decreto el no otorgamiento de tierras a los propios indígenas, convirtiéndolos de esta manera en mano de obra proletarizada al servicio del Estado y de la pequeña elite "dominante".

En 1963, desde una aproximación marxista etapista tradicional, Oscar Creydt analizaba este decreto como una reforma progresista puesto que "contribuía a crear las condiciones previas para el desarrollo de las relaciones capitalistas" (Creydt, 2007: 99). De igual manera que Pastore, sostenía que la mayoría de los indígenas, ahora ciudadanos, buscarían trabajo como jornaleros, lográndose de esta forma una asimilación completa de los indígenas por la población mestiza. Para Creydt, la supresión de los Pueblos de Indios "terminó de unificar a la nación suprimiendo definitivamente la división en castas" (Creydt, 2007: 100).

La antropóloga Bransilava Susnik sostenía que "Carlos Antonio López, con su visión económica pragmática, decidió integrar a los guaraníes pueblerinos a la vivencia libre en la sociedad rural y, por otra parte, estatizar a los *táva* al nivel de otras poblaciones-partidos nacionales" (Susnik, 1992: 166). Susnik planteaba que este decreto era un paso inevitable puesto que muchos pueblos ya habían comenzado a desintegrarse por la ausencia constante de los varones, sea "sirviendo en los batallones o en las partidas de vaqueros para conducir remesas de ganado al campamento central del ejército" (Susnik, 1992: 167).

Thomas Whigham, en su texto "Paraguay's Pueblos de Indios", se centraba en la gran cantidad de ganado apropiado por el Estado, casi 200.000 cabezas, como el resultado fundamental del intercambio por la "ciudadanía" concedida a los indígenas. Sin embargo, sostenía que no era el enriquecimiento el fin fundamental del decreto sino que éste se enmarcaba en las características mismas del régimen de López: omnipresente y autoritario (Whigham, 1995: 180-181).

Sin desestimar ninguna de las anteriores respuestas y al margen de los considerandos del decreto de supresión de los Pueblos de Indios, nuestra hipótesis sobre la razón del decreto radica en la necesidad de aumentar el tamaño del ejército además de enviar ganado vacuno para dar de comer a este mismo ejército.

A fines de 1847 hubo cambios en la vecina provincia de Corrientes asumiendo un gobernador afín a Juan Manuel de Rosas y la amenaza de la invasión al Paraguay estaba más latente, o así lo sintió Carlos Antonio López quien decidió ir a visitar y controlar las fortalezas del sur. Según el redactor del primer periódico del Paraguay, *El Paraguayo Independiente* (EPI) de febrero de 1848, el ejército era numeroso pero "debería aumentarse" ya que se tenía que "guarnecer una frontera de 80 leguas sobre el Paraná" (EPI, n° 72, p. 7). López permaneció casi dos meses en Paso de la Patria (frontera con Corrientes) para pasar en abril a Encarnación y pueblos aledaños. De acuerdo con el *Paraguayo Independiente* del 9 de septiembre de 1848 el presidente recién había llegado a la capital de su visita que duró casi un año (EPI, n° 79, p. 1). Al mes siguiente, el 7 de octubre, presentó el decreto declarando ciudadanos a los indígenas de los 21 pueblos, y ese mismo día lo publicó en la prensa.

Al mes siguiente, el 6 de noviembre, el presidente López reglamentó el decreto y en el tercer artículo se le encomendaba al Jefe de Urbanos arreglar "por compañías todos los naturales capaces del servicio activo, con la fuerza en cada una de sesenta individuos". Estos urbanos estarían a cargo de un celador quien se ocuparía también de controlar a las familias de estos mismos urbanos "en todo lo tocante a la sujeción, moral y dedicación al trabajo", según reza el artículo sexto. De hecho, en el artículo 13 se establecía que las hilanzas y tejidos de hilo y lana que se hicieran sería para el consumo de las tropas (ANA, SH, 282.29).

Los indígenas venían participando de las milicias desde tiempos coloniales, aunque siempre formando parte de batallones indígenas. Sin embargo, el presidente López ya en 1845, al decretar el alistamiento para las tropas de líneas, incluía a los pardos y a los "indios naturales de los pueblos de la República, previniéndose que el alistamiento de estos últimos será practicado por los respectivos administradores" (*El Repertorio Nacional*, año 1845, n° 8). Es decir que los indígenas ya venían participando de las milicias por lo que es de suponer que el interés mayor radicaba en poder disponer del excedente de los productos y bienes de los pueblos para ser destinados al ejército: sea ganado, sean lienzos, sean productos agrícolas.

Habíamos visto ya que, de acuerdo con las indicaciones dadas por Carlos Antonio López, lo que no quedaba para las familias, tenía que ser enviado a las estancias del Estado o directamente a los campamentos.

Por otro lado, para los indígenas ser ciudadanos significaba pocos derechos y muchas nuevas obligaciones: milicias, impuestos, arriendos. Podían, ahora sí, dejar sus respectivos pueblos para ir a buscar trabajo en otros lados, aunque siempre con el pase dado por el nuevo juez de paz. La documentación existente nos permite concluir que, por lo general, las familias permanecieron en sus antiguas comunidades hechas ahora pueblos, donde también todo habitante de la República podía instalarse.

No hubo resistencia activa de parte de las comunidades, ningún levantamiento.[7] Sin embargo, en cada comunidad la documentación nos habla de esa resistencia pasiva frente a la institución estatal.

Un ejemplo lo deja de manifiesto. Según el artículo 6 del decreto de 1848 los indígenas tendrían tres años de gracia sin pagar diezmos ni arriendos (contando a partir de 1849). Esto se prorrogó luego otros dos años más (ANA, SH, 296.7), por lo que en 1854 se tendría que comenzar a cobrar. Sin embargo, en ese año se vuelve a postergar hasta el año siguiente, y en 1855 hasta 1858. Más allá de esta constante prórroga, lo importante es comprender cuáles fueron las razones de la misma.

El presidente López acusa a los indígenas de "inaplicación al trabajo (…) su obstinación en la ociosidad y al robo de ganados y sembrados" (ANA, NE, 3024, ff. 34-35). A la par de la prórroga venía también la represión:

> y puesto que no quieren ser militar ni ciudadanos de la república, sino indios viles ladrones de ganado, animales y sembrados de agricultura (…) los Mayordomos los irán remitiendo presos por auxilios de partido en partido (…) para que de allí sean conducidos a las Villas de costa arriba, a ser entregados a vecinos capaces de sujetarlos al trabajo, con el rigor que quieren los indios (ANA, NE, 3024, ff. 34-35).

Esta relación resistencia indígena-represión estatal se aprecia en el caso del pueblo de Santiago. El administrador de dicho pueblo se quejaba ante el presidente de que Pedro Ríos no quería trabajar en la estancia; es más, de allí tomaba los caballos para irse "a vagar". Ríos sostenía "que ninguno podría sujetarlo, que él a la hora que quisiese iría donde quisiese sin que a nadie ande pidiendo licencia", y el administrador reconoce que "en efecto, así lo hizo". Otros, "apenas son apurados a algunas faenas públicas cuando se excusan por enfermos y bajo este pretexto se dejan estar en sus ranchos y al cabo después de haber fingido largas enfermedades, no son encontrados y sin poderse saber su paradero" (ANA, SH 407.9).

---

7. Para levantamientos indígenas en el continente ante medidas similares, ver Méndez (2014) para Perú y Flórez-Bolívar (2009) para Colombia, entre otros.

Carlos Antonio López mandó castigar a Ríos con 50 azotes "con prevención de que igual castigo se dará en adelante a cualquier peón de las estancias del Estado que en lugar de sujetarse al servicio y a la subordinación debida a los capataces quiera tomarse la licencia de mandarse a mudar". Respecto a los que se negaban al servicio público excusando en una enfermedad y luego huida,

> creyendo que no podrán ser castigados por la ciudadanía que el gobierno les acordó al suprimir las comunidades se les hará saber que el mayordomo está facultado para castigarlos públicamente (...) para que vean y sepan que esa atribución honrosa de ciudadanos no ha sido para abusar de ella con la insolencia denunciada (ANA, SH 407.9).

El mayordomo se tomó la indicación muy en serio y para enero de 1852 había remitido a 30 oriundos a la cárcel de la capital.

Otra de las estrategias utilizadas por los indígenas fue el cambio del apellido. León Cadogan tras estudiar los apellidos en guaraní y llamar la atención sobre el escaso número de ellos que persisten en nuestros días concluye afirmando que

> fue una medida indispensable [el cambiarse el apellido], porque al indio guaraní (...) en el Paraguay se lo considera como un animal (...), al ser emancipados los indios de las reducciones por don Carlos Antonio, optaron éstos por cambiar sus apellidos guaraníes por apellidos españoles (Cadogan, 2005: 30).

Según la documentación existente, no pareciera que ese proceso se haya dado tras el decreto de supresión de 1848 sino tras la guerra contra la Triple Alianza (1864-1870). En enero 1866 el responsable de la escuela de Tobati presentaba a las autoridades la lista de 30 oriundos "leccionados en las flechas así como en arcos", de los cuales 23 aún tenían apellido indígena, inclusive su maestro, Andrés Arepocó (ANA, SH, 410.5).

III.-

La guerra que unió a Argentina, Brasil y Uruguay contra Paraguay dejó a esta última República casi en estado de extinción. La población total no llegaba a las 200.000 personas al concluir la contienda. La economía deshecha y políticamente el país permaneció ocupado hasta 1876. A fines de 1870 se aprobó una nueva Constitución Nacional siguiendo el modelo argentino de 1853.[8]

---

8. En 1876 se adoptó el Código Civil argentino como ley nacional del Paraguay, y en 1880 el Código Penal de la Provincia argentina de Buenos Aires.

De hecho, en el inciso 13 del artículo 72 se atribuye al Congreso la función de "Proveer la seguridad de las fronteras, conservar el trato pacífico con los indios y promover la conversión de ellos al cristianismo y a la civilización". Similar en todo al inciso 15 del artículo 67 de la Constitución argentina de 1853 con la diferencia que esta última llamaba a la conversión al catolicismo.

Para la Constitución paraguaya de 1870, ciudadanos eran todos los nacidos en territorio paraguayo (artículo 35.1), la esclavitud quedaba abolida (art. 25) y en artículo 26 se estipulaba que "La Nación Paraguaya no admite prerrogativas de sangre ni de nacimiento, no hay en ella fueros personales ni títulos de nobleza. Todos los habitantes son iguales ante la ley".

En el Paraguay siempre existieron dos grupos de indígenas, los que vivían en los Pueblos de Indios y los que no estaban sometidos al control estatal, 'los indios infieles' 'los guaycurúes' 'los indómitos chaqueños' y un sinnúmero de nombres que fueron recibiendo a lo largo de los siglos. Estos grupos también aparecerían en escena con la conclusión de la guerra.

Nuevos grupos irían siendo contactados y sometidos. Una comunidad guayaná que vivía en el Alto Paraná mereció un decreto especial del 27 de junio de 1871 por el cual se los declaraba también "ciudadanos de la República con todas las prerrogativas inherentes a ese derecho" (art. 2). Lo interesante de este decreto es que fue pensado para lidiar con todas "las tribus que viven errantes en los montes del territorio de la República" y aplica el mismo esquema que el decreto de 1848: se les provee de herramientas para el trabajo (art. 4), se ordena la construcción de la escuela y de un oratorio "a fin de persuadirlos mejor y atraerles por este medio al camino de la civilización". Incluso se establece en su artículo 13 que, tras leerse y explicarse el decreto, los indígenas "prestarán juramento de obediencia al gobierno de la Nación, haciéndolo por Dios y una señal de la Cruz, puesto que lo reconocen y adoran" (Velázquez Seiferheld, 2005: 22-24).[9]

En estos primeros años posbélicos no siempre los indígenas eran así considerados, sino por lo general entraban en el genérico nombre de "salvajes" como en la Ley del 10 de julio de 1879 en donde se propiciaba el poblamiento y desarrollo del Chaco.

El tema central, ciertamente, en esas décadas era la posesión de la tierra. Hasta la guerra era el Estado el dueño de la mayoría de las tierras del Paraguay y tras la contienda esta tierra fiscal era el único activo que el Estado poseía para hacerse de recursos.[10]

---

9. El texto íntegro del decreto en el *Registro Oficial de la República del Paraguay, 1869-1875*, Asunción: Imprenta del Estado, pp. 204-206.
10. En 1871 y 1872 se consiguieron sendos préstamos de capitales ingleses, pero de estos préstamos de tres millones de libras sólo llegaron quinientas mil. Esta deuda permanecerá impaga por décadas e hizo

Si bien ya desde 1871 se cuentan con leyes de ventas de tierra, fueron las de 1883 y 1885 las que pusieron en venta todo el territorio nacional, con la población indígena dentro de ellas. Grandes capitales internacionales (ingleses, estadounidense, brasileños y argentinos) se hicieron con la mayoría de las tierras hábiles generándose enormes latifundios dedicados a la explotación de la yerba mate, la madera o el tanino (Kleinpenning, 2014). Los ejemplos más claros fueron La Industrial Paraguaya, con 2.647.717 hectáreas, en la Región Oriental, y la empresa Carlos Casado con 3.150.000 hectáreas en la Región Occidental.

Las poblaciones indígenas que quedaban dentro de estas propiedades pasaron a formar parte de la mano de obra de dichas explotaciones. Una mano de obra ciertamente discriminada: mientras que a un operario se le pagaban entre 400 y 600 pesos mensuales, a un indígena sólo 100 (Herken Krauer, 1984: 54).[11]

Esta inmersión del indígena en la economía capitalista vino acompañada también de la presencia de las iglesias cristianas. La misión anglicana se instaló en el Chaco a fines de la década del 80 del siglo XIX y ya en 1892 el reverendo Barbrooke Grubb fue nombrado Comisario General y Pacificador de las Tribus Indígenas del Chaco (decreto del 2 de marzo de 1892).

Este mismo misionero, realizando una evaluación de su accionar en la región, señalaba que

> only ten years ago it would have been impossible for anyone to establish an *estancia* (cattle-ranch) in the interior (…) Through the direct instrumentality of the Mission a large English Company, with its headquarters in London, has now been established at a point more than ten leagues in the interior, where they possess 250.000 acres of land, and employ Indians, together with Paraguayans, as cowboys, and in fencing and transport work (…) When I arrived in the country, trade with the Indians was practically non-existent; but at the present time, directly and indirectly, it has attained to very large dimensions (…) the Indians employed by Europeans spend their wages in the purchase of imported goods (…) and most of them bear English trade-marks" (Grubb, 1914: 293-295).

Por su parte la Iglesia católica, por medio de los salesianos, para esa misma época también se internó en el Chaco, pero no fue sino hasta la década del 20 que se iniciaron las misiones. En la Región Oriental (del Río Paraguay al

---

que el recurso a los préstamos estuviera vedado para el Paraguay por parte de los prestamistas europeos (Kleinpenning, 2014).

11. Milda Rivarola señala que a fines del siglo XIX indígenas Sanapaná trabajaban en obrajes del Chaco y que los Lenguas lo hacían en las estancias del norte. En los yerbales lo hacían fundamentalmente los Cainguás (Rivarola, 2010: 86-87); esta realidad laboral estará acompañada por la violencia y la represión (Cfr. Susnik y Chase-Sardi, 1996: 250-252).

este) se estableció en 1910 una misión de la congregación Verbo Divino en el Alto Paraná trabajando con grupos guaraníes, pero sólo permaneció hasta 1925 (Susnik-Chase Sardi, 1996).

El Estado intentará darle una reglamentación a esta nueva realidad y en el artículo 31 de la Ley de Colonización y del Hogar de 1904 estableció "El P.E. fomentará la reducción de las tribus indígenas, procurando su establecimiento por medio de misiones y suministrando las tierras y elementos de trabajos".

Pero será en 1909 que se sancione la Ley que "autoriza al Poder Ejecutivo a tomar las medidas conducentes a la conversión de indios al cristianismo y a la civilización". Lo más importante de esta nueva ley es que autoriza no solo a grupos religiosos, sino también a otras personas o sociedades el emprender este tipo de reducciones. Es más, si el límite máximo de una reducción eran las 7.500 hectáreas, una cuarta parte de la misma podría ser destinada a quien estuviese a cargo de la misma.

Reducciones religiosas o civiles fueron la continuidad de las políticas que se venían aplicando desde la época colonial. Para dejarlo más claro aún, en 1936 el Estado creó por decreto el Patronato Nacional de los Indígenas y el Patronato Militar de los Indígenas del Chaco, que se encargaría de "organizar y proteger a las tribus".

Este Patronato nunca entró en vigor por cuestiones políticas, golpes de estados y cambios de gobiernos, pero inaugura una característica que se convertiría en una constante: los temas indígenas caían bajo la órbita del Ministerio de Defensa, era una cuestión de Seguridad Nacional.

La Guerra del Chaco entre Paraguay y Bolivia (1932-1935) afectó sin lugar a duda el diario vivir de las poblaciones indígenas, especialmente las que vivían en el Chaco, escenario de la contienda, pero también a las de la Región Oriental, quienes fueron obligados a suplir la mano de obra destinada a la guerra, fundamentalmente en los yerbales.

Si bien los territorios fueron vendidos a fines del siglo XIX conformándose grandes latifundios, con el correr de las décadas estos comenzaron a dividirse y nuevos propietarios se fueron encontrando con los grupos indígenas que desde siglos poblaban esas tierras. Los nuevos dueños, sin miramiento alguno, comenzaron una cacería de indígenas, especialmente del pueblo aché. El Estado intentó, a través de circulares y decretos, poner fin a la matanza pero sin mucho éxito concreto. El genocidio aché se continuó durante las siguientes décadas (Susnik y Chase Sardi, 1996: 275-280).

Finalmente, en 1958 se creó el Departamento de Asuntos Indígenas, también dependiente el Ministerio de Defensa, quien en sintonía con los procesos que se venían dando en el continente, organizó al año siguiente de su creación el Primer Congreso Indigenista Nacional. Allí se realizaron una serie de recomendaciones a todo nivel pero siempre con la idea de fondo de integrar al indígena a la sociedad.

Este ideal integracionista se vio reflejado también en 1963 cuando se crea el Instituto de Bienestar Rural. En su reglamentación se establece, en el artículo 16, que "los núcleos sobrevivientes de las parcialidades indígenas que aún existen en el país serán asistidos por el IBR para su organización en colonias (…) y colaborará (…) para promover la progresiva incorporación de dichos núcleos al desarrollo económico y social del país". Este concepto de "núcleo sobreviviente" se fundamenta en la ideología que se inició tras la guerra contra la Triple Alianza donde se sostenía que el Paraguay estaba conformado por una raza mestiza (mestizaje que se dio en el siglo XVI) y que los grupos indígenas que aún existían estaban llamados a desaparecer (Telesca, 2017b).

Al celebrarse el centenario de la independencia en 1911, Arsenio López Decoud reunió a los intelectuales más importantes del Paraguay para elaborar un Álbum Gráfico del centenario. Refiriéndose a la población paraguaya señalaba que era "homogénea, predominando en absoluto la raza blanca. En 30.000 puede calcularse el número de indios que en estado salvaje habitan el centro del Chaco. En la Región Oriental son hoy objeto de curiosidad, así como los negros" (López Decoud, 1911: 83).

A pesar de la represión reinante durante la dictadura de Alfredo Stroessner (1954-1989) y de la deportación y exilio de antropólogos extranjeros e intelectuales, un grupo de ONGs indigenistas con las iglesias cristianas y la Universidad Católica lograron instalar el tema indígena dentro de la agenda gubernamental.

En 1975 se reemplaza el Departamento de Asuntos Indígenas por el Instituto Nacional del Indígena (INDI). Si bien sigue estando bajo la órbita del Ministerio de Defensa, se estableció un Consejo con representantes de los demás ministerios. Como una de sus funciones, tenía la autoridad de supervisar todo lo que se hiciera, a nivel oficial y privado, respecto al tema indígena. En cierta medida fue un control sobre las organizaciones indigenistas y las iglesias, pero al mismo tiempo facilitó la oportunidad de pensar todos juntos la necesidad de legislar sobre el régimen jurídico de las comunidades indígenas. De esa manera, en 1981, se logra sancionar la Ley 904 "Estatuto de las Comunidades Indígenas".

Esta ley significó un gran avance para garantizar los derechos de las comunidades, como el reconocimiento del derecho consuetudinario indígena. Además se reconocían a los líderes y se les otorgaba personería jurídica. De lo que carecía la ley era de un reglamento específico para aplicar en caso de incumplimiento, especialmente en lo referente a la tierra. Es decir, qué pasaba si se reconocía el territorio ancestral de la comunidad, pero el dueño no quería vender su tierra. Este tipo de casos se multiplicaron con el correr de los años.

La ley creó el Instituto Paraguayo del Indígena, aunque preservó la anterior sigla de INDI. Este nuevo Instituto sería una entidad autárquica en cuanto a lo económico pero su vínculo con el Poder Ejecutivo seguía siendo el Ministerio de Defensa hasta el año 1996 en que fue reemplazado por el Ministerio de Educación.

Estaba dirigido por un Consejo presidido por un representante del Ministerio en cuestión, hasta el 2003 en que la dirección y administración corre a cargo de un presidente elegido por el Poder Ejecutivo, durando cinco años en el puesto con la posibilidad de re-elección.

La caída de la dictadura de Alfredo Stroessner en febrero de 1989 más el contexto que se vivía en la región hizo que el Paraguay rápidamente comenzara a ratificar los tratados internacionales referidos a los Derechos Humanos y en 1993 se ratificó el convenio 169 de la OIT sobre "Pueblos Indígenas y Tribales en Países independientes".

Sin embargo, lo más importante se produjo con la nueva constitución promulgada en 1992. Allí se dedicó un capítulo, el V que consta de seis artículos (del 62 al 67), al tema de los pueblos indígenas. Parte del concepto de pueblos indígenas como "grupos de culturas anteriores a la formación constitución del Estado paraguayo". Luego, se les da rango constitucional a derechos que ya aparecían en la Ley 904/81 como la aplicación del derecho consuetudinario. También se garantizaba el derecho a la identidad cultural, al hábitat, a la educación propia, a la propiedad comunitaria, etc.

A nivel de legislación, se puede concluir con Velázquez Seiferheld cuando afirma que

> Con la promulgación de la Constitución Nacional y con la ratificación del Convenio 169 se cuenta con un sistema completo de garantías de protección de los derechos de los pueblos indígenas. Si a ello se suma la legislación vigente en áreas conexas, se podría considerar a este sistema como el más completo en su género, en América Latina (Velázquez Seiferheld, 2003: 85).

No significa, claro está, que en la práctica las comunidades vean respetados sus derechos. En absoluto. Los informes que anualmente presenta la Coordinadora de Derechos Humanos del Paraguay atestiguan la sistemática y constante violación a los derechos de los Pueblos Indígenas, fundamentalmente en el reconocimiento de sus tierras, generándose desalojos violentos de las comunidades con incendios de sus lugares de oración y escuelas, entre otros atropellos.

La población indígena de acuerdo al último censo representa el 2% de la población y forman parte del sector más empobrecido de la población. Por otro lado, la percepción del indígena por parte del resto de la población estaba (y está) teñida por un racismo evidente (Schvartzman, 1983).

IV.-

Si bien a nivel historiográfico no siempre es sencillo poner sobre la mesa la agencia indígena y su protagonismo, salvo recurriendo a expedientes judiciales o leyendo a contrapelo las fuentes, en el siglo XX la situación es –tendría que ser– diferente. Sin embargo, se sigue asumiendo por lo general a la población indígena como un elemento pasivo receptor, o no, de las políticas provenientes del Estado nacional. Se suelen describir y denunciar las características asimilacionistas o integracionistas de las mismas, pero siempre nuestra mirada está puesta junto al Estado o a la que se denomina la "sociedad nacional" (ese constructo hecho hegemónico por los diferentes Estados). De hecho, nos referimos constantemente a "los pueblos/comunidades indígenas" como un colectivo único y cerrado dejando de lado no sólo las diferencias entre pueblo y pueblo sino también entre comunidad y comunidad.

La historiografía paraguaya está aún transida por el concepto de "nación" como categoría clave de comprensión, por lo que las poblaciones indígenas del pasado y del presente son un dato anecdótico. En Paraguay no existe la carrera de grado en Antropología, sólo la Universidad Católica ofrece la maestría en Antropología Social, pero sólo tres cohortes se han abierto hasta el momento (año 2017). Las ONGs (incluyendo a las iglesias cristianas) vienen desarrollando desde hace medio siglo un trabajo de acompañamiento y defensa de los derechos de las comunidades. Muchas de estas organizaciones dieron el paso al costado para dejar que sean las mismas comunidades quienes se organizasen y plantearan sus propias políticas a defender. Es un proceso arduo, donde otros intereses se hacen protagonistas también, como los partidos políticos o ciertos grupos religiosos. Es muy difícil a esta altura generalizar y van apareciendo líderes que pretenden asumir los intereses del colectivo indígena, como por ejemplo un candidato para el Senado en las elecciones del 2018 quien formó un partido indígena.

Autores como Branislava Susnik, Leon Cadogan, Miguel Chase-Sardi, Bartomeu Melià, Marilin Rehnfeldt, entro otros, han aportado (los dos últimos continúan aportando) una mirada nueva al abordar el tema indígena. Quizá lo más renovador fue el dar la palabra a los indígenas, escucharla.

En los últimos años han aparecido trabajos históricos, antropológicos y lingüísticos que se des-centran de los abordajes tradicionales. En primer lugar se puede destacar la obra colectiva de Luc Capdevila, Isabelle Combès, Nicolás Richard y Pablo Barbosa, *Los hombres transparentes. Indígenas y militares en la guerra del Chaco (1932-1935)*. La obra fue publicada en el año 2010 tanto en francés como en castellano.

Dentro del contexto historiográfico tradicional, tanto en Paraguay como en Bolivia, la guerra del Chaco se abordó como un conflicto inter-estatal por un territorio desértico. Los indígenas formaban parte del decorado de este desierto. Los autores pretenden invertir el ángulo de la mirada y centrarse en los que sí habitaban la región del Chaco y cómo se vieron afectados por la guerra. Y no sólo por la contienda bélica sino por lo que vino después de la guerra, con la colonización.[12]

Igualmente, antes que la guerra militar comenzase, ya en otros ámbitos se disputaban el territorio sin tener en cuenta a las poblaciones que allí vivían. Vimos cómo con las leyes de venta de tierra fiscal de fines del siglo XIX gran parte del territorio lindero al río Paraguay fue comprado por la empresa Carlos Casado, pero hacia la década del 20 del siglo siguiente el Estado paraguayo inició un proceso de colonización y migración con las comunidades menonitas dándoles tierras, más una serie de prerrogativas, para que se instalasen en el corazón del Chaco. De igual modo, el Estado boliviano había conseguido que desde el Vaticano se enviase también a esa misma región del Chaco y por esos mismos años a la orden religiosa católica Oblatos de María Inmaculada. Ambas instituciones aún permanecen.

Un paso más en este camino de recuperar el protagonismo indígena es el grupo de trabajo *Nengvaanemkeskama Nempayvaam Enlhet*.[13] Desde hace más de quince años este grupo de trabajo viene recopilando los relatos de las y los ancianos con la intención primero de recuperar la memoria y segundo de compartirla con la comunidad. Para esto último se valieron de la radio Pa'i Puku (720 AM) que tiene alcance regional. Este primer compartir hizo que más personas estuvieran interesadas en relatar sus memorias y de esa manera se formó un banco de datos muy rico en donde los más diversos temas son tratados y vueltos a tratar. Proyectos audiovisuales se fueron llevando a cabo y de recuperación de la memoria no sólo para las comunidades indígenas sino para la región también. En el año 2012 se inauguró en Neuland, una comunidad menonita, una serie de carteles en donde se indicaban los lugares tradicionales de la comunidad Enlhet de Campo Largo.

El tema más espinoso fue al momento de poner por escrito estos testimonios. La experiencia de la oralidad había señalado que la misma persona podía relatar una y otra vez la misma memoria y en cada oportunidad ir añadiendo o sacando especificidades. La escritura atrapa a la palabra y la encarcela. Al

---

12. Ver también en esta misma línea Richard (2008).
13. "*Nengvaanemkeskama Nempayvaam Enlhet*, 'Hacer crecer nuestro idioma enlhet', es un grupo de trabajo nacido en una comunidad enlhet del Chaco Central Paraguayo. Trabajan en él miembros de los pueblos enlhet y toba, de forma independiente y a nivel comunitario. *Nengvaanemkeskama Nempayvaam Enlhet* forma parte de los procesos de revalorización y asunción de lo propio entre los pueblos de la nación enlhet-enenlhet –enlhet, enxet, enenlhet-toba, sanapaná, angaité, guaná– en cuanto ha surgido de y aporta a los mismos. Encara el refortalecimiento étnico, lingüístico, cultural de estos pueblos a partir de las dinámicas propias a las mismas comunidades" (https://www.enlhet.org/nne.html).

mismo tiempo, el formato libro no tiene mucho sentido para las comunidades, y hasta el momento todo fue pensado no para fuera de las comunidades sino para ellas mismas.

No era la intención grabar relatos para la "sociedad nacional" sino para fortalecer a la misma comunidad.

Dejando de lado todo lo relacionado con la traducción, un tema arduo en sí mismo, la principal dificultad se presentaba a la hora de realizar un abordaje historiográfico de los relatos. ¿Cómo hacerlo? ¿Cómo no pasar la aplanadora de una historiografía "occidental", de un tiempo lineal y de "hechos comprobables"? ¿Cómo trabajar los conceptos de verdad, de memoria, de historia? ¿Una memoria o memoria polifónica?

Una primera versión acaba de aparecer en alemán (Kalisch y Unruh, 2014) y la traducción en castellano está en marcha. En esta obra se aborda las consecuencias en las comunidades enlhet de la aparición de la menonitas. En la reciente obra ¡No llores! (Kalisch y Unruh, 2018) los relatos se centran en la guerra del Chaco (1932-1935), una guerra colonial dentro de otra internacional pero narrada por los mismos enlhet.

Los editores seleccionaron de los relatos orales lo referente a la guerra y los fueron ordenando también cronológicamente en cinco momentos y un paréntesis para abordar la epidemia de viruela en 1933 que diezmó a las comunidades.[14]

El terror y el horror aparecen en las memorias: despojo, matanza, violaciones. Las mismas situaciones que se experimentaron en la conquista durante el siglo XVI. A 400 años de distancia las experiencias traumáticas se repetían, se volvían a vivir. El Chaco también se conquistó sobre las poblaciones indígenas que lo habitaban.

Esta obra nos cuenta una historia desde abajo y desde fuera del Estado-Nación. Es la historia de la ocupación y del dominio del país de los enlhet, "las voces de los dueños originarios de la región" (Kalisch y Unruh, 2018: 7).

Este tipo de trabajos no sólo son necesarios, sino imprescindibles por muchos factores. Por un lado, para darle el protagonismo a cada una de las comunidades, pero también para poner en jaque los relatos hegemónicos que provienen del Estado y se hacen carne en el sistema educativo: tanto a nivel de hechos como de manera de narrar lo pasado.

Pero por detrás de estas experiencias hay muchos años de trabajo. La tentación de los de fuera de las comunidades es ir, grabar/filmar, mostrar. Un abordaje etnográfico tradicional sólo utilizando medios modernos, sin muchos cuestionamientos ni metodológicos ni éticos.

---

14. 1.- Los exploradores; 2.- En los fortines; 3.- fuera de los fortines; Un paréntesis: la epidemia de viruela; 4.- La violencia desenfrenada; 5.- Reacciones.

El debate sobre el protagonismo propio (Kalisch, 2000) está en plena vigencia con los límites que dicho protagonismo, y mismo la Constitución Nacional, plantea: ¿cuál es el último significado de asumir que son pueblos con una existencia anterior "a la formación y organización del Estado paraguayo"? ¿Cuáles son los límites del protagonismo indígena en un mundo globalizado, neoliberal y democrático como forma de gobierno?

Una respuesta a estas preguntas la dio Carlos Antonio López en 1848: la supresión de todo lo tenido como indígena, subsumido en la "ciudadanía paraguaya". Una actitud hoy en día defendida por gran parte de la sociedad, integracionista/asimilacionista.

Por otro lado, si se cumplen a rajatabla las leyes, todo el Paraguay volvería a manos indígenas. No hay dudas que todo el territorio nacional era territorio indígena, de uno u otro pueblo. El límite lo han de poner los intereses económicos tanto del Estado como de los dueños de la tierra; una especie de "hasta aquí llegamos".

Los lugares intermedios son múltiples, pero es necesario mucha claridad hacia dónde caminar, de las comunidades indígenas, de los que piensan el tema indígena y no son indígenas, y del resto de la sociedad.

Fuentes citadas

Archivo Nacional de Asunción (ANA)
    Sección Historia (SH)
    Nueva Encuadernación (NE)
    Sección Civil y Judicial (SCJ)
    Colección Rio Branco (CRB)

Periódicos
Repertorio Nacional
El Paraguayo Independiente (EPI)

Bibliografía citada

Areces, N. (2014). De la independencia a la Guerra de la Triple Alianza (1811-1870). En I. Telesca (Coord.), *Historia del Paraguay* (pp. 149-198). Asunción: Taurus. (4ta edición).

Boidin, C. (2011). *Guerre et métissage au Paraguay: 2001-1767*. Rennes: Presses Universitaires de Rennes.

Cadogan, L. (2005). *Mil apellidos guaraníes. Aporte para el estudio de la onomástica paraguaya*. Asunción: Tiempo de Historia.

Capdevila, L., Combès, I., Richard, N. y Barbosa, P. (2010). *Los hombres transparentes. Indígenas y militares en la guerra del Chaco (1932-1935)*. Cochabamba: Instituto latinoamericano de Misionología.
Cartas de Indias. (1877). Madrid: Manuel G. Hernández.
Creydt, O. (2007). *Formación histórica de la nación paraguaya*. Asunción: Servilibro.
Flórez Bolívar, R. A. (2009). Indígenas y ciudadanía: el problema de los resguardos en el Estado Soberano de Bolívar, 1863-1875. *Historia y Sociedad, 16*, 49-73.
Garavaglia, J. C. (1983). *Mercado interno y economía colonial*. México: Grijalbo.
Grubb, W. B. (1914). *An unknown people in an unknown land: an account of the life and customs of the Lengua Indians of the Paraguayan Chaco*. London: Seeley (4th Edition).
Herken Krauer, J. C. (1984). *El Paraguay rural entre 1869 y 1913: contribución a la historia económica regional del Plata*. Asunción: Centro Paraguayo de Estudios Sociológicos.
Kalisch, H. (2000). *Hacia el Protagonismo Propio. Base Conceptual sobre Relacionamiento con Comunidades Indígenas*. Ya'alve-Saanga: Nengvaanemquescama Nempayvaam Enlhet.
Kalisch, H. y Unruh, E. (Eds.) (2014). *Wie schön ist deine Stimme. Berichte der Enlhet in Paraguay zu ihrer Geschichte*. Münster: Verlagshaus Monsenstein und Vannerdat.
Kalisch, H. y Unruh, E. (Eds.) (2018). *¡No llores! La historia enlhet de la guerra del Chaco*. Asunción & Ya'alve-Sanga: Centro de Artes Visuales/Museo del Barro, Nengaanemkeskama Nempayvaam Enlhet & Sevilibro.
Kegler de Galeano, A. (1976). Alcance histórico-geográfico del censo de 1846. *Revista paraguaya de sociología, 35*, 71-121.
Kleinpenning, J. (2014). *Paraguay rural, 1870-1963: una geografía del progreso, el pillaje y la pobreza*. Asunción: Tiempo de Historia.
López Decoud, A. (Ed.) (1911). *Álbum gráfico de la República del Paraguay, 1811-1911*. Buenos Aires: Talleres Gráficos de la Compañía General de Fósforos.
Maeder, E. (1974). Un desconocido pueblo de desertores guaraníes en el Iberá, 1736. *Folia Histórica del Nordeste, 1*, 101-107.
Maeder, E. (1975). La población del Paraguay en 1799. El censo del gobernador Lázaro de Ribera. *Estudios paraguayos, 3*(1), 63-86.
Maeder, E. (2014). *El legado jesuítico. Misiones del Paraguay. Conflictos y disolución de la sociedad guaraní*. Resistencia: Contexto.
Méndez, C. (2014). *La república plebeya: Huanta y la formación del Estado peruano, 1820-1850*. Lima: Instituto de Estudios Peruanos.
Moussy, M. de (1857). *Memoria histórica sobre la decadencia y ruina de las Misiones Jesuíticas en el Rio de la Plata*. Paraná: Imprenta del Nacional Argentina.
Pastore, C. (2008). *La lucha por la tierra en el Paraguay*. Asunción: Intercontinental.
Potthast, B. (1996). *¿"Paraíso de Mahoma" o País de las mujeres"? el rol de la familia en la sociedad paraguaya del siglo XIX*. Asunción: Instituto Cultural Paraguayo-Alemán.
Richard, N. (Comp.) (2008). *Mala guerra. Los indígenas en la guerra del Chaco (1932-35)*. Asunción-París: Museo del Barro, Servilibro, CoLibris.
Rivarola, M. (1994). *Vagos, pobres y soldados. La domesticación estatal del trabajo en el Paraguay del siglo XIX*. Asunción: Centro Paraguayo de Estudios Sociológicos.

Rivarola, M. (2010). *Obreros, utopías & revoluciones: formación de las clases trabajadoras en el Paraguay liberal, 1870-1931.* Asunción: Servilibro (2ᵈᵃ edición).

Salinas, M. L. (2012). La población indígena en Paraguay según encomienda y pueblos de indios. Segunda mitad del siglo XVIII. *Revista Paraguaya de Sociología, 141*, 31-51.

Schvartzman, M. (1983). El "Indio" y la sociedad: los prejuicios étnicos en el Paraguay. *Suplemento Antropológico, 18*(1), 179-243.

Susnik B. (1992). *Una visión socioantropológica del Paraguay del siglo* XIX. Asunción: Museo Etnográfico Andrés Barbero.

Susnik B. (1993). *Una visión socioantropológica del Paraguay del siglo* XVI – ½ XVII. Asunción: Museo Etnográfico Andrés Barbero.

Susnik, B. y Chase-Sardi, M. (1996). *Los indios del Paraguay.* Madrid: MAPFRE.

Telesca, I. (2009). *Tras los expulsos. Cambios demográficos y territoriales en el Paraguay después de la expulsión de los jesuitas.* Asunción: Centro de Estudios Antropológicos de la Universidad Católica.

Telesca, I. (Coord.) (2014). *Historia del Paraguay.* Asunción: Taurus (4ta edición).

Telesca, I. (2017a). Los estados de población en el "Diario de Aguirre". En Academia Paraguaya de la Historia, *Diario y observaciones de Juan Francisco Aguirre en el Paraguay, 1784-1796* (pp. 49-64). Asunción: Tiempo de Historia.

Telesca, I. (2017b). Re-construcción de la nación, reconstrucción de la identidad, reconstrucción del Estado: Paraguay tras la Guerra de la Triple Alianza. En K. Motzkau, V. Hose, A. Sáez-Arance (Eds.), *Identidades nacionales en América Latina: discursos, saberes, representaciones* (pp. 157-172). Stuttgart: Heinz.

Telesca, I. y Wilde, G. (2011). Antiguos actores de un nuevo régimen: indígenas y afrodescendientes en el Paraguay de la Independencia. *Journal de la Société des Américanistes, 97*(2), 175-200.

Velázquez, R. E. (1972). La población del Paraguay en 1682. *Revista paraguaya de sociología, 24*, 128-148.

Velázquez Seiferheld, D. (2003). *Digesto normativo sobre pueblos indígenas en el Paraguay. Historia de la legislación 1811-2003.* Asunción: Corte Suprema de Justicia.

Whigham, Th. (1995). Paraguay's *Pueblos de Indios*: Echoes of Missionary Past. En E. Langer and R. H. Jackson (Eds.), *The new Latin American Mission History* (pp. 157-188). Lincoln: University of Nebraska.

Williams, J. H. (1976). Observations on the Paraguayan Census of 1846. *The Hispanic American Historical Review, 56*(3), 424-437.

Williams, J. H. (1979). *Rise and fall of the Paraguayan Republic, 1800-1870.* Austin: Institute of Latin American Studies, The University of Texas.

Los autores

Rossana Barragán Romano es Doctora en Historia en la Escuela de Altos Estudios en Ciencias Sociales de Paris. Profesora de la carrera de Historia de la Universidad Mayor de San Andrés y del postgrado CIDES-UMSA hasta el año 2012. Fue directora de la revista *T'inkazos* del Programa de Investigaciones Estratégicas (PIEB) en Bolivia y Directora del Archivo de La Paz entre el 2005 y el 2010. Desde el 2011 trabaja en el Instituto de Historia Social (IISG) en Ámsterdam como investigadora. Su primera obra fue *Espacio Urbano y Dinámica Étnica* (1990) y ha publicado otros libros y varios artículos. Investigó temas de ciudadanía, indígenas y mujeres y la formación del Estado-Nación en Bolivia. Un artículo sobre el tema de las tierras fue "Los títulos de la Corona de España de los indígenas: para una historia de las representaciones políticas, presiones y negociaciones entre Cádiz y la República liberal", *Boletín Americanista* 65 (2012). Tiene un programa en la Radio Deseo denominado Trajines (https://trajineshistorias.blogspot.com/). Actualmente está enfocada en las dinámicas del trabajo en el período colonial y está escribiendo un libro sobre la minería en la ciudad de Potosí. Algunos artículos en esta línea son "Dynamics of Continuity and Change: Shifts in Labour Relations in the Potosí Mines (1680-1812)", *International Review of Social History* 61 (2016); "Working Silver for the World: Mining Labor and Popular Economy in Colonial Potosí", *Hispanic American Historical Review* 97 (2017).

Hugo Contreras Cruces es Doctor en Historia de Chile por la Universidad de Chile, y cuenta con un postdoctorado en la Université de Rennes 2, Haute Bretagne (Francia); Académico de la Escuela de Historia de la Universidad Academia de Humanismo Cristiano, donde coordina el Magíster en Historia de América Latina. Ha sido investigador responsable y coinvestigador en proyectos Fondecyt, centrando sus investigaciones en la historia de las comunidades indígenas coloniales de Chile Central; en la migración forzada y la esclavitud indígena en Chile (siglos XVI y XVII); y en las fuerzas militares fronterizas y de castas desde el siglo XVII y hasta el período de las independencias americanas. Entre sus publicaciones se destacan el libro *Oro, tierras e indios. Encomienda y servicio personal entre las comunidades indígenas de Chile central, 1541-1580* (Ediciones de la Universidad Academia de Humanismo Cristiano, 2017) y los artículos "Ser leales y parecer 'decentes'. Milicias de castas e inserción social de los afrodescendientes. Chile, 1675-1760", *Tiempo Histórico* 14 (2017); "Indios de tierra adentro en Chile central. Las modalidades de la migración forzosa y el desarraigo (fines del siglo XVI y comienzos del XVII)", en J. Valenzuela (Ed.) *América en Diásporas. Esclavitudes y migraciones forzadas en Chile y otras regiones americanas (siglos XVI-XIX)*, Pontificia Universidad Católica de Chile-Ril Editores (2017) y "Robos, juegos y borracheras de indios. Sociedad indígena y representaciones españolas tempranas en Chile central, 1540-1560", *Memoria Americana* 24-2 (2016).

Antonio Escobar Ohmstede es Profesor-investigador del Centro de Investigaciones y Estudios Superiores en Antropología Social (CIESAS). Secretario académico del Instituto de Investigaciones Históricas de la UNAM. Doctor en Historia por El Colegio de México. Ha escrito diversos artículos en revistas, libros y memorias de eventos sobre pueblos de indios y grupos de poder en las Huastecas, siglos XVIII al XX, así como en torno a la temática hídrica en el siglo XIX y primera mitad del XX. Actualmente desarrolla una investigación sobre recursos naturales en los Valles Centrales de Oaxaca (México) de la segunda mitad del siglo XIX a la primera del XX. Ha coordinado y co-coordinado diversos libros, entre los que destacan con R. Falcón, *Los ejes de la disputa. Movimientos sociales y actores colectivos en América Latina, siglo XIX* (2002); con R. Falcón y R. Buve, *La arquitectura histórica del poder. Naciones, nacionalismos y estados en América Latina. Siglos XVIII, XIX y XX* (2010); con M. Sánchez y A. M. Gutiérrez, *Agua y tierra en México, siglos XIX y XX* (2008), y con M. Butler, *Mexico in Transition: New Perspectives on Mexican Agrarian History, Nineteenth and Twentieth Centuries* (2013). Con I. de Jong, *Las poblaciones indígenas en la conformación de las naciones y los Estados en la América Latina decimonónica* (2016). Con R. Falcón y M. Sánchez Rodríguez, *La Desamortización civil desde perspectivas plurales* (2017).

Diego Escolar es Doctor en antropología por la Universidad de Buenos Aires. Se desempaña como investigador del CONICET y docente titular en la Universidad Nacional de Cuyo en Mendoza. Realizó estudios postdoctorales en historia en la Universidad de California, Berkeley. Fue docente en la Universidad de Buenos Aires y profesor invitado en diversas universidades: la de Chile, del Cauca, de Córdoba, de Santiago del Estero, Indiana, California Berkeley. Recientemente se desempeñó en el Institute des Hautes Etudes de L´Amerique Latine, Université de La Sorbonne, París III (2015) y la Chaire des Amériques del Institut des Amériques, de la Université de Rennes2 (2017). Sus trabajos abordaron la frontera Argentino-Chilena, los procesos de etnogénesis y emergencia huarpe, la historia política y ambiental huarpe y mapuche republicana y la Gendarmería Nacional Argentina. Entre sus publicaciones destacan *Los dones étnicos de la nación. Identi-*

dades huarpe y modos de producción de soberanía en Argentina (Prometeo, 2007), *Gendarmería, los límites de la obediencia* (SB, 2017) y, en coedición, E*n el país del nomeacuerdo. Archivos y memorias del genocidio del Estado argentino sobre los pueblos originarios 1870-1950* (Universidad Nacional de Río Negro, 2018). De 2011 y 2017 fundó y dirigió la revista *Corpus. Archivos virtuales de la alteridad americana*, de la que actualmente es editor.

Judith Farberman es Doctora en Historia por la Scuola Superiore di Studi Storici de San Marino. Docente en la Universidad Nacional de Quilmes y en la Facultad de Filosofía y Letras de la Universidad de Buenos Aires. Es asimismo Investigadora Independiente del Consejo Nacional de Investigaciones Científicas y Técnicas (CONICET). Ha transitado por diferentes temas de investigación –la hechicería, la conformación de pueblos de indios, los derechos de propiedad– vinculados a la historia indígena y colonial de Santiago del Estero y de Los Llanos de La Rioja. En los últimos años se ocupa en colaboración con Constanza Taboada y Roxana Boixadós del desarrollo de proyectos interdisciplinarios que involucran a la arqueología y la antropología. Entre sus publicaciones se destacan los libros *Las salamancas de Lorenza. Magia, hechicería y curanderismo en el Tucumán* colonial (Siglo XXI, 1995), *Magia, brujería y cultura popular. De la colonia al Siglo XX* (Sudamericana, 2011) y el volumen de próxima aparición *El país indiviso. Tierra, mestizaje y campesinado en Los Llanos de La Rioja* (Prometeo).

Guillermina Espósito es Doctora en Ciencias Antropológicas por la Universidad Nacional de Córdoba, Argentina. Profesora Titular Regular de grado y de posgrado en dicha Universidad, e Investigadora del Consejo Nacional de Investigaciones Científicas y Técnicas de Argentina (CONICET). Desarrolla sus investigaciones sobre políticas indígenas, memorias y procesos históricos de etnogénesis en las tierras altas de los Andes, en la provincia de Jujuy. Entre sus publicaciones se destaca el libro *La polis colla. Tierras, comunidades y política en la Quebrada de Humahuaca, Jujuy, Argentina* (Prometeo, 2017). En la actualidad se desempeña además como Jefa Redactora en la Revista de Open Access: *Corpus. Archivos virtuales de la alteridad americana*.

Milton Godoy Orellana es Doctor en Historia por la Universidad de Chile. Realizó un Postdoctorado en el Centre de Recherche Historiques de l'Ouest (CNRS - UMR 6258). Es Investigador adjunto en la Universidad de Tarapacá y docente en la Universidad Academia de Humanismo Cristiano. Desde el año 2010 es Editor Responsable de la *Revista Tiempo Histórico* y ha publicado como co-autor (en los últimos cuatro años) *Antología del pensamiento crítico chileno contemporáneo* (Buenos Aires, 2015); *El orden fabril. Paternalismo industrial en la minería* *chilena, 1900-1940* (Santiago, 2016) y como autor *Mundo minero y sociabilidad popular. Norte Chico, 1780-1900* (Santiago, 2017); *La puerta del desierto. Estado y región en Chile. Taltal, 1850-1900* (Santiago, 2018); además de un conjunto de artículos editados en revistas de corriente principal, tanto nacionales como extranjeras. Sus investigaciones se centran en historia social regional y de las relaciones entre Chile-Perú durante el siglo XIX. Actualmente es investigador responsable del proyecto Fondecyt N° 1170738 (2017-2019) e investigador del Proyecto *Laboratoire International Associé LIA Mines Atacama* (CNRS, 2015-2019). Ha sido Profesor Invitado en la Chaire des Amériques del Institut des Amériques, en la Université de Rennes2 (2013) y en el Institute des Hautes Etudes de L´Amerique Latine, Université de La Sorbonne, París III (2015), institución en la que además ha sido investigador invitado (2016-2017).

Ana María Lema Garrett es historiadora, con doctorado en la Escuela de Altos Estudios en Ciencias Sociales (París) y maestría en investigación para el desarrollo en la UPIEB (La Paz). Se ha desempeñado como docente en varias universidades bolivianas y como consultora en edición y en investigación. Ha sido jefe del Museo Nacional de Etnografía y Folklore Regional Sucre (2009-2011) y directora del Archivo y Biblioteca Nacionales de Bolivia (2012). Realiza investigaciones sobre historias de mujeres, historias de poblaciones indígenas de tierras bajas e historia de la frontera Bolivia-Brasil. Entre sus publicaciones recientes, se encuentran los libros: *Expresiones patriarcales en la participación política de las mujeres en Sucre* (Sucre: Centro Juana Azurduy, 2013); *Historias de mujeres. Mujeres, familias, historias* (comp.) (Santa Cruz de la Sierra: El País-FCBCB-MUSEF, 2011); *Hombre público y misterioso: Facundo Infante en Bolivia, 1826-1828 y algo más* (Santa Cruz de la Sierra: CEPAD, 2011); *El sentido del silencio. La mano de obra chiquitana en el Oriente boliviano a principios del siglo XX* (Santa Cruz de la Sierra: El País-UPIEB, 2009), así como varios artículos en revistas bolivianas y extranjeras, en libros colectivos como *Bolivia, su historia. Tomo IV: Los cien primeros años, 1825-1925* (La Paz: Coordinadora de Historia) y en publicaciones de la Biblioteca del Bicentenario de Bolivia.

Lorena B. Rodríguez es Doctora en Ciencias Antropológicas por la Universidad de Buenos Aires (UBA), Docente en dicha casa de estudios e Investigadora del Consejo Nacional de Investigaciones Científicas y Técnicas (CONICET). En los últimos años, desde la perspectiva de la Antropología Histórica, se ha centrado en el estudio de distintas temáticas referidas a pueblos indígenas (disputas territoriales, rol de autoridades étnicas, memoria y reconfiguración de identidades) en la transición de la colonia a la república, principalmente en el ámbito de la provincia de Tucumán. Más recientemente ha continuado analizando las transformaciones del siglo XIX, enfocándose en el análisis del "problema" de las tierras indivisas y el rol de algunos proyectos mineros como parte del impulso modernizador de la época. Entre sus publicaciones se destacan el libro *Después de las desnaturalizaciones* (Antropofagia, 2008) y la compilación *Resistencias, conflictos y negociaciones. El valle Calchaquí desde el período prehispánico hasta la actualidad* (Prohistoria, 2011). Actualmente también se desempeña como Editora Asociada de la revista *Memoria Americana, Cuadernos de Etnohistoria*, publicación de la Facultad de Filosofía y Letras (UBA).

María Laura Salinas es Doctora en Historia por la Universidad Pablo de Olavide de Sevilla (España, 2007). Máster en Historia de América por la Universidad Internacional de Andalucía (España, 2004). Licenciada y Profesora en Historia (1995) de la Facultad de Humanidades de la Universidad Nacional del Nordeste (UNNE). Se desempeña actualmente como investigadora Independiente de CONICET. Es profesora Adjunta a cargo en la cátedra Historia de América Colonial (Carrera de Historia, Facultad de Humanidades, UNNE). Es directora del Núcleo de Estudios Históricos Coloniales, con sede en el IIGHI (CONICET). Es Vice-directora de la UE IIGHI- CONICET-UNNE. Es editora de la revista *Folia Histórica del Nordeste*. Sus temas de investigación se orientan al estudio de la problemática indígena en los siglos XVII-XVIII, en la región Nordeste de la actual Argentina. Entre sus obras: *Dominación Colonial y trabajo indígena. Un estudio de la encomienda en Corrientes Colonial* (2010). *Los grupos subalternos en el Nordeste del Virreinato del Río de la Plata* (2015). *Joaquín Camaño y otras fuentes jesuíticas del siglo XVIII* (2016). *La visita del oidor Andrés Garabito de León a Corrientes y Santa Fe (1650-1653)* (2018).

Ignacio Telesca estudió historia en la Universidad de Oxford donde obtuvo el BA y el MA in Modern History. Realizó su doctorado en historia en la Universidad Torcuato di Tella y entre los años 2010 y 2012 realizó estudios posdoctorales en la Universidad de Colonia en Alemania como Fellow de la Fundación Alexander von Humboldt. Es investigador del Consejo Nacional de Investigaciones Científicas y Técnicas (CONICET) y docente en la Universidad Nacional de Formosa donde es profesor titular de América Colonial y de Historia del Paraguay. Su área de estudio es la historia social del Paraguay en los siglos XVIII y XIX y actualmente se encuentra abocado al estudio de la relación Estado-tierra-población en las décadas previas a la guerra contra la Triple Alianza. En este sentido, la supresión de los Pueblos de Indios en 1848 es una de las puertas de entradas posibles a dicho estudio. Entre sus publicaciones podemos destacar *Tras los expulsos. Cambios demográficos y territoriales en el Paraguay después de la expulsión de los jesuitas* (CEADUC, Asunción, 2009) y fue coordinador de la obra *Historia del Paraguay* (Taurus, Asunción, 2010 y varias ediciones).

Sonia Tell es Doctora en Historia por la Universidad Nacional del Centro de la Provincia de Buenos Aires (UNICEN), Docente de Historia de América I en la Universidad Nacional de Córdoba e Investigadora del Consejo Nacional de Investigaciones Científicas y Técnicas (CONICET). Se especializa en el estudio de sociedades indígenas y campesinas en período colonial y siglo XIX. Se ha dedicado al estudio de estructuras agrarias y conflictos territoriales, participación indígena y campesina en los mercados y, más recientemente, al gobierno y participación política de las comunidades indígenas de la provincia de Córdoba. Entre sus publicaciones se destacan el libro *Córdoba rural, una sociedad campesina (1750-1850)* (Prometeo Libros, 2008). Sus avances de investigación recientes sobre comunidades indígenas se sintetizan en dos artículos recientes: "Campos en común, campos contendidos. Apropiaciones de la comunidad en Córdoba (siglo XIX)", *Revista de Ciencias Sociales* 7(27) (2015) y "¿Una república de *indios puros*? Comunidad, autoctonía y legitimidad. Córdoba, Gobernación del Tucumán, siglo XVIII", de próxima aparición en *Memoria Americana, Cuadernos de Etnohistoria* 27(1) (2019).

Ana A. Teruel es Profesora y Licenciada en Historia por la Universidad Nacional de Jujuy, donde ejerce la docencia. Doctora en Historia por la Universidad Nacional de La Plata, Investigadora de CONICET y directora de la Unidad Ejecutora en Ciencias Sociales Regionales y Humanidades (UE-CISOR) de doble dependencia CONICET-Universidad Nacional de Jujuy, Argentina. Es autora de diversos artículos sobre historia socio-económica regional de los siglos XIX y XX, fronteras indígenas, estructuras agrarias y derechos de propiedad de la tierra. Entre sus libros se encuentran *Misiones, economía y sociedad en la frontera chaqueña del Noroeste argentino* (Universidad Nacional de Quilmes, 2005) y la dirección de obras conjuntas: *Problemas nacionales en escalas locales. Instituciones, actores y prácticas de la modernidad en Jujuy,* (Prohistoria, Rosario, 2010) y *Jujuy en la Historia. De la Colonia al siglo XX,* (Universidad Nacional de Jujuy, 2006).

Una guerra total: Paraguay, 1864-1870.
Ensayo de historia del tiempo presente

Luc Capdevila

Serie: Historia Americana
9789871256747 - 544 págs.

Una de las primeras guerras totales modernas se libró en Sudamérica entre 1864 y 1870. El Paraguay contra la Triple Alianza del Brasil, Argentina y Uruguay. En cinco años el Paraguay fue aniquilado. Perdió durante este conflicto el 40% de su territorio inicial y las dos terceras partes de su población total, el 80% de los hombres en edad de portar armas, es decir, los varones que tenían más de diez años durante la contienda. ¿Cómo pudo producirse en el siglo XIX americano una crisis humana tan grave? ¿Cuáles fueron los mecanismos de movilización, en el joven Paraguay independiente, que luego devendrían una carrera al abismo? ¿Cómo pudo la sociedad paraguaya, después del conflicto, asimilar un traumatismo de tal amplitud? Este libro analiza primeramente esta guerra total desde el lado paraguayo, llevada a cabo al final por un ejército de niños soldados. Propone a continuación un estudio clínico de la memoria, abordando la dificultad, incluso la reticencia, de los veteranos a transmitir su experiencia, mientras que la sociedad paraguaya se identificó con este acontecimiento a través de todo el siglo XX. Estudia finalmente cómo la instrumentalización de la historia participó del dispositivo de encerramiento organizado por la larga dictadura del general Stroessner. El libro concluye con la publicación de una fuente notable: la correspondencia de los cónsules franceses que siguieron la totalidad del conflicto desde Asunción, proponiendo así el relato de un acontecimiento en su totalidad, un hecho que ha marcado a toda una sociedad, hasta hoy.

Luc Capdevila es Doctor en Historia, Profesor de Historia contemporánea en la Universidad Rennes-II e investigador en el *Centre de recherches historiques de l'Ouest* (CERHIO). Publicó *Les Bretons au lendemain de l'Occupation: imaginaires et comportements d'une sortie de guerre, 1944-1945* (1999); *Une colonie française au Paraguay: la Nouvelle-Bordeaux* (2005); *Femmes, armée et éducation dans la guerre d'Algérie: l'expérience du service de formation des jeunes en Algérie*, (2017); co autor de *Genre et événement: du masculin et du féminin en histoire des crises et des conflits* (2006) y de *Les hommes transparents: indiens et militaires dans la guerre du Chaco (1932-1935)* (2010). Fue co director con Frédérique Langue de *Entre mémoire collective et histoire officielle: l'histoire du temps présent en Amérique latine* (2009).

Vox Populi.
Una historia del voto antes del sufragio universal

OLIVIER CHRISTIN

Serie: HISTORIA UNIVERSAL
(978-987-1984-99-2 - 240 págs.)

No siempre se ha considerado la elección como el medio más equitativo, el más eficaz ni el más transparente de distribuir cargos y honores públicos, ni el de designar a quienes debían contribuir a la creación de la Ley. Durante mucho tiempo otros sistemas han gozado de un prestigio semejante, sino superior, ya se trate del sorteo, la sucesión, la cooptación o de apelar al Espíritu Santo. Sin embargo, las elecciones existían en incontables lugares e instituciones: ciudades y aldeas, órdenes religiosas y cónclaves –donde justamente intervenía el Espíritu Santo–, universidades y academias. Pero, en realidad, sus objetivos no eran la elección de los mejores representantes ni la justa distribución de los cargos, sino otros como la reproducción social de las élites, la defensa de la ortodoxia… En definitiva, no tenían mucho que ver con la idea que nos hacemos de la democracia ni del lugar que los procedimientos electivos deben ocupar allí.

Este libro se consagra a reconstruir esa larga historia del voto antes de las revoluciones del siglo XVIII y del nacimiento de los sistemas representativos modernos. Al rechazar, a partir de casos de estudio vívidos y precisos, la idea de un progreso lineal de la elección racional y de las instituciones representativas desde fines de la Edad Media hasta las revoluciones democráticas, Olivier Christin expone las implicancias de los debates que actualmente tienen por objeto la crítica de la decisión de la mayoría y de la democracia representativa

Olivier Christin es Historiador y especialista en los siglos XVI y XVII, publicó una decena de obras y cerca de cien artículos, además de dirigir numerosos números especiales de revistas científicas. Con un extenso recorrido académico como investigador, catedrático y director en diferentes universidades de Francia y Suiza, sus trabajos se centran problemáticas religiosas y políticas: las manifestaciones iconográficas en la religión, los conflictos confesionales, la evolución del voto antes del sufragio universal y la historia de la decisión de la mayoría en la Confederación suiza. En la actualidad, es Director del *Centre européen des études républicaines* (CEDRE), profesor de la Universidad de Neuchâtel y está a cargo del área de Ciencias religiosas en la *École Pratique des Hautes Études* en París.

Hacia una historia de los posibles.
Análisis contrafactuales y futuros no acontecidos

Quentin Deluermoz y
Pierre Singaravélou

Serie: Historia Universal
(978-987-4434-21-0 - 376 págs.)

¿Y si la historia o la vida hubieran seguido otro curso? Lo que llamamos razonamiento contrafactual surge espontáneamente en las conversaciones para nutrir las hipótesis sobre las potencialidades del pasado y los futuros no acontecidos. Atraviesa la literatura, las reflexiones políticas y toda suerte de divertimentos. ¿Qué hubiera sucedido si la nariz de Cleopatra hubiera sido más corta? ¿Y si Napoleón hubiera ganado la batalla de Waterloo?

Quentin Deluermoz y Pierre Singaravélou abordan el tema con decisión. Su investigación atraviesa una vasta literatura para retener la diversidad de usos del análisis contrafactual, desde las ficciones ucrónicas más descabelladas hasta las hipótesis más serias. Los autores se abocan a delimitar precisamente las condiciones de un uso legítimo y pertinente para las ciencias sociales, repensando los desafíos de la causalidad y la verdad, las relaciones entre historia y ficción, entre determinismo y contingencia. La investigación devela poco a poco la riqueza de un trabajo sobre los posibles del pasado, y se abre sobre experimentaciones en el dominio, tanto de la investigación como de la enseñanza. Se trata de una reflexión ambiciosa e innovadora sobre la escritura de la historia, su definición y el hecho de compartirla.

Quentin Deluermoz es Profesor de la Universidad de Paris 13 (laboratorio Pléiade), investigador asociado al CRH (EHESS) y miembro del Instituto Universitario de Francia, Quentin Deluermoz trabaja sobre la historia social y cultural de los órdenes y desórdenes del siglo XIX (en Francia y Europa). Ha publicado en Seuil en la serie "La France Contemporaine", LE Crépuscule des révolutions, 1848-1871 (2012: "Points Histoire", 2014).

Pierre Singaravélou es Profesor de historia contemporánea en la Universidad Paris 1 Panthéon Sorbonne, investigador de la UMR SIRICE y miembro del Instituto Universitario de Francia, Pierre Singarevélou ha publicado numerosas obras sobre la historia del hecho colonial en los siglos XIX y XX y editado en Seuil Les Empires Coloniaux, XIX-XX siécle. ("Ponts Histoire", 2013. Dirige las Publications de la Sorbonne y el Centro de historia de Asia Contemporánea.

Rousseau en Iberoamérica.
Lecturas e interpretaciones entre Monarquía y Revolución

Gabriel Entin (editor)

Jorge Myers, José María Portillo Valdés, Gabriel Torres Puga, Sarah Bak-Geller, Clément Thibaud, Ángel Almarza, Nicolás Ocaranza, Noemí Goldman y Gabriel Entin.

Serie: Historia Americana
(978-987-14434-10-4 - 256 págs.)

Un "enemigo de las letras". Así describía a Rousseau un dominico en México en 1763. Cincuenta años después, el periódico revolucionario de Buenos Aires, *El Grito del Sud* caracterizaba al filósofo como "el divino Juan Jacobo". Entre los extremos del odio y del culto a Rousseau se articula la recepción, circulación e interpretación en Iberoamérica de la obra de uno de los principales referentes intelectuales de la Ilustración hispánica y de las revoluciones de independencia. A 240 años de la muerte de Rousseau, reconocidos especialistas analizan en este libro cómo fueron leídos y utilizados los escritos políticos del ginebrino en Francia, España, Venezuela, Nueva Granada, Nueva España, Chile y el Río de la Plata, entre mediados del siglo XVIII y principios del XIX.

Convertido en ícono y antecedente de la Revolución francesa por su teoría de la soberanía del pueblo, Rousseau sería una figura omnipresente para los españoles liberales y los americanos republicanos durante las revoluciones hispánicas. Sus escritos atravesarían los discursos de quienes imaginaron y forjaron las primeras naciones en Hispanoamérica: Simón Bolívar, Juan José Fernández de Lizardi, Carlos María de Bustamente, Camilo Henríquez y Mariano Moreno, quien en 1810 editaría por primera vez en América el Contrato Social en español.

En este libro se ofrecen renovadas y originales miradas sobre el lugar de la obra de Rousseau en Iberoamérica. Se analizan problemas que fueron claves en la construcción de la modernidad iberoamericana: derechos del hombre, ciudadanía, religión, censura, educación, alimentación, soberanía, voluntad general, constitucionalismo, república, virtud.

Gabriel Entin es investigador del Conicet, con sede en el Centro de Historia (Universidad Nacional de Quilmes). Doctor en Historia por *l'École des Hautes Études* en Sciences Sociales de París, posdoctorado en el Instituto de Investigaciones Históricas de la UNAM. Editó *Crear la independencia. Historia de un problema argentino* (Buenos Aires, 2016) y co-editó *L'Atlantique révolutionnaire, une perspective ibéro-américaine* (Rennes, 2013) y el volumen "Libertad" del *Diccionario político y social del mundo iberoamericano-Iberconceptos II* (Madrid, 2014). Es miembro de CONCEPTA. *International Research School in Conceptual History and Political Thought*, coordinador del grupo "Conceptos políticos fundamentales" en el proyecto Iberconceptos III e integra el consejo editorial de *Prismas. Revista de Historia Intelectual*. Se interesa por el estudio del mundo hispánico entre los siglos XVII y XIX.